U0772013

 "十四五"职业教育国家规划教材

 高等职业教育计算机类课程新形态一体化教材

计算机
网络技术基础

（第4版）

主编 阚宝朋

副主编 段珊珊 汤 荻 韩 锐 赵 陇

中国教育出版传媒集团

高等教育出版社·北京

内容简介

本书为"十四五"职业教育国家规划教材。

本书内容主要以 TCP/IP 协议簇为主线，围绕协议簇各层协议，介绍网络通信的基本原理，并通过实验实训案例帮助学生更好地理解网络通信的相关知识。全书共 8 个模块，内容包括走进网络世界、网络体系结构与网络协议、物理层与数据通信技术、数据链路层与局域网组网技术、网络层与网络互联、传输层与数据传输、应用层与网络服务、网络安全与防护技术。

本书在充分介绍网络技术原理和相关理论知识的基础上，突出理论联系实际特色，注重培养学生的网络实际应用能力，并与后续课程知识有机衔接。主要采用图、表方式进行内容表现，使知识讲述更加形象、直观；针对每一部分内容进行详细的分析、分解，并通过动画的方式来表现核心教学内容。

本书配有微课视频、授课用 PPT、电子教案、授课计划、实训文档、测试题以及课后习题答案等丰富的数字化学习资源。与本书配套的数字课程"计算机网络技术基础"在"智慧职教"平台（www.icve.com.cn）上线，学习者可登录平台进行在线学习，授课教师可调用本课程构建符合自身教学特色的 SPOC 课程，详见"智慧职教"服务指南。本书同时配有 MOOC 课程，学习者可登录"智慧职教 MOOC 学院"（mooc.icve.com.cn）进行在线开放课程学习。授课教师也可登录"高等教育出版社产品信息检索系统"（xuanshu.hep.com.cn）搜索并下载与本书配套的教学资源，首次使用本系统的用户，请先进行注册并完成教师资格认证。

本书适合作为高等职业院校或职业本科院校"计算机网络技术基础"等课程的教材，也可作为计算机网络技术爱好者的自学参考书。

图书在版编目（CIP）数据

计算机网络技术基础 / 阚宝朋主编. -- 4 版.

北京：高等教育出版社，2025. 7. -- ISBN 978-7-04 -064083-0

Ⅰ. TP393

中国国家版本馆 CIP 数据核字第 2025AR0931 号

Jisuanji Wangluo Jishu Jichu

| 策划编辑 | 侯昀佳 | 责任编辑 | 刘子峰 柴佳昭 | 封面设计 | 张 志 | 版式设计 | 于 婕 |
| 责任绘图 | 李沛蓉 | 责任校对 | 陈 杨 | 责任印制 | 张益豪 | | |

出版发行	高等教育出版社		网　址	http://www.hep.edu.cn
社　址	北京市西城区德外大街 4 号			http://www.hep.com.cn
邮政编码	100120		网上订购	http://www.hepmall.com.cn
印　刷	唐山嘉德印刷有限公司			http://www.hepmall.com
开　本	889mm×1194mm　1/16			http://www.hepmall.cn
印　张	17.75		版　次	2015 年 11 月第 1 版
字　数	370 千字			2025 年 7 月第 4 版
购书热线	010-58581118		印　次	2025 年 7 月第 1 次印刷
咨询电话	400-810-0598		定　价	55.00 元

"智慧职教"服务指南

"智慧职教"（www.icve.com.cn）是由高等教育出版社建设和运营的职业教育数字教学资源共建共享平台和在线课程教学服务平台，与教材配套课程相关的部分包括资源库平台、职教云平台和 App 等。用户通过平台注册，登录即可使用该平台。

● 资源库平台：为学习者提供本教材配套课程及资源的浏览服务。

登录"智慧职教"平台，在首页搜索框中搜索"计算机网络技术基础"，找到对应作者主持的课程，加入课程参加学习，即可浏览课程资源。

● 职教云平台：帮助任课教师对本教材配套课程进行引用、修改，再发布为个性化课程（SPOC）。

1. 登录职教云平台，在首页单击"新增课程"按钮，根据提示设置要构建的个性化课程的基本信息。

2. 进入课程编辑页面设置教学班级后，在"教学管理"的"教学设计"中"导入"教材配套课程，可根据教学需要进行修改，再发布为个性化课程。

● App：帮助任课教师和学生基于新构建的个性化课程开展线上线下混合式、智能化教与学。

1. 在应用市场搜索"智慧职教 +"App，下载安装。

2. 登录 App，任课教师指导学生加入个性化课程，并利用 App 提供的各类功能，开展课前、课中、课后的教学互动，构建智慧课堂。

"智慧职教"使用帮助及常见问题解答请访问 help.icve.com.cn。

前 言

计算机网络技术正以前所未有的速度改变着人们的生活、学习和工作方式，推动着社会文明的进步。党的二十大报告中强调，必须坚持科技是第一生产力、人才是第一资源、创新是第一动力，深入实施科教兴国战略、人才强国战略、创新驱动发展战略，开辟发展新领域新赛道，不断塑造发展新动能新优势。在这一背景下，计算机网络技术作为信息技术领域的核心组成部分，其重要性不言而喻。本书紧跟时代步伐，系统、全面地介绍计算机网络知识体系，理论性与实践性并重，是培养创新型人才、推动数字化转型的重要载体。

一、主要内容

本书为"十四五"职业教育国家规划教材。全书内容以 TCP/IP 协议簇为主线，围绕协议簇各层协议，介绍网络通信的基本原理，并通过实验实训案例帮助读者更好地理解网络通信的相关知识。在充分介绍网络技术原理和相关理论知识的基础上，本书突出理论联系实际特色，注重培养读者的网络实际应用能力，并与后续课程知识有机衔接。

本书共 8 个模块。模块 1 主要介绍了网络基础知识，包括计算机网络的发展过程、网络的发展趋势以及网络的分类等内容。模块 2 系统地介绍了网络体系结构与网络协议，主要包括 OSI 参考模型、TCP/IP 协议簇以及数据通信处理过程等内容。模块 3 主要介绍了物理层与数据通信的相关知识，包括物理层的主要功能、数据通信方式和性能指标、传输与编码技术、多路复用技术、传输介质以及常见的宽带接入技术等。模块 4 主要介绍了数据链路层的功能与局域网技术。其中，对该层的数据链路相关技术与 MAC 地址进行了详细介绍，还介绍了常见的局域网组网方式

以及数据链路层的主要协议。模块 5 详细介绍了网络层的功能以及相关协议，主要包括网络层的功能、IP 与 IPv6、路由控制、分片与重组等内容。模块 6 详细介绍了传输层的功能以及 TCP 和 UDP 两种协议，涉及的知识层次比较深入。模块 7 详细阐述了应用层的服务及其工作原理，主要包括 Web 服务、FTP 服务以及 Telnet、DHCP、电子邮件、SNMP 等服务类型。模块 8 主要介绍了网络安全隐患与攻击防范、加密技术、防火墙技术。

二、修订思路

本次为第 4 版修订，为加快推进党的二十大精神进教材、进课堂、进头脑，编者基于广大读者的使用反馈，结合最新的职业院校网络技术专业教学标准与要求，对教材结构及相关内容进行了优化与更新：首先，在各模块开篇补充"学习情境"，将网络知识与人们的日常生活、行业产业发展相关联，引导学生"先思考、再学习"，培养其探索与钻研精神。其次，根据课程内容特点与学生职业发展需求，在原有学习目标的基础上，细化凝练出"知识目标""能力目标"和"素养目标"，其中的"知识目标"和"能力目标"结合当前网络技术发展现状并对接行业产业发展新趋势，重点强调在推动我国制造业高端化、智能化发展过程中，网络专业高素质拔尖创新人才应掌握的核心技术；"素养目标"则以立德树人、具备良好的信息意识和创新思维、根植网络强国和数字中国理念、培养职业自豪感和责任担当为主线，旨在提升现代化工业体系中卓越网络工程师和高技能人才的职业道德与职业素养。再次，通过"校企"双元开发，与企业行业密切联系，编者对本书内容进行了更新，补充了如网络智能化发展、下一代网络发展特征与趋势、5G

通信技术应用等内容，将新知识、新技术等融入新版教材中，及时反映技术升级和行业发展需求，"产教融合"特色鲜明。最后，通过在各模块中补充"培养良好的网络习惯""职业核心素养培养"等拓展阅读内容，体现全面提高人才自主培养质量要求，落实加快建设德才兼备的高素质国家战略人才力量的要求。

三、本书特色

1. 设计精美、随扫随学，自学中享受过程

为方便读者借助移动端设备进行泛在学习，本书为每一部分教学内容都配套了相应的微课视频与动画资源，读者可以通过相应二维码随扫随学，方便快捷。同时为了方便读者理解知识内容，本书将理论知识与实际应用相结合进行讲解，并配有 300 余幅精美的彩色图片，使得抽象的通信原理更加形象、具体，帮助读者轻松学习。

2. 素材丰富、资源立体，备课中不断创新

本书除了注重基础资源的开发，更加注重立体资源的建设，配套了 PPT 课件、电子教案、授课计划、实验实训指导书、测试题、课后习题及解答等丰富的教学资源，通过与教材的融合提高教学服务水平，为培养高素质技能人才创造良好条件。

3. 线上线下、平台支撑，教学中应用信息

为帮助各学校更好地利用数字化资源开展混合式教学，编者依据书中优化补充的内容，在"智慧职教"平台（www.icve.com.cn）持续更新与本书配套的数字课程及 MOOC 课程，体现现代信息技术与教育教学的深度融合，进一步推动教育数字化发展。有兴趣的读者可以扫描二维码加入课程并进行在线学习。

智慧职教
数字课程

MOOC 学院
在线开放课程

本书由阚宝朋任主编，段珊珊、汤荻、赵陇、韩锐任副主编，郭健、田维新参加编写。

由于编者水平有限，书中难免存在错误或不妥之处，恳请广大读者批评指正。

编　者
2025 年 2 月

目　录

模块 1
走进网络世界

在全球互联的时代背景下，计算机网络技术已经渗透社会的每个角落。智能设备、社交平台、在线学习、电子商务等如今已成为人们日常工作、学习或生活中不可或缺的一部分，在其背后，是复杂而精密的计算机网络在默默支撑着各种数字化功能的正常运行。对于充满好奇心的年轻人来说，网络世界不仅是一个获取信息、交流思想的平台，更是一个充满未知与挑战的探险宝地。想象一下，你是一位对科技充满好奇的大学生，每天都享受着各种智能设备或应用带来的便捷服务，如使用智能手机与亲朋好友保持联系，通过在线平台学习新的知识，甚至在虚拟世界里购物和娱乐。尽管已经习惯了这些高科技所带来的便利，但对于支持这一切的计算机网络技术，你是否知道它们是如何工作的呢？

这些看似简单的应用背后，其实隐藏着复杂的数据传输和处理过程。从现在开始，我们将一起踏上探索网络世界的征程，了解网络通信的工作原理、网络协议及数据传输的机制等。

1. 知识目标

（1）掌握计算机网络的基本概念与组成。

（2）了解计算机网络的产生与发展。

（3）理解计算机网络的分类及特点。

（4）掌握常见的网络拓扑结构及其特点。

（5）了解下一代网络发展的新技术及其应用。

（6）了解常用的计算机网络模拟软件。

2. 能力目标

（1）能够分析网络通信的具体过程。

（2）能够结合具体应用场景分析网络拓扑结构。

（3）能够分析网络设备的应用方式。

（4）能够利用模拟软件搭建小型网络。

3. 素养目标

（1）提升在网络环境中获取、评估、整合、创新和交流信息的能力。

（2）培养自主学习能力，包括设定学习目标、制订学习计划和评估学习效果等。

（3）通过学习网络安全知识和道德规范，提高网络安全意识和道德自律。

在当今数字化时代，计算机网络正以其强大的连接能力和无限的拓展可能，深刻地影响着社会经济的方方面面。它是一张巨大的"网"，将全球各地的信息、资源紧密地编织在一起，为人们提供了一个前所未有的交流与合作的平台。通过计算机网络，人们可以轻松地跨越时空的限制，实现数据的快速传输、资源的广泛共享以及知识的有效交流。接下来，就让我们一同揭开计算机网络的神秘面纱，共同迈入充满无限可能的网络世界。

PPT：
模块 1　走进网络世界

1.1　计算机网络简介

1.1.1　计算机网络的含义

微课 1-1
计算机网络简介

计算机网络就是将分布在不同地理位置的具有独立工作能力的多台计算机、终端及其附属设备用通信设备和通信线路连接起来，并配置网络软件，以实现资源共享的系统。

所谓资源共享，即连接在网络上的用户可以共享网络中的各种资源。共享的内容是多方面的，可以是信息共享、软件共享，也可以是硬件共享，例如，可以利用计算机网络浏览网上信息、在线学习，利用软件进行网上购物，使用网络云盘保存资源等。

资源共享的基础是网络通信与数据处理，因此在逻辑功能上计算机网络可以分为通信子网和资源子网两大部分，如图 1-1 所示。

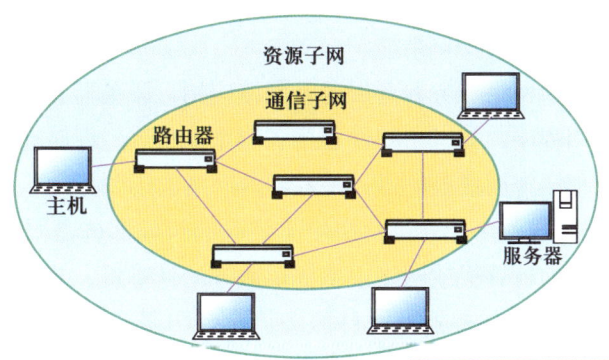

图 1-1
计算机网络结构

通信子网：由通信控制处理机、通信线路和其他网络通信设备组成，负责完成网络数据的传输、转发等通信处理任务。通信控制处理机负责将源主机报文准确地发送到目的主机。通信控制处理机一般为路由器或交换机等通信设备。通信线路有电话线、双绞线、同轴电缆、光缆、无线通信、微波与卫星通信等。

资源子网：由主机系统、终端、终端控制器、联网设备、各种软件资源与信息资源组成。资源子网负责全网的数据处理业务，向网络用户提供各种网络资源与网络服务。主机、服务器、智能终端是资源子网的主要组成单元。

1.1.2　计算机网络的组成

计算机网络是一个复杂的系统，一般来讲计算机网络系统主要由终端、数据通信线路与设备、网络协议、网络操作系统和网络应用软件以及服务器等组成。

① 终端。这是网络的主体，终端不仅仅是计算机，随着家用电器的智能化和网络化，越来越多的家用电器，如电视机顶盒（不仅可以收看电视，而且可使电视机作为 Internet 的终端设备使用），甚至厨房卫生设备等也可接入计算机网络，它们统称网络终端设备。

② 数据通信线路与设备。用于数据传输的双绞线、同轴电缆、光缆，以及为了有效且准确可靠地传输数据所必需的各种通信控制设备（如网卡、集线器、交换机、调制解调器、路由器等），它们构成了计算机与通信设备、计算机与计算机之间的数据通信链路。

③ 网络协议。为了使网络中的计算机能准确地进行数据通信和资源共享，计算机和通信控制设备必须共同遵循一组规则和约定，这些规则、约定或标准称为网络协议，简称协议。为了帮助和指导各种计算机在世界范围内相互连接组成网络，国际标准化组织（ISO）于 1977 年提出了开放系统互连参考模型及一系列相关的协议。20 世纪 80 年代中期以来飞速发展的 Internet，采用的是 TCP/IP 协议簇。目前，TCP/IP 已经在各种类型的计算机网络中得到了普遍应用。

④ 网络操作系统和网络应用软件。连接在网络上的计算机，其操作系统必须遵循通信协议支持网络通信才能使计算机接入网络。因此，目前几乎所有的操作系统都具有网络通信功能。特别是运行在服务器上的操作系统，除具有强大的网络通信和资源共享功能之外，还负责网络的管理工作，这种操作系统称为服务器操作系统或网络操作系统。

为了提供网络服务并开展各种网络应用，服务器和终端计算机还必须安装运行网络应用程序，如电子邮件程序、浏览器程序、即时通信软件、网络游戏软件等，这些程序为用户提供了各种各样的网络应用服务。

⑤ 服务器。在计算机网络中，核心的组成部分是服务器。服务器是计算机网络中向其他计算机或网络设备提供服务的计算机，并按提供的服务被冠以不同的名称。常用的服务器有文件服务器、打印服务器、通信服务器、数据库服务器、邮件服务器、信息浏览服务器和文件下载服务器等。

1.1.3　计算机网络的形成与发展

1946 年，世界上第一台通用电子数字计算机 ENIAC（Electronic Numerical Integrator And Calculator）研制成功，标志着计算机的诞生。计算机网络源于计算机与通信技术的结合，始于 20 世纪 50 年代，几十年来得到了飞速发展，其大致经历了 4 个阶段，包括面向单机的网络互联模式、多区域主机网络互联模式、体系结构标准化网络和互联网普及应用阶段。

1. 面向单机的网络互联模式

最初，计算机以单机模式被广泛使用，一台计算机只能供一个用户使用，效

微课 1-2
计算机网络的发展阶段

率较低。后来，随着批处理技术发展和分时系统的应用，一台计算机逐渐可以为多个用户提供服务。此时，人们已不再局限于单机模式，而是将一台台计算机连接在一起，形成一个简单的计算机网络（20世纪50年代中期到60年代中期）。多台计算机连接可以实现信息共享，同时还能在两台物理位置较远的机器之间即时传递信息。此时网络的特点是以一台计算机为中心，用户通过与主机有通信线路相连的终端设备使用计算机资源。终端设备本身并不具有数据处理能力，只是相当于被延长了的输入和输出设备。

如图1-2所示，用户不必再去中心机房，只需要在自己的终端输入程序和数据，数据就会通过终端与中心机房相连的通信线路被传送到计算机上进行运算和处理，得到的结果会反馈给用户并显示在终端设备上。这好比一个人的神经系统，一个人身上的所有感觉都经由神经传递到大脑。

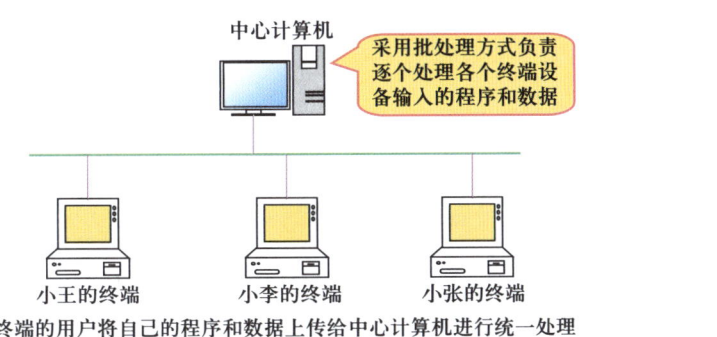

终端的用户将自己的程序和数据上传给中心计算机进行统一处理

图 1-2
面向单机的网络互联模式

2. 多区域主机网络互联模式

随着面向单机的网络模式的不断发展，越来越多的高校和企业开始拥有计算机。20世纪60年代末至70年代末，人们开始尝试将多个网络互相连接组成更大的网络，通过通信网络完成不同的任务，如图1-3所示，这种网络逐渐发展成互联网为公众所使用。连接到互联网以后，计算机之间的通信不再局限于公司或部门内部，而是能够与互联网中的任一台计算机进行通信。

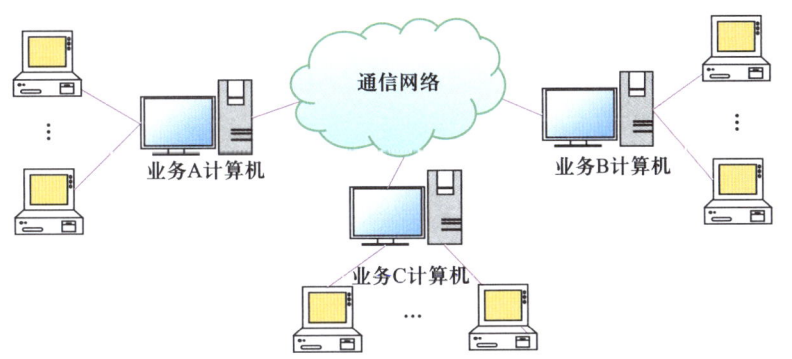

图 1-3
多区域主机网络互联模式

这个阶段网络的典型代表是 ARPANet，这是一个由许多大学和公司参与，共同进行多主机相互连接的计算机网络研究项目。1969年，一个只有4个节点的实验网络 ARPANet 投入运行。ARPANet 后来连接了数以百计的计算机，范围从美国到欧洲，跨越了大半个地球。ARPANet 是被公认的第一个真正意义上的计算机网络，是现代网络和 Internet 的雏形。这个阶段的网络存在着不少弊端，

笔 记

它们主要由科研单位、大学和计算机网络公司各自研制，缺乏统一的标准，实现大范围的连接是一件非常困难的事情。

3. 体系结构标准化网络

20 世纪 70 年代，人们开始实验基于分组交换技术的计算机网络，并着手研究不同厂商的计算机之间相互通信的技术。1977 年，国际标准化组织（ISO）为适应网络开放性和标准化趋势，在研究和分析已有网络结构的基础上，研发了"开放式系统互联"的网络标准结构，并于 1984 年公布了"开放式系统互联（OSI）参考模型"正式文件，即著名的国际标准 ISO 7498。OSI 参考模型为此后研究、开发网络技术及产品提供了一个统一的视角，为网络技术的标准化及不同厂商间设备的相互连接奠定了重要的基础。

20 世纪 80 年代，随着通信标准的确定及微型计算机的推出，各种形式的局域网纷纷出现，如图 1-4 所示。以太网占有市场份额最多，在与令牌环网和令牌总线网络的竞争中胜出。随后国际电子电器工程师协会（IEEE）推出了 IEEE 802 系列通信组网标准。

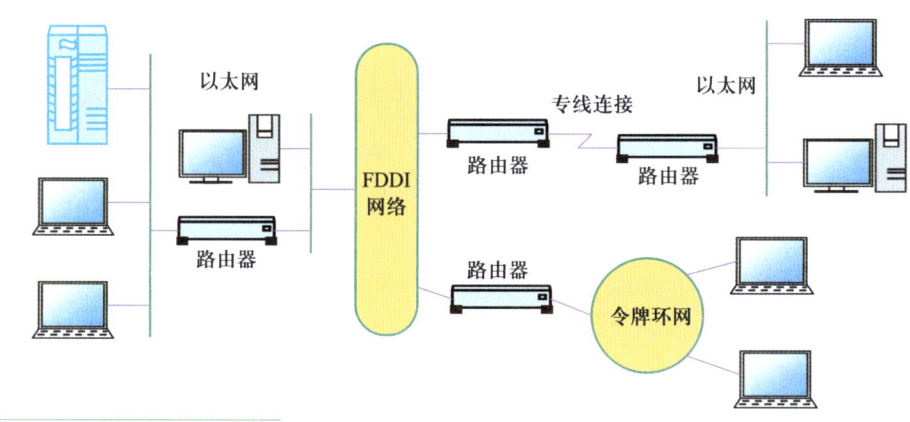

图 1-4
网络标准化时代的网络

4. 互联网普及应用

20 世纪 80 年代末，计算机技术、通信技术迅猛发展并进一步融合。局域网技术发展成熟，成为计算机网络结构的基本单元，光纤作为主要的传输介质被大量使用。整个网络就像一个对用户透明的、庞大的计算机系统，E-mail、Web、在线聊天、娱乐、游戏等网络服务犹如雨后春笋般出现，信息网络、互联网已经渗透到人们的生活中。

互联网的普及和发展对通信领域也产生了巨大的影响。许多应用场景不同的通信技术也逐步与互联网融合。例如，目前广泛使用的网络有电话网络、计算机网络和有线电视网络三类网络，随着技术的不断发展，新的业务不断出现，作为其载体的各类网络也不断地融合，目前广泛使用的三类网络正逐渐向单一的 IP 网络发展，也就是人们所说的"三网融合"。

网际协议（IP）已成为各种网络的"共同语言"，通过互联网，特别是移动互联网，不仅可以实现计算机之间的通信，还可以实现电话通信、电视播放，互联网的应用已经扩展到了手机、家用电器、智能楼宇等多方面，如图 1-5 所示。

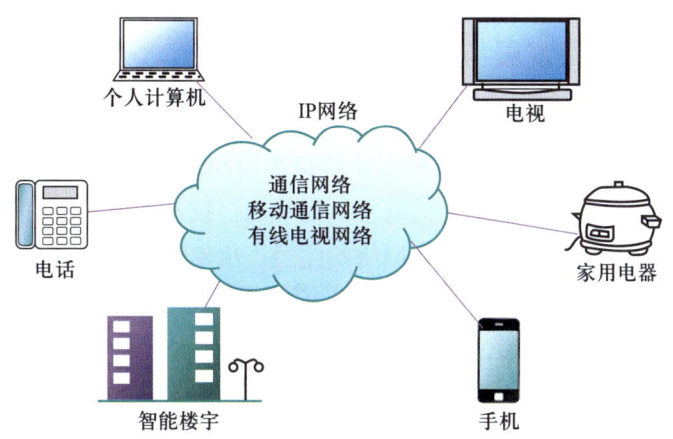

图 1-5
三网融合与移动互联网的普及

5. 多场景应用的智能化发展

在计算机网络的发展历程中，多场景应用的智能化发展是一个显著且重要的趋势。这一阶段的核心特征是计算机网络技术与人工智能、大数据、云计算、区块链、物联网等新兴技术的深度融合，使得网络能够在更多场景中实现智能化、数字化的应用。

随着技术的不断进步，计算机网络已经渗透到社会各个领域，涵盖从家庭生活、日常办公到工业生产、交通安全等各个领域。在这些不同的场景中，计算机网络需要满足各种复杂且多变的需求，而智能化发展也正是为了应对这些挑战。通过引入人工智能（AI）技术，网络能够自主学习、优化和适应各种环境，从而提供更加高效、便捷的服务。在多场景应用的智能化发展阶段，可以看到许多创新的应用实例，如图 1-6 所示。例如，在智能家居领域，可以通过智能化的计算机网络，实现远程操控家电、语音控制等功能，从而极大地提高日常生活的便利性。在智能交通领域，智能化的计算机网络可以实时收集和分析交通数据，为交通管理提供有力支持，减少道路拥堵和交通事故的发生。

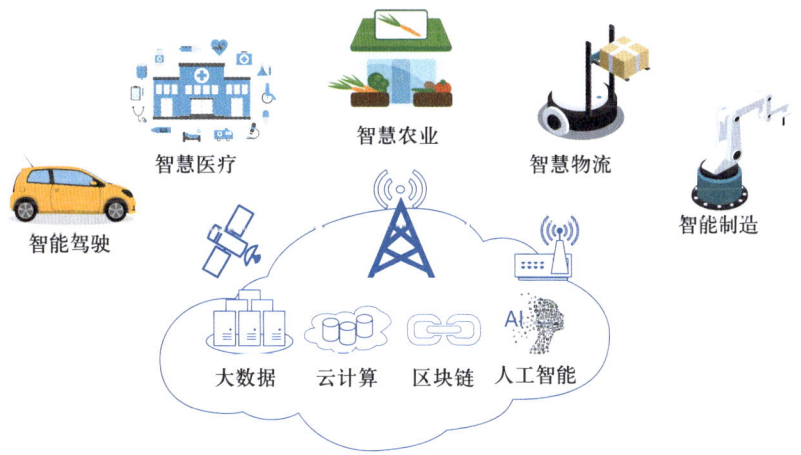

图 1-6
计算机网络多场景应用的智能化发展

此外，随着 5G、6G 等新一代通信技术的不断发展，计算机网络将具备更高的传输速率和更低的时延，这为多场景应用的智能化发展提供了更广阔的空间，并将深刻改变人们的生活方式和工作模式，推动社会科技进步和产业升级。未来，可以期待计算机网络在更多领域实现智能化应用，为人们的生活带来更多惊喜和便利。

笔 记

拓展阅读 1-1
下一代网络

笔 记

1.1.4　下一代网络发展特征与趋势

1. 高速率、大容量、低时延

下一代计算机网络正掀起新的技术浪潮，也预示着未来网络将在传输速率、带宽及时延等方面书写新的篇章。光纤通信技术和量子通信技术的不断进步，如同明灯照亮了人们迈向未来网络的路径，也使得下一代网络有望在性能上实现巨大跨越，以满足当前及未来社会不断膨胀的数据传输需求。如今，随着高清视频流媒体服务受到广泛关注，以及虚拟现实（VR）与增强现实（AR）技术快速融入日常生活，人们对网络性能的需求正以前所未有的速度增长。这不仅仅要求更快的数据传输速率，还包括更低的时延和更高的带宽。

由此，下一代计算机网络应运而生。它如同一位贴心的"管家"，从容、高效地解决当前人们所面临的每一个网络性能挑战。在它的助力下，各种类型的网络应用，无论是在线视频会议还是沉浸式游戏，都可以为用户提供极佳的体验感。

2. 智能化、自动化

随着科技的飞速发展，下一代计算机网络正逐渐向着智能化、自动化的方向迈进。在这个过程中，网络优化将发挥至关重要的作用。借助人工智能和机器学习等尖端技术的飞速发展，计算机网络将能够自动地优化资源配置，从而显著地提升其性能和稳定性。想象一下，一个能够自我学习、自我适应的网络系统，可以根据实时的网络状况和需求，智能地分配带宽或调整路由，以确保数据传输的高效和顺畅。这不仅可以提升网络的整体性能，还能在很大程度上减少因为网络拥堵或资源配置不当而导致的严重问题。

下一代计算机网络的智能化和自动化也将对各行各业产生深远的影响。例如，在制造业中，智能化的网络系统可以实现更加精准的生产流程控制和设备管理，提高生产效率和产品质量；在农业中，智能化的网络系统可以实现更加精准的农业生产和土壤、环境、温湿度等的检测管理，提高农作物的产量和品质，如图 1-7 所示；在教育领域，智能化的网络系统可以为广大师生提供更加个性化的学习体验和教学资源，提高教育质量和效果。

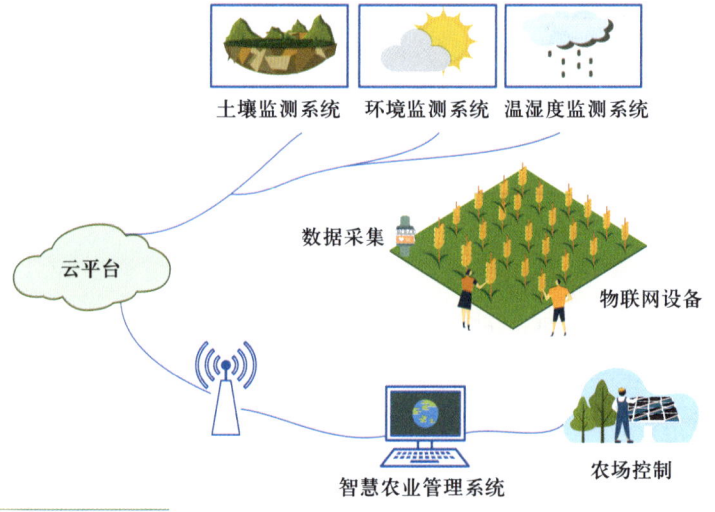

图 1-7
智慧农业系统结构

3. 高安全性与隐私保护

在计算机网络技术的不断演进中，安全性和隐私保护始终被置于至关重要的地位。随着安全技术的飞速发展，有理由相信，下一代计算机网络将在这两大领域迎来前所未有的显著进步。在安全性方面，未来的网络将采用更加尖端的加密技术，任何形式的数据泄露和非法访问都将得到有效杜绝，确保数据传输的安全性、有效性。这不仅仅是对现有加密手段的简单升级，更是一次彻底的革新。利用最新的密码学技术，结合量子计算等前沿科技，下一代计算机网络将可以为用户数据提供前所未有的信息安全保障。

随着公众对个人隐私保护意识的日益增强，未来的计算机网络将更加注重隐私保护技术的深度整合。差分隐私和联邦学习等先进技术的广泛应用，将确保用户数据在得到充分利用的同时，其隐私权益也得到最大限度的保护。这些技术将能够保证数据价值的有效，防止数据滥用和泄露，从而为用户带来更加安全、放心的网络使用体验。

勇于开拓 敢于创新

激发创新意识与探索精神

计算机网络的发展是一个不断创新的过程。作为一名计算机网络学习者，我们也应做到以下几点：首先，加强持续学习能力，紧跟技术前沿，不断更新知识体系，确保自己站在技术浪潮之巅；其次，强化实践能力，通过实践将理论转化为解决实际问题的能力，在实践中磨砺创新思维；第三，注重跨学科学习，拓宽视野，尝试网络技术与人工智能、大数据等领域的融合，激发创新灵感；最后，培养严谨的科学思维，聚焦实际问题，要敢于质疑，寻找改进空间。总之，我们要保持开放的心态，不断学习、探索、实践，将创新思维融入学习与工作中。只有这样，才能在将来为计算机网络领域的发展贡献自己的力量，让技术更好地服务于社会和个人。

1.2 计算机网络的分类

为了更有针对性地研究和学习计算机网络，通常会对计算机网络进行分类。例如，可以按覆盖范围、拓扑结构、传输方式分类，还可以按网络所采用的技术分类。

1.2.1 按覆盖范围分类

按地理覆盖范围对网络进行划分，是目前最为常用的一种计算机网络分类方

微课 1-3
按覆盖范围分类

笔 记

法。之所以如此，是因为地理覆盖范围的不同直接影响网络技术的实现与选择，即不同覆盖范围的网络具有明显不同的网络特性，并在技术实现和选择上存在明显差异。

1. 局域网（LAN）

局域网（Local Area Network，LAN）是指在一个较小的范围（如一栋大楼、一所学校）内的计算机、终端和外部设备通过高速通信线路相连接形成的网络，如图 1-8 所示。

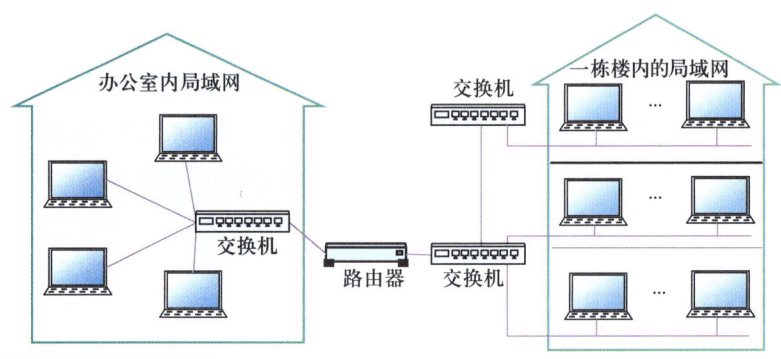

图 1-8
局域网

笔 记

自计算机网络诞生以来，局域网技术发展非常迅速，应用也日益广泛，成为计算机网络中最为活跃的领域之一。从介质访问控制方法的角度来看，局域网又可分为共享式局域网和交换式局域网；从使用的传输介质来看，局域网又可分为有线局域网和无线局域网。

局域网的技术特点：首先，局域网覆盖有限的地理范围，适用于政府机关、校园、工厂等有限范围内的计算机、终端和各类信息处理设备联网的需求。其次，局域网通常具有较好的性能，具体表现在局域网具有较高的数据传输速率（10 Mb/s ～ 10 Gb/s）和较低的误码率。最后，局域网一般属于一个单位所有，相对易于建立、管理和维护。

2. 城域网（MAN）

城市区域网络简称城域网（Metropolitan Area Network，MAN），覆盖范围为几千米到几十千米，是介于局域网和广域网之间的一种高速网络。城域网是在规模上对局域网的进一步扩展，用于局域网之间的连接。城域网被广泛用于城市范围内的企业、组织机构内部或局域网的相互连接，以实现大量用户之间的数据、语音、图形与视频等多种信息的传递。例如，将一个城市中所有大学的校园网连接起来的网络称为教育城域网，如图 1-9 所示。

3. 广域网（WAN）

广域网（Wide Area Network，WAN）又称远程网，其最为显著的特点是网络覆盖范围巨大。广域网的覆盖范围从几十千米到几千千米不等。广域网可以覆盖若干个国家和地区，甚至横跨几个洲。广域网采用的技术和标准也与局域网、城域网有着很大的不同。Internet（因特网）就是最为人们熟知的一种广域网。广域网与局域网的一个主要区别就是局域网需要向外界的广域网服务商申请广域网服务，然后使用通信设备的数据链路接入广域网，如 ISDN（综合业务数字网）、DDN（数字数据网）和帧中继（Frame Relay，FR）等。

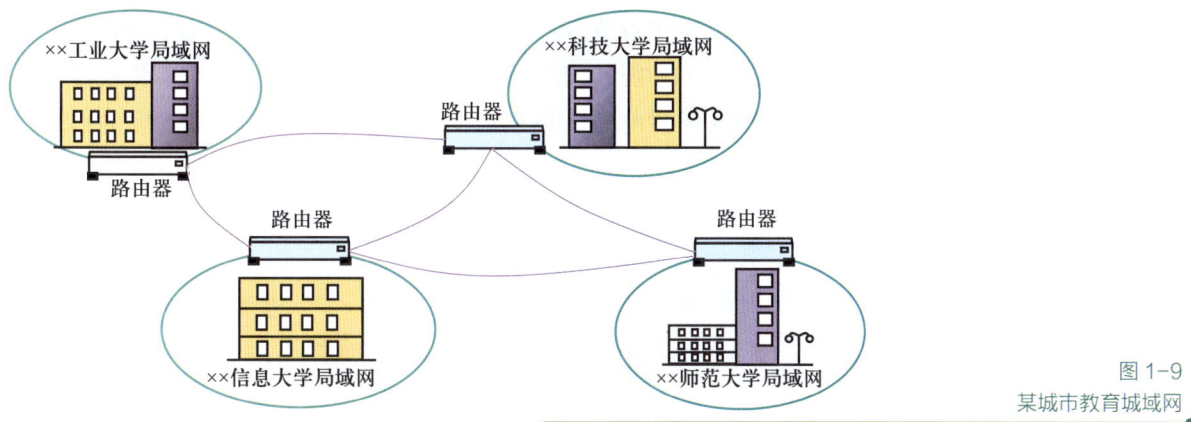

图 1-9
某城市教育城域网

1.2.2 按拓扑结构分类

在计算机网络中，为了便于对计算机网络结构进行研究和设计，通常把计算机、终端、通信控制处理机等设备抽象为点，把连接这些设备的通信线路抽象成线，并将由这些点和线所构成的拓扑称为计算机网络拓扑结构。简单地说，网络拓扑就是由网络节点设备和通信介质构成的网络结构图。网络拓扑结构对网络采用的技术、网络的可靠性、网络的可维护性和网络的实施费用都有重大的影响。因此，无论是计算机网络的技术实现（如网络通信协议的设计、传输介质的选择），还是实际组网，网络拓扑结构都是首要考虑的因素之一。常见的网络拓扑结构有总线型、星形、环形、树形和网状。

微课 1-4
按拓扑结构分类

1. 总线型拓扑结构

总线型拓扑结构采用一条公共传输信道传输信息，所有节点均通过专门的连接器连到这个公共信道上，这个公共信道称为总线，如图 1-10 所示。任何一个节点发送的数据都能通过总线进行传播，同时能被总线上的所有其他节点接收到。可见，总线型拓扑结构的网络是一种广播网络，一般用于局域网架设，但现在一般用得较少。

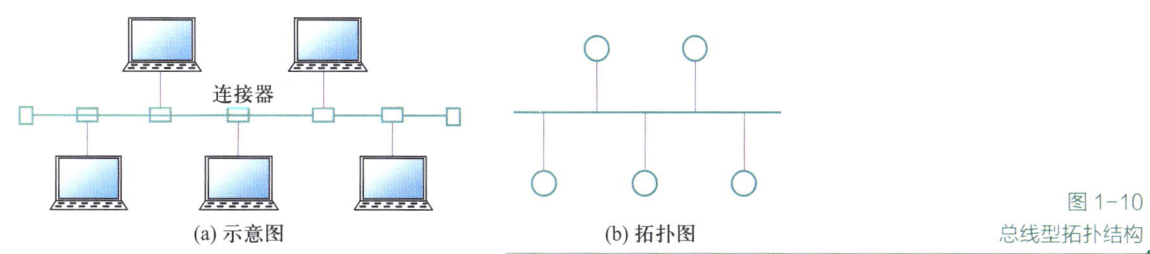

(a) 示意图　　　　　　　　　　　　　(b) 拓扑图

图 1-10
总线型拓扑结构

总线型拓扑结构形式简单，节点易于扩充。相对来说维护比较困难，因为在排除介质故障时，要将错误隔离在某个网段比较困难。受故障影响的设备范围大，一旦总线电缆出现故障或断开，整个网络的通信就无法进行了。

2. 星形拓扑结构

星形拓扑结构中有一个中心节点，其他各节点通过点对点线路与中心节点相连，形成辐射状结构，形状上像星星，因此称为星形拓扑结构，如图 1-11 所示。星形拓扑结构中各节点间不能直接通信，需要通过中心节点转发，因此中心节点必须有较强的功能和较高的可靠性。中心节点设备一般有集线器、交换机等。星形拓扑结构是目前局域网主要的拓扑形式。

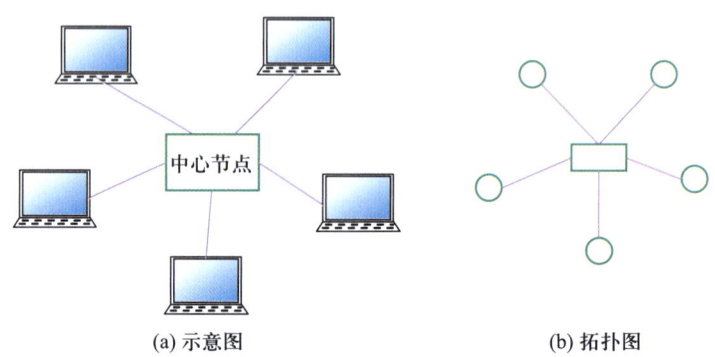

图 1-11
星形拓扑结构

(a) 示意图   (b) 拓扑图

星形拓扑结构的优点是：结构简单，组网容易，控制相对简单，维护比较容易，受故障影响的设备少，能够较好地处理通信介质故障（只需要把故障设备从网络中移去就可处理故障）。其缺点是：集中控制，中心节点负载过重，可靠性低，通信线路利用率低。

3. 环形拓扑结构

在环形拓扑结构中，各节点和通信线路连接形成的一个闭合的环，如图 1-12 所示。环中的数据按照一个方向沿环逐个节点传输，或顺时针方向，或逆时针方向。发送端发出的数据，经环绕行一周后，回到发送端，并由发送端将该数据从环上删除。任何一个节点发出的数据都可以被环上的其他节点所接收。FDDI 网络就采用了环形拓扑结构。

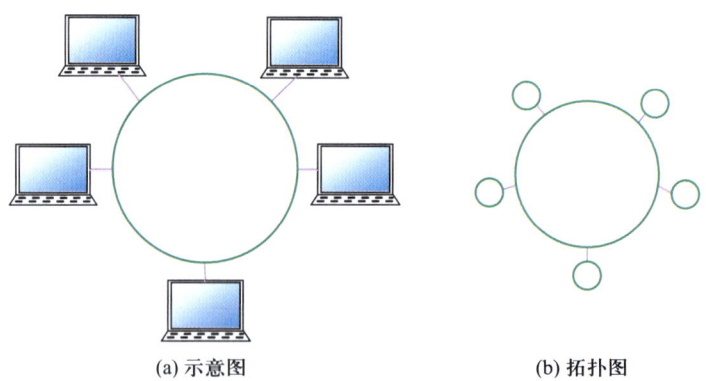

图 1-12
环形拓扑结构

(a) 示意图   (b) 拓扑图

环形拓扑结构具有结构简单、易于实现、传输时延确定和路径选择简单等优点。但是，环形拓扑结构中任何一个节点及连接节点的通信线路故障都有可能导致网络瘫痪，并且在这种拓扑结构中，节点的加入和删除过程也比较复杂，需要复杂的维护机制。有的网络采用具有自愈功能的双环结构，一旦一个节点不工作，网络自动切换到另一个环工作。此时，网络须对全网进行拓扑和访问控制机制的调整，较为复杂。

4. 树形拓扑结构

树形拓扑结构是一种分层结构，可以视为星形拓扑结构的一种扩展，适用于分级管理和控制的网络系统，如图1-13所示。树形拓扑结构一般适用于局域网中包含节点比较多的情况，通过增加中心节点可以实现中心节点的级联。与简单的星形拓扑结构相比，在节点规模相当的情况下，树形拓扑结构中通信线路的总长度较短，从而成本低，易于推广。树形拓扑结构也是局域网中应用广泛的一种形式。

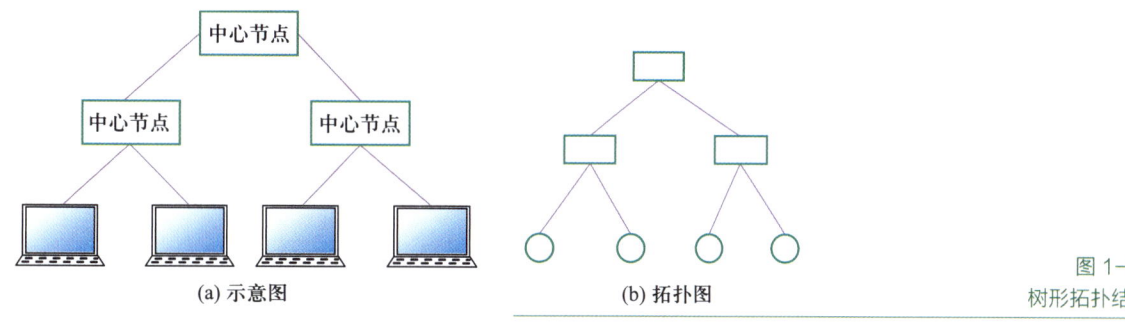

(a) 示意图　　　　　　　　　　　　　(b) 拓扑图

图 1-13
树形拓扑结构

5. 网状拓扑结构

这种结构中各节点通过传输线相互连接起来，如图1-14所示，并且任何一个节点都至少与其他两个节点相连，节点之间的连接是任意的，每个节点都可以由多条线路与其他节点相连，这样使得节点之间存在多条可选的路径，所以网状拓扑结构的网络具有较高的可靠性，但其实现起来费用高、结构复杂、不易管理和维护。如图1-14所示的中心节点之间就是使用了网状拓扑结构，保证网络各节点对服务器访问的可靠性。

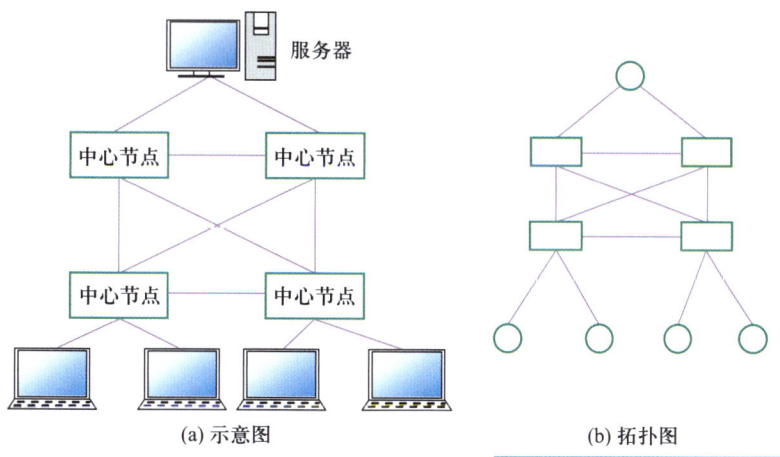

(a) 示意图　　　　　　　　　　　　　(b) 拓扑图

图 1-14
网状拓扑结构

网状拓扑结构可以充分、合理地使用网络资源，并且具有很高的可靠性。目前，实际存在和使用的广域网结构以及一些网络的核心层，基本上都采用了网状拓扑结构以提高服务的可靠性与传输质量。

6. 混合拓扑结构

一般来说，一个较大的网络不采用单一的网络拓扑结构，而是采用多种网络拓扑结构，从而充分发挥各种网络拓扑结构的优点，这就是混合拓扑结构。

1.2.3　按传输方式分类

1. 广播式网络

广播式网络（Broadcast Network）是指网络中的计算机或设备共享一条通信信道，如图 1-15 所示。广播式网络在通信时具备两个特点：一是任何一台计算机发出的信息都能够被其他计算机收到，接收到信息的计算机根据信息报文中的目的地址来判断是进一步处理收到的报文还是丢弃该报文；二是任何时间内只允许一个节点使用信道，从而在广播式网络中需要为信道争用提供相应的解决机制。

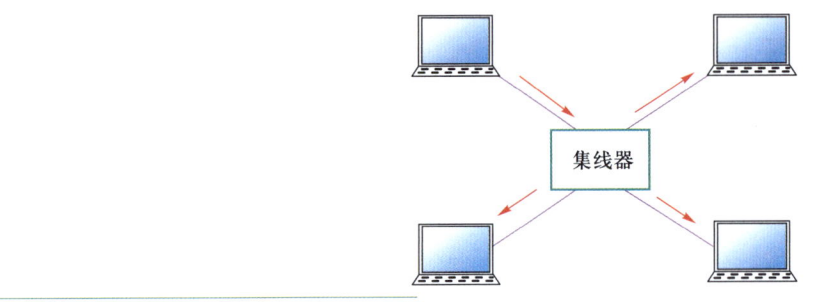

图 1-15
广播式网络

2. 点对点传播网络

点对点传播网络以点对点的连接方式，把各节点连接起来。节点间发送数据，只有固定的目的节点能够收到，其他节点收不到。如图 1-16 所示，这种传播方式主要用于广域网中，如广域网中路由器之间的数据传输。

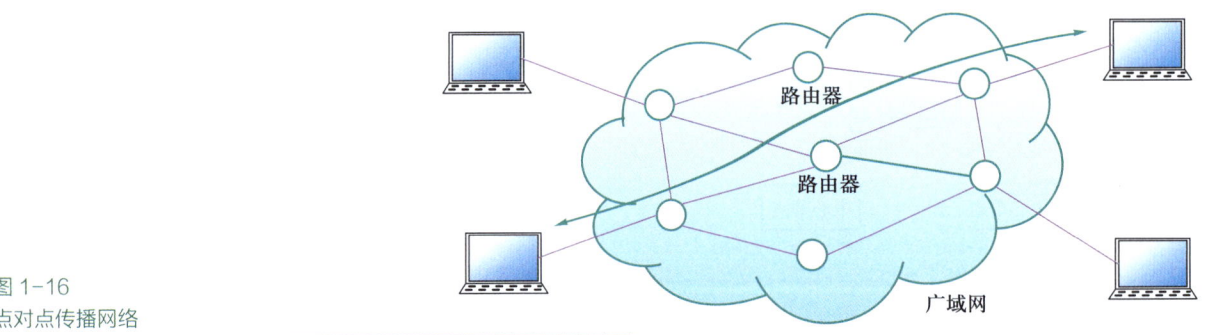

图 1-16
点对点传播网络

1.3　计算机网络结构与构成

1.3.1　层次化网络结构

一个优秀的网络结构有助于增强网络的性能、使网络更易于管理和实现，同时具备一定的网络吞吐能力，具有可管理性、高稳定性等特点。因此在网络规划时应遵循层次设计的思想，以简化网络的构建。通常网络设计分为核心层、汇聚层和接入层，如图 1-17 所示。其中，核心层提供网络节点之间的最佳传输通道；汇聚层提供基于策略的连接控制；接入层提供用户接入网络的通道。每一层都为网络提供了特定而必要的功能，通过各层功能的配合，从而构建一个功能完善的 IP 网。

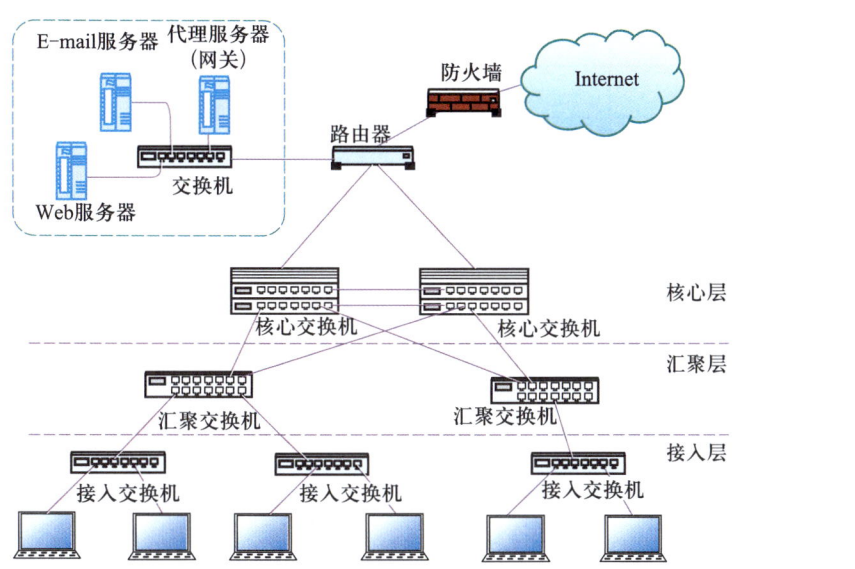

图 1-17
网络层次化结构设计

层次化的设计思想有以下优点：由于不同层次实现不同的功能需求，因此在网络设备、带宽线路等投资上，可进行针对性选择使用，节省费用；使每个功能实现要素都尽量简单，有助于对网络的理解，并使网络的管理职责分散到网络的不同层上，有助于控制网络的管理成本；当网络的特性等设计要素变化时，影响只限制在一个小范围内；同时，对于故障的处理、隔离等也可以在网络的小范围内进行，因此有助于识别网络故障点。

搭建一个网络环境需要各种各样的电缆和网络设备，如交换机、路由器、光纤等，见表 1-1。

设备类型	作用
网卡（NIC）	计算机接入网络的设备
中继器（Repeater）	在物理层上起到延长网络的作用
集线器（Hub）	可以连接终端的中继器
网桥（Bridge）/二层交换机（Switch）	从数据链路层上延长网络及接入终端设备
路由器（Router）/三层交换机（Switch）	在网络层上转发分组数据
网关（Gateway）	转换协议

表 1-1 网络搭建主要设备

1.3.2 传输介质

计算机之间相互通信的传输介质有很多种，总体可以分为有线传输介质和无线传输介质两大类。有线传输介质包括双绞线、光纤、同轴电缆、串行电缆等。无线传输介质可以分为电波、微波、蓝牙等不同类型的电磁波（详见第 3 章），每种传输介质的传输速率和应用场景各不相同，见表 1-2。

表 1-2   传输介质简介

网络类型	传输介质	传输速率	主要用途
以太网	同轴电缆	10 Mb/s	LAN
	双绞线电缆	10 Mb/s ～ 100 Gb/s	LAN
	光纤电缆	10 Mb/s ～ 100 Gb/s	LAN
无线	电磁波	数个 Mb/s	LAN、WAN
ATM	双绞线电缆 光纤电缆	25 Mb/s 155 Mb/s 622 Mb/s	LAN、WAN
FDDI	光纤电缆 双绞线电缆	100 Mb/s	LAN、MAN
帧中继	双绞线电缆 光纤电缆	约 64 b/s ～ 1.5 Mb/s	WAN
ISDN	双绞线电缆 光纤电缆	64 b/s ～ 1.5 Mb/s	WAN

1.3.3   主要网络设备

1. 网卡

微课 1-6
主要网络设备

网卡的全称是网络接口卡（Network Interface Card，NIC），也称网络适配器。无论是普通计算机还是高端服务器，只要连接到局域网，就都需要安装一块网卡，如图 1-18 所示。如果有必要，一台计算机也可以同时安装两块或多块网卡。网卡的主要工作是整理计算机发往网络的数据，并将其分解为适当大小的数据包之后向网络发送。每个网卡在出厂时都会被编制唯一的编号，称为物理地址（或称 MAC 地址），如 28-29-02-71-E8-19（详见第 4 章）。

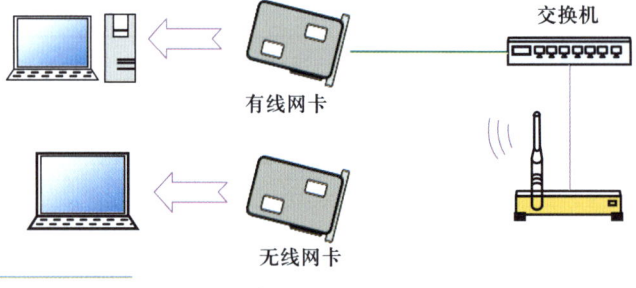

图 1-18
网卡

2. 中继器 / 集线器

中继器（Repeater）是在 OSI 参考模型中的物理层上延长网络的设备。信号在电缆中传输会有衰减，为保持信号强度，通常由中继器将电缆传过来的电信号或光信号进行波形调整和放大，再传给另一个电缆，如图 1-19 所示。一般情况下，中继器的两端连接的是相同的通信媒介，但有的中继器也可以完成不同媒介之间的转接工作。例如，可以在同轴电缆与光缆之间调整信号。但中继器不能在传输速率不同的媒介之间转发。

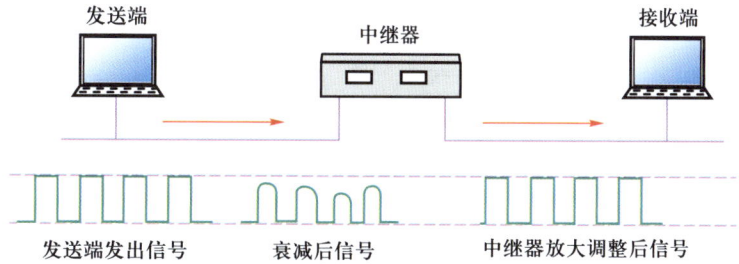

图 1-19
中继器作用

通过中继器进行的网络延长的距离并非可以无限扩大。例如，一个带宽为 10 Mb/s 的以太网最多可以用 4 个中继器分段连接，而一个带宽为 100 Mb/s 的以太网则最多只能连接两个中继器。

有些中继器可以提供多个端口服务。这种中继器称为中继集线器或集线器。因此，集线器也可以看成多口中继器。集线器采用的是广播式传输数据方式，即当一个连接在集线器上的终端发送传输数据时，连接在集线器上的其他设备会同时收到这个数据，如图 1-15 所示。

3. 网桥 / 二层交换机

网桥和二层交换机是在 OSI 参考模型的第 2 层（数据链路层）上连接两个网络的设备。它能够识别数据链路层中的数据帧，并将这些数据帧临时存储于内存，再重新生成信号作为一个全新的帧转发给相连的另一个网段。由于能够存储然后转发这些数据帧，因此它们能够连接两个传输速率完全不同的网络，并且不限制连接网段的个数。

网桥和交换机能够实现一对一的转发方式，这是因为它们内部保存了一张地址表，存放的是所连接终端的物理地址与连接端口的映射关系。如图 1-20 所示，主机 A 与主机 B 之间进行通信时，会根据地址表从 E2 端口只针对主机 B 发送数据帧。

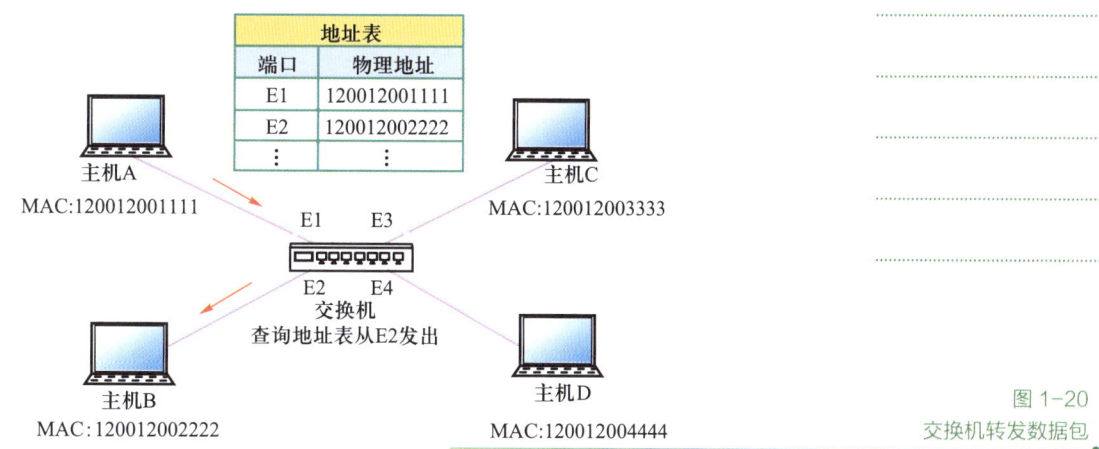

图 1-20
交换机转发数据包

4. 路由器 / 三层交换机

路由器和三层交换机是在 OSI 模型的第三层（即网络层）上连接两个网络并对分组报文进行转发的设备，如图 1-21 所示。网桥根据物理地址（MAC 地址）进行处理，而路由器 / 三层交换机根据 IP 地址选择数据转发的链路。TCP/IP 中网络层的地址是 IP 地址（详见第 5 章）。

笔记

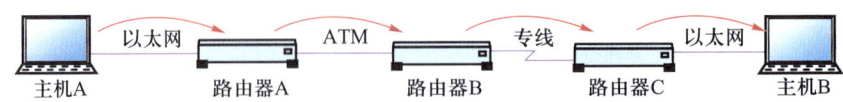

路由器可以连接不同的数据链路。例如，连接两个以太网，或者连接一个以太网与一个 FDDI。人们在家或办公室里连接互联网时所使用的无线路由器也是路由器的一种。路由器还有分担网络负荷的作用，甚至有些路由器具备一定的网络安全功能。因此，在连接网络的设备当中，路由器起着极为重要的作用。

【实践与体验】　计算机网络软件体验

在计算机网络的学习过程中，有两个比较常用的软件可以帮助读者了解计算机网络的相关原理。本节主要介绍 Wireshark 和 Packet Tracer 的基本操作方法。

1. Wireshark 的使用方法

微课 1-7
Wireshark 的使用方法

Wireshark 是一个网络协议抓包分析软件，主要功能是抓取网络数据包，并尽可能显示最为详细的网络封包信息。以下是 Wireshark 的基本使用方法。

（1）软件安装完成启动软件后，界面如图 1-22 所示。在左侧"抓包"列表中显示"接口列表"和"抓包参数"等信息。如果要抓包，需要选择抓包的接口（图 1-22 中②处），双击该接口便启动了抓包功能。也可以单击工具栏中最左侧的按钮来选择抓包接口（图 1-22 中①处），然后单击"开始"按钮开始抓包。

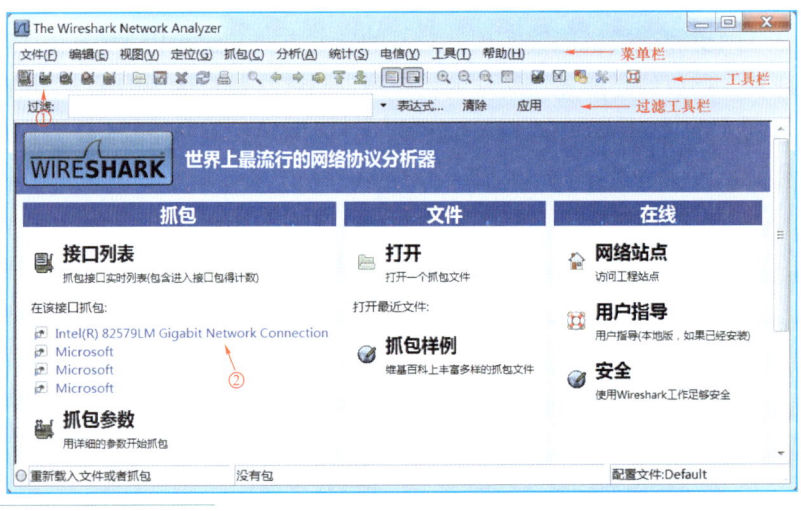

图 1-22
Wireshark 的启动界面

（2）开启抓包后，运行一些网络应用，Wireshark 便会把经过网卡接口的数据包捕获下来，如图 1-23 所示。如果要停止抓包，则单击图 1-23 中①处"停止正在运行的抓包"按钮。

（3）如图 1-23 所示，抓取的数据分 3 个区显示，抓取的每一条数据罗列在数据列表区中，选中列表区的一条数据，其详细信息显示在数据包封装明细区，该区域显示的是数据包的组成结构，数据包的二进制数据显示在数据区中。

（4）如果抓取的数据包过多，可以采用过滤的方式筛选出想要的数据，如图 1-24 所示，在"过滤"框中输入过滤的字段，单击"应用"按钮便可实现数据包的过滤。

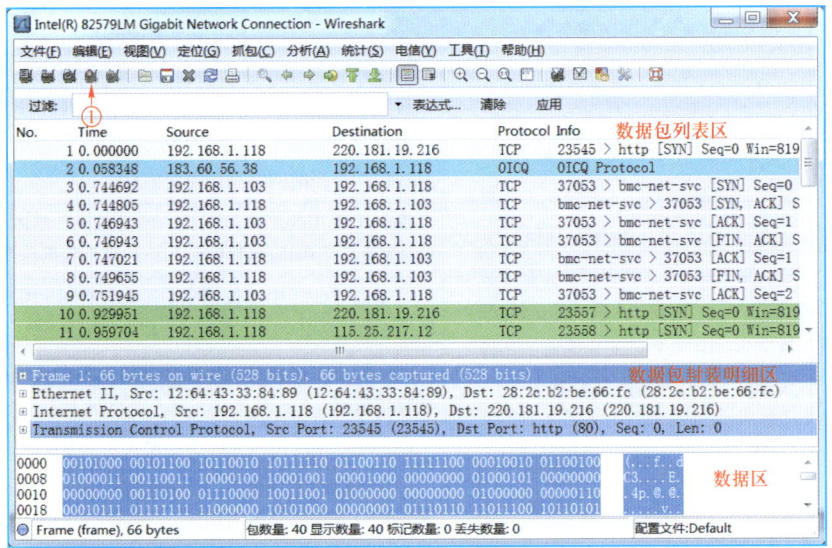

图 1-23
数据包抓取界面

图 1-24
数据包过滤

2. Packet Tracer 的使用方法

Packet Tracer 是计算机网络初学者常用的辅助学习工具，其可以为设计、配置、排除网络故障提供模拟学习环境。用户可以在软件的图形用户界面上用直接拖动的方法建立网络拓扑，并可通过软件查看数据包在网络中行进的详细处理过程，观察网络实时运行情况。

（1）软件安装完成后，启动软件，打开的界面如图 1-25 所示，各区域功能见表 1-3。

微课 1-8
Packet Tracer 的使用
方法

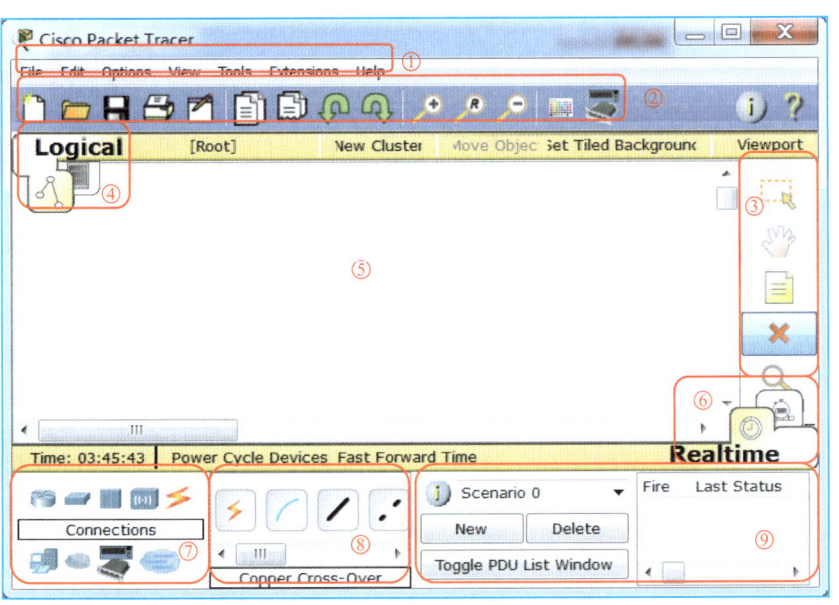

图 1-25
Packet Tracer 的启动界面

编号	区域名称	主要功能
①	菜单栏	有文件、选项和帮助按钮，在此可以找到一些基本的命令，如打开、保存、打印和选项设置，还可以访问活动向导
②	主工具栏	提供了文件菜单中命令的快捷方式，可以单击右边的网络信息按钮，为当前网络添加说明信息
③	常用工具栏	提供了常用的工作区工具，包括选择、整体移动、备注、删除、查看、添加简单数据包和添加复杂数据包等
④	逻辑/物理工作区转换栏	可以通过此栏中的按钮完成逻辑工作区和物理工作区之间的转换
⑤	工作区	此区域中可以创建网络拓扑，监视模拟过程并查看各种信息和统计数据
⑥	实时/模拟转换栏	通过此栏中的按钮完成实时模式和模拟模式之间的转换
⑦	设备类型库	包含不同类型的设备，如路由器、交换机、集线器、无线设备、连线、终端设备等
⑧	特定设备库	包含不同设备类型中不同型号的设备，它随着设备类型库的选择级联显示
⑨	用户数据包窗口	管理用户添加的数据包，并查看数据通信状态

表 1-3　Packet Tracer 各区域功能

（2）接下来通过搭建一个简单的局域网来介绍 Packet Tracer 的使用方法。首先在设备类型库中选择交换机，在特定设备库中单击"2960"交换机，然后在工作区中单击就可以把交换机添加到工作区中了。选择"终端设备（End Devices）"库，用同样的方法再添加 4 台主机，如图 1-26 所示。注意：可以按住 Ctrl 键再单击相应设备以连续添加设备。

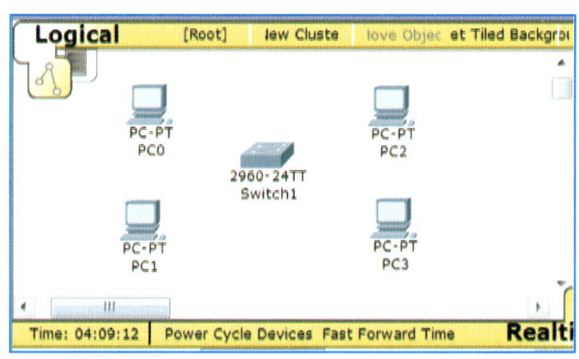

图 1-26
在工作区中添加网络设备

（3）选取合适的线型将设备连接起来。可以根据设备间的不同接口选择特定的线型来连接，如果只是想快速地建立网络拓扑而不考虑线型选择，可以选择自动连线，如图 1-27 所示，选择特定设备库中第一个闪电形状的图标。

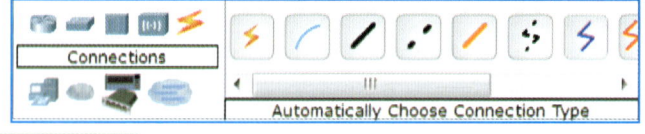

图 1-27
线路选择

（4）在选取线路后，分别单击主机和交换机可实现设备的连接，如图 1-28 所示。双击每一台计算机，在弹出的窗口中双击"Desktop"菜单下的"IP Configuration"选项，在每台主机的"IP Address"栏分别填写 192.168.1.1 ～

192.168.1.4 中的地址，然后单击"Subnet Mask"框自动补齐相应数值，如图 1-29 所示，这样，主机就配置完成了。

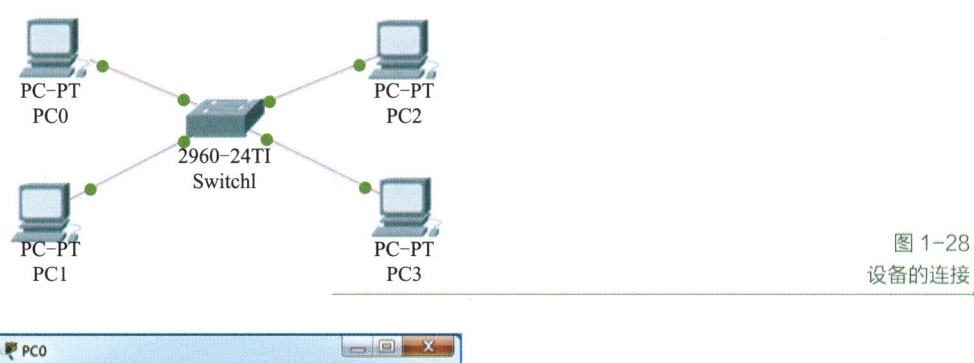

图 1-28
设备的连接

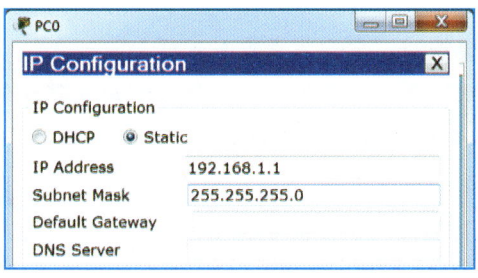

图 1-29
IP 地址配置

（5）返回主窗口，单击常用工具栏中的"Add Simple PDU"按钮  后分别单击两台主机，这相当于从一台主机发送了一个数据包到另一台主机。发送完成后会在用户数据包窗口中看到发送成功的信息，如图 1-30 所示。

图 1-30
发送成功后的信息

【实训】 计算机网络常用软件操作

实训文档：
实训 计算机网络常用软件操作

习 题 1

文本：
习题参考答案

一、选择题

1. 计算机网络的主要目标是（   ）。

    A. 数据处理   B. 文献检索

    C. 协同工作   D. 资源共享与信息传输

2. 被公认的第一个真正意义上的计算机网络是（   ）。

    A. ARPANet   B. CSNet

    C. WAN   D. NSFNet

3. 以下不属于通信子网的是（   ）。

    A. 通信设备   B. 传输介质

    C. 服务器   D. 通信控制处理机

4. 计算机网络是由（   ）相结合而形成的一种新的通信形式。

A. 计算机技术与通信技术　　　　　B. 计算机技术与电子技术

C. 计算机技术与电磁技术　　　　　D. 电子技术与电磁技术

5. 计算机网络的特点不包括（　　　）。

A. 计算机之间及用户间相互通信

B. 实现软硬件及数据等资源的共享

C. 计算机之间或用户间协同工作

D. 实现网络数据安全传输

6. 下列关于星形拓扑结构的描述中，错误的是（　　　）。

A. 结构简单，组网容易

B. 控制相对简单，维护起来比较容易

C. 集中控制，中心节点负载较轻

D. 受故障影响的设备少，能够较好地处理通信介质故障

7. 以下不属于局域网特点的是（　　　）。

A. 有限的地理范围　　　　　　B. 通常具有较好的性能

C. 易于建立、管理和维护　　　D. 覆盖范围较广

8. 目前，实际存在与使用的广域网基本都是采用（　　　）结构。

A. 星形拓扑　　　　　　　　　B. 总线型拓扑

C. 环形拓扑　　　　　　　　　D. 网状拓扑

9. 一般常说的广域网、城域网、局域网是按照（　　　）方法来区分的。

A. 通信类型　　　　　　　　　B. 地理范围

C. 管理方式　　　　　　　　　D. 组织方式

二、简答题

1. 简述计算机网络结构及其作用。

2. 简述计算机网络的应用领域。

3. Internet 的发展大致分为哪几个阶段？请指出这几个阶段的主要特点。

4. 常见的网络拓扑类型有哪些？请分别描述其特点。

5. 请查找资料简述网络中常用的网络设备种类、工作方式及特点。

模块 2

网络体系结构
与网络协议

20 世纪 70 年代可谓是计算机网络领域的"春秋战国"时代，市面上各式各样的计算机并存，它们或来自不同厂商，或拥有迥异的体系结构，或运行着五花八门的操作系统，彼此间难以直接通信。这种局限性严重影响了网络通信的广泛性与多样性，不同架构的计算机与异构网络之间仿佛有重重隔阂。为打破这一壁垒，实现任意两台计算机之间的自由通信，一个关键性的解决方案应运而生——构建统一的网络体系结构与制定通用的网络协议。这就好像为各种计算机配备了一套共通的语言与交通规则，使它们能够忽视品牌、架构、系统差异，遵循相同的信息交换准则，从而畅通无阻地交换信息。

接下来，我们将一同深入计算机网络体系结构的"腹地"，探寻分层通信的秘密所在，并揭示网络协议如何引导数据在网络中精准、高效地穿梭通行。通过这一探索之旅，我们可以更加深刻地理解"正是由于这些分层结构和协议共同编织出了一张覆盖全球的通信大网，我们的数字生活才能变得如此丰富多彩"。

1. 知识目标

（1）掌握网络体系结构的基本概念，了解分层设计的思想和意义。

（2）理解 OSI 参考模型各层的功能和作用。

（3）理解 TCP/IP 体系结构每层的主要功能和关键协议。

（4）熟悉 TCP/IP 体系结构与 OSI 参考模型之间的对应关系，能够解释两者之间的异同。

（5）认识常见的网络协议，如 IP、TCP、UDP 等，了解它们在网络通信中的作用。

2. 能力目标

（1）能够根据网络体系结构的层次模型，分析网络通信过程中数据的流动和变化。

（2）能够使用网络协议分析工具来观察和分析网络数据包。

（3）能够解释网络设备和应用程序是如何利用不同的网络协议进行通信的。

（4）能够在实际问题中识别和选择合适的网络协议来解决通信需求。

3. 素养目标

（1）培养逻辑思维能力和系统分析能力，以便更好地理解复杂的网络系统。

（2）提升实际问题的解决能力，能够独立面对和解决网络通信中出现的问题。

（3）激发创新意识和探索精神，鼓励提出网络改进想法。

（4）培养团队协作精神，促进共同学习进步。

网络体系结构如同大厦的框架，稳固地支撑着整个网络世界；网络协议则是这个世界中流通的"语言"，确保各种设备和系统能够顺畅地交流。深入探究网络体系结构与网络协议，不仅是掌握计算机网络核心技术的关键，更是理解现代信息网络运作机制的基础。通过接下来的学习，我们将洞悉网络是如何构建的，数据是如何传输的，以及设备间通信的奥秘。

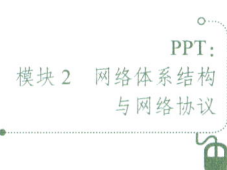

PPT：
模块 2　网络体系结构
与网络协议

2.1　网络协议

2.1.1　协议的必要性

协议是计算机与计算机之间通过网络通信时事先达成的一种"约定"。一个协议就是一组控制数据传输的规则，这些规则明确地规定了所交换数据的格式和时序。那些由不同厂商、不同操作系统组成的计算机只要遵循相同的协议就能实现相互通信。总结来说网络协议就是为网络数据交换而制定的规则、约定和标准。

下面通过简单的例子了解协议在网络中的含义，图 2-1 所示，假如有 A 和 B 两个人，A 只会说汉语，而 B 只会说英语，那么他们是无法进行沟通的，因为语言不通。如果 A 还会说英语，那么 A 就可以使用英语与 B 进行交流。在这个案例中，A 和 B 相当于网络中的两台主机，汉语和英语相当于通信的协议，只有协议一致时它们才可以互相通信。

微课 2-1
网络协议

图 2-1
语言与协议类比举例

网络通信也是如此，如果网络中的计算机想要实现通信，前提是它们必须运行相同的协议，要知道对方发过来的数据如何解析，按照何种格式解析。

网络协议主要由 3 个要素组成。

语义：用于解释传输数据每一部分的含义。它规定了需要发出何种控制信息以及完成的动作与响应。例如，对于报文，它由什么部分组成，哪些部分用于控制数据，哪些部分是真正的通信内容。这就是协议的语义问题，通俗地讲就是要做什么。

语法：是用户数据与控制信息的结构与格式，以及数据出现顺序的意义，表示要怎么做。例如，报文中内容的组织形式，报文中内容的顺序、形式等就是协议的语法问题。

时序：又称同步，协议定义了何时进行通信、先讲什么、后讲什么、讲话的速度等，这就是时序问题，即对事件实现顺序的详细说明，表示要什么时候做。例如，在双方进行通信时，发送端发出一个数据报文，如果目标端正确收到，则

回答源端接收正确；若接收到错误的信息，则要求源端重发一次。

2.1.2　协议的分层

　　计算机网络的通信是一个非常复杂的过程，可以设想一个简单的例子，如果在网络中连接的两台计算机要互相传送文件，其要完成多方面的工作，如完成数据的封装、数据信号的转换，并保证信号能够在传输线路上正确发送和接收等，如图 2-2 所示。

动画：
网络通信过程

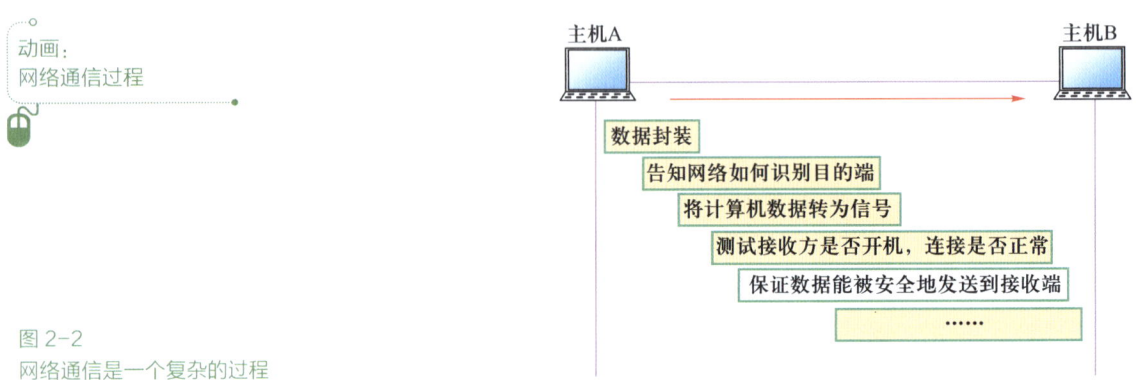

图 2-2
网络通信是一个复杂的过程

　　为了减少网络协议的复杂性，网络设计者采用分层的方法设计网络协议。所谓分层，就是按照信息的流动过程将网络通信的整体功能分解为一个个子功能层，位于不同系统上的相同功能层之间按相同的协议进行通信，同一系统上下相邻的功能层之间通过接口进行信息传递。

　　为了便于理解协议分层的概念，以邮件邮寄的过程为例，具体说明协议的分层过程和方法。如果对整个邮寄过程进行细分，根据完成任务的不同，可以将该通信过程划分为以下几层，如图 2-3 所示。

动画：
邮件传输过程模型

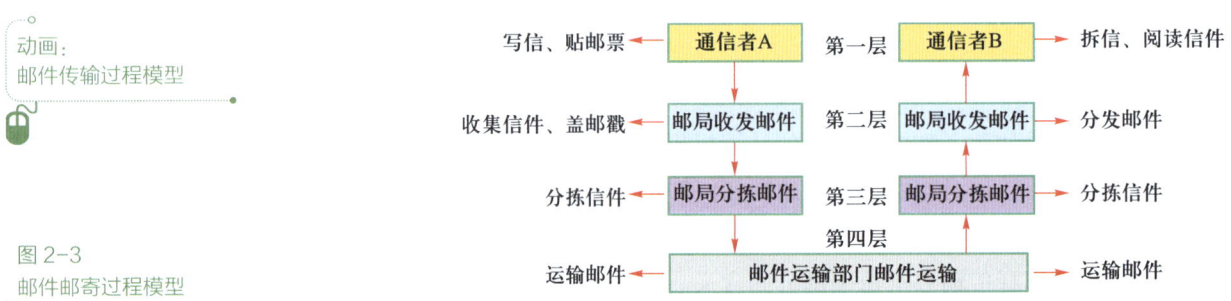

图 2-3
邮件邮寄过程模型

　　在这个模型中，处于第 1 层的是通信者，他们在写信时要约定信件的格式和内容。首先，写信时必须采用双方都懂的语言文字和文体，开头是对方称谓，最后是落款等。这样，通信的接收者收到信后，才可以看懂信中的内容，知道是谁写的、什么时候写的等。这些可以看成第 1 层的协议。

　　信写好之后，必须将信封装并交由邮局寄发，这样寄信人和邮局之间也要有约定：规定信封写法并贴邮票。在我国寄信必须先写收信人地址、姓名，然后写寄信人的地址和姓名，这些就组成了第 2 层的协议。

　　邮局收到信后，首先进行信件的分拣和分类，然后交付有关运输部门进行运输，如航空信交民航，普通信件交铁路或公路运输部门等，这些属于第 3 层的协议。

最后，邮局和运输部门也有约定，如到站地点、时间、包裹形式等，这些属于第 4 层的协议。

信件运送到目的地后进行相反的过程，最终将信件送到收信人手中，收信人依照约定的格式才能读懂信件。

层次是人们对复杂问题的一种基本处理方法。当人们遇到一个复杂问题的时候，通常习惯将其分解为若干个小问题，再一一进行处理。在计算机网络中，每个节点都划分为相同的层次。不同节点的相同层次具有相同的功能，这些都与邮政系统情况类似。

2.1.3 网络体系结构分层

微课 2-3
网络体系结构分层

将分层的思想或方法用于计算机网络中，就产生了计算机网络的基本分层模型。计算机网络中的每台机器可以抽象为若干层，每层实现一种相对独立的功能，就像邮件系统一样，通信者这一层只实现写信、贴邮票的功能，不需要实现其他层的功能，如图 2-4 所示。

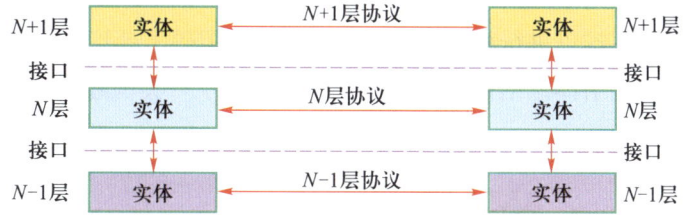

图 2-4
网络体系结构分层模型

功能完整的计算机网络系统需要使用复杂的协议集合，计算机网络的各层及其协议的集合称为网络的体系结构。它主要由两方面组成：一方面是网络层次结构模型，另一方面是各层的协议。

1. 分层结构的特点

① 网络中各节点都有相同的层次，每一层应有明确的功能定义，功能尽量局部化。

② 同一节点内相邻层之间通过接口通信，每一层使用下层提供的服务，并向其上层提供服务。

③ 不同节点的同等层具有相同的功能，并按照协议实现对等层之间的通信。

2. 实体与对等实体

每一层中，用于实现该层功能的活动元素称为实体，包括该层实际存在的所有硬件与软件，如终端、电子邮件系统、应用程序和进程等。不同机器上位于同一层次、完成相同功能的实体称为对等实体。如图 2-3 中，通信者 A 和通信者 B 就属于实体，由于实现的功能相同，又称其为对等实体。

3. 服务

在网络分层结构模型中，每一层为相邻的上一层所提供的功能称为服务。N 层使用 $N-1$ 层所提供的服务，同时又向 $N+1$ 层提供功能更强大的服务。N 层使用 $N-1$ 层所提供的服务时并不需要知道 $N-1$ 层所提供的服务是如何实现的，而只需要知道下一层可以为自己提供什么样的服务以及通过什么形式提供。N 层向

笔 记

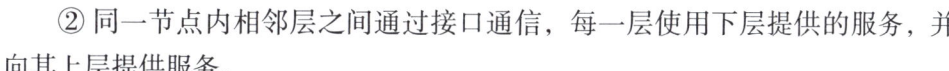

$N+1$ 层提供的服务通过 N 层和 $N+1$ 层之间的接口来实现。

4. 接口

接口就是同一节点内，相邻层之间交换信息的连接点。在网络中，同一节点内的各相邻层之间都应有明确的接口，高层通过接口向低层提出服务请求，低层通过接口向高层提供服务。只要接口条件不变、低层功能不变，低层功能的具体实现方法与技术的变化不会影响整个系统的工作。

2.1.4   协议标准化

微课 2-4
协议标准化

在计算机网络的发展历史中，曾出现过多种不同的计算机网络体系结构，其中包括 IBM 公司在 1974 年提出的 SNA（系统网络结构）模型、DEC 公司于 1975 年提出的 DNA（分布型网络的数字网络体系）模型等。这些由不同厂商自行提出的专用网络模型，在体系结构上差异很大，甚至相互之间互不兼容，更谈不上运用不同厂商的产品将网络相互连接起来以构成更大的网络系统。体系结构的专用性实际上代表了一种封闭性。在 20 世纪 70 年代末至 80 年代初，一方面，计算机网络规模与数量急剧增长；另一方面，许多按不同体系结构实现的网络产品之间难以进行相互连接的操作，严重阻碍了计算机网络的发展。于是，关于计算机网络体系结构的标准化工作被提上了有关国际标准组织的议事日程（如图 2-5 所示）。

动画：
协议标准化

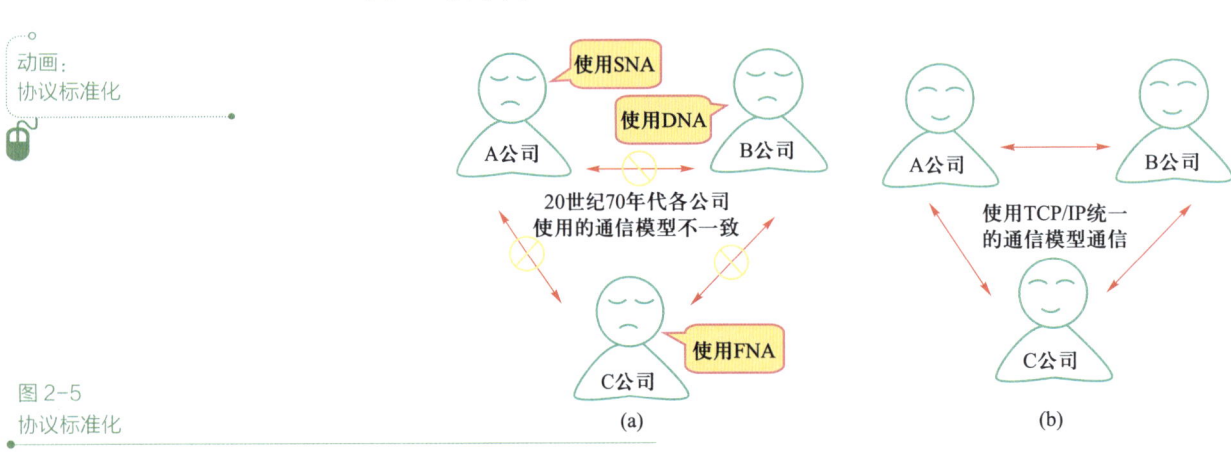

图 2-5
协议标准化

1979 年，ISO 成立了一个分委员会来专门研究一种用于开放系统的计算机网络体系结构，并于 1983 年正式提出了开放式系统互联（Open System Interconnection，OSI）参考模型，简称 OSI/RM。这是一个定义连接不同种类计算机的标准体系结构，所谓开放是指任何计算机系统只要遵守这一国际标准，就能同其他位于世界上任何地方的、也遵守该标准的计算机系统进行通信。现在，OSI 所定义的协议虽然没有得到普及，但是在 OSI 协议设计之初作为其指导方针的 OSI 参考模型却常常被用于网络协议的制定当中。

在同一时期，ARPANet 中的一个研究机构研发出了 TCP/IP。TCP/IP 作为互联网上的一种标准，已经成为全世界广泛应用的通信协议。协议的标准化也使所有遵循标准协议的设备不再因计算机硬件或者操作系统的差异而无法通信。因此，协议的标准化也推动了计算机网络的普及。

2.2　OSI 参考模型

2.2.1　OSI 参考模型的基本概念

OSI 参考模型也称 OSI/RM，是 Open System Interconnection Reference Model 的缩写，即开放式系统互联参考模型。

OSI 参考模型是对发生在网络中两个节点之间过程的理论化描述，它并不规定支持每一层的硬件或软件，但有关网络的每件事均能对应于模型中的一层。因此，学习计算机网络时不仅应了解各层的名字，而且应了解它们的功能以及层与层之间相互作用的方法。在 OSI 中，此标准称为"开放"的含义如下。

① 表示这是一个公开的标准，所有的内容细节都向所有希望知道的人们公开。

② 表示这是一个"外部"标准，不需要每个使用这个标准的系统改变自己内部的数据表示和处理过程，只要遵守了这个标准就可以和其他任何遵守该标准的网络进行通信。

"参考"模型是指这不是一个强制性的标准，可以遵照执行，也可以不予理会。只要遵照同一标准的系统之间能够达到互联互通的目的即可。

参考模型之所以称为"模型"是因为它仅仅提出了对于系统的体系结构、服务定义和协议规格说明的描述，并没有提出任何具体协议，也没有给出任何具体实现方法。

由于这个协议相当完美，所以实现这样一个协议是一个相当庞杂的任务。迄今为止，世界上还没有任何一个厂商或者组织真正实现了这个参考模型。这个参考模型对人们研究相关协议提供了一个很好的参考，人们提到网络体系结构时都要说到 OSI 模型；也正因为如此，作为一种参考模型和完整体系，它对计算机网络技术的标准化、规范化发展具有非常重要的指导意义。

2.2.2　OSI 参考模型的结构

OSI 参考模型将网络结构划分为物理层、数据链路层、网络层、传输层、会话层、表示层和应用层，简称七层模型，如图 2-6 所示。

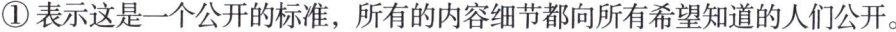
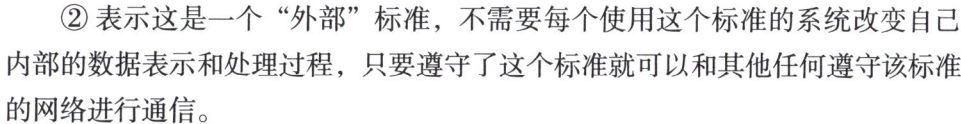

7	应用层	
6	表示层	面向用户应用
5	会话层	
4	传输层	
3	网络层	面向数据通信
2	数据链路层	
1	物理层	

图 2-6
OSI 参考模型七层结构

笔 记

OSI 参考模型划分层次的主要原则如下。

① 协议的主要目的是将异构系统互联互通。为此，将完成这个任务所需的功能划分为若干层次，不同节点的相同层次具有机同的功能。

② 每一层都具有独立性，每一层完成协议为其所定义的功能，修改某一层次的功能仅仅影响该层次对于任务完成的质量，并不影响其他层次。

③ 每一层使用下层为其提供的服务，并向上层提供服务，且仅限于向其上层提供服务，层次之间通过相邻层次之间的接口进行通信。

在 OSI 参考模型的层次结构中，上三层是面向用户应用的，即它们面向的是用户的应用程序，主要由操作系统来完成这三层的功能。下四层是面向数据通信的，即它们定义数据如何在网络传输介质之间传送以及数据如何通过网络传输介质和网络设备传输到期望的终端。OSI 参考模型中每一层的功能见表 2-1。

表 2-1 OSI 参考模型各层功能简介

层次	层次名称	英文名称	主要功能简介
7	应用层	Application Layer	为应用程序提供服务并规定应用程序中通信的相关细节。包括文件传输、电子邮件、远程登录等协议
6	表示层	Presentation Layer	主要负责数据的转换。对原站点内部的数据结构进行编码，形成使用与传输的比特流，到了目的站再进行解码，转换成用户所要求的格式并保持数据的意义不变
5	会话层	Session Layer	通信管理。负责建立和断开通信连接，以及数据的分割等数据传输相关管理
4	传输层	Transport Layer	管理两个节点间的数据传输。在网络层通信网络建立的基础上，完成端到端通信链路的建立、维护和管理
3	网络层	Network Layer	分组传送、路由选择和流量控制，主要用于实现端到端通信系统中间节点的路由选择
2	数据链路层	Data Link Layer	通过一些数据链路层协议和链路控制规程，在不太可靠的物理链路上实现可靠的数据传输
1	物理层	Physical Layer	实现相邻计算机节点之间比特数据流的透明传送，尽可能屏蔽具体传输介质和物理设备的差异

1. 物理层（Physical Layer）

物理层定义了通信网络之间物理链路的电气或机械特性，以及激活、维护和关闭这条链路的各项操作。物理层特征参数包括电压、数据传输速率、最大传输距离、物理连接媒体等。物理层在数据终端设备、数据通信和交换设备等之间完成对数据链路的建立、保持和拆除等操作。

物理层负责 0、1 的比特（bit，即位）流与电压（高电平、低电平）或光等传输方式之间的互换，实现的是按位传输，保证按位传输的正确性，并向数据链路层提供一个透明的比特流传输，如图 2-7 所示。

微课 2-6
OSI 参数模型各层的功能

主机A　　　　　　　　主机B

010101　→　　　　　　→ 010101

图 2-7
物理层比特流与电子信号之间的转换

2. 数据链路层（Data Link Layer）

数据链路层是 OSI 参考模型中的第 2 层，位于物理层和网络层之间，主要负责物理层面上互联的、节点之间的通信传输。数据链路层利用物理层的服务，在通信的实体间透明地传输以"帧"为单位的数据单元，并采用差错控制和流量控制方法建立可靠的数据传输链路。透明性是指该层上传输的数据的内容、格式及编码没有限制，也没有必要解释信息结构的含义；可靠的传输使用户免去对丢失信息、干扰信息及顺序不正确等错误的担心。在数据链路层中用纠错码来检错与纠错。数据链路层是对物理层传输原始比特流功能的加强，将物理层提供的可能出错的物理连接改造成为逻辑上无差错的数据链路，使之对网络层表现为无差错的线路，如图 2-8 所示。

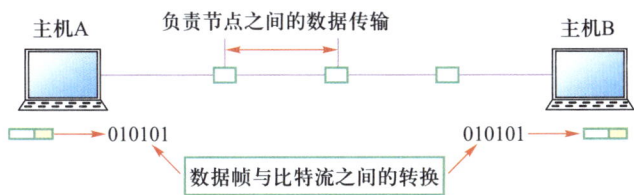

图 2-8
数据链路层功能

　　帧是按一定规则编制而成的比特流，换句话说就是将 0、1 序列划分为具有意义的数据帧，每一个数据帧中包括发送方和接收方的网络地址以及纠错和控制信息等内容。

3. 网络层（Network Layer）

　　网络层是 OSI 参考模型的第 3 层，该层传输以"分组"为单位的数据单元，主要完成目标寻址、路由转发等功能。当数据发送到网络上后，由于网络是错综复杂的，要想传输到目的地，需要解决的关键问题是选择路径。路径既可以是固定不变的，也可以是根据网络的负载情况动态变化的，如图 2-9 所示。因此，路径选择是网络层的一个重要功能。另外一个要解决的问题是防止网络中出现局部的拥挤或全面的阻塞，因此，网络层通过综合考虑发送优先权、网络拥塞程度、服务质量和可选路由的花费来决定从一个网络中节点 A 到另一个网络中节点 B 的最佳路径。

动画：
网络层主要负责路由
寻址

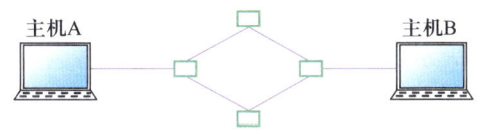

网络层负责选择一条路径将数据传送到目的端

图 2-9
网络层主要负责路由寻址

　　物理层、数据链路层和网络层是七层协议的基础层次，也是目前最成熟的层次。无论是在广域网上的数据传输还是在局域网上的数据传输，都以这几个层次为基础。

　　物理层主要是针对传输介质的，保证比特传输；数据链路层是在物理层的基础上针对链路上的数据帧的；网络层是依据路由选择针对网络的。

4. 传输层（Transport Layer）

　　传输层负责在两个节点之间已经建立通信链路的基础上，实现节点间的端到端的传输，确保数据被可靠地传送到目标地址，如图 2-10 所示。计算机的终端是通过端口来区分每一个应用程序进程的。因此，可以说传输层的任务是向两个

动画：
传输层负责端到端的
传输

主机中进程之间的通信提供数据传输服务。传输层可以把收到的信息按照端口交付给上层中相应的进程。

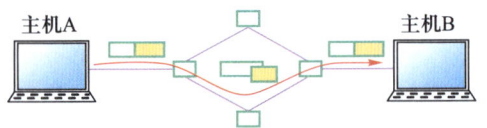

传输层负责端到端的传输，并确定是否有数据丢失

图 2-10
传输层负责端到端的传输

传输层主要提供主机应用程序进程之间的端到端的服务，其基本功能有分割与重组数据、按端口号寻址、连接管理、差错控制和流量控制等。

传输层要向会话层提供可靠的通信服务，避免报文的出错、丢失、延迟时间紊乱、重复、乱序等差错。

5. 会话层（Session Layer）

会话层的主要功能是管理和协调不同主机上各种进程之间的通信（对话），即负责建立、管理和终止应用程序之间的会话，如图 2-11 所示。用户之间进行数据传输可以理解为用户之间进行对话，在传输层建立端到端连接的基础上，会话层在对话用户之间建立和释放会话连接，确保会话过程的连续性以及管理数据交换等。会话的服务过程分为会话连接建立阶段、数据传送阶段以及会话连接释放阶段。例如，一个交互的用户会话以登录到计算机开始，以注销结束。

会话层负责建立、管理和终止应用程序之间的会话

图 2-11
会话层的功能

会话层的校验点可使通信会话在通信失效时从校验点恢复通信。这种能力对于传送大的文件极为重要。

6. 表示层（Presentation Layer）

表示层的作用是提供一个可供应用层选择的服务的集合，使得应用层可以根据这些服务功能解释数据的含义，它如同应用程序和网络之间的"翻译官"，如图 2-12 所示。表示层以下各层只关心如何可靠地传输数据，而表示层关心的是所传输的数据的表现方式，即其语法和语义。表示服务的例子有统一的数据编码（整数、浮点数的格式，以及字符编码等）、数据压缩、解压缩、加解密技术等。

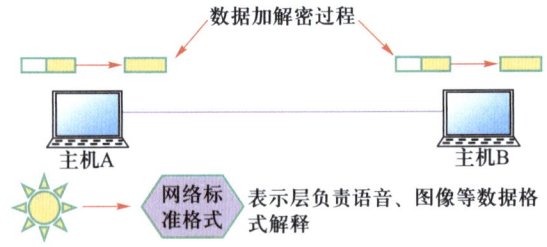

数据加解密过程

表示层负责语音、图像等数据格式解释

网络标准格式

图 2-12
表示层的功能

如在 Internet 上查询银行账户，使用的是一种安全连接，账户数据在发送前被加密，在网络的另一端，表示层将对接收到的数据解密。除此之外，表示层协议还对图片和文件格式信息进行解码和编码。

7. 应用层（Application Layer）

应用层是 OSI 参考模型的最高层，即第 7 层，它提供用户应用程序和网络之间的接口，其主要功能用一句话表示为"直接向用户提供服务，完成用户希望在网络上完成的各种工作"。应用层确定进程之间通信的性质以满足用户的需要，因此，这一层的主要功能是负责网络中应用程序与网络操作系统之间的联系，包括建立与结束使用者之间的联系、监督、管理相互连接起来的应用系统和所使用的应用资源。同时，应用层还为用户提供各种服务，包括文件传送、远程登录及网络管理等。

2.2.3 OSI 参考模型通信处理过程

计算机利用协议进行相互通信。根据设计准则，网络中的两个不同设备进行通信时，同等层次通过附加该层的信息头来进行相互通信。正如寄信时要在信纸外面套上信封并填写地址、邮编等信息后收件人才能收到信一样，数据在发送时必须按照一定的格式在数据前面加上头部，仅有数据本身是无法在复杂的网络中传输的。数据头部一般包括发送方和接收方信息，并且由于应用层的数据量比较大（如一个文件、视频等），因此往往要将发送的数据分割为若干个数据块，再加上数据头部生成若干个数据包发送，这样生成的数据包便于在网络中传送，即便出现丢失或出错的情况也不需要全部重传。

微课 2-7
OSI 参考模型通信处理
过程

在一次数据通信过程中，通信的两端主要完成数据封装与解封装的工作。在发送端，数据经过每一层的时候加上相应层的信息完成数据的封装。在接收端，在数据经过每一层时去掉所加上的信息完成数据的解封装，如图 2-13 所示。

动画：
OSI 参考模型中数据
处理过程

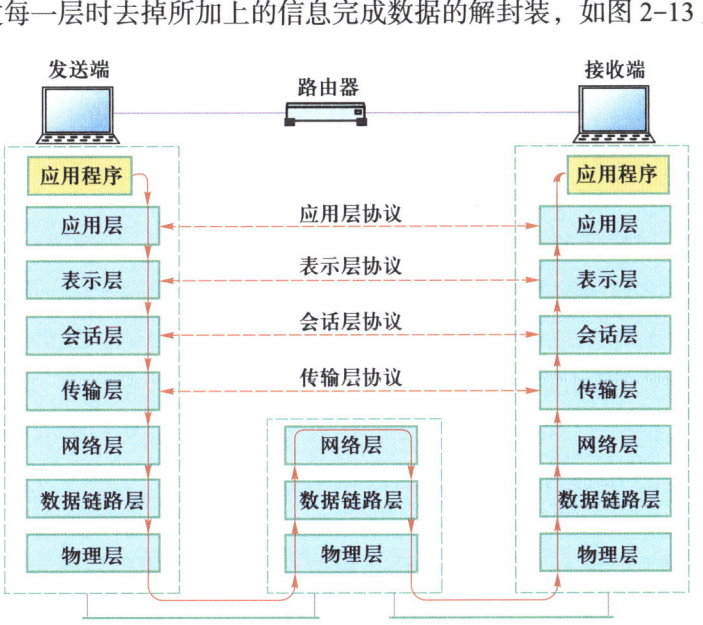

图 2-13
OSI 参考模型中数据处理
过程

在通信过程中，发送端从第 7 层到第 1 层，由上至下按照顺序传输数据，而接收端从第 1 层到第 7 层，由下至上向上层传输数据。在发送端，每个分层在处理由上一层传过来的数据时会附加上当前分层的协议所必需的首部信息（相当于该层中要包含的一些特征信息，就像是信到了邮局需要盖邮戳一样）。在接收端，对收到的数据进行数据首部与内容的分离，再转发给上一层，并最终将发送端的数据恢复为原状。在两端的通信过程中只有对等实体具有相同的功能。

下面以发送电子邮件的例子来详细介绍 OSI 参考模型的工作过程。假定用户 A 要给用户 B 发送一封内容为"你好"的邮件。

1. 应用层数据处理方式

如图 2-14 所示，首先，用户 A 在主机上将电子邮件内容及收件人信息书写完毕，这部分是在应用程序中实现的，因此这部分与 OSI 参考模型无关。当用户 A 单击"发送"按钮后就进入了应用层协议的处理过程。应用层协议会在要传送的数据的前段附加一个首部（头部标签），该首部标明了邮件内容为"你好"，收件人为用户 B。

动画：
OSI 参考模型数据
处理过程

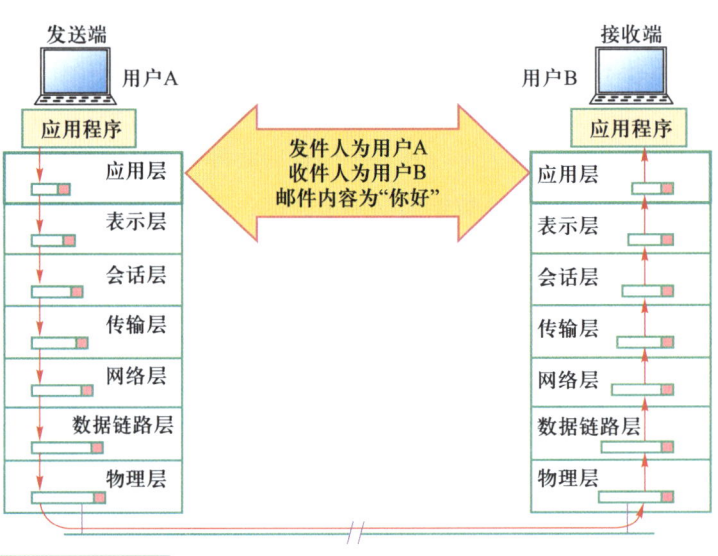

图 2-14
应用层数据处理方式

用户 B 的应用层收到数据后会分析数据首部及数据正文，并在用户要读取邮件时将其送到相应的邮件读取软件。这样用户 A 和用户 B 通过应用层之间的通信，最终实现邮件的存储。

2. 表示层数据处理方式

应用软件的不同会导致数据的表现形式不同。如果用户 A 和用户 B 所使用的邮件客户端软件完全一致，就能顺利读取和阅读邮件。但是如果两端邮件客户端软件编码方式不一样则会导致收到的信息出现乱码。如果遇到这种情况，解决的方法就是利用表示层将数据从"计算机特定的数据格式"转换为"网络通用的标准数据格式"后再发送出去。接收端的表示层将这些标准格式的数据转换为自己能够使用的数据格式，然后送到应用层。

表示层之间为了识别编码格式也会附加首部信息，然后将实际传输数据交给下一层去处理。另外，表示层还可以对邮件中的附件信息（文件或图片等）进行重新编码处理。

3. 会话层数据处理方式

如图 2-15 所示，假定用户 A 要发 5 封邮件给用户 B，这 5 封邮件的发送顺序可以有很多种。例如，可以每发一封邮件建立一次连接，发送完成把连接断开；还可以建立一次连接后，把 5 封邮件全部发给对方，选择哪种方式就是由会话层决定的。

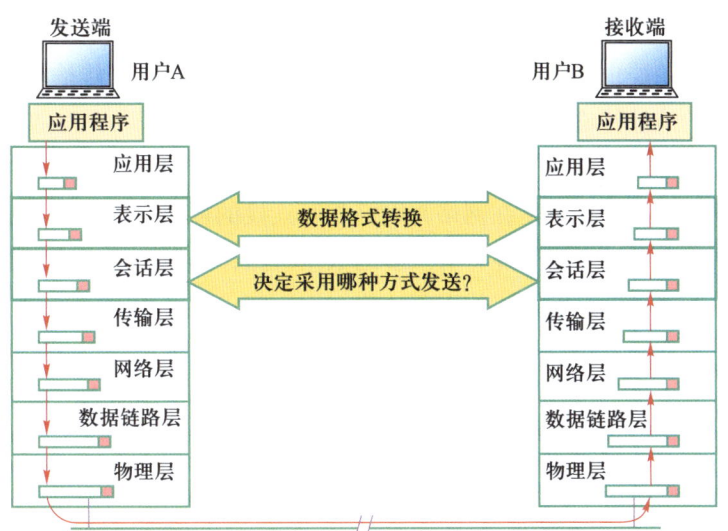

图 2-15
表示层与会话层数据处理
方式

会话层也像表示层和应用层一样，在其收到的数据前段附加首部或标签信息后再转发给下一层，这些首部或标签中记录着数据传送顺序的信息。

至此，已经通过这个例子说明了在应用层写入的数据经过表示层格式化编码、会话层标记发送顺序后被发送出去的大致过程。然而，会话层只对何时建立连接、何时发送数据等问题进行管理，并不具有实际传输数据的功能。真正负责在网络上传输具体数据的是会话层以下的面向数据通信的层次。

4. 传输层数据处理方式

为确保用户 A 与用户 B 的通信能够正常进行，不出差错，就需要在两端之间建立连接。有了这个连接就可以使主机 A 发送的邮件到达 B 手中。在通信传输结束后，有必要将连接断开。

进行建立连接和断开连接的处理（连接指两个主机之间逻辑上的连接，并不指真正的物理连接）就是传输层的主要作用，这个连接的建立主要依赖于应用程序进程所使用的端口号。此外，传输层为确保所传输的数据能够到达目标地址，将在通信两端的计算机之间进行确认，如果数据未到达，发送端将负责重发，如图 2-16 所示。

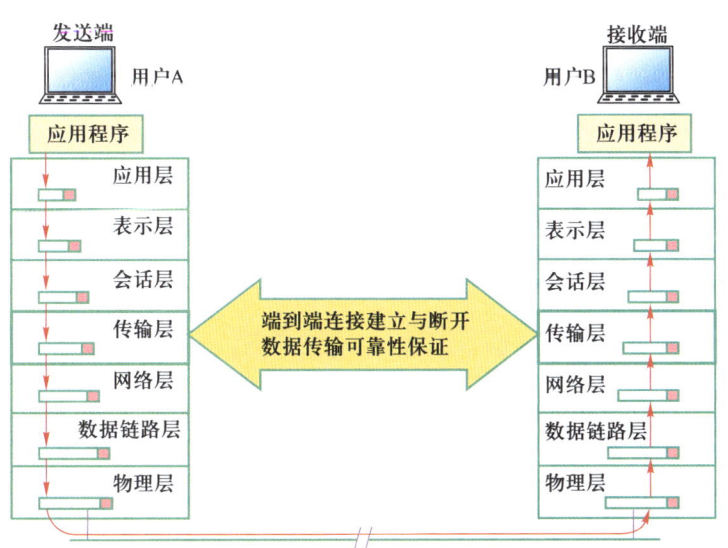

图 2-16
传输层数据处理方式

笔 记

由此可见，保证数据传输的可靠性是传输层的一个重要作用，为了确保可靠性，这一层也会为所要传输的数据附加首部。也可以说传输层是在网络层寻找到的目的地址传输路径的基础上建立的端到端（应用程序进程之间）的连接。

5. 网络层数据处理方式

网络层的作用是在网络与网络相互连接的环境中，将数据从发送端发送到接收端。在两端之间可能有着众多的数据链路，选择网络传输设备中自己认为最优的一条路径就是网络层的重要功能。

在实际发送数据过程中，网络层是依据目的地址进行路径选择的，这个地址是全网中唯一指定的序号。可以想象成生活中的电话号码，只要地址确定了，网络层就可以快速地完成数据的转发。

在网络层中，发送端将上层传过来的数据加上自己的首部（如目的地址信息等），发给下面的数据链路层进行后面的处理。接收端对收到的数据去掉这个首部，然后将数据交给传输层处理，如图 2-17 所示。

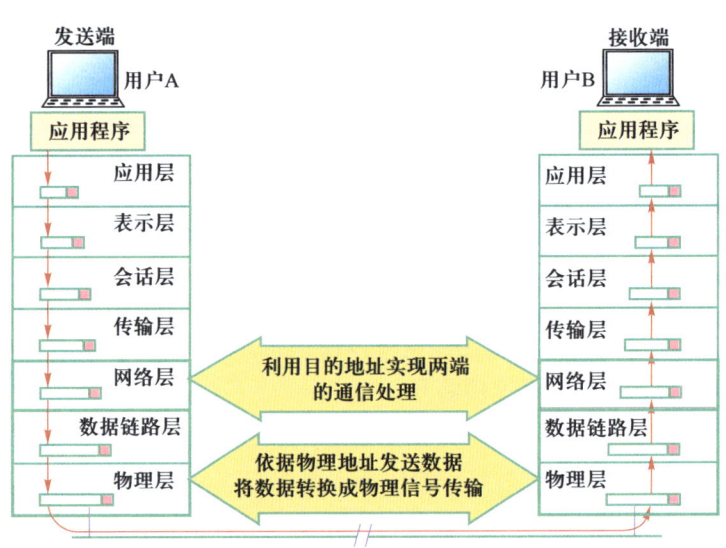

图 2-17
网络层数据处理方式

6. 数据链路层与物理层数据处理方式

通信传输实际上是通过物理层的传输介质实现的。数据链路层的作用就是在这些通过传输介质互联的设备之间进行数据处理。相互连接的设备之间使用物理地址进行传输，物理地址也称 MAC 地址或硬件地址。采用物理地址的目的是识别连接到同一传输介质上的设备，如图 2-18 所示。

因此，数据链路层会将网络层传输过来的数据附加上含有物理地址信息的首部，将其发送给物理层。在物理层中，将数据的 0、1 转换为电压和脉冲光传输给物理传输介质。

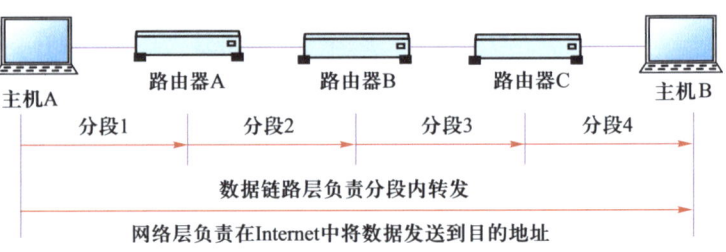

图 2-18
网络层与数据链路层数据
转发职责

网络层和数据链路层都是基于目标地址将数据发送给接收端的，但是网络层负责在网络中将数据发送到最终的目标地址，而数据链路层只负责发送一个分段内的数据。换句话说，网络层负责数据在 Internet 中进行转发，而数据链路层只负责在局域网内转发。一个分段可以看成一个局域网。

7. 接收端数据处理流程

接收端主机的数据处理流程和发送端是相对的，它从物理层开始接收数据，然后逐层去掉相应层的首部并发给上一层进行处理，从而使用户 B 最终使用客户端软件接收邮件。

2.2.4 OSI 参考模型中的数据

OSI 参考模型的每一层协议都规定了该层中的数据首部格式以及首部与处理数据的顺序。每一层都有自己的数据格式，当运行到每一层后终端设备就会按照该层的功能对数据做相应的处理。在 OSI 参考模型中，对等层数据有一个统一的名称——协议数据单元（Protocol Data Unit，PDU），在面向通信的几层中对等层数据还有着自己的名称，见表 2-2。

层次	层次名称	数据英文名称	数据名称
7	应用层	APDU（Application Protocol Data Unit）	应用层协议数据单元
6	表示层	PPDU（Presentation Protocol Data Unit）	表示层协议数据单元
5	会话层	SPDU（Session Protocol Date Unit）	会话层协议数据单元
4	传输层	Segment	段
3	网络层	Packet	数据包
2	数据链路层	Frame	帧
1	物理层	bit	比特流

表 2-2 OSI 参考模型各层数据名称

2.3 TCP/IP 体系结构

20 世纪 80 年代，ISO 开展了 OSI 参考模型这一国际标准协议的标准化进程。然而，OSI 参考模型并没有得到普及，真正被广泛使用的是 TCP/IP。TCP/IP 的标准化中有其他协议的标准化没有的要求，这一点就是让 TCP/IP 迅速实现和普及的原动力。

2.3.1 TCP/IP 简介

1969 年，为验证分组交换技术的实用性，研究人员搭建了一套网络。起初，该网络只连接了几所大学和研究所的 4 个节点。之后，随着政府部门的重点开发和相关技术的飞速发展，普通用户也逐渐加入其中，后来发展成了规模巨大的网络，即 ARPANet。在短短的 3 年时间内，ARPANet 规模迅速扩大到了 34 个节点，并充分证明了基于分组交换技术的通信方法的可行性。

ARPANet 的实验，不仅仅是利用几所大学和研究机构组成的主干网络进行

微课 2-8
TCP/IP 简介

分组交换实验，还进行了在互联计算机之间提供可靠传输的综合性通信协议的实验。于是 20 世纪 70 年代，ARPANet 中的一个研究机构研发出了 TCP/IP。1982 年，TCP/IP 的具体规范被最终定下来，并于 1984 年成为了互联网唯一指定的协议。

与 OSI 参考模型不同，TCP/IP 更侧重互联设备间的数据传输，而不是严格的功能层次划分。它通过解释功能层次分布的重要性来实现数据传送，但仍为设计者具体实现协议留下很大的余地。因此，OSI 参考模型更适用于解释互联网通信机制，TCP/IP 成为互联网协议的市场标准。

TCP/IP 由传输控制协议（Transmission Control Protocol，TCP）和网际协议（Internet Protocol，IP）而得名，它是 Internet 上所有网络和主机之间进行交流时所使用的共同"语言"，是 Internet 上使用的一组完整的标准网络连接协议。通常所说的 TCP/IP 实际上包含了大量的协议和应用，由多个独立定义的协议组合在一起。因此，TCP/IP 并不是指 TCP 和 IP 两个协议，而是表示 Internet 所使用的体系结构或整个协议簇。

Internet 上的 TCP/IP 之所以能够迅速发展，不仅是因为它是政府指定使用的协议，更重要的是因为它适应了世界范围内数据通信的需要，其体系特点见表 2-3。

表 2-3 TCP/IP 体系结构的特点

特　　点	内　　容
开放的协议标准	可以免费使用，并独立于特定的计算机硬件与操作系统
独立于特定的网络硬件	可以运行在局域网、广域网，更适合于 Internet
统一的网络分配地址	使得整个 TCP/IP 设备在网络中都具有唯一的地址
标准化的高层协议	可以提供多种可靠的用户服务

2.3.2 TCP/IP 的层次结构

TCP/IP 与 OSI 参考模型在分层模块上稍有区别，后者注重"通信协议必要的功能是什么"，而前者则更强调"在计算机上实现协议应该开发哪种程序"。TCP/IP 是一个四层的体系结构，它包括应用层（Application Layer）、传输层（Transport Layer）、网络层（Internet Layer）和网络接口层（Network Interface Layer）。TCP/IP 的应用层与 OSI 参考模型的应用层相对应；TCP/IP 的传输层与 OSI 参考模型的传输层相对应；TCP/IP 的网络层与 OSI 参考模型网络层相对应；TCP/IP 的网络接口层与 OSI 参考模型的数据链路层与物理层相对应。TCP/IP 没有与 OSI 参考模型的表示层、会话层对应的协议。

从实质上讲，TCP/IP 只有最上面的三层，因为最下面的网络接口层在功能上基本上和一般的通信链路没有多大的差别，对于计算机网络来说，这一层并没有特别的内容。因此，为了便于理解计算机网络通信的整个过程并结合实际应用，可以将网络接口层所包含的数据链路层和物理层分开，在本书中将采用这种五层模型进行讲解，如图 2-19 所示。

OSI参考模型	TCP/IP体系结构	五层体系结构
应用层	应用层	应用层
表示层		
会话层		
传输层	传输层	传输层
网络层	网络层	网络层
数据链路层	网络接口层	数据链路层
物理层		物理层

图 2-19
网络体系结构

1. 网络接口层（Network Interface Layer）

网络接口层又称主机—网络层，是 TCP/IP 的最低层，与 OSI 参考模型中的物理层和数据链路层相对应。它负责通过网络发送和接收 IP 数据包，允许主机连入网络时使用多种现成的或流行的协议，如局域网的 Ethernet、分组交换网的 X.25、ATM 协议等，在具体的物理层并没有专门的协议，只要能够正确地发送和接收 IP 数据包就符合协议要求。这一点便充分体现 TCP/IP 的兼容性与适应性。

OSI 中，物理层对应的是负责数据传输的硬件；数据链路层又分为逻辑链路子层（LLC）和媒介访问控制子层（MAC）。

网络接口层的主要任务如下。

① 负责对上接收网络层下传的 IP 数据报并通过物理网络发送。

② 对下接收物理网络传来的数据帧，去掉本层的控制信息再传送到网络层。

③ 对数据进行差错控制。从同层实体的角度来看，网络接口层之间传送的是数据帧。

2. 网络层（Internet Layer）

网络层也称为互联网层或者 IP 层，使用网络协议（IP），相当于 OSI 参考模型中的第 3 层网络层。IP 基于 IP 地址转发数据包。如图 2-20 所示，网络层负责确定一台计算机在整个网络上的位置，并找出通向它的路径，然后才能相互交换数据。这种路径选择功能既复杂又重要，因此实现这个功能的 IP 是整个 TCP/IP 协议簇中最基本的协议。

IP 是跨越网络传送数据包，使整个互联网都能收到数据的协议。IP 使数据能够发送到地球的另一端，这期间数据使用 IP 地址作为主机的标识。通过 IP，相互通信的主机之间不论经过怎样的底层数据链路都能够实现通信。

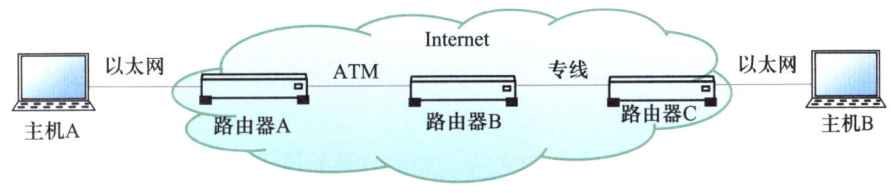

IP将分组数据包发送到目的主机。通过
网络层，可以忽略网络结构细节，对用户而言是透明的

图 2-20
网络层的功能

3. 传输层（Transport Layer）

传输层最主要的功能就是能够在应用程序之间实现通信，如图 2-21 所示，与 OSI 参考模型传输层功能相似。在计算机内部，通常同一时间运行着多个程序。为此，必须分清是哪些程序与哪些程序在进行通信，识别这些应用程序的是端口号。

动画：
传输层的通信方式

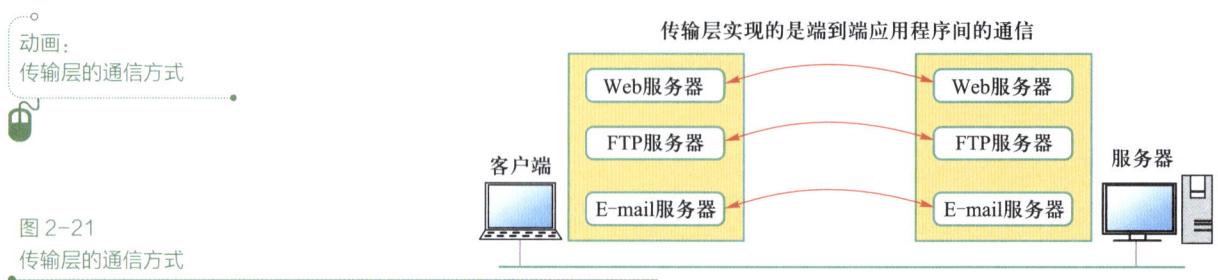

图 2-21
传输层的通信方式

4. 应用层（Application Layer）

在 TCP/IP 体系结构中，将 OSI 参考模型中的会话层、表示层和应用层的功能都集中到了应用层中实现，主要向用户提供调用和访问网络中各种应用程序的接口，并向用户提供各种标准的应用程序及相应的协议。用户还可以根据需要建立自己的应用程序，所以应用层包括了所有的高层协议并且在不断发展。

TCP/IP 应用的架构绝大多数属于客户 – 服务器模型。提供服务的程序称为服务器，接受服务的程序称为客户端，如图 2-22 所示。在这种通信模式中，提供服务的程序会被预先部署到主机上，等待接收任何时刻客户发送的请求。客户端可以随时发送请求给服务器。

动画：
客户 – 服务器模型

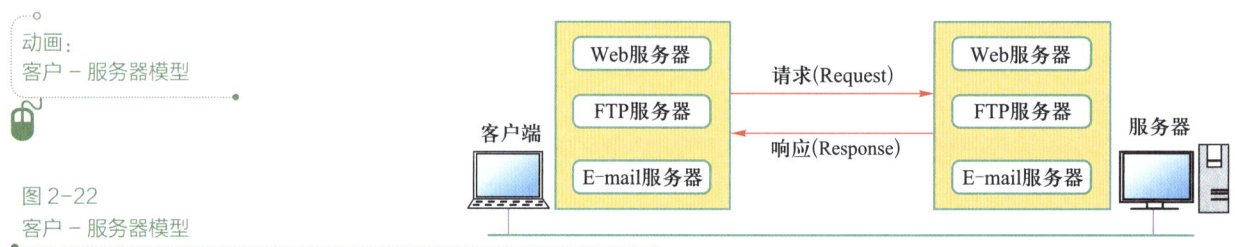

图 2-22
客户 – 服务器模型

2.3.3 TCP/IP 的通信处理

微课 2-10
TCP/IP 的通信处理

TCP/IP 体系结构通信过程和 OSI 参考模型通信处理过程类似，也是经过了发送端的封装与接收端的解封装两个过程，如图 2-23 所示。

每个分层中，都会对所发送的数据附加一个首部，在这个首部中包含了该层必要的信息，如发送的目标地址及协议等相关信息。通常，为协议提供的信息为包首部，所要发送的内容为数据。网络中传输的数据包由两部分组成：一部分是协议所要用到的首部，另一部分是上层传过来的数据。包首部就像是一列火车的火车头。首部的结构由协议的具体规范详细定义。例如，识别上一层协议的域应该从包的哪一位开始取多少比特，如何计算校验和并插入包的哪一位，等等。相互通信的两台计算机如果在识别协议的序号以及校验和的计算方法上不一样，就根本无法实现通信。

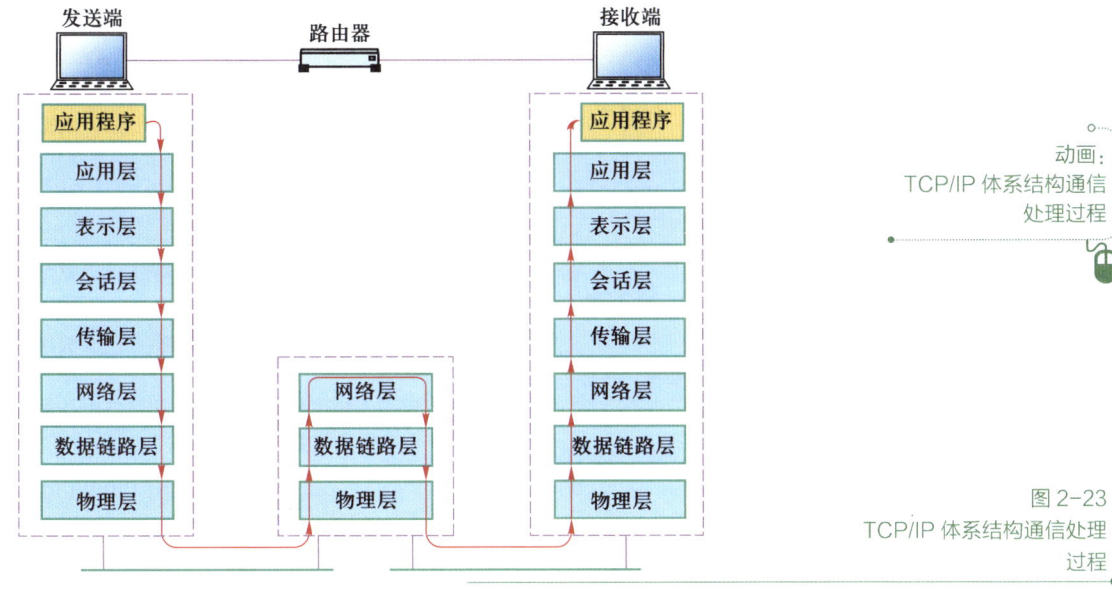

图 2-23
TCP/IP 体系结构通信处理过程

动画：
TCP/IP 体系结构通信处理过程

1. 发送端数据封装过程

如图 2-24（a）所示，在发送端，应用程序将数据交给应用层，应用层完成相应的处理（如编码、加解密等）后交给传输层，传输层附加相应的协议首部后把数据提交给网络层，网络层将数据封装在一个报头内，该报头包含了完成这个传输所需要的信息，如源地址和目的地址。然后交给数据链路层。数据链路层把网络层信息封装在一个帧内。帧头包含了完成数据链路功能要求的信息，如物理地址。最后物理层把数据链路帧编码成能在介质中传输的"1"和"0"模式。如图 2-24（b）所示是发送端数据的封装过程。

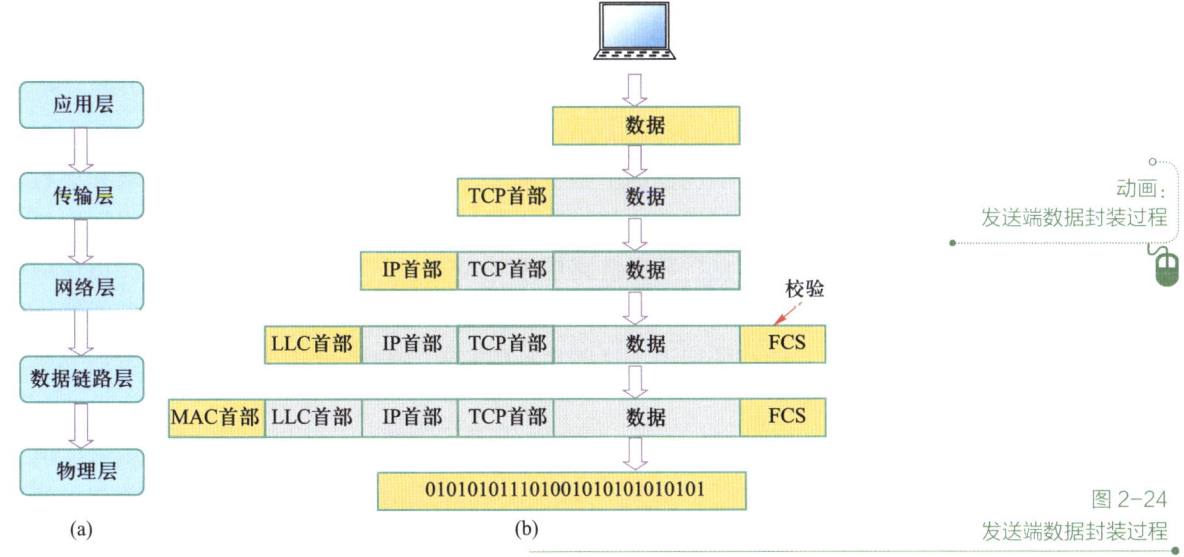

动画：
发送端数据封装过程

图 2-24
发送端数据封装过程

2. 接收端数据解封装过程

如图 2-25 所示，接收端将接收到的数据从 TCP/IP 体系结构的底层开始依次去掉每一层相应的首部，最后还原成不带任何层次首部和其他信息的数据送给应用程序。

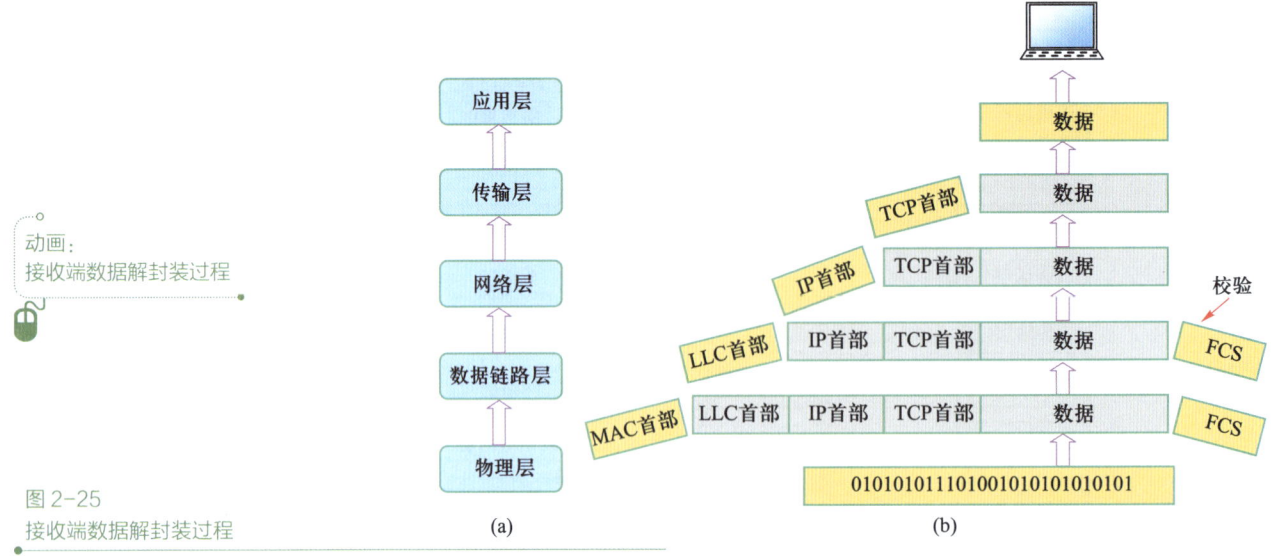

动画：
接收端数据解封装过程

图 2-25
接收端数据解封装过程

(a) (b)

3. 数据包的整体结构

数据包经过发送端、接收端、中途转发的设备时，从前往后依次被附加了以太网包首部（包括 LLC 首部和 MAC 首部）、IP 包首部、TCP 包首部（或者 UDP 包首部）以及应用自己的包首部和数据。包的最后追加了以太网包尾（Ethernet Trailer），如图 2-26 所示。

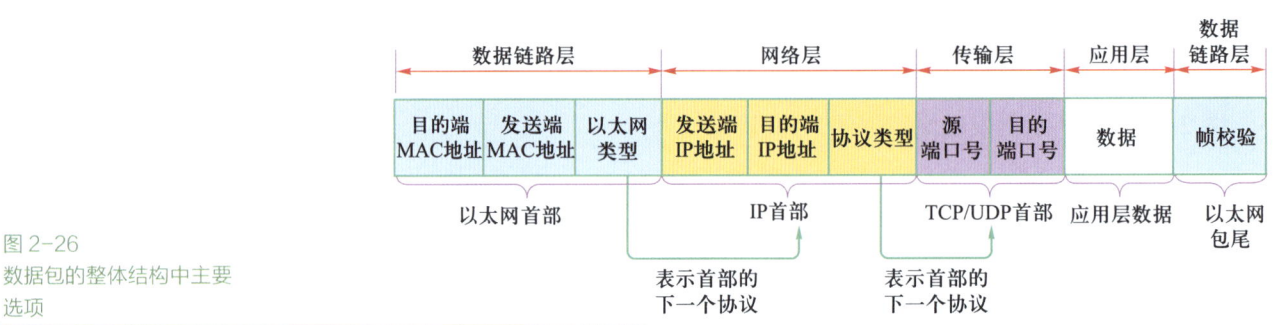

图 2-26
数据包的整体结构中主要
选项

每个包首部中至少都会包含两个信息：一个是发送端和接收端地址，另一个是上一层的协议类型。经过每个协议分层时，都必须有识别包发送端和接收端的信息。数据链路层用 MAC 地址，网络层用 IP 地址，传输层用端口号作为识别两端主机的地址。即使是在应用程序中，像电子邮件地址这样的信息也是一种地址标识。这些地址信息都在包经由各个分层时被附加到协议对应的包首部里。

此外，每个分层的包首部中还包含一个识别位，它用来标识上一层协议的种类信息。例如，以太网的包首部中的以太网类型，IP 首部中的协议类型以及 TCP/UDP 首部中两个端口的端口号等都起着识别协议类型的作用。在应用层的首部信息中，有时也会包含一个用来识别其数据类型的标签。

微课 2-11
TCP/IP 各层的主要协议

2.3.4 TCP/IP 各层的主要协议

TCP/IP 包含了一系列协议，如图 2-27 所示，这一系列协议称为协议簇，

TCP 和 IP 是其中最基本、最重要的两个子协议。因此，通常用 TCP/IP 来代表整个协议簇。TCP/IP 中，有些协议提供数据传输的功能，如 IP、TCP、UDP 等，另一些协议完成特定的应用，如 HTTP、Telnet、DNS 等。

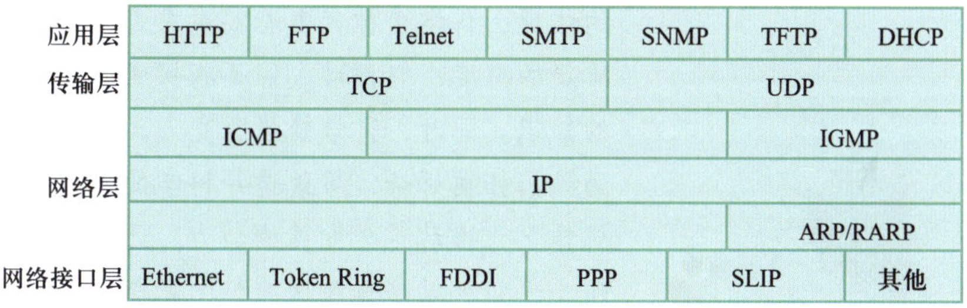

图 2-27
TCP/IP 各层协议及对应关系

TCP/IP 体系结构并未对网络接口层使用的协议做出强制性的规定，它允许主机连入网络时使用多种现成的或流行的协议，包括各种主流物理网络协议与技术，如局域网中的以太网（Ethernet）、令牌环网（Token Ring）、FDDI、无线局域网和广域网中的帧中继（Frame Relay）等。

网络层包括多个重要的协议，其中 IP 是最核心的协议，该协议规定网际层数据分组的格式。

传输层提供了两个协议，分别是传输控制协议（Transport Control Protocol，TCP）和用户数据报协议（User Datagram Protocol，UDP）。

应用层协议主要实现各种网络服务，不同的应用功能有不同的应用层协议，TCP/IP 各层主要协议见表 2-4。

层　　次	协　议	中 文 名 称	作　　用
应用层	HTTP	超文本传输协议	实现 HTML 超文本传输
	FTP	文件传输协议	用于两台主机之间文件的传输
	Telnet	远程登录协议	远程登录并控制主机
	DNS	域名服务系统	提供域名到 IP 地址的转换
	DHCP	动态主机分配协议	管理并动态分配 IP 地址
	SMTP	简单邮件传输协议	用于发送和传输邮件
	POP/POP3	邮局协议	用于接收邮件
传输层	TCP	传输控制协议	提供可靠的、面向连接的端到端传输
	UDP	用户数据报协议	提供不可靠的、面向无连接的端到端传输
网络层	IP	网络协议	网络互联通信
	ICMP	互联网控制信息协议	用户传输差错及控制报文
	ARP	地址解析协议	将 IP 地址转换为物理地址
	RARP	反向地址解析协议	将物理地址转换为 IP 地址
网络接口层	Ethernet	以太网协议	实现以太网数据通信
	Token Ring	令牌环网协议	实现令牌环网介质访问
	FDDI	光纤分布式数据接口协议	实现光纤分布式网络通信
	PPP	点到点协议	点到点链路的数据传输

表 2-4 TCP/IP 各层主要协议

弘扬科学精神

弘扬科学精神　点亮心中梦想

计算机网络不仅是技术的集结，更是科学精神的体现。科学精神代表着实事求是、勇于创新、敢于质疑的态度，它推动人们不断探索，追求真实与深奥的知识。同时，科学梦想照亮人类前行的道路，它鼓励我们怀揣好奇，勇敢追寻科学的奥秘，将自己的梦想转化为推动科学发展的动力。通过激发对科学的兴趣，我们可以培养深厚的科学素养，以科学的视角认识世界，用创新的思维解决问题。在追求科学梦想的路上，我们既可以实现个人价值，又可以为社会的进步贡献自己的力量。青年朋友们，让我们携手共进，一起弘扬科学精神，一起点亮心中的科学梦想，共同探索这个奇妙的世界。

微课 2-12
数据包封装分析体验

案例文档：
数据包封装分析

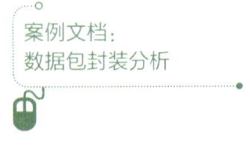

【实践与体验】 数据包封装分析体验

在本节中将利用 Packet Tracer 来查看数据的封装过程。

① 首先打开 Packet Tracer 文件，拓扑结构如图 2-28 所示，其中包括两台主机和一台 Web 服务器。本案例主要通过主机 0 访问 Web 服务器来查看数据包的封装方式。

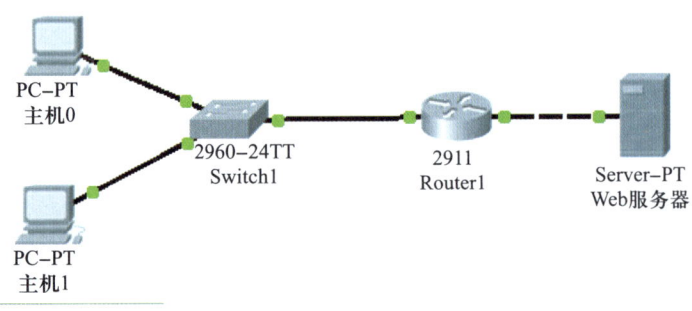

PC-PT
主机0

2960-24TT
Switch1

2911
Router1

Server-PT
Web服务器

PC-PT
主机1

图 2-28
网络连接拓扑结构示意图

② 在模拟器中，单击"实时 / 模拟转换栏"按钮，将其转换到模拟模式，如图 2-29 所示。

③ 单击图 2-29 中的"Edit Filters"按钮，在打开的对话框中只选择"http"选项，然后单击主机 0，在打开的对话框中单击"Desktop"菜单下的"Web Browser"按钮，打开模拟浏览器，在地址栏中输入"192.168.2.2"（Web 服务器地址），单击"Go"按钮，如图 2-30 所示。

④ 返回到主场景，单击图 2-29 中的"Capture/Forward"按钮，这时会看到主机 0 产生了一个数据包，双击该数据包打开数据包封装信息。单击"Outbound PDU Details"菜单，可以看到数据包详细的封装信息。其中在最底部的是"HTTP"的信息，"HTTP"信息的上方为"TCP"信息，即传输层的信息。其

中 TCP 数据段信息中的 DATA 部分即 HTTP 的信息，其余部分为头部信息，如图 2-31 所示。

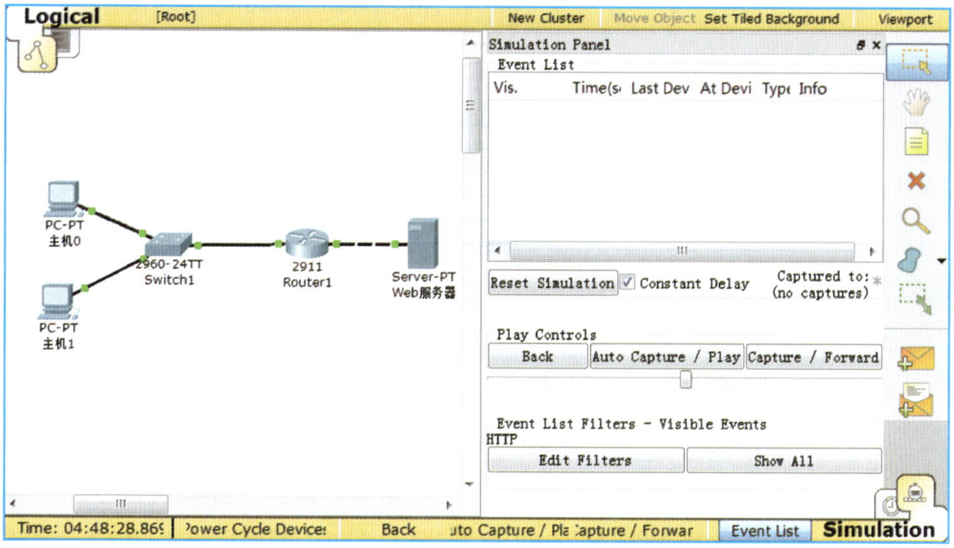

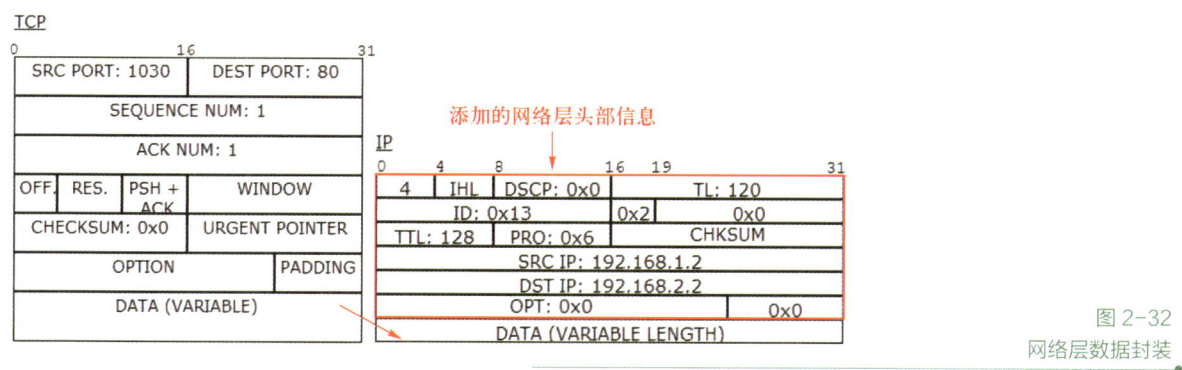

图 2-29
切换到模拟模式效果图

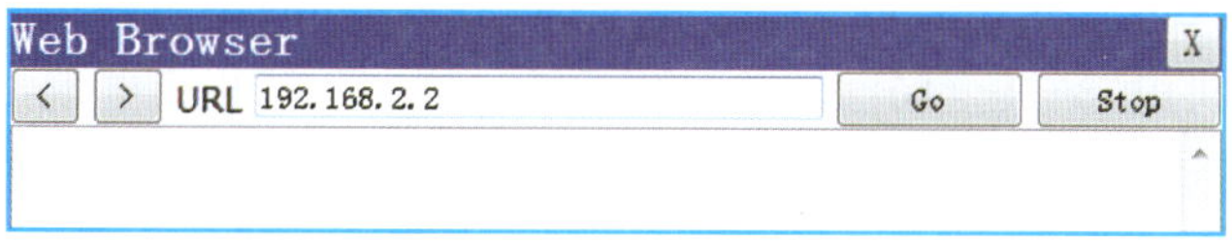

图 2-30
访问 Web 服务器

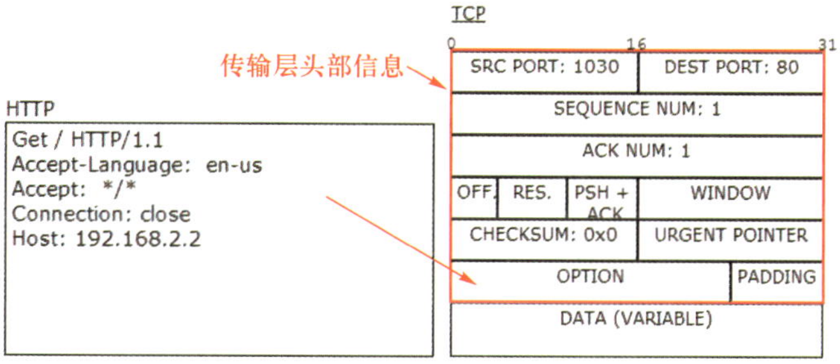

图 2-31
传输层数据封装

⑤ 传输层的 TCP 的所有信息封装在了网络层的 IP 数据包中 DATA 部分，同时网络层的 IP 包还增加了网络层的头部信息，如图 2-32 所示。

图 2-32
网络层数据封装

⑥ 网络层的信息当到达数据链路层后，被全部封装在了数据链路层的数据帧中的 DATA 位置，同时还增加了数据链路层的头部和尾部信息，如图 2-33 所示。

Ethernet II

添加的数据
链路层信息

0	4	8	14	19
PREAMBLE: 101010…1011		DEST MAC: 0004.9AE3.BD	SRC MAC: 0003.E4EC.45	
TYPE: 0x800	DATA (VARIABLE LENGTH)			FCS: 0x0

IP

0	4	8	16	19	31
4	IHL	DSCP: 0x0		TL: 120	
ID: 0x13			0x2	0x0	
TTL: 128	PRO: 0x6		CHKSUM		
SRC IP: 192.168.1.2					
DST IP: 192.168.2.2					
OPT: 0x0			0x0		
DATA (VARIABLE LENGTH)					

图 2-33
数据链路层数据封装

2.3.5　OSI 参考模型与 TCP/IP 的比较

微课 2-13
OSI 参考模型与 TCP/
IP 的比较

OSI 参考模型的出现推动了网络协议的研究，成为人们认识网络的重要工具。TCP/IP 的出现成功地推动了 Internet 的发展，反过来 Internet 的发展也推动了 TCP/IP 协议簇的发展。它不仅应用于广域网，而且进入了局域网，成为 Intranet（企业内部网）和 Extranet（企业外部网）的核心协议。OSI 参考模型的缺点在于庞大复杂、难以实现，对一些新问题和需求考虑不周。而 TCP/IP 是"先干起来再说"，其全局性较差，缺乏统一规划，显得有些混乱。

1. 共同点

① OSI 参考模型和 TCP/IP 协议簇都采用了层次模型的结构。

② 都能够提供面向连接和无连接两种通信服务机制。

2. 不同点

① 前者采用七层结构，后者是四层结构。

② TCP/IP 是在网络发展的实践中不断发展完善起来的，依据这个协议簇的 TCP/IP 模型建立在已有的协议基础之上，协议和模型相当吻合。OSI 参考模型的建立并不侧重于任何特定的协议。

③ 实际市场应用不同（OSI 参考模型只是理论上的模型，并没有成熟的产品，而 TCP/IP 已经成为"实际上的国际标准"）。

④ TCP/IP 建立之初就遇到网络管理问题并要加以解决，所以 TCP/IP 具有较强的网络管理功能。OSI 参考模型在后来才考虑到这个问题。

⑤ OSI 参考模型定义并规范了服务、接口和协议的概念，使它们相互不混淆。TCP/IP 在这方面区分不清。

习　题　2

一、选择题

1.（　　）是指为进行计算机网络中的数据交换而建立的规则、标准或约定的集合。

文本：
习题参考答案

  A. 接口   B. 网络协议   C. 层次   D. 体系结构

2. 网络协议的三大要素为（　　）。

A. 数据格式、编码、信号电平　　B. 数据格式、控制信息、速度匹配

C. 语法、语义、时序　　　　　　D. 编码、控制信息、同步

3. 下列关于 OSI 分层网络模型原因的描述中，正确的是（　　）。

A. 分层模型增加了复杂性

B. 分层模型使得接口不能标准化

C. 分层模型使专业的开发成为不可能

D. 分层模型能防止一个层上的技术变化影响到另一个层

4. 下列关于网络层中同一个节点中相邻两个协议层之间关系的描述中，错误的是（　　）。

A. 数据总是从上层传递到下层　　B. 下层为上层提供服务

C. 两层之间通过层间接口通信　　D. 两层使用的协议是独立的

5. 数据的加密和解密属于 OSI 参考模型中（　　）的功能。

A. 网络层　　　　B. 表示层　　　　C. 物理层　　　　D. 数据链路层

6. OSI 参考模型中的（　　）提供诸如电子邮件、文件传输和 Web 服务。

A. 传输层　　　　B. 表示层　　　　C. 会话层　　　　D. 应用层

7. 下面关于 TCP/IP 的描述错误的是（　　）。

A. 它是计算机网络互联的事实标准

B. 它是 Internet 发展过程中的产物

C. 它是 OSI 参考模型的前身

D. 它具有与 OSI 参考模型相当的网络层

8. 传输层向用户提供（　　）。

A. 点到点服务　　　　　　　　　B. 端到端服务

C. 网络到网络服务　　　　　　　D. 子网到子网服务

9. 在同一层次的对应实体之间交换的数据称为（　　）。

A. 接口数据单元　　　　　　　　B. 协议数据单元

C. 接口控制信息　　　　　　　　D. 服务数据单元

10. 在 ISO/OSI 参考模型中，第 2 层的数据服务单元称为（　　）。

A. 比特　　　　B. 帧　　　　C. 分组　　　　D. 报文

二、简答题

1. 简要说明 OSI 七层模型中每一层的主要功能。

2. 画出 TCP/IP 体系结构的层次模型与 OSI 参考模型的对应关系，并指出 TCP/IP 各层的主要协议。

3. 试描述在 OSI 参考模型中数据传输的基本过程，并给出在物理层、数据链路层、网络层和传输层的协议数据单元名称。

4. 简述 TCP/IP 通信处理过程。

模块 3
物理层与数据通信技术

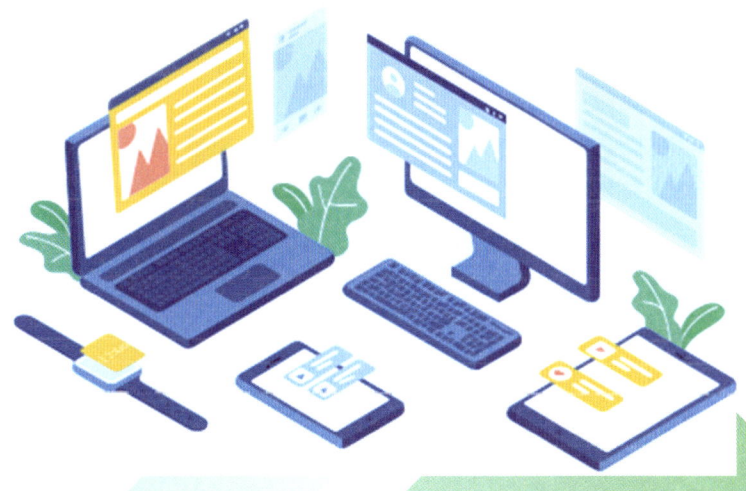

自古以来，通信一直是人们解决信息传递问题的关键。从古老的烽火台到近代的旗语，再到现在随处可见的移动电话和广泛普及的网络，通信技术的不断进步推动了社会的巨大变革与经济的飞速发展，为人们带来了前所未有的便利与实惠。在当今信息化社会中，通信成为人们获取、传递和交换信息的核心手段，尤其在计算机网络领域中，其重要性愈发凸显。

在计算机网络中，通信的本质是实现两台计算机之间高效且准确的数据交换。然而，这背后涉及的技术细节却颇为复杂。如何确保数据在传输过程中的准确无误？又有哪些先进技术能够控制并实现这一目标呢？这些问题的答案都隐藏在物理层与数据通信技术之中。

学习目标

1. 知识目标
（1）掌握物理层的基本概念及其在 OSI 参考模型中的作用。
（2）掌握常见的数据通信方式与性能指标表示方式。
（3）理解数据传输技术及其应用场景。
（4）熟悉数字信号与模拟信号的转换原理。
（5）了解多路复用技术及其应用场景。
（6）掌握网络传输介质的特点及应用方式。
（7）了解常用的宽带接入技术。

2. 能力目标
（1）能够利用网络通信参数计算出相关网络通信指标。
（2）能够准确判断各种网络的编码调制技术。
（3）能够独立完成各种应用场景下双绞线的制作。
（4）能够根据应用场景判断使用的宽带接入技术。

3. 素养目标
（1）培养严谨的科学态度和细致的工作作风。
（2）增强团队合作意识，能够通过小组协作解决问题。
（3）提升自主学习能力，能够不断探索数据通信技术的发展前沿。
（4）培养对于网络通信技术的兴趣与热情，激发创新思维和实践精神。

计算机网络数据通信技术是连接数字世界的桥梁，其实现了计算机与计算机之间、计算机与终端之间的信息传递，支撑着现代社会中海量信息的传递与处理，并构成了现代通信网络的基石。本部分我们将迈入这一技术的殿堂，深入剖析数据通信的核心原理与关键技术。

PPT：
模块 3 物理层与数据通信技术

3.1 物理层的作用

3.1.1 物理层概述

物理层主要实现在计算机网络中的各种硬件设备和传输介质上传输数据的功能，将数据从一个节点传输到另一个节点。计算机网络中的硬件设备和传输介质的种类非常多，通信手段也不同。物理层的作用是尽可能地屏蔽这些差异，使上层的数据链路层感觉不到这些差异，如图 3-1 所示。这样数据链路层只需要考虑本层的协议和服务如何完成，而不必考虑网络的硬件设备和传输介质。

微课 3-1
物理层的作用

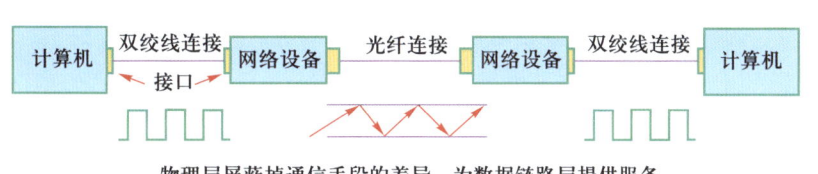

物理层屏蔽掉通信手段的差异，为数据链路层提供服务

动画：
物理层的功能演示

图 3-1
物理层功能

物理层的主要任务可以看成确定与传输介质的接口有关的特性。ISO/OSI 参考模型中关于物理层的定义是"物理层提供机械的、电气的、功能的和规程的特性，目的是启动、维护和关闭数据链路实体之间进行数据传输的物理连接"。物理层的协议即物理层接口标准，也称物理层规程。

物理层中的协议是与物理连接方式、硬件设备和传输介质相关的。具体的物理层协议较多，这是因为物理连接的方式很多（如可以采用点对点连接、多点连接或广播连接），传输介质种类也很多。物理层协议实际上规定了与传输介质接口相关的机械特性、电气特性、功能特性和规程特性，具体见表 3-1。

特 性	作 用
机械特性	指明接口所用接线器的形状和尺寸、引脚数目和排列方式、接口机械固定方式等。机械特性决定了网络设备与通信线路在形状上的可连接性
电气特性	指明接口引脚中的电压范围，即用多大电压表示"1"或"0"。电气特性决定了数据传输速率和信号传输距离
功能特性	指明某条线上出现某一电平表示何种意义，即接口信号引脚的功能分配和确切定义。按功能可将接口信号线分为数据信号线、控制信号线、定时信号线、接地线和次信道信号线 5 种
规程特性	规定了使用接口线实现数据传输时的控制过程和步骤。不同的接口标准，其规程特性也不同

表 3-1 物理层的特性

3.1.2 物理层功能特性举例

在计算机网络系统中广泛使用的物理接口是 RS-232 和 RJ-45，这两种接口

拓展阅读 3-1
DTE 与 DCE

都是串行通信接口。RS-232 接口使用历史长，但其传输速率低、传输距离短。RJ-45 接口是以太网最常用的接口，指的是由 IEC 60603-7 标准化，使用由国际性的接插件标准定义的 8 针模块化插孔或者插头。

以下通过一个具体的物理层协议"RS-232 接口标准"来了解物理层协议规定的 4 个方面的内容。

RS-232 接口是 1970 年由美国电子工业协会（EIA）联合贝尔系统、调制解调器厂家及计算机终端生产厂家共同制定的用于串行通信的标准。RS 表示 EIA 的"推荐标准"，232 是编号，这个标准于 1969 年修订为 RS-232-C，1987 年修订为 RS-232-D，1991 年修订为 RS-232-E。由于该系列标准修改并不多，因此统一简称"RS-232 接口标准"。下面介绍国际上最具代表性的 RS-232-C 接口。

1. 机械特性

RS-232-C 接口使用 ISO 2110 插头座标准，采用 25 根引脚，分为上排 13 根引脚、下排 12 根引脚。有时将 25 芯接口制成专用的 9 芯接口，供计算机与调制解调器的连接使用，如计算机的 COM 接口，如图 3-2 所示。

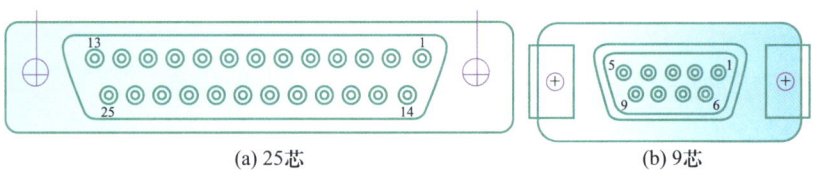

图 3-2
RS-232-C 接口

(a) 25芯　　　　(b) 9芯

2. 电气特性

RS-232-C 采用负逻辑电平，用 -15 ～ -5V 表示逻辑"1"电平，用 +5 ～ +15V 表示逻辑"0"电平。当连接电缆长度不超过 15m 时，允许数据传输速率不超过 20 kb/s。

3. 功能特性

RS-232-C 规定了什么电路应当连接到 25 根引脚中的哪一个以及该引脚的作用。图 3-3 标出了最常用的 10 个引脚的作用，括号内的数目为引脚的编号，其余的一些引脚可以空着不用。图 3-3 中，引脚 7 是信号地，即公共回线；引脚 1 是保护地（即屏蔽地），有时可不用；引脚 2 和引脚 3 都是传输数据的数据线。有时只用图 3-3 中的 9 个引脚（将"保护地"除外）制成专用的 9 芯插头，供计算机与调制解调器的连接使用。

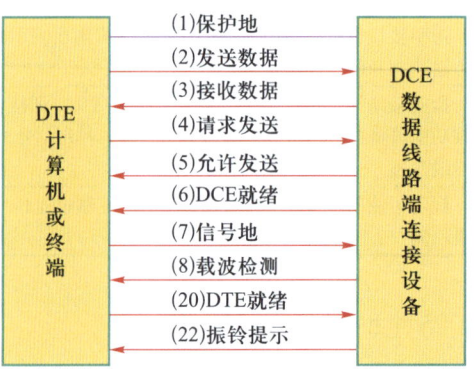

图 3-3
引脚的作用

4. 规程特性

RS-232-C 规定了在通信两端之间所发生事件的合法序列。如图 3-3 所示的案例中，当终端要进行通信时，就将引脚 20 "DTE 就绪"置为"ON"，同时通过引脚 2 "发送数据"向连接设备传送电话信号。

3.2　数据通信

数据通信是计算机网络的基础，没有数据通信技术的发展，就没有计算机网络的今天。在计算机网络的数据通信中，数据、信息、信号和信道是 4 个最基本的概念。正确理解这 4 个概念，对于理解网络中数据通信的原理非常重要。

3.2.1　数据通信的基本概念

微课 3-2
数据通信的基本概念

1. 数据通信系统模型

数据通信是计算机与计算机或计算机与各类终端之间的通信，通信的目的就是传递信息。一个数据通信系统可大体分为三部分，即源系统、传输系统和目的系统，如图 3-4 所示。

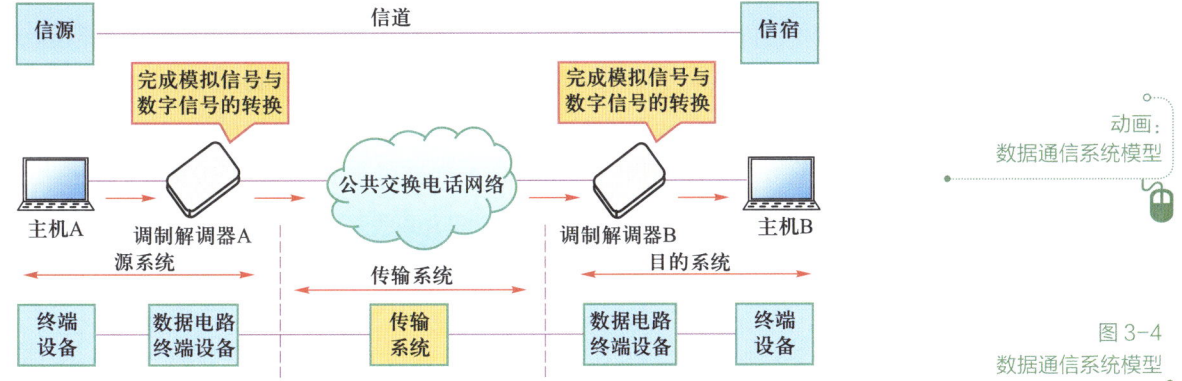

动画：
数据通信系统模型

图 3-4
数据通信系统模型

源系统就是产生和发送信号的一端。产生传输数据的计算机或者其他终端称为信源。对要传输的数据进行编码的设备称为发送器，如调制解调器等。常见的网卡中也包括收发器组件和功能。

传输系统是网络通信的信号通道，如双绞线通道、同轴电缆通道、光纤通道或者无线电波通道等，还包括线路上的交换机和路由器等设备。

目的系统就是接收发送端所发送的信号的一端。获取信息的计算机或其他终端称为目的站或信宿。接收端的数据转换设备也是目的系统的一部分，如调制解调器等。

2. 数据

通信的目的是交换信息。信息的载体可以是语音、影视、图形图像、文字和数据等，如图 3-5 所示。计算机终端产生的信息一般是字母、数字和符号的组合。为了传输这些信息，首先要将每一个字母、数字或符号用二进制代码表示。这些用于表示客观事物的未经加工的原始素材就称为数据（Data）。

在计算机网络系统中，数据通常被理解为在网络中存储、处理和传输的二进制数字编码，即一系列表示数字"0"或"1"的电脉冲（又称码元）。数据的单位有如下几种。

① 位（bit，b）：一个"0"或"1"就分别代表 1 位。

② 字节（Byte，B）：一字节由 8 位二进制数组成，如 10101100，这组二进制数由 8 位组成，可以称为一字节。

③ 1 KB = 1 024 B；1 MB = 1 024 KB；1 GB = 1 024 MB。

动画：
数据与信息

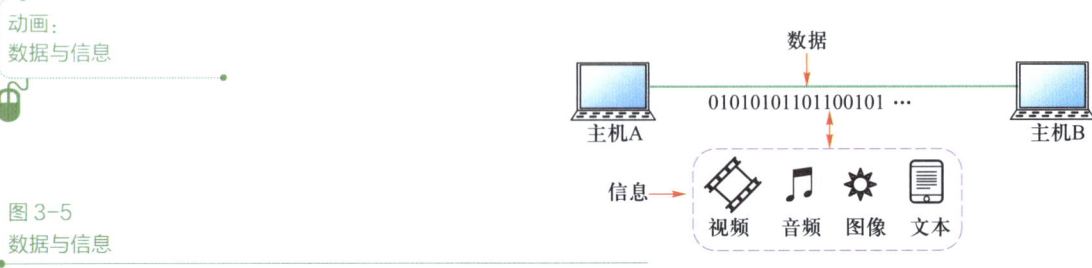

图 3-5
数据与信息

3. 信息

信息（Information）是数据的内容和解释。凡经过加工处理或换算得到的数据，都可称为信息。信息的表示形式可以是数值、文字、图形、声音、图像以及动画等，这些表示媒体归根到底都是数据的一种形式。

4. 信号

信号（Signal）是数据的电子或电磁编码。信号可分为模拟信号和数字信号，如图 3-6 所示。电话线上传输的按照声音的强弱幅度连续变化的电信号称为模拟信号（Analog Signal）。模拟信号的信号电平是连续变化的，又称频带信号。计算机所产生的电信号是用两种不同的电平表示 0、1 比特序列的电压脉冲信号，这种电信号称为数字信号（Digital Signal）。数字信号又称基带信号。

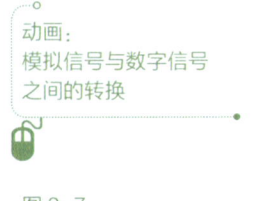

图 3-6
模拟信号与数字信号

（a）模拟信号　　　　（b）数字信号

模拟信号与数字信号可以混合应用，使用模/数转换装置可以将模拟信号变换成数字信号，数字信号也可转化为模拟信号，如图 3-7 所示。模拟数据在模拟信道上传输，数字数据在数字信道上传输。例如，在用电话线上网的方式中，在公共交换电话网络（PSTN）中传输的是模拟信号，而在计算机终端与接入设备之间传输的是数字信号，它们之间通过调制解调器（Modem，俗称"猫"）进行模拟信号与数字信号之间的转换。

动画：
模拟信号与数字信号
之间的转换

图 3-7
模拟信号与数字信号
之间的转换

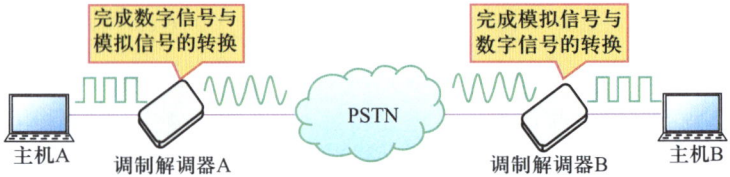

笔 记

在如图 3-7 所示案例中，如果主机 A 给主机 B 发送数据，当主机 A 将数字数据发送给调制解调器 A 时，调制解调器 A 需要将数字信号转换为模拟信号，这个过程称为调制。当信号到达调制解调器 B 时，调制解调器 B 要将模拟信号转换为数字信号方能给计算机使用，这个过程称为解调。

5. 信道

信息是抽象的，但传输信息必须通过具体的媒介。例如，二人对话，声波通过二人间的空气来传送，因而二人间的空气部分就是信道。无线电话的信道就是电波传播所通过的空间，有线电话的信道是电缆。每条信道都有特定的信源和信宿。在多路通信，如载波电话中，一个电话机作为发出信息的信源，另一个电话机是接收信息的信宿，它们之间的设施就是一条信道，这时传输用的电缆可以为多条信道所共用。

因此，信道（Channel）可以说是信号在通信系统中传输的通道。信道可分为物理信道和逻辑信道，如图 3-8 所示。物理信道就是信号传输的物理链路，由实际传输介质与相关设备组成。逻辑信道是指在信号传输的物理信道上同时建立的多条逻辑上的"连接"，即在物理信道的基础上，在节点内部建立的多条"连接"，多路复用技术就是这种情况。例如，在同一条 ADSL 线路上，用户可以同时建立上网和打电话两个逻辑上的连接。可见，在一条物理信道上，可以建立多条逻辑信道，每一条逻辑信道只允许一路信号通过。

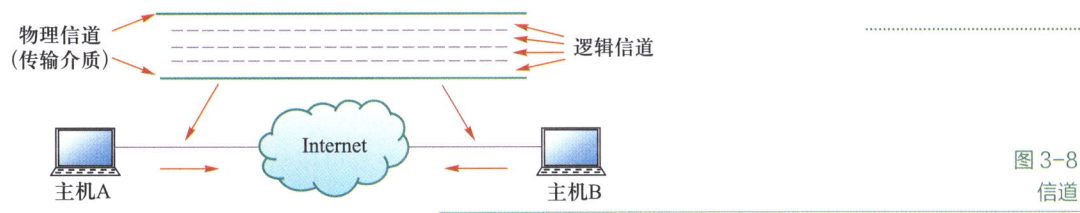

图 3-8
信道

3.2.2 数据通信方式

通信线路可由一条或多条信道组成，根据某一时间信息在信道内传输的方向，可以分为单工、半双工和全双工三种通信方式。

微课 3-3
数据通信方式

1. 单工通信

所谓单工（Simplex）通信指的是通信信道是单向信道，数据信号仅沿一个方向传输，发送方只能发送而不能接收，接收方只能接收而不能发送，任何时候都不能改变信号的传送方向，如图 3-9 所示。听广播和看电视就是单工通信的例子，信息只能从广播电台和电视台发射并传输到用户端，而不能从用户端传输到电台或电视台。

动画：
单工通信

单向传输

| 发送端 | 单向信道 ——×—— | 接收端 |

不能反向传输

图 3-9
单工通信

2. 半双工通信

所谓半双工（Half Duplex）通信是指信号可以沿着两个方向传输，但同一时刻只能沿一个方向传输，即两个方向的传输只能交替进行，如图 3-10 所示。通信的双方都具备发送和接收装置，即可以是发送端也可以是接收端，信息流是轮流使用发送和接收装置的。半双工通信适用于会话式通信，如对讲机和步话机。

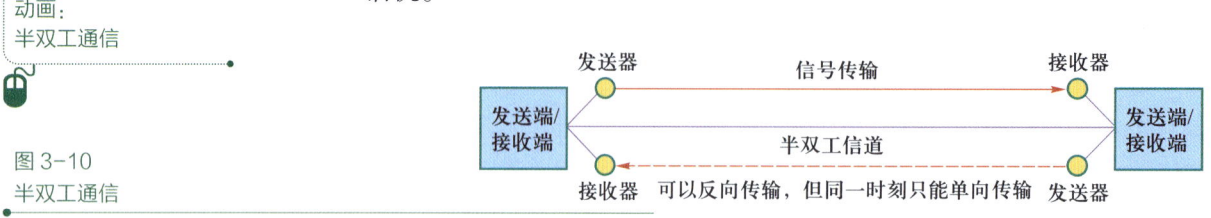

动画：
半双工通信

图 3-10
半双工通信

3. 全双工通信

所谓全双工（Full Duplex）通信是指同时可以双向传输的通信，即通信的一方在发送信息的同时也能接收信息，如图 3-11 所示。全双工通信一般采用多条线路或频分法来实现，也可采用时分复用或回波抵消等技术。这种方式适合计算机与计算机之间的通信。

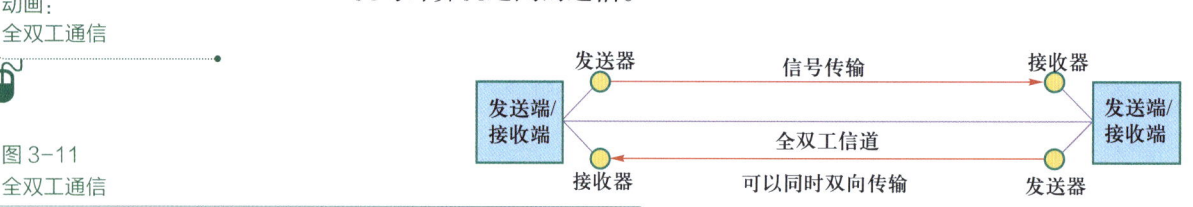

动画：
全双工通信

图 3-11
全双工通信

3.2.3　数据通信的主要性能指标

数据通信的任务是传输数据信息，希望达到传输速率快、出错率低、信息量大、可靠性高等效果，这些要求可以从以下性能指标加以描述。

微课 3-4
数据通信的主要性能
指标

1. 数据传输速率

数据传输速率是指单位时间内传输的信息量，可用"比特率"和"波特率"来表示。

（1）比特率

用比特率表示数据传输速率，是指每秒所传输的二进制位数，单位为位 / 秒（Bits Per Second），记作 b/s。它可由如下公式确定：

$$S=\frac{1}{T}\times \log_2 N$$

式中，T 为一个数字脉冲信号的宽度（全宽码情况）或一个周期（归零码情况），单位为 s；N 为一个码元所取的有效离散值的个数，也称调制电平数。一个数字脉冲即一个码元。N 一般取 2 的整数幂值。若一个码元只有 1 位二进制数，则可取 0 和 1 两种离散值，即 N 的值为 $2^1=2$。若一个码元由 2 位二进制数组成，则可取 00、01、10、11 四种离散值，则 N 为 $2^2=4$。

（2）波特率

波特率指数据通信系统中，线路上每秒传输的波形个数。波特率又称码元速率，单位为波特，记作 Baud。当一个码元仅取两种离散值时，比特率就等于波特率，波特率公式为：

$$B = \frac{1}{T}$$

若一个码元有 N 种有效离散值，即码元对应于 $\log_2 N$ 位二进制信息，此时波特率只是比特率的 $\log_2 N$ 分之一。由以上两个公式合并可得波特率与比特率的对应关系为：

$$S = B \times \log_2 N$$

或

$$B = S / \log_2 N$$

一般二元调制方式中，S 和 B 都取同一数值，但在多元调制的情况下，需要进行区分。

例 3-1：采用 8 种相位，每种相位各有两种幅度的 PAM 调制方式，则 $N = 8 \times 2 = 16$，若 $T = 833 \times 10^{-6}$s，则可求出比特率为：

$$S = \frac{1}{T} \times \log_2 N = \frac{1}{833 \times 10^{-6}} \times \log_2 16 \, \text{b/s} = 4\,800 \, \text{b/s}$$

而波特率为：

$$B = \frac{1}{T} = \frac{1}{833 \times 10^{-6}} \, \text{Baud} = 1\,200 \, \text{Baud}$$

2. 信道带宽

在模拟信道中，信道带宽（Bandwidth，简称"带宽"）又称频宽，是指信道所能传送的信号的频率宽度，也就是可传输信号的最高频率与最低频率之差。例如，一条传输线可以接收 300 ～ 3 000 Hz 的频率，则在这条传输线上传输频率的带宽就是 2 700 Hz。信道的带宽由传输介质、接口部件、传输协议以及传输信息的特性等因素所决定。它在一定程度上体现了信道的传输性能，是衡量传输系统的一个重要指标。

在数字信道中，信道带宽为信道能够达到的最大数据传输速率。例如，在一条数字网络传输线路中最大传输速率为 100 Mb/s，则信道带宽为 100 Mb/s。

严格地说，数字网络的带宽应使用波特率（Band）来表示，表示每秒的脉冲数。比特是信息单位，由于数字设备使用二进制传输，每个脉冲所承载的信息量是 1（$\log_2 2$，如果是四进制，则是 $\log_2 4$，每个脉冲所承载的信息量为 2）。因此，在数值上，波特率与比特率是相同的。由于人们对这两个概念分得并不是很清楚，因此常使用比特率来表示速率，也正是用比特率的人太多，所以比特率也就成了带宽的标准叫法。

常用的带宽单位有 b/s、kb/s、Mb/s、Gb/s、Tb/s。

1 kb/s = 10^3 b/s

1 Mb/s = 10^6 b/s

1 Gb/s = 10^9 b/s

1 Tb/s = 10^{12} b/s

例 3-2：通常说的带宽为 1 M，实际上是指 1 Mb/s，这里的 Mb 是指 10^6 b，或者 10^3 kb，转换成字节就是 1 000 kb/8 = 125 kB，即理想状态下下载文件的最大速率为 125 kB/s，如图 3-12 所示。

动画：
数字信号实际传输情况

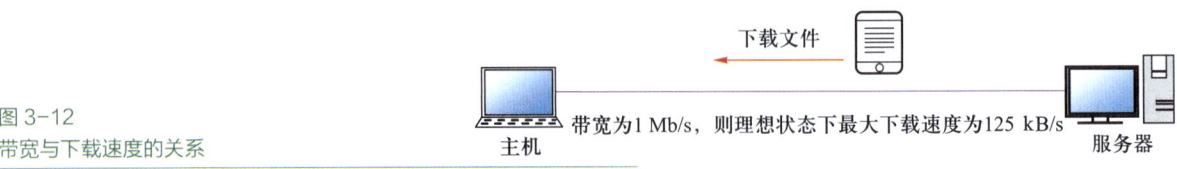

除了上面介绍的数据传输速率和信道带宽，常见的衡量数据通信性能的指标还有信道容量和误码率等。有兴趣的读者可以扫描二维码学习或者查看其他相关资料。

拓展阅读 3-2
信道容量与误码率

微课 3-5
数据传输技术

3.3　数据传输技术

在计算机网络中，数据传输技术定义了数据流从一个设备传输到另一个设备的方式，根据不同的分类标准有不同的传输方式，见表 3-2。

表 3-2　数据传输方式

分类方式	传输方式
按数据位的传输方式	并行通信、串行通信
按数据传输同步方式	同步传输、异步传输
按数据信号调制方式	基带传输、频带传输
按数据发送方式	单工通信、半双工通信、全双工通信

3.3.1　并行传输与串行传输

1. 并行传输

并行通信是指数据以成组的方式在多个并行信道上同时进行传输，即有多个数据位同时在两个设备之间传输，发送设备将这些数据位通过对应的数据线传送给接收设备，还可附加一位数据校验位，如图 3-13（a）所示。接收设备可同时接收到这些数据，不需要做任何变换就可直接使用。

动画:
并行传输与串行传输

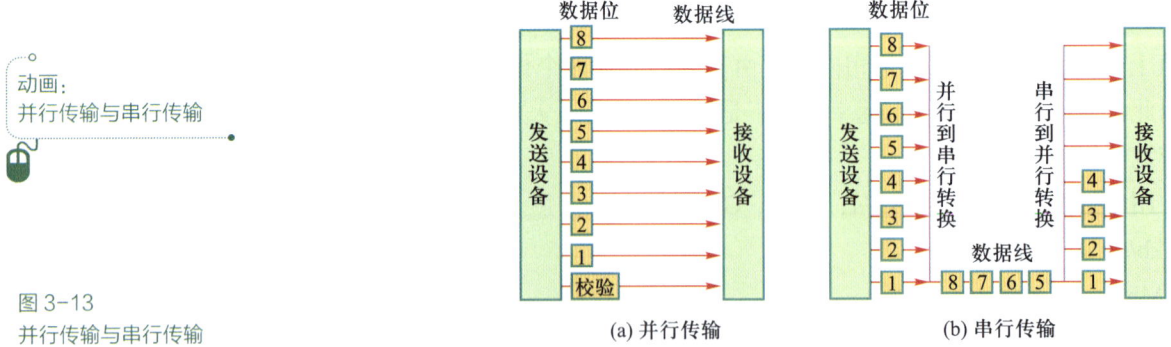

图 3-13
并行传输与串行传输

在计算机内部的数据通信通常以并行方式进行。并行的一组数据的传输线也称总线，如能并行传输 8 位数据的总线称为 8 位总线，并行传输 16 位的总线称为 16 位总线。并行通信的优点是速度快，处理简单，但发送端与接收端之间有若干条线路，费用高，仅适合于近距离和高速率的通信。并行传输常用于打印、游戏等数据通信。

2. 串行传输

串行通信是指数据一位一位地以串行方式在一条信道上传输，如图 3-13（b）所示。由于计算机内部都采用并行通信，因此，数据在发送之前，要将计算机中的字符进行并 / 串转换，在接收端再通过串 / 并转换，还原成计算机的字符结构，这样才能实现串行通信。串行通信的主要优点是收、发双方只需要一条传输信道，易于实现，成本低。对于覆盖面极其广阔的公用电话系统来说具有更大的现实意义。串行通信通过计算机的串行口得到了广泛的应用，远程通信一般都采用串行通信方式。

以 8 位总线为例，串行数据传输时，先由具有 8 位总线的发送方即计算机内的发送设备，将 8 位并行数据经并 / 串转换电路转换成串行方式发送；在接收方，接收设备将接收到的串行信息，经串 / 并转换后还原成并行信息后供接收计算机使用。

从表面上看，并行传输方式的传输速率要高于串行传输方式，但这是有条件的，即接收方和发送方的数据发送、接收、传输及处理的速率相当。事实上，由于并行传输方式中，特别是在传输速率达到一定程度后，同时进行的数据位传输可能存在相互干扰，所以并行传输在速率的提升上受到诸多限制，而串行传输方式却没有这方面的限制，因此现在许多串行传输方式的传输效率要高于并行传输方式。串行通信的方向性结构有单工、半双工和全双工。

3.3.2 同步传输与异步传输

在数据通信中，通信双方收发数据序列必须在时间上取得一致，这样才能保证接收的数据与发送的数据一致，这就是数据通信中的同步。一般串行通信广泛采用的同步方式有同步通信和异步通信两种；而并行通信一般都是同步通信。如果不采用数据传输的同步技术则有可能产生数据传输的误差。在计算机网络中，实现数据传输的同步技术有同步传输和异步传输两种方法。

1. 异步传输

所谓异步传输（Asynchronous Transmission）指发送者和接收者之间不需要合作，如图 3-14 所示。也就是说，发送者可以在任何时候发送数据，只要数据已经处于可以发送的状态。接收者则只要数据到达，就可以接收数据。这就好比在同一个办公室里，有几个人在一起办公，你可以随时喊另外一个人的名字，他也可以随时进行应答。

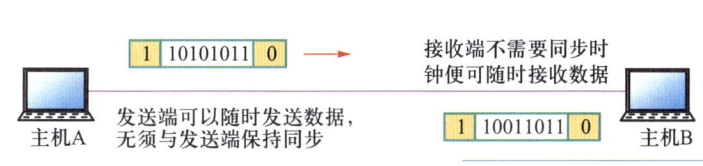

图 3-14 异步传输模式

异步传输一般以字符为单位，它在每一个被传输的字符的前、后各增加一位起始位和一位停止位，用起始位和停止位来指示被传输字符的开始及结束，如图 3-15 所示。通常，起始位为一个码元，极性为"0"，停止位为 1 或 2 个码元，

极性皆为 "1"。加上 "起" "止" 信号的目的就是能区分串行传输的 "字符"，也就是实现串行传输收、发双方码组或字符的同步。字符可以连续发送，也可以单独发送。不发送字符时，连续发送停止信号，接收方根据 "1" 至 "0" 的跳变来判断一个新字符的开始，然后接收字符中的所有位。因此，每一个字符的起止时刻可以是任意的（即字符之间是异步的）。

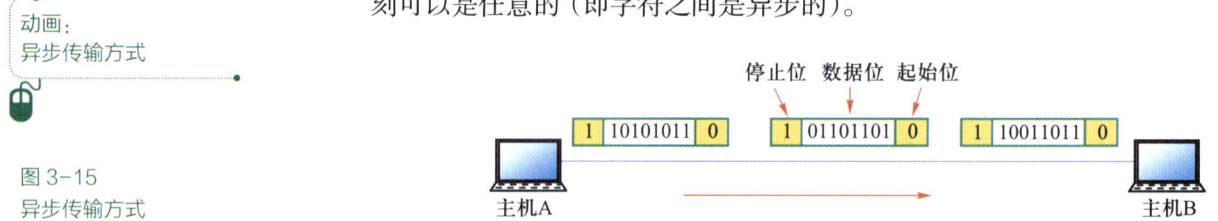

图 3-15
异步传输方式

异步传输的优点是字符同步实现简单，收发双发的时钟信号不需要严格同步。缺点是对每一个字符都需要加入 "起" "止" 码元，使传输速率变低。例如，要传输一个 7 位的信息，每个字符采用一位的 "起" "止" 码元，另外需要增加一位的控制位，这样传输速率就降为了原来的 70%。

2. 同步传输

同步传输（Synchronous Transmission）就是使接收端接收的每一个数据块或一组字符都要和发送端准确地保持同步，在时间轴上，每个数据码字占据等长的固定时间间隔，码字之间一般不得留有空隙，前后码字接连传送，中间没有间断时间，如图 3-16 所示。收发双方不仅保持着码元（位）同步关系，而且保持着码字（群）同步关系。如果在某一期间确实无数据可发，则须用某一种无意义码字或位同步序列进行填充，以便始终保持不变的数据串格式和同步关系。否则，在下一串数据发送之前，必须发送同步序列（一般是在开始使用同步字符 SYN "01101000" 表示，或一个同步字节 "01111110" 表示，并且在结束时使用同步字符或同步字节）以完成数据的同步传输过程。

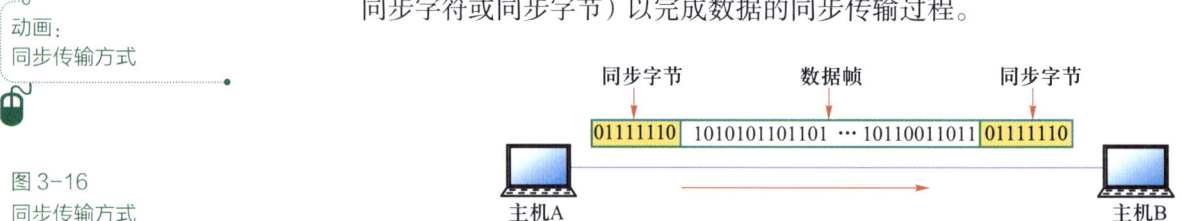

图 3-16
同步传输方式

与异步传输相比，同步传输在技术实现上较复杂，但不需要对每一个字符单独加 "起" "止" 码元作为识别字符的标志，只是在一串字符的前后加上标志序列，因此，传输效率高，适合较高速率的数据通信系统。

异步传输与同步传输的区别见表 3-3。

表 3-3　异步传输与同
　　　　步传输的区别

异 步 传 输	同 步 传 输
面向字符的传输	面向比特的传输
通过字符的开始和停止码抓住再同步的机会	从数据中抽取同步信息
对时序的要求较低	往往通过特定的时钟线路协调时序
异步传输相对于同步传输速率较低	

3.3.3 基带传输与频带传输

基带传输方式用于数字信号传输，常用的传输介质有双绞线和同轴电缆，如以太网；频带传输方式用于无线电频率范围内的模拟信号的传输，常用的介质有同轴电缆，如通过电话模拟信道传输和闭路电视的信号传输。

1. 基带传输

计算机等数字设备中，最方便的表示二进制数字序列的电信号形式就是方波，即"1"和"0"分别用高电平和低电平表示，这种数字信号也称基带信号。在信道上直接传送数据的基带信号称为基带传输。一般来说，将信源的数据经过变换变为直接传输的数字基带信号的工作由编码器完成。在发送端，由编码器实现编码，在接收端由译码器进行解码，恢复发送端发送的数据，如图 3-17 所示。基带传输是一种最基本的传输方式。

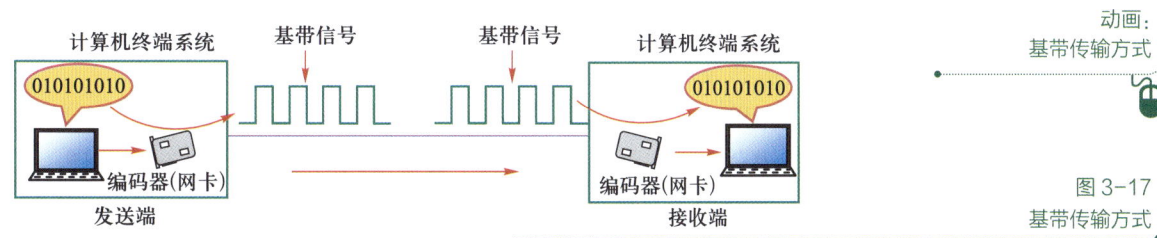

动画：
基带传输方式

图 3-17
基带传输方式

由于线路中分布电容和分布电感的影响，基带信号容易发生畸变，因此传输距离受到限制。在近距离范围内基带信号的功率衰减不大，因此，在总线型拓扑结构的局域网中通常使用基带传输技术。

2. 频带传输

在实现远距离通信时，经常借助于电话线，此时需要利用频带传输方式。所谓频带传输是指将数字信号调制成音频信号后发送和传输，到达接收端时再把音频信号解调成原来的数字信号，如图 3-18 所示。可见，在采用频带传输方式时，要求在发送端和接收端都安装调制解调器。利用频带传输不仅解决了利用电话系统传输数字信号的问题，而且可以实现多路复用，以提高传输信道利用率。

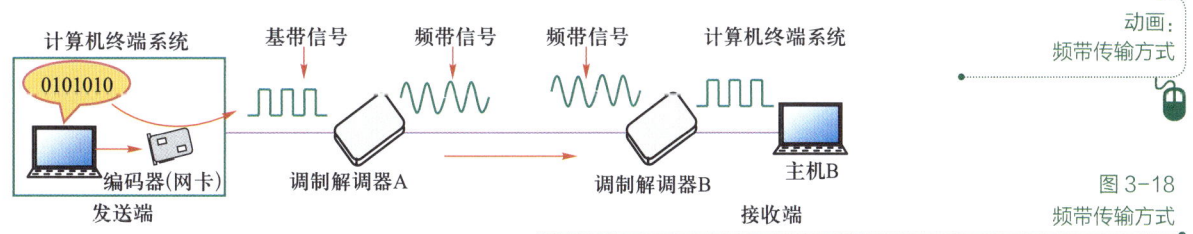

动画：
频带传输方式

图 3-18
频带传输方式

频带传输还有一个常用的术语是宽带（Broadband）传输，就是将信道分成多个子信道，分别传送音频、视频和数字信号。宽带是比音频带宽更宽的频带，它包括大部分电磁波频谱。使用这种宽频带传输的系统，称为宽带传输系统。

宽带传输中的所有信道都可以同时发送信号，如 CATV、ISDN 等。宽带传输模拟信号，宽带传输系统多是模拟信号传输系统。数据传输速率范围为 0 ～ 400 Mb/s，而通常使用的传输速率是 5 ～ 10 Mb/s。它可以容纳全部广播，并可进行数据高速传输。宽带传输与基带传输相比有以下优点。

① 能在一个信道中传输声音、图像和数据信息，使系统具有多种用途。

② 一条宽带信道能划分为多条逻辑基带信道，实现多路复用，因此大大增加了信道的容量。

③ 宽带传输的距离比基带传输远，因为基带传输是直接传输数字信号，传输速率高，而传输的速率越高，能够传输的距离越短。

3.4　数据编码调制技术

在计算机中数据是以二进制 0、1 比特序列方式表示的，而计算机数据在传输中采用什么样的编码取决于它所采用的通信信道（线路）所支持的数据类型。计算机网络中常用的通信信道分为模拟信道和数字信道两类。模拟信道只能传送模拟信号，数字信道传输数字信号，数字信号指电流或电压不连续变化的信号。计算机发出的二进制数据信号就是典型的数字信号。

既然通信信道分为模拟信道和数字信道，相应地，用于数据通信的数据编码也分为模拟数据编码和数字数据编码两类。不同类型的信号在不同类型的信道上传输有 4 种组合，除用模拟信道传送模拟数据不需要编码外（需要放大信号），数字数据的模拟信号编码、数字数据的数字信号编码、模拟数据的数字信号编码都需要相应地进行不同的编码处理，如图 3-19 所示。

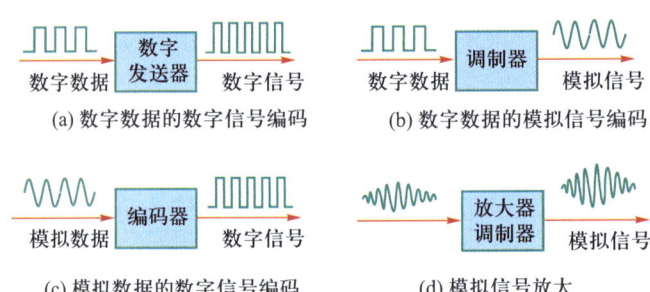

(a) 数字数据的数字信号编码　　(b) 数字数据的模拟信号编码

(c) 模拟数据的数字信号编码　　(d) 模拟信号放大

图 3-19
数据编码调制方式

3.4.1　数字数据的数字信号编码

微课 3-6
数字数据的数字信号
编码

对于数字信号来说，最常用的方法是用不同的电压电平表示两个二进制数字，即数字信号由矩形脉冲组成（方波）。在基带数字通信系统中，信道编码器输出的代码还需要经过码形变换，变为适合传输的码形。常用的编码方式有不归零 / 归零编码、曼彻斯特编码、差分曼彻斯特编码、4B/5B、8B/10B 等编码方式。

1. 不归零码与归零码

根据信号编码时是否归零，可以将编码方式分为不归零码（Non-return to Zero，NRZ）和归零码（Return to Zero，RZ），同时每种编码方式都有"单极性"和"双极性"两种方式。单极性是指用正脉冲和零分别代表数字"1"和"0"，没有负脉冲；双极性是指用正脉冲和负脉冲分别代表数字"1"和"0"。

（1）不归零码（NRZ）

不归零码是指编码在发送"0"或"1"时，在一码元的时间内不会返回初始状态（零）。当连续发送"1"或者"0"时，上一码元与下一码元之间没有间隙，使接收方和发送方无法保持同步。为了保证收、发双方同步，往往在发送不归零码的同时，还要用另一个信道同时发送同步时钟信号。计算机串口与调制解调器之间采用的是不归零码。

不归零码 NRZ 又可分为单极性不归零码和双极性不归零码。

单极性不归零码：在每一码元时间内，无电压表示数字"0"，恒定的正电压表示数字"1"。每个码元的中心是取样时间，即判决门限。

双极性不归零码：在每一码元时间内，以恒定的负电压表示数字"0"，以恒定的正电压表示数字"1"，判决门限为零电平，如图 3-20 所示。

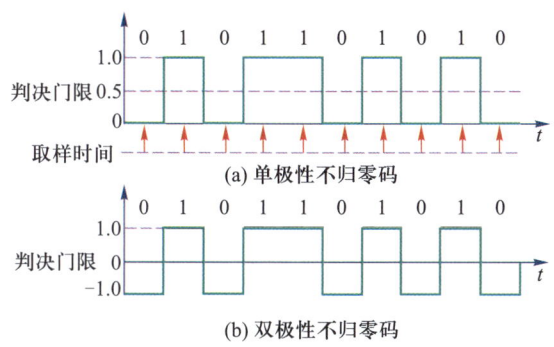

图 3-20
不归零编码

（2）归零码（RZ）

归零码是指编码在发送"0"或"1"时，在一码元的时间内会返回初始状态（零）。归零码可分为单极性归零码和双极性归零码。

单极性归零码：以无电压表示数字"0"，以恒定的正电压表示数字"1"。与单极性不归零码的区别是"1"码发送的是窄脉冲，发完后归到零电平。

双极性归零码：以恒定的负电压表示数字"0"，以恒定的正电压表示数字"1"。与双极性不归零码的区别是两种信号波形发送的都是窄脉冲，发完后归到零电平，如图 3-21 所示。

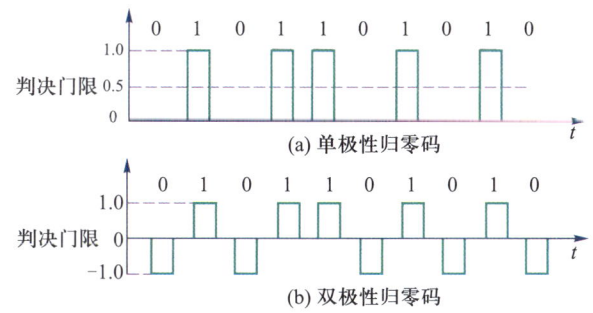

图 3-21
归零编码

2. 曼彻斯特编码与差分曼彻斯特编码

曼彻斯特编码（Manchester Encoding）也称自同步码，是指编码在传输信息的同时，将时钟同步信号也一起传输过去。这样，在数据传输的同时就不必通过其他信道发送同步信号。局域网中的数据通信常使用自同步码，典型代表是曼彻斯特编码和差分曼彻斯特编码。

在曼彻斯特编码方式中，每一位的中间都有一个跳变。位中间的跳变既作为时钟，又作为数据；从高电平到低电平的跳变表示"1"，从低电平到高电平的跳变表示"0"。由于跳变都发生在每一个码元的中间位置（半个周期），接收端可以方便地利用它作为同步时钟，因此这种曼彻斯特编码又称"自同步曼彻斯特编码"。

差分曼彻斯特编码（Different Manchester Encoding）是曼彻斯特编码的一种修改形式，其不同之处是用每一位的起始处有无跳变来表示"0"和"1"。在起始处与前一个码元比较，若有跳变则为"0"，若无跳变则为"1"。而每一位中间的跳变只用于作为同步的时钟信号，所以它也是一种自同步编码，如图 3-22 所示。

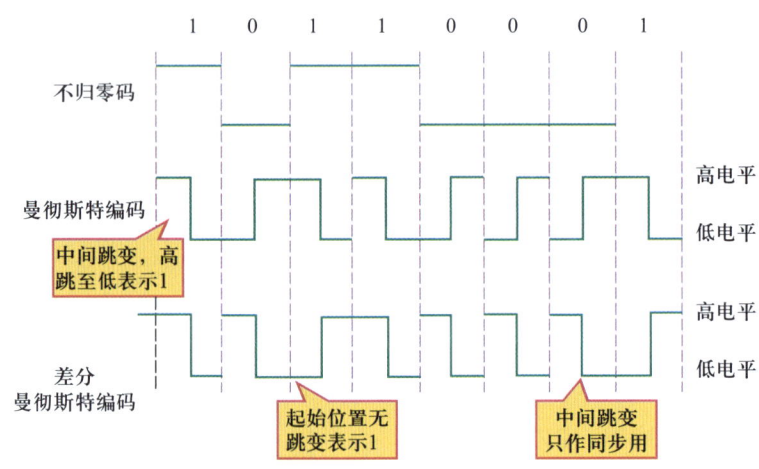

图 3-22
曼彻斯特编码与差分曼彻斯特编码

3. 4B/5B 编码与 8B/10B 编码

与电压调制（即以信号电压的高低来控制线路上数字信号的产生）方式不同，光纤通信中采用强度调制的方式控制信号的产生（强度即光强，是指单位面积上的光功率），其原理是以电信号来控制发光器的工作电流，从而控制发光器的输出功率，使之随信号电流呈线性变化，在线路上通过光信号的有无表示数字信号的"1"和"0"。

在光纤分布式数据接口（Fiber Distributed Data Interface，FDDI）中采用的 mB/nB 码是分组码的一种，它将原始码流以 m 比特一组，根据一定的规则变为 n 比特（n>m）一组的码组输出。优点是加入冗余信息，可用于误码监测，定时信息丰富，且频率特性好；缺点是不利于插入辅助通信信息。

4B/5B 编码的特点是将要发送的数据流每 4 位作为一组，然后按照 4B/5B 编码规则将其转换为相应的 5 位码。5 位码共有 32 种组合，但只采用 24 种（要求每个 5 位码中不多于 3 个"0"，且不少于 2 个"1"），其中 16 种对应 4 位码的16 种状态，8 种用作控制码，以表示帧的开始和结束、光纤路状态（静止、空闲、暂停）等，如图 3-23 所示。

动画：
4B/5B 传输方式

图 3-23
4B/5B 传输方式

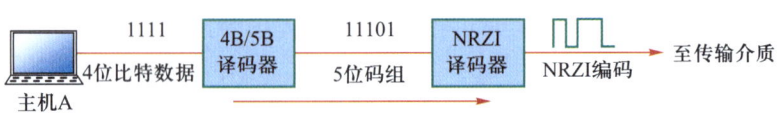

在 4B/5B 编码中将 5 位码组转换成电信号的波形采用了 NRZI（Non-return to Zero Inverted，反向不归零码）的编码方式，其编码对照见表 3-4。NRZI 编码

中，在每个比特"1"的开始处都有电平跳变，每个比特"0"的开始处电平没有跳变（在 USB 的应用中，跳变方式与之相反）。

十六进制数	4B	5B	十六进制数	4B	5B
0	0000	11110	8	1000	10010
1	0001	01001	9	1001	10011
2	0010	10100	A	1010	10110
3	0011	10101	B	1011	10111
4	0100	01010	C	1100	11010
5	0101	01011	D	1101	11011
6	0110	01110	E	1110	11100
7	0111	01111	F	1111	11101

表 3-4　4B/5B 编码对照表

曼彻斯特编码也可以看成 mB/nB 编码的一个特例，其中 $m=1$，$n=2$，它将"0"实际转换为"01"（低电平到高电平），将"1"转换成"10"（高电平到低电平），如图 3-24 所示。其码元速率是传输速率的两倍，编码效率为 50%。而 4B/5B 编码中是将 4 位比特数据转换为 5 位码组，因此编码效率为 80%，编码效率大大提高。

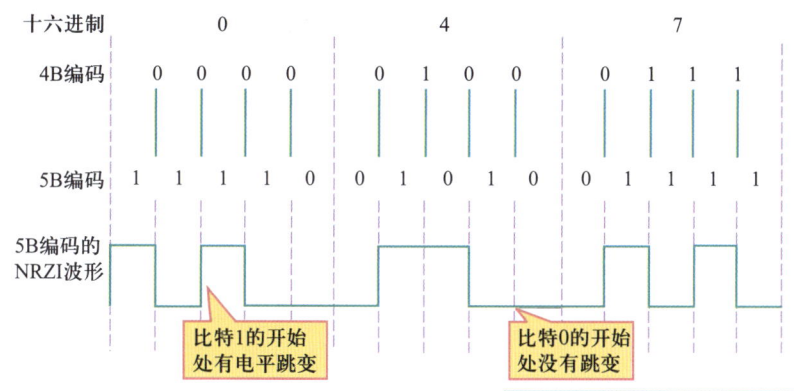

图 3-24
4B/5B 及转换的 NRZI 波形

8B/10B 编码与 4B/5B 的概念类似，在千兆以太网中就采用了 8B/10B 的编码方式，如 Fiber Channel（光纤通道）、USB 3.0、PCI Express、Rapid I/O 等总线或网络。另外，万兆以太网用的是 64B/66B 编码。

3.4.2　数字数据的模拟信号调制

要在模拟信道上传输数字数据，首先，数字信号要对相应的模拟信号进行调制，即用模拟信号作为载波运载要传送的数字数据，例如，利用 PSTN（公共交换电话网络）的方式进行数据传输就需要将数字数据调制成模拟信号。发送端的数字数据要转换成模拟信号才能传输，这个过程称为调制；在接收端需要将模拟信号转换成数字数据，这个过程称为解调。通常，每个工作站既要发送数据又要接收数据，所以总是把调制和解调的功能合成一体，称为调制解调器（Modem）。

如图 3-25 所示的通信案例中，为了利用电话交换网实现远距离计算机之间的数字信号传输，必须将数字信号转换成模拟信号。所以需要在发送端选取音频范围的某一频率的正（余）弦模拟信号作为载波，用它运载所要传输的数字信

微课 3-7
数字数据的模拟信号调制

号，通过电话信道将其送至另一端；在接收端再将数字信号从载波上分离出来，恢复为原来的数字信号波形。

图 3-25
数字数据的模拟信号调制

模拟信号发送的载波信号是一种连续的频率恒定的信号，可以表示为正弦波形式：

$$载波\ S(t) = A \times \sin(\omega t + \phi)$$

式中，A 为幅度，ω 为角频率，ϕ 为初相位。

调制的方法是通过改变正弦波的幅度、频率或相位来传送信息，使 A、ω 或 ϕ 随着数字基带信号的变化而变化。其基本原理是把数据信号寄生在载波的三个参数中的一个上，即用数字信号来进行幅度调制、频率调制或相位调制。通常从几个具有不同参量的独立振荡源中选择参量，为此把数字信号的调制方式称为"键控"。数字调制主要有移幅键控、移频键控和移相键控。

1. 移幅键控（Amplitude Shift Keying，ASK）

移幅键控使用载波频率的两个不同振幅来表示两个二进制值，如图 3-26 所示。移幅就是把频率、相位作为常量，而把振幅作为变量，信息比特是通过载波的幅度来传递的。例如，用载波幅度 A_m 表示数字 1，用载波幅度 0 表示数字 0，频率和相位都是常量。其数字表达式为：

$$S(t) = \begin{cases} A_m \times \sin(\omega t + \phi) & （表示数字 1） \\ 0 \times \sin(\omega t + \phi) & （表示数字 0） \end{cases}$$

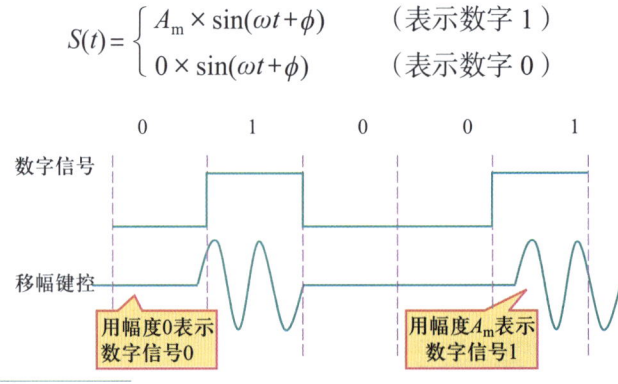

图 3-26
移幅键控

在一般情况下，用振幅恒定载波的存在与否来表示两个二进制字。ASK 方式的编码效率较低，容易受噪声变化的影响，抗干扰性较差。在音频电话线路上，一般只能达到 1 200 b/s 的传输速率。

2. 移频键控（Frequency Shift Keying，FSK）

移频键控法使用载波频率附近的两个不同角频率来表示两个二进制值，即通过改变载波信号的角频率来表示数字信号 1、0，如图 3-27 所示。对于移频键控来说，幅度和相位是常量，角频率是变量。例如，用角频率 ω_1 表示数字 1，用角频率 ω_2 表示数字 0。在音频电话线路上的传输速率可以大于 1 200 b/s。其表达式为：

$$S(t)=\begin{cases} A \times \sin(\omega_1 t+\phi) & （表示数字 1） \\ A \times \sin(\omega_2 t+\phi) & （表示数字 0） \end{cases}$$

FSK 比 ASK 的编码效率高，技术简单，不易受干扰的影响，抗干扰性较强，是目前常用的调制方式之一。

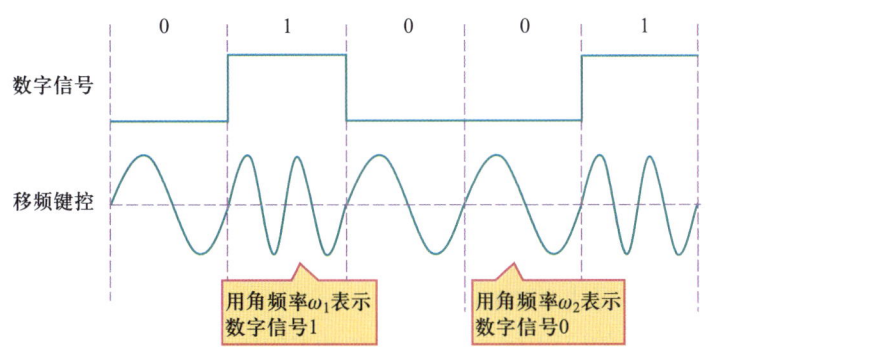

图 3-27
移频键控

3. 移相键控（Phase Shift Keying，PSK）

移相键控使用载波信号的相位移动来表示二进制数据，即通过改变载波信号的相位值来表示数字信号 1、0。对于移相键控来说，幅度和角频率为常量，相位为变量。如果用相位的绝对值表示数字信号 1、0，则称为绝对调相；如果用相位的相对偏移来表示数字信号 1、0，则称为相对调相，如图 3-28 所示。

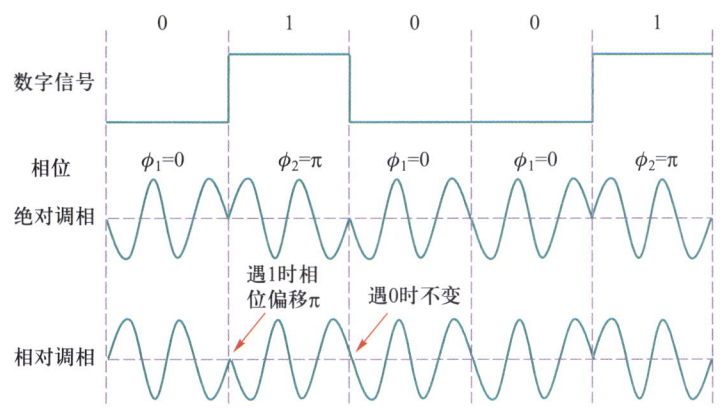

图 3-28
移相键控

绝对调相（Absolute PSK）：在载波信号 $S(t)$ 中，ϕ 为相位。最简单的情况是用相位的绝对值来表示它所对应的数字信号。当表示数字 1 时，取 $\phi_1=0$；当表示数字 0 时，取 $\phi_2= \pi$。其表达式为：

$$S(t)=\begin{cases} A \times \sin(\omega t+\phi_1) & （表示数字 1） \\ A \times \sin(\omega t+\phi_2) & （表示数字 0） \end{cases}$$

相对调相（Differential PSK）：用载波在两位数字信号的交接处产生的相位偏移来表示载波所表示的数字信号。最简单的相对调相方法是，两比特信号交接处遇 0，载波信号相位不变；两比特信号交接处遇 1，载波信号相位偏移 π。

多相调制（Multiple Phrase Modulation，MPM）：在模拟数据通信中，为了提高数据传输速率，人们常采用多相调制的方法。例如，将待发送的数字信号按照两比特一组的方式组织，2 位二进制数有 00、01、10 和 11 这 4 种组合。每组是一个双比特码元，可以用 4 个不同的相位值（0、$\pi/2$、π、$3\pi/2$）去表示这 4

组双比特码元。那么在数据传输过程中，相位每改变一次，就传送 2 个二进制比特，这种调相方法称为四相调制，如图 3-29 所示。同理，如果发送的数据每 3 比特组成一个 3 比特码元组，那么可以用 8 种不同的相位值去表示，这种调相方法称为八相调制。

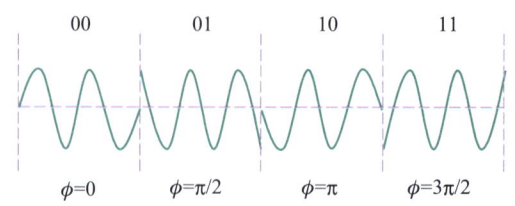

图 3-29
四相调制

PSK 方式具有很强的抗干扰能力，其编码效率比 FSK 还要高，在音频线路上传输速率可达 9 600 b/s。

在实际的应用中，一般将这些基本的调制技术组合起来使用，以增强抗干扰能力和编码效率。常见的组合是 PSK 和 FSK 方式的组合，或者 PSK 和 ASK 方式的组合。由 PSK 和 ASK 结合的相位幅度调制（PAM）是在相移数已达到上限的基础上继续提高传输速率的有效方法。

3.4.3　模拟数据的数字信号编码

由于数字信号抗干扰能力强，传输失真小，误码率低，数据传输速率高，便于计算机存储，因此将语音、图像等模拟信息数字化已成为必然趋势。

最常用的模拟数据的数字信号编码方法是脉冲编码调制（Pulse Code Modulation，PCM），这是波形编码中最重要的一种方式，是一个模拟信号转换为二进制数脉冲序列的过程，在光纤通信、数字微波通信、卫星通信等领域中均获得了极为广泛的应用，现在的数字传输系统大多采用 PCM 体制。PCM 的工作过程主要包括采样、量化与编码 3 个步骤，如图 3-30 所示。

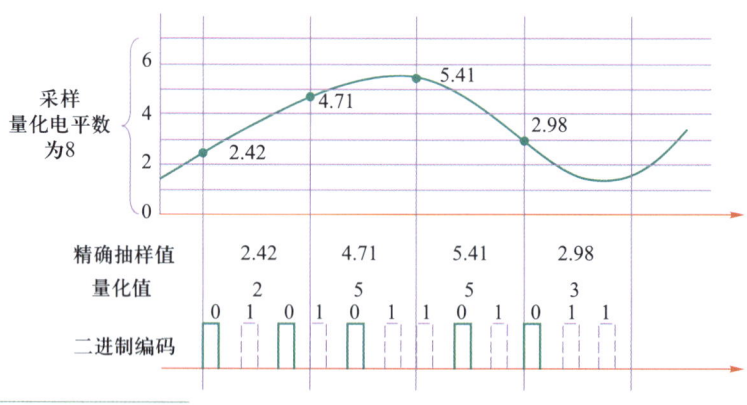

图 3-30
模拟数据的数字信号处理过程

1. 采样

采样（Sampling）是模拟信号数字化的第一步。模拟信号是电平连续变化的信号，采样是每隔一定的时间间隔，将模拟信号的电平幅度值取出来作为样本，让其表示原来的信号的过程。采样频率 f 为：

$$f \geqslant 2B \quad 或 \quad f = 1/T \geqslant 2f_{max}$$

其中，*B* 为通信信道带宽，*T* 为采样周期，f_{max} 为信道所允许通过信号的最高频率。

研究结果表明，如果 $f \geqslant 2B$，则定时对信号采样，其样本可以包含足以重构原模拟信号的所有信息。例如，语音信号的带宽近似为 4 kHz，则采样频率应不小于 8 000 样本 /s，若用 8 位二进制编码，则信道的数据传输速率为 8 × 8 000 b/s = 64 kb/s。每一路采样信号称为脉冲振幅调制（Pulse Amplitude Modulation，PAM）。

2. 量化

量化（Quantizing）是采样的样本幅度按照量化级别决定取值的过程，也就是取整。这样，脉冲序列就成了数字信号。

3. 编码

编码（Encoding）就是利用相应位的二进制代码表示量化后的采样样本量级的方法，它用一定位数的二进制码表示量化级。如果有 *N* 个量化级，那么就应当有 $\log_2 N$ 位二进制码。例如，在语音数字化的脉冲调制系统中，如果语音数据限于 4 000 Hz 以下的频率，那么每 8 000 次 /s 的采样可以满足完整的表示语音信号特征的需要。如果使用 7 位二进制数表示每次采样的数据，就允许有 128 个量化级，这意味着，仅仅是语音信号就需要有 8 000 次 /s × 7 b/ 次 = 56 kb/s 的数据传输速率。

3.5 多路复用技术

当传输介质的带宽超过了传输单个信号所需的带宽，就可以在一条传输介质上"同时"传输多路信号，该技术就称为多路复用技术（Multiplexing）。因此，多路复用技术就是把多个低速信道组合成一个高速信道的技术，它可以有效地提高数据链路的利用率，从而使得一条高速的主干链路同时为多条低速的接入链路提供服务。特别是在远距离传输时，可大大节省电缆的成本，以及电缆安装与维护的费用。

3.5.1 频分多路复用

当传输介质的带宽大于要传输的所有信号带宽之和时，可以使用频分多路复用技术。频分多路复用（FDM）在一个传输介质上使用多个不同频率的模拟载波信号进行多路传输，每一个载波信号形成一个信道。每个子信道形成一个子通路，分配给用户使用。在 FDM 中，各路信号以不同的载波频率进行调制，各路信号所占用的频带相互不重叠，相邻信号之间有保护频带，以防止多路信号之间的互相干扰。采用频分多路复用技术时，各路信号在各子信道上是以并行方式传输的。例如，有线电视台使用频分多路复用技术，将很多频道的信号通过一条线路传输，用户可以选择收看其中的一个频道。

如图 3-31 所示为 FDM 系统的原理图，假设有 5 个输入源，分别输入 5 路

微课 3-9
多路复用技术

信号到频分多路复用器 MUX，多路复用器将每路信号调制在不同的载波频率上
（如 f_1、f_2、f_3、f_4、f_5）。采用频分多路复用时数据在各子信道上是并行传输的。
由于各子信道相互独立，故一个信道发生故障时不影响其他信道。每路信号以其
载波频率为中心，占用一定的带宽，此带宽范围称为一个通道。接收端通过多路
复用器将信号分离出来，形成独立的信号供终端使用。

动画：
频分多路复用

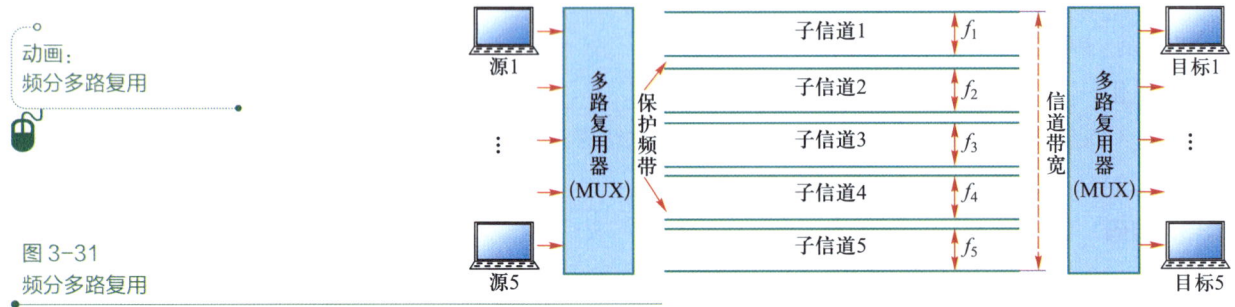

图 3-31
频分多路复用

3.5.2　时分多路复用

时分多路复用（TDM）物理信道按时间分成若干个等长的时间片，轮流、交
替地分配给多路信源。每个用户分得一个时间片，每一路信号只能在自己的时间
片内的独占信道中进行传输，如图 3-32 所示。

动画：
时分多路复用

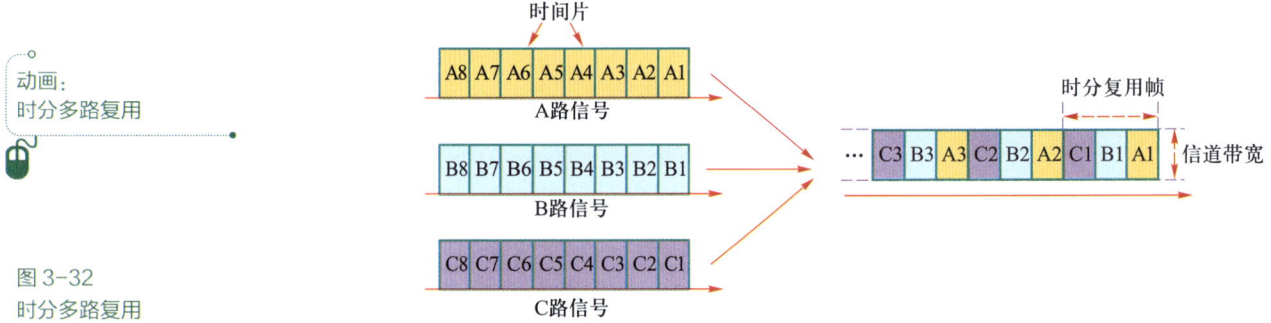

图 3-32
时分多路复用

TDM 的工作原理：首先，将各路传输信号按时间进行分割，就是将每个单
位传输时间都划分为相同数量的时间片（即时隙）；其次，每路信号使用其中之
一进行传输，将多个时隙组成的帧称为"时分复用帧"。这样，就可以使多路输
入信号在不同的时隙内轮流、交替地使用物理信道进行传输。

3.5.3　波分多路复用

波分多路复用（WDM）指在一根光纤上能同时传送多个波长不同的光波信
号的复用技术。通过波分多路复用可以使原来在一根光纤上只能传输一个光载波
的单一光信道，变为可传输多个不同波长光载波的光信道，使光纤的传输能力成
倍增加。也可以利用不同波长沿不同方向传输来实现单根光纤的双向传输。波分
多路复用是频分多路复用在光纤信道上的一种变种。

波分多路复用的原理：光信号具有不同波长，波分多路复用利用衍射光栅来
实现不同光波的合成和分解。两根光纤连到一个棱镜或衍射光栅上，每根光纤里

的光波处于不同的波段上，这样两束光通过棱镜或衍射光栅组合到一条共享光纤上；到达目的地后，再通过棱镜或衍射光栅将组合的光信号分开，并送入不同的终端，如图 3-33 所示。

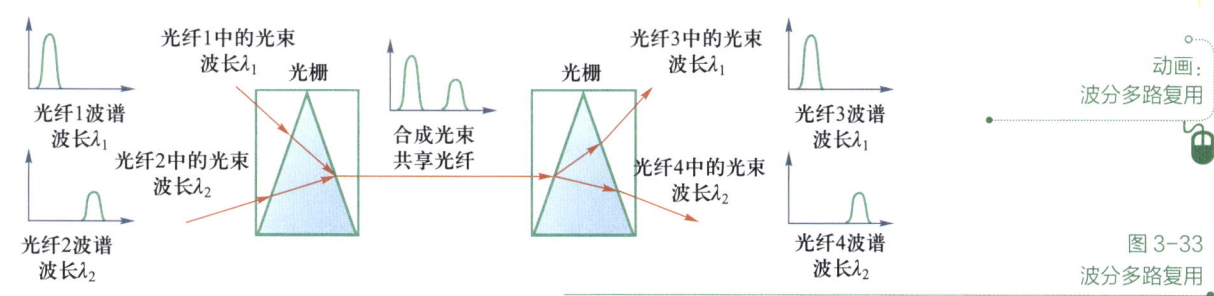

动画：
波分多路复用

图 3-33
波分多路复用

波分复用具有可灵活增加光纤传输容量、同时传输多路信号、成本低、维护方便、可靠性高、应用领域广泛等技术特点和优势。波分多路复用主要用于全光纤网组成的通信系统。目前，对于带宽 25 000 GHz 的光纤来说，由于受到电 – 光和光 – 电转换速度的限制，一般可以利用的数据传输率为 10 Gb/s。如果采用波分多路复用技术，在一根光纤上可以发送 8 个波长的光波，假设每个波长可以支持 10 Gb/s 的数据传输速率，则一根光纤所能支持的最大数据传输速率可达到 80 Gb/s。目前，这样的波分复用系统已经在实际组网中得到应用。

笔 记

3.5.4 码分多路复用

码分多路复用（CDMA）是一种用于移动通信系统、无线计算机网络以及移动性计算机联网的复用技术，它采用地址码、时间和频率共同区分信道的方式。

码分多路复用的原理是基于码型分割信道。每个用户分配一个特定的地址码，而这些地址码之间相互具有正交性，因此各用户信息发射信号在时间、空间和频率上都可能重叠，从而使有限频带得到利用。

在 CDMA 系统中，将要传输的一个比特位所占用的时间划分成 m 个更短的时间片，称为码片。通常 m 取 64 或 128。为了便于说明原理，此处取 m 为 8。一个站要发送码元，则将其 m 比特码片序列发送出去，如图 3-34 所示。例如，当发送码元 1 时，就发送码片序列 00011011；当发送码片 0 时，就发送码片 11100100。在接收端再将码片转化为相应的码元。

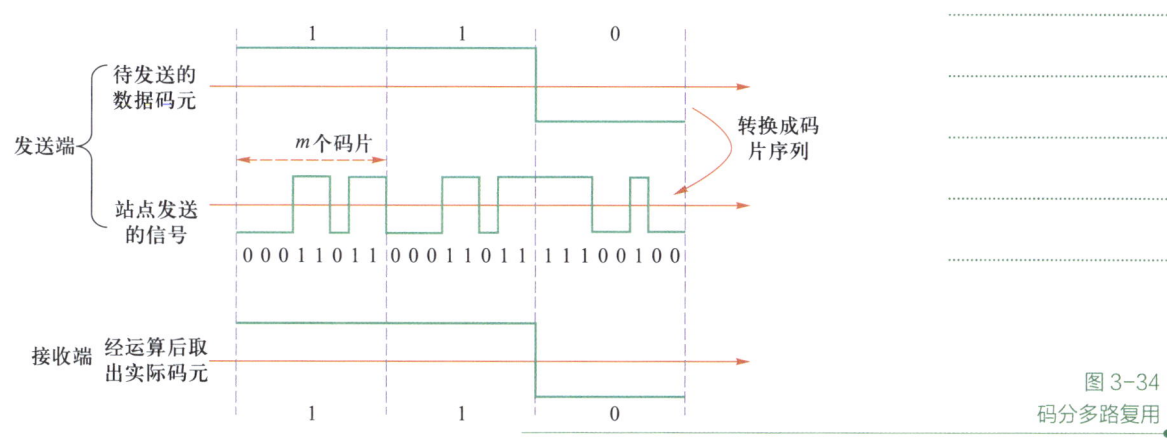

图 3-34
码分多路复用

码分多路复用具有抗干扰能力强和通信隐蔽性好等优点。便携式计算机、平板电脑、手机等移动性设备的通信大量使用码分多路复用技术。

3.6 传输介质

传输介质是通信中发送方和接收方之间的物理通道，也是通信中传输信息的实际载体。如同车辆必须在公路上行驶一样，数据的传输需要传输介质，而且传输介质的特性会影响数据通信的质量，这些特性包括物理特性、传输特性、连接性、抗干扰性等。

计算机网络中的传输介质可以分为无线和有线两种。常用的有线传输介质有双绞线、同轴电缆、光纤等，常用的无线传输介质有无线电、微波、红外线等。

3.6.1 双绞线

微课 3-10
双绞线

双绞线是目前局域网中最常用的一种布线材料。双绞线是由两根互相绝缘的铜导线用规则的方法扭绞而成的一种传输介质。把两根绝缘的铜导线按一定密度互相绞在一起，可降低信号干扰的程度，每一根导线在传输中辐射的电波会被另一根线上发出的电波抵消。双绞线线芯的直径为 1 mm，每根线有颜色标记。通常用一对或多对这样的双绞线组成一根双绞线电缆。

双绞线既可以传输模拟信号，也可以传输数字信号。典型的双绞线有一对的，有四对的。更多对双绞线捆在一起，在其外面包上硬绝缘套管，就可称之为双绞线电缆。双绞线一个扭绞周期的长度称为节距，节距越小，抗干扰能力越强。

微课 3-11
双绞线的分类与应用

双绞线按其是否有屏蔽功能，可分为屏蔽双绞线（STP）和非屏蔽双绞线（UTP），如图 3-35 所示。二者的差异在于屏蔽双绞线中，一对双绞线外面有金属铜缠绕，有的还在几对双绞线的外层包上铜编织网，用于屏蔽，目的是提高双绞线的抗干扰能力，最外层再包上一层具有保护性的聚乙烯塑料。非屏蔽双绞线除缺少屏蔽层外，其余均与屏蔽双绞线相同。

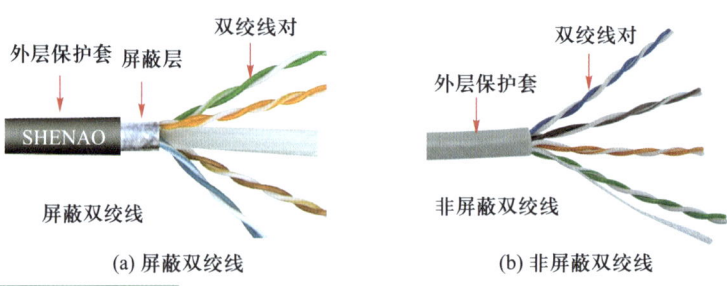

(a) 屏蔽双绞线　　　　　(b) 非屏蔽双绞线

图 3-35
4 对双绞线

非屏蔽双绞线是在许多类型的网络中使用的 4 对线介质，其中计算机网络常用的是五类线和超五类线。随着技术的发展，六类线在计算机网络中也大量使用。UTP 的用途见表 3-5。

类　别	传输速率	用　途	说　明
一类线缆	最高 20 kb/s	可用于语音通信	不适合数据通信
二类线缆	最高 4 Mb/s	令牌环网	用于电话语音传输
三类线缆	最高 10 Mb/s	主要应用于语音、10 Mb/s 以太网（10Base-T）和 4 Mb/s 令牌环	最大网段长度为 100 m，采用 RJ 形式的连接器，目前已淡出市场
四类线缆	最高 16 Mb/s	主要用于基于令牌的局域网、10 Mb/s 以太网（10Base-T）和 100 Mb/s 以太网（100Base-T）	最大网段长度为 100 m
五类线缆	最高 100 Mb/s	主要用于 100 Mb/s 以太网（100Base-T）和 1 000 Mb/s 以太网（1000Base-T）	最大网段长度为 100 m，用于语音传输和最高传输速率为 100 Mb/s 的数据传输
超五类线缆	100 Mb/s	主要用于 1 000 Mb/s 以太网	超五类衰减小，串扰少，并且具有更高的衰减与串扰的比值（ACR）和信噪比（SNR）、更小的时延误差，性能得到很大提高
六类线缆	最高可达 1 000 Mb/s	主要用于 100 Mb/s 快速以太网和 1 000 Mb/s 以太网	适用于传输速率高于 1 Gb/s 的应用
超六类线缆	1 000 Mb/s	主要应用 1 000 Mb/s 以太网中	在串扰、衰减和信噪比等方面有较大改善
七类线缆	可达 10 Gb/s	将来使用在万兆以太网	不再是一种非屏蔽双绞线，而是一种屏蔽双绞线

表 3-5　UTP 的用途

在目前的网络中，为了保持最佳的兼容性，普遍采用 EIA/TIA 568B（简称 T568B）标准来制作网线，如图 3-36 所示。为了保持通信的通畅，需要在两端采用相同的线序，这种方式也称直通线，网络中正常使用的双绞线基本都采用这种方式，与计算机网卡连接的接头称为水晶头。

微课 3-12
双绞线的制作

水晶头中EIA/TIA 568B线序

1	2	3	4	5	6	7	8
橙白	橙	绿白	蓝	蓝白	绿	棕白	棕

"橙白"是指浅橙色，或者白线上有橙色的色点或色条的线缆，绿白、棕白、蓝白亦同。

图 3-36
EIA/TIA 568B 线序

另外一种线缆标准为 EIA/TIA 568A（简称 T568A），其线序标准为 T568B 线序中 1 与 3、2 与 6 分别互换，主要用于制作交叉线。所谓交叉线即线缆一端采用 T568A 的标准制作，而另一端则采用 T568B 标准制作，它们的线序对应关系见表 3-6。交叉线主要用于同种设备的连接，如两台计算机主机相连。

端 1（T568B）	橙白	橙	绿白	蓝	蓝白	绿	棕白	棕
端 2（T568A）	绿白	绿	橙白	蓝	蓝白	橙	棕白	棕

表 3-6　交叉线线序对应关系

3.6.2　同轴电缆

同轴电缆也是一种常用的传输介质。它也像双绞线一样由一对导体组成，但是按照"同轴"的形式构成线对，如图 3-37 所示。最里面是由圆形的金属芯线组成的内导体，一般采用铜质材料做成，用来传输信号；在内导体外面包裹一层

微课 3-13
同轴电缆

绝缘材料，外面再套一个通常由编织线组成的空心的圆柱形外导体，可以屏蔽噪声，也可以做信号地线；最外面是起保护作用的塑料封套。

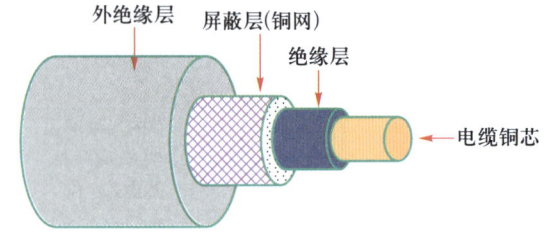

图 3-37
同轴电缆

一般来说，同轴电缆相对于双绞线价格贵，但数据传输速率高、带宽较大、传输距离较长和抗干扰能力较强，因此是早期局域网中普遍采用的传输介质。传统的以太局域网中采用的就是基带同轴电缆，但目前同轴电缆已逐步被高性能的双绞线所代替。

广泛使用的同轴电缆有两种：一种是阻抗为 50 Ω 的基带同轴电缆；另一种是阻抗为 75 Ω 的宽带同轴电缆。基带同轴电缆主要用于传输数字信号，可作为计算机局域网的传输介质，同轴电缆根据直径大小可分为粗缆和细缆，但无论粗缆还是细缆均应用于总线型拓扑结构，支持的数据传输速率只有 10 Mb/s，无法满足目前局域网的传输速率要求，因此在计算机局域网布线中，已不再使用同轴电缆。宽带同轴电缆用于传输模拟信号，主要用于视频传输，它是有线电视系统 CATV 中的标准传输电缆。

3.6.3　光纤

光纤是一种可以传输光信号的网络传输介质。与其他传输介质相比，光纤不容易受电磁或无线电频率干扰，所以传输速率较高、带宽较大、传输距离也较长。同时，光纤也比较轻便，容量较大，本身化学性稳定不易腐蚀，能适应恶劣环境。

光纤通常用超高纯度石英玻璃拉成的细丝作为纤芯，纤芯的外层裹有一个包层，它由折射率比纤芯小的材料制成，如图 3-38 所示。纤芯用来传导光波，包层较纤芯有较低的折射率，以使光保持在芯内，光纤最外面是一层薄塑料外套，用来保护封套。当光纤从高折射率的媒体射向低折射率的媒体时，其折射角大于入射角，因此，当入射角足够大时，就会出现全反射。简而言之，光纤主要是利用光的全反射原理实现通信的。光在纤芯中的传输基本没什么损耗，这是光纤飞速发展的关键因素。

动画：
光波在光纤中的传输

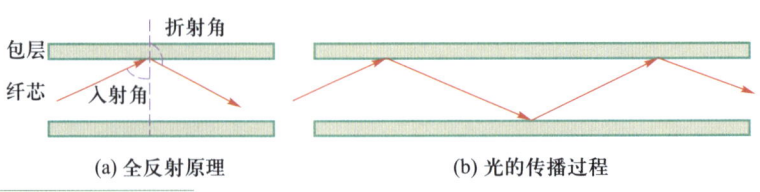

图 3-38
光波在光纤中的传输

光纤的结构与同轴电缆相似，只是没有网状屏蔽层。根据传输点模数的不同，可以分为单模光纤和多模光纤。所谓"模"是指以一定角度进入光纤的一束光。在多模光纤中，纤芯的直径为 15 ～ 50 μm，大致与人的头发粗细相当，单模光纤的纤芯直径为 8 ～ 10 μm。

单模光纤采用固体激光器做光源，多模光纤采用发光二极管做光源。多模光纤允许多束光在光纤中同时传输。多模光纤纤芯粗，传输速率低、距离短，整体传输性能差，但其成本低，一般用于建筑物内或地理位置相邻的建筑物间的布线环境，如图 3-39 所示。

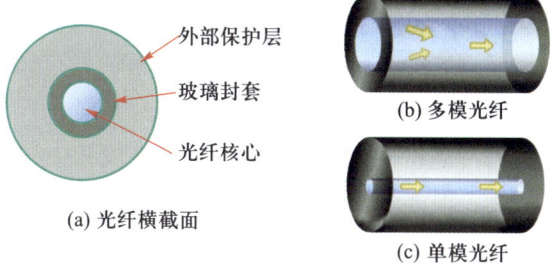

(a) 光纤横截面

(b) 多模光纤

(c) 单模光纤

图 3-39
光纤结构及分类

单模光纤只允许一束光传播，纤芯相应比较细，传输频带宽、容量大、传输距离长，但因其需要激光光源，成本较高，通常在建筑物之间或地域分散时使用。单模光纤是当前计算机网络中研究和应用的重点。

笔 记

向科学家致敬

光纤之父——高锟

没有光纤，就没有高速传输的互联网，没有精彩纷呈的高清数字电视，遍布城乡的移动通信将难以实现，多人网络会议将无法进行，微信和 QQ 等即时聊天工具的使用效果会大打折扣，网络购物也将失去其快捷、便利的特点。可以说，是光纤真正将全球连成了"地球村"。著名华裔物理学家、光纤通信与电机工程专家——高锟以光纤通信理论方面的重大原创性成果荣获 2009 年诺贝尔物理学奖，是第八位获得诺贝尔奖的华裔科学家，也被称为"光纤之父"。高锟一生还致力于科教事业，治学严谨、淡泊名利，心系国家教育科技事业发展，在大学任教期间培养了大批高技术人才，为高等教育发展与科技创新做出了突出贡献。

3.6.4　无线传输介质

无线传输介质不需要架设或铺埋电缆或光缆，而是通过大气传输，常见的有无线电、微波、红外线和激光等。无线通信已广泛应用于电话领域，构成蜂窝式无线电话。便携式计算机的普及及军事、野外等特殊场合的应用需要促进了数字化无线移动通信的发展。无线局域网产品能够在一栋楼内提供快速、高性能的计算机联网服务。

微课 3-15
无线传输介质

1. 无线电波

目前大部分的无线网络都采用无线电波作为传输介质，因为无线电波的传输距离较远，也很容易穿过障碍物。无线电波是全方位传播的，因此无线电波的发射和接收装置不需要精确对准，如图 3-40 所示。

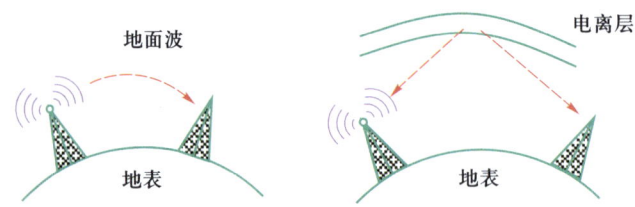

图 3-40
无线电波传输

无线电波的传播特性与频率有关。低频波段和中频波段内，无线电波可以轻易地通过障碍物，但能量随着与信号源距离的增大而急剧减少。在高频或甚高频波段内地表电波会被地球吸收，但会被离地球数百千米高度的带电粒子层——电离层再反射回到地面，因而可以达到更远的距离。可以利用无线电波的这种特性来进行数据通信。

2. 微波

频率在 100 MHz 以上的无线电波，其能量集中于一点并沿直线传输，这就是微波。地面微波通信是一种在对流层视距范围内利用微波波段的电磁波进行信息传输的通信方式。微波的频率范围为 300 MHz ～ 300 GHz，但主要使用 2 ～ 40 GHz 的频率。由于微波在空间内直线传播，而地球表面是曲面，因此传播距离有限，一般为 30 ～ 50 km。为提高传输距离，可增加天线的高度，但长途通信时必须建立多个中继站，中继站把收到的信号放大后再发送到下一站，实现"接力"传输，因此微波通信又称数字微波接力通信，如图 3-41 所示。

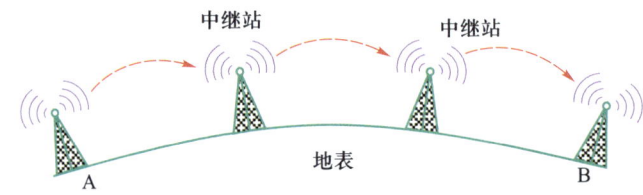

图 3-41
微波通信

微波通信系统在长途、大容量的数据通信中占有很重要的地位，可以传输电话、电报、图像、数据等信息。微波通信传输质量比较稳定，影响传输质量的主要因素是雨雪天气对微波产生的吸收损耗。微波通信的隐蔽性和保密性差。

3. 卫星通信

在微波通信中，如果使用地球同步卫星做中继站，就是卫星通信。常用的卫星通信方法是在地面站之间利用 36 000 km 高空的同步地球卫星作为中继器。卫星通信可以克服地面微波通信距离的限制，只要在地球赤道上空的同步轨道等距离放置 3 颗卫星就可以覆盖地球上的全部通信区域。这样，地球上的各个地面站之间就可以互相通信了。

卫星通信可以克服地面微波通信的距离限制，其最大特点就是通信距离远，且通信费用与通信距离无关，如图 3-42 所示。卫星通信的频带比微波接力通信的频带更宽，通信容量更大，信号所受到的干扰较小，误码率也较低，通信比较稳定可靠。其缺点是传播时延较长。卫星通信已成为现代通信的主要手段之一，其应用包括电话、电视、天气预报、军事通信等的业务和数据传输。

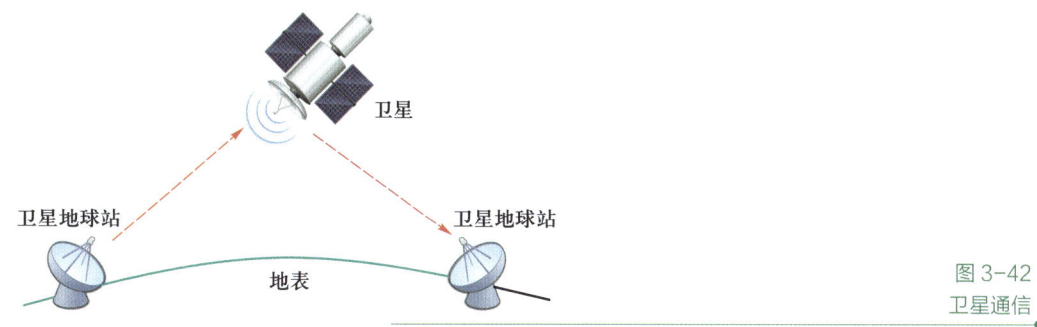

图 3-42
卫星通信

3.7 宽带接入技术

若用户要将自己的计算机连接到 Internet，必须要先连接到某个运营商的网络。为了提高上网速率，近年来已经有多种宽带技术进入家庭。目前国际上主流并且比较成熟的接入技术主要有以太网接入、DSL 接入、HFC 接入，另外光纤接入和无线宽带接入等技术也因为其独特的优点被广泛使用。

3.7.1 ADSL

ADSL（Asymmetrical Digital Subscriber Loop，非对称数字用户线路）是运行在原有普通电话线上的一种新的高速宽带技术，它利用现有的一对电话铜线为用户提供上、下行非对称的传输速率（带宽），如图 3-43 所示。因为上行（从用户到电信服务提供商方向，如上传动作）和下行（从电信服务提供商到用户的方向，如下载动作）带宽不对称（即上行和下行的速率不相同），因此称为非对称数字用户线路。上行传输速率一般在 512 kb/s ～ 2 Mb/s，下行传输速率一般在 1.5 ～ 50 Mb/s。

微课 3-16
宽带接入技术—ADSL

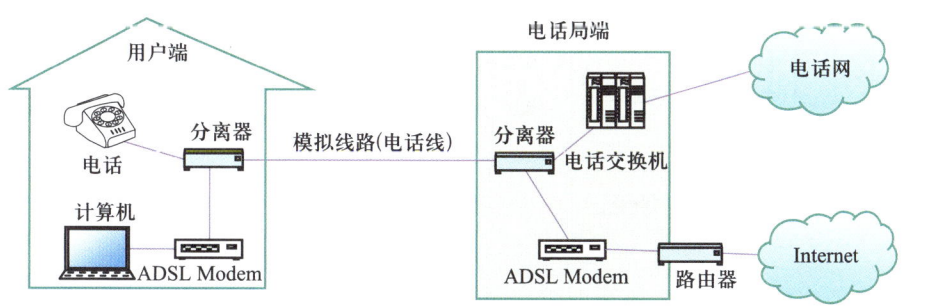

图 3-43
ADSL 连接

ADSL 是一种异步传输模式（ATM）。在电信服务提供商端，需要将每条开通 ADSL 业务的电话线路连接在数字用户线路访问多路复用器（DSLAM）上。而用户端需要使用一个 ADSL Modem（与传统的调制解调器类似，也称"猫"）来连接电话线路。由于 ADSL 使用高频信号，所以在两端还都要使用 ADSL 信号分离器将 ADSL 数据信号和普通音频电话信号分离出来,避免打电话时出现噪声干扰。

  ADSL 技术的主要特点是可以充分利用现有的电话线网络,在线路两端加装 ADSL 设备即可为用户提供高宽带服务。ADSL 的另外一个优点在于它可以与普通语音通信共存于一条电话线上,在一条普通电话线上接听、拨打电话的同时进行 ADSL 传输而又互不影响。总结起来,ADSL 具有传输速率快(相比拨号和 ISDN 等方式)、语音与数据分离、独享带宽等优势。

  类似这种类型的通信方式除 ADSL 外,还有 VDSL、HDSL、SDSL 等,它们统称 xDSL,其参数见表 3-7。

表 3-7　常见 xDSL 技术参数

技术名称	描　述	传输方式	上行速率	下行速率	最大传输距离
SDSL	单线对用户数字线路	对称	1.5 ～ 2.0 Mb/s	1.5 ～ 2.0 Mb/s	3 km
HDSL	高速用户数字线路	对称	1.5 ～ 2.0 Mb/s	1.5 ～ 2.0 Mb/s	3 ～ 4 km
ADSL	非对称数字用户线	非对称	32 kb/s ～ 1.0 Mb/s	32 kb/s ～ 8 Mb/s	5.5 km
VDSL	甚高速用户数字线路	非对称	1.5 ～ 23 Mb/s	13 ～ 52 Mb/s	1.5 km

3.7.2　HFC

微课 3-17
宽带接入技术—HFC

  我国有线电视网自 20 世纪 90 年代初发展至今,已覆盖了大部分的区域。随着计算机技术、通信技术、网络技术、有线电视技术及多媒体技术的飞速发展,尤其在 Internet 的推动下,用户对信息交换和网络传输都提出了新的要求,希望融合 CATV(有线电视系统)网络、计算机网络和电信网为一体的呼声越来越高。利用 HFC 网络结构,建立一种经济实用的宽带综合信息服务网的方案也由此而生。

  HFC(Hybrid Fiber-Coaxial)即混合光纤同轴电缆网,是一种经济实用的综合数字服务宽带网接入技术,如图 3-44 所示。HFC 采用非对称的数据传输速率,上行为 10 Mb/s,下行为 10 ～ 40 Mb/s,可以将一台主机或一个局域网接入 Internet。

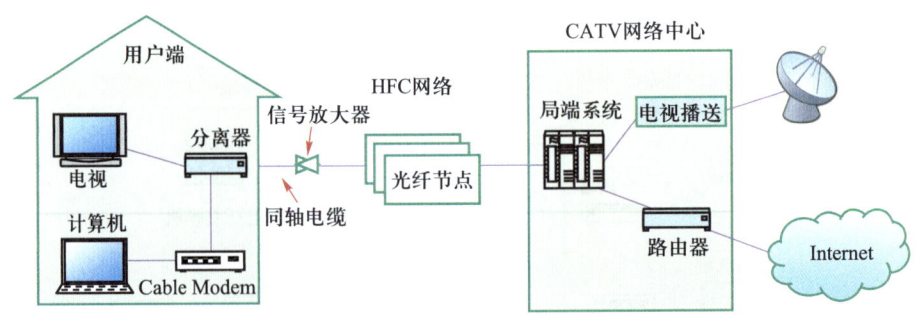

图 3-44
HFC 连接

  HFC 通常由光纤干线、同轴电缆支线和用户配线网络三部分组成,从有线电视台出来的节目信号先转换成光信号在干线上传输;到用户区域后把光信号转换成电信号,经分配器分配后通过同轴电缆送到用户。它与早期 CATV 同轴电缆网络的不同之处主要在于,在干线上用光纤传输光信号,在前端需完成电 - 光转换,进入用户区后要完成光 - 电转换。

HFC 系统结构包括局端系统（CMTS）、用户终端系统和 HFC 网络。

局端系统一般在有线电视的前端，或者在管理中心的机房，完成数据转换并与有线电视混合，送入 HFC 网络中。也可以作为业务接入设备，通过以太网口挂接本地服务器提供本地业务。用户终端系统（Cable Modem，CM）是用户家中的终端设备，连接用户的计算机和 HFC 网络，提供用户接入。Cable Modem 属于用户端的调制解调器，相当于 ADSL 中的 ADSL Modem。

HFC 的主要特点是：传输容量大，易实现双向传输。从理论上讲，一对光纤可同时传送 150 万路电话或 2 000 套电视节目；频率特性好，在有线电视传输带宽内无须均衡；传输损耗小，可延长有线电视的传输距离，25 km 内无须中继放大；光纤间不会有串音现象，不怕电磁干扰，能确保信号的传输质量。

3.7.3　FTTH

FTTH（Fiber To The Home）就是光纤入户。光纤是这种接入方式的主要传输媒体。它通过光网络单元（ONU）将计算机与之连接，光网络单元主要负责光信号与电信号之间的转换。在局端（电信局端），通过 OLT（局端光线路终端）接入 Internet。光纤接入具有传输距离远，带宽高、抗干扰能力强等优秀特点，是一种非常理想的宽带接入方式。随着科技的不断进步以及技术的不断完善，光纤入户已逐步到位。

根据光纤向用户延伸的距离，光纤接入网有多种应用形式，其中最主要的 3 种形式是光纤到大楼（Fiber To The Building，FTTB）、光纤到路边（Fiber To The Curb，FTTC）、光纤入户（FTTH）。FTTB 是指高速光纤直接连接到某个大厦、公司等机构大楼，随后在整个大楼内部再通过布线实现联网。FTTC 是指光纤接入到某个家庭后，再通过布线实现周围几户住家共同联网，如图 3-45 所示。

微课 3-18
宽带接入技术—FTTH

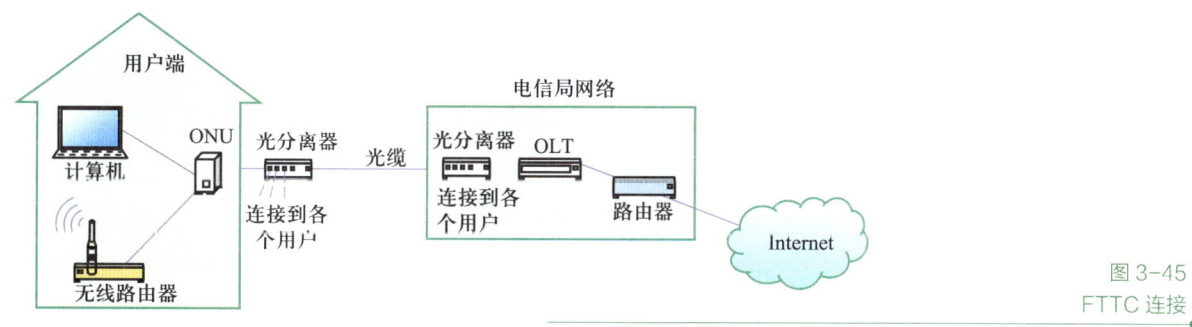
图 3-45
FTTC 连接

3.7.4　以太网接入与 EPON

以太网是一种计算机局域网组网技术。以太网接入中最常用的技术是光纤以太网（高速以太网接入技术），即 FTTx+LAN 接入。在光纤到大楼或小区后采用以太网接入是被广泛看好的宽带接入手段。通常在大楼内建立内部局域网，然后通过百兆或千兆的高速光纤接入电信宽带网。以太网因接入系统构造简易、扩展灵活且速度能不断提升，成为构建企业网络首选技术之一。

光纤以太网是采用单模光纤连接的高速网络，可以实现千兆到社区、局域

微课 3-19
宽带接入技术—以太网接入与 EPON

网，百兆到楼宇、十兆到用户的网络连接。在局端到小区大楼均采用单模光纤，末端通过五类线接到用户，用户只需要一块网卡便可方便地接入网络。在用户端需要安装一个光网络单元，将以太网的电信号和光信号相互转换。用户端的设备主要是交换机和路由器，如图 3-46 所示。

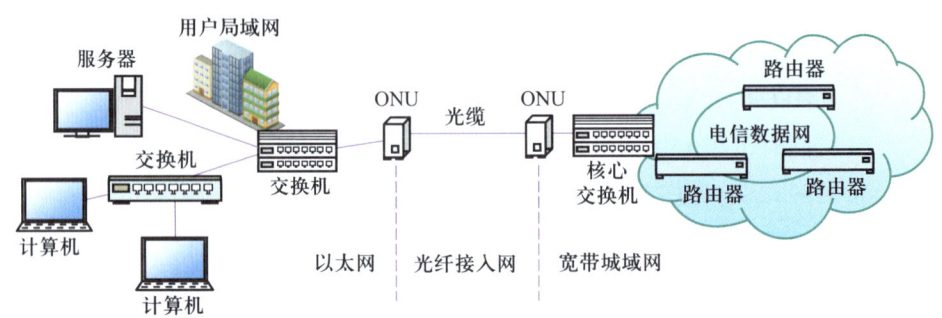

图 3-46
光纤以太网连接

采用以太网作为企事业用户接入网络手段的另一个主要原因是：以太网已有巨大的网络基础和长期的经验知识，目前所有流行的操作系统和应用等都与以太网兼容。目前全球 90% 以上企事业用户都采用以太网接入，以太网接入已成为企事业用户的主流接入方式。然而，由于认证计费、服务质量、可管理性、信息安全、可靠性和实装率低等多种因素影响，以太网接入方式尚须进一步改进。

目前光纤接入中逐步实现了 EPON（以太无源光网络）技术，EPON 就是一种新兴的宽带接入技术，它通过一个单一的光纤接入系统，实现数据、语音及视频的综合业务接入，并具有良好的经济性。业内人士普遍认为，FTTH 是宽带接入的最终解决方式，而 EPON 也将成为一种主流宽带接入技术。由于 EPON 网络结构的特点，宽带入户的特殊优越性，以及与计算机网络天然有机的结合，全世界的专家都一致认为，以太无源光网络是实现"三网合一"和解决信息高速公路"最后一公里"的最佳传输媒介。

3.7.5 无线接入

微课 3-20
宽带接入技术—无线
局域网

目前主流应用的无线网络分为无线局域网和移动无线网络两种。GPRS 手机上网方式是一种借助移动电话网络接入 Internet 的无线上网方式，因此只要用户所在城市开通了 GPRS 上网业务，用户在任何一个角落都可以通过便携式计算机来上网。在有线网络中，网络设备的安放位置受网络位置的限制，而无线局域网在无线信号覆盖区域内的任何一个位置都可以接入网络。无线局域网另一个最大的优点在于其移动性，连接到无线局域网的用户可以移动且能同时与网络保持连接。

无线局域网（Wireless LAN，WLAN）是不使用任何导线或传输电缆连接的局域网，其使用无线电波作为数据传送的媒介，传送距离一般只有几十米。无线局域网的主干网通常使用有线电缆，无线局域网用户通过一个或多个无线接入点接入无线局域网。无线局域网目前已经广泛地应用在商务区、大学、机场及其他公共区域。

一般架设无线网络的基本配备就是无线网卡及一台 AP，如此便能以无线的模式，配合既有的有线架构来共享网络资源，架设费用和复杂程度远远低于传统的有线网络。AP 为 Access Point 的简称，一般译为无线访问接入点或桥接器。它主要在媒体存取控制层 MAC 中扮演无线工作站及有线局域网络的桥梁。AP 就像一般有线网络的集线器一样，无线工作站可以快速且容易地与网络相连。特别是对于宽带的使用，无线更显优势，只需在有线宽带网络到户后，将计算机连接到一个 AP，然后在计算机中安装一块无线网卡即可。普通的家庭有一个 AP 已经足够，甚至用户的邻里得到授权后，即使不增加端口也能以共享的方式上网，如图 3-47 所示。

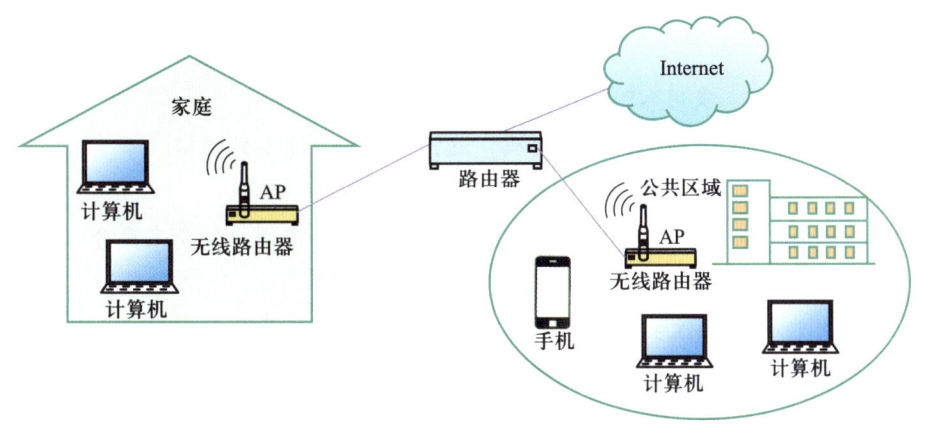

图 3-47
无线网络连接

【实训】 双绞线制作

实训文档：
实训 双绞线制作

习 题 3

文本：
习题参考答案

一、选择题

1. 数据传输速率的单位是（   ）。

    A. b/s   B. bit   C. Byte   D. MByte

2. 实现数字信号和模拟信号互相转换的设备是（   ）。

    A. 信源   B. 编 / 解码器

    C. 调制解调器   D. 报文交换设备

3. 在下列传输介质中，不受电磁干扰或噪声影响的是（   ）。

    A. 双绞线   B. 通信卫星   C. 同轴电缆   D. 光纤

4. 在同一时刻，通信双方可以同时发送数据的信道通信方式为（   ）。

    A. 单工通信   B. 半双工通信   C. 全双工通信   D. 数据报

5. ADSL 技术主要解决的问题是（   ）。

    A. 宽带传输   B. 宽带接入   C. 宽带交换   D. 多媒体技术

6. 双绞线制作普遍采用的 T568B 标准的线序为（   ）。

    A. 橙白   橙   绿白   蓝   蓝白   绿   棕白   棕

    B. 橙白   橙   蓝白   绿   绿白   蓝   棕白   棕

    C. 橙白   橙   绿白   绿   蓝白   蓝   棕白   棕

    D. 绿白   绿   橙白   蓝   蓝白   橙   棕白   棕

7. 局域网中常使用两类双绞线，其中 STP 和 UTP 分别代表（　　）。

    A. 屏蔽双绞线和非屏蔽双绞线　　　　B. 非屏蔽双绞线和屏蔽双绞线

    C. 三类和五类屏蔽双绞线　　　　　　D. 双绞线和同轴电缆

8. 光纤传输主要采用了光的（　　）传输原理。

    A. 反射　　　　　　B. 折射　　　　　　C. 漫反射　　　　　D. 全反射

9. 国内的有线电视系统采用（　　）传输技术。

    A. 频分多路复用　　　　　　　　　　B. 时分多路复用

    C. 波分多路复用　　　　　　　　　　D. 码分多路复用

10. 下列关于三种编码的描述中，错误的是（　　）。

    A. 采用 NRZ 编码不利于收发双方保持同步

    B. 采用曼彻斯特编码，波特率是数据速率的两倍

    C. 采用 NRZ 编码，数据速率与波特率相同

    D. 在差分曼彻斯特编码中，用每比特中间的跳变来区分"0"和"1"

二、简答题

1. 物理层主要解决哪些问题？其主要特点又是什么？

2. 什么是数据传输速率？它的单位是什么？它与通常所说的文件下载速度有什么区别？

3. 简述异步传输与同步传输的区别。

4. 为什么要采用多路复用技术？多路复用技术有哪几种？其特点分别是什么？

5. 试比较 ADSL、HFC 及 FTTx 技术的特点。

6. 请查找相关资料了解单模光纤以及多模光纤的传输距离。

模块 4
数据链路层与局域网组网技术

计算机网络是由众多节点（包括各种终端和网络设备）紧密连接而成的复杂系统。在这个系统中，每两个节点间的连接，或一个局域网的内部互联，都属于数据传输的基本单元。想确保如此之多的连接能够稳定运行，确保数据能够高效传输，并非易事。那么，数据链路是如何建立、维持和释放的？数据包又是如何被精心组织的呢？当传输中出现错误时，我们应该如何应对，不同的传输介质又该如何被充分利用呢？

对数据链路层与局域网组网技术的深入探究，不仅有助于我们更透彻地理解计算机网络的工作原理，而且能为实际网络应用中遇到的各种问题提供解决方案。接下来，我们将一同揭开数据链路层与局域网技术的神秘面纱，探索它们如何共同支撑着这个庞大、复杂的网络世界。

1. 知识目标

（1）理解数据链路层的作用及局域网组网体系结构。

（2）掌握 MAC 地址及其应用方式。

（3）了解介质访问控制方法。

（4）了解以太网标准与类型。

（5）了解虚拟局域网的特点及组网方式。

（6）了解局域网及无线局域网组网方式与组建过程。

2. 能力目标

（1）能够分析数据链路层协议在实际网络通信中的应用及性能。

（2）能够根据需求选择合适的局域网技术，进行网络设计和搭建。

（3）具备基本网络故障排除能力，能对局域网中出现的常见问题进行诊断和解决。

（4）能够利用仿真软件通过单交换机划分虚拟局域网。

3. 素养目标

（1）培养主动学习的意识与探究学习的能力。

（2）通过组建局域网的实践活动，树立规范操作与安全意识。

（3）通过对网络通信过程的分析，提升主动思考与积极解决问题的意识。

网络间的通信本质上都是由两个节点间的通信构成的。无论是跨越广阔互联网的复杂数据传输，还是局域网内部设备间的简单信息交换，都离不开节点间建立的数据链路。这些节点可能是服务器、路由器、交换机，又或是个人计算机、智能手机等终端设备，它们通过数据链路层协议相互识别、建立连接，并高效、准确地传输数据，构成了整个网络通信的基石。

PPT：
模块 4　数据链路层与局域网组网技术

4.1 数据链路层的作用

数据链路层是 OSI 参考模型中的第 2 层，介于物理层和网络层之间。数据链路层在物理层提供服务的基础上向网络层提供服务，其最基本的服务是将源端网络层传输来的数据可靠地传输到目标节点的网络层。

微课 4-1
数据链路层的作用

4.1.1 数据链路层解决的问题

在讨论数据链路层功能之前，首先要明白为什么要设计数据链路层。与物理层只关注单个比特传输不一样，数据链路层主要关注的是两台相邻主机如何实现可靠有效的完整信息块（帧）的通信。这里的相邻指两台主机通过一条通信信道连接起来，通信信道在概念上就像一条线路（如同轴电缆、电话线或者无线信道）。信道上传递的比特顺序与发送顺序完全相同，如主机 A 把比特放到线路上，然后主机 B 将这些比特取下来。不幸的是，通信线路偶尔会出错，而且，它们只有有限的数据传输速率，并且比特的发送时间和接收时间之间存在一定的延迟，这些限制对数据传输速率有非常重要的影响。为保障数据块的有效传输，数据链路必须要解决如下几个问题，如图 4-1 所示。

① 如何将数据组合成数据块，在数据链路层中称这种数据块为帧（Frame），帧是数据链路层的传送单位。

② 如何控制帧在物理信道上的传输，包括如何处理传输差错，如何调节发送速率以与接收方相匹配。

③ 如何在两个网络实体之间管理数据链路通路的建立、维持和释放。

动画：
数据链路层的主要功能

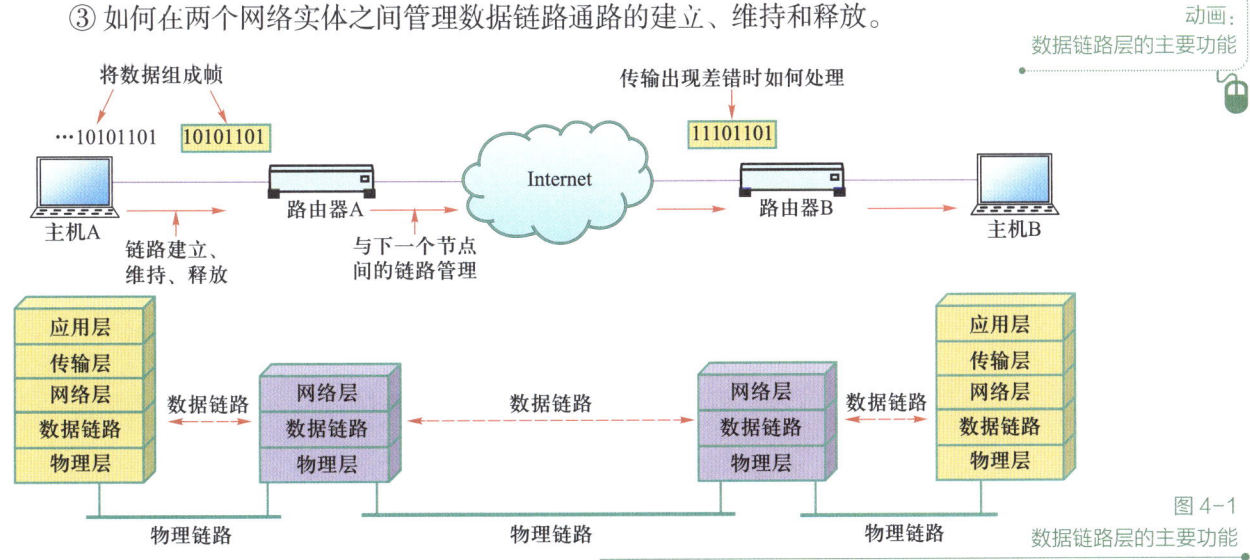

图 4-1
数据链路层的主要功能

笔 记

4.1.2 数据链路层的功能

"链路"和"数据链路"是研究数据链路层时必须要区分的两个术语。链路又称物理链路，是指一条实实在在存在的通信链路，中间没有任何交换节点。在进行数据通信时，两个要交换数据的节点之间的通信线路往往要经过多段链路。从数据流动和层的观点来看，链路实际上是指物理层上数据传输的线路。

当需要在一条线路上传输数据时，除必须有一条物理线路外，还必须有一些必要的通信协议（规程）来控制这些数据的传输。物理链路加上必要的通信协议（规程），或者说把实现通信协议（规程）的硬件或软件加在链路上，就构成了数据链路，也称逻辑链路。数据链路层协议的实现一般是通过网络适配器（网卡或Modem）中的硬件或软件来完成的。

数据链路层要解决的一个问题是将有差错的物理层传输的数据信号变成对网络层无差错的数据。为实现这一目的，数据链路层具备了成帧、差错控制、流量控制、链路管理等功能。

1. 成帧

为了向网络层提供服务，数据链路层必须使用物理层提供的服务。而物理层是以比特流进行传输的，这种比特流并不保证在数据传输过程中没有错误，这时数据链路层为了能实现有效的数据差错控制，就采用了一种称为"帧"的数据块进行传输，当然帧不是简单地将数据进行分段，而是要加入帧的开始与结束标识，用于区分一个独立的帧。在数据链路层采用帧格式传输数据时，就必须有相应的帧同步技术，这就是数据链路层的"成帧"（也称"帧同步"）功能。

如图 4-2 所示，采用帧传输方式时，在发送端将网络层封装的数据封装成帧格式，然后在物理链路上转换为数据流传输。在接收端的数据链路层按照发送端的封装方式进行验证，查看是否有差错。若发现有数据传送错误，只需要将有差错的帧再次传输，而无须将全部数据的比特流进行重传，这将大大提高传输速率。当然，还有一个问题：接收方在接收到重传的数据帧时是识别成新的数据帧，还是识别成已传帧的重传帧呢？这就要靠数据链路层的各种"帧同步"技术来识别了。"帧同步"技术既可使接收方从并不是完全有序的比特流中准确地区分出每一帧的开始和结束，同时还可识别重传帧。

动画：
数据链路层成帧过程

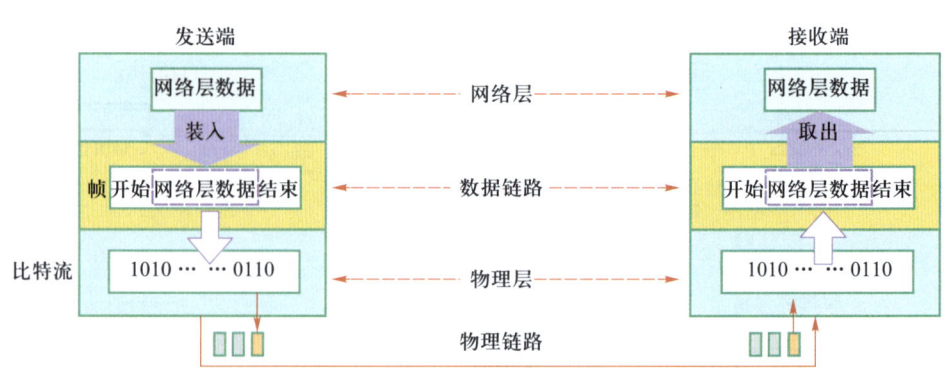

图 4-2
数据链路层成帧过程

2. 差错控制

数据链路层要解决的一个问题是将有差错的物理层传输的数据信号变成无

差错的数据链路信号。传输线路是由传输介质和设备组成的，当数据从源端发送后，经过通信信道时，由于通信信道总是有一定的噪声存在，在传输过程中接收信号与噪声叠加。在接收端，噪声的干扰引起了信号变形，导致信号析出错误，如图 4-3 所示。通过通信信道接收的数据与发送的数据不一致的现象称为传输差错，简称差错。差错是不可避免的，数据链路层的一个重要功能就是分析差错产生的原因与差错类型，研究检查是否产生差错以及如何纠正差错，即差错控制。

动画：
物理层传输差错的产生过程

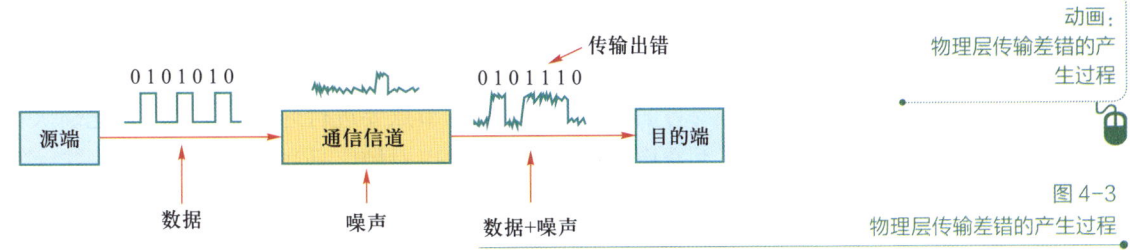

图 4-3
物理层传输差错的产生过程

噪声分为热噪声和冲击噪声两类。热噪声是由传输介质导体的电子热运动产生的，其特点是时刻存在、幅度较小、强度与频率无关，是不能消除的。冲击噪声呈突发状，常由外界因素引起，其噪声幅度可能相当大，无法靠提高信噪比来避免，是传输中的主要差错原因。

3. 流量控制

流量控制实际上是对发送方数据流量的控制，使其发送速率不超过接收端的处理能力。发送端发送数据的速率必须使接收端来得及接收，以免造成帧的丢失。由于收发双方各自使用的设备工作速率和缓冲存储空间的差异，可能出现发送端发送能力高于接收端接收能力的现象，若此时不对发送端的发送速率（即链路上的信息流量）做适当的限制，对于接收端来说，前面来不及接收的帧将被后面不断发送来的帧"淹没"，从而造成帧的丢失和出错，如图 4-4 所示。由此可见，当接收端来不及接收时，就必须及时控制发送端发送数据的速率，以使收发双方达到匹配。

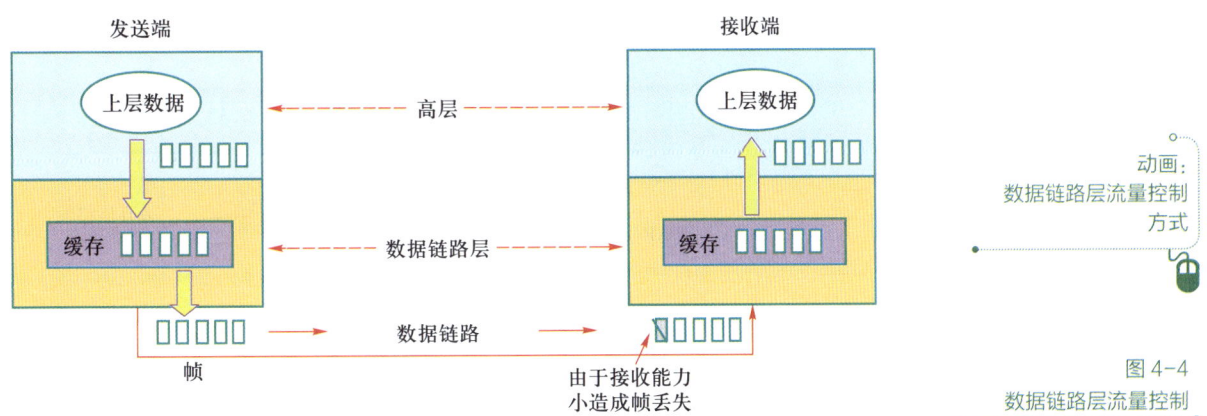

动画：
数据链路层流量控制方式

图 4-4
数据链路层流量控制

数据链路层需要有一些规则使得发送端知道在什么情况下可以接着发送下一帧，在什么情况下必须暂停发送以等待收到某种反馈信息后继续发送。常用的方法有两种，一种方法是基于反馈的流量控制，接收方给发送方返回信息，允许它发送更多的数据，或者至少告诉发送方自己的情况如何；另一种方法是基于速率的流量控制，使用这种方法的协议有一种内置的机制，它能限制发送方传输数据的速率，而无须利用接收方的反馈信息。

流量控制并不是数据链路层特有的功能，许多高层协议也提供流量控制功能，只不过流量控制的对象不同而已。对于数据链路层来说，控制的是相邻两节点之间数据链路上的流量；而对于传输层来说，控制的则是从源主机到目的主机之间端对端的流量。

4. 链路管理

数据链路层的"链路管理"功能包括数据链路的建立、链路的维持和释放 3 个主要方面。当链路两端的节点要进行通信前，必须首先确认对方已处于就绪状态，并交换一些必要的信息以对帧序号初始化，然后才能建立连接，在传输过程中则要能维持该连接。如果出现差错，需要重新初始化，重新自动建立连接。传输完毕后则要释放连接。数据链路层连接的建立、维持和释放就称为链路管理。在多个站点共享同一条物理信道的情况下（如在 LAN 中）如何在要求通信的站点间分配和管理信道也属于数据链路层管理的范畴。

4.2　数据链路相关技术

4.2.1　差错控制技术及案例分析

差错控制是在数据通信过程中能发现并纠正差错，把差错限制在尽可能小的允许范围内的技术和方法。最常用的差错控制技术是差错控制编码。差错控制编码可分为检错码和纠错码。检错码是能自动发现差错的编码；纠错码是不仅能发现差错，而且能自动纠正差错的编码。海明码（Hamming Code）为典型的纠错码，具有很高的纠错能力。检错码只能用来发现传输中的错误，但不能自动纠正所发现的错误，需要通过反馈重发来纠错，如图 4-5 所示。

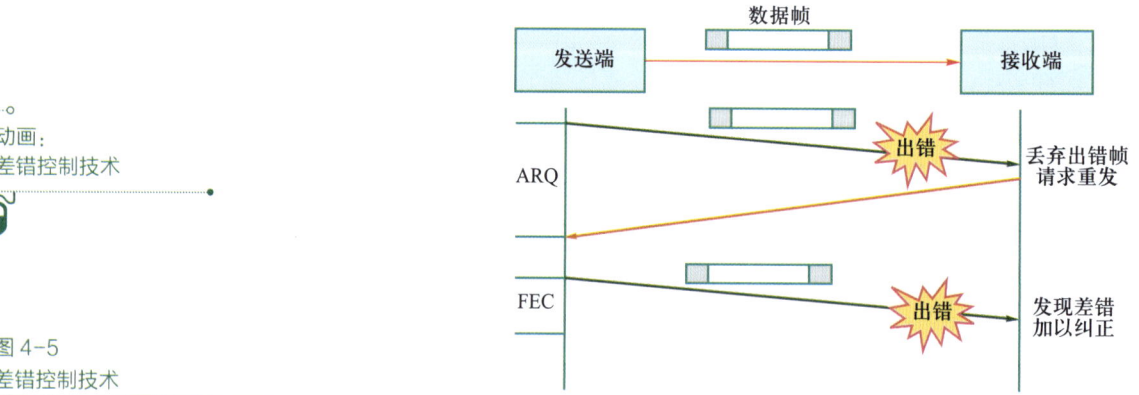

动画：
差错控制技术

图 4-5
差错控制技术

差错控制方法分两类，一类是自动请求重发（ARQ），另一类是前向纠错（FEC）。在 ARQ 方式中，当接收端发现差错时，就设法通知发送端重发，直到收到正确的码字为止。ARQ 方式只使用检错码。在 FEC 方式中，接收端不但能发现差错，而且能确定二进制码元发生错误的位置，从而加以纠正。FEC 方式必须使用纠错码。目前计算机网络通信中大多采用检错码方案。常见的检错码有奇偶校验码和循环冗余校验码。

微课 4-2
奇偶校验码

1. 奇偶校验码

奇偶校验码是一种通过增加冗余位使得码字中"1"的个数为奇数或偶数的编码方法，它是一种检错码。增加的冗余位又称校验位。一般情况下，校验位加在原始数据字节的最高位或最低位，其方法是首先把信源编码后的信息数据流分成等长码组，在每一信息码组之后加入一位校验码元作为奇偶校验位，使得总码长 n（包括信息位 k 和校验位 1）中的"1"的个数为偶数（称为偶校验码）或奇数（称为奇校验码）。如果在传输过程中任何一个码组有一位发生错误，则收到的码组必然不再符合奇偶校验的规律，因此可以发现误码。奇校验和偶校验两者具有完全相同的工作原理和检错能力，原则上采用任何一种都是可以的。

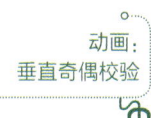

动画：
垂直奇偶校验

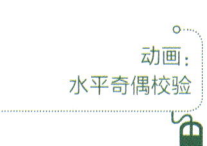

动画：
水平奇偶校验

例如，原始数据为 1100010，若采用偶校验，则增加校验位后的数据为 11000101（校验位加在最低位），如果接收端收到的数据中"1"的个数为奇数，则一定是在传输中发生了错误。奇偶校验只能检测出奇数位错，对偶数位错则无能为力。

动画：
水平垂直奇偶校验

2. 循环冗余校验码

奇偶校验码作为一种检错码，简单且容易实现，但漏检率太高。目前在计算机网络中应用最广泛的检错码是一种漏检率低得多的循环冗余校验（Cycle Redundancy Check，CRC）码，而且只要用一个简单的电路就可以实现。

CRC 码由两部分组成，前一部分是 $k+1$ 比特的待发送信息，后一部分是 r 比特的冗余码。由于前一部分是实际要传输的内容，因此是固定不变的，CRC 码的产生关键在于后一部分冗余码的计算。

拓展阅读 4-1
奇偶校验分类及校验
方式

CRC 计算中主要用到两个多项式：$K(x)$ 和 $G(x)$。其中，$K(x)$ 是一个 k 阶多项式，其系数是待发送的 $k+1$ 个比特序列；$G(x)$ 是一个 r 阶的生成多项式，由发收双方预先约定。任何一个待发送的二进制比特流都可以看成某个一元多项式中各项系数的组合，如 1011011 可以看成是一元多项式 $x^6+x^4+x^3+x^1+x^0$，同样多项式 $x^5+x^3+x^2+x^1+x^0$ 对应的代码为 101111。

微课 4-3
循环冗余校验码

CRC 检错方法工作原理是，将要发送的数据比特序列当作一个多项式 $K(x)$ 的系数，在发送端用收发双方约定的生成多项式 $G(x)$ 去除，求得一个余数多项式，并附加在发送数据多项式之后发送到接收端。接收端收到数据后，除以多项式 $G(x)$，如果得到结果为 0，则数据传输无差错，若不为 0，则传输出错，请求重发，如图 4-6 所示。

在求余数的多项式算术运算中采用模 2 运算法则。按其运算法则，加法不进位，减法不借位，加法和减法两者都与异或运算相同，因而计算结果相同，例如：$1001+1100=0101$，$0101-1010=1111$。

采用 CRC 进行编码和校验的原理可归结为如下几个过程。

① 发送方和接收方事先约定一个生成多项式 $G(x)$，生成多项式的最高位和最低位必须是 1。

动画：
CRC 工作原理

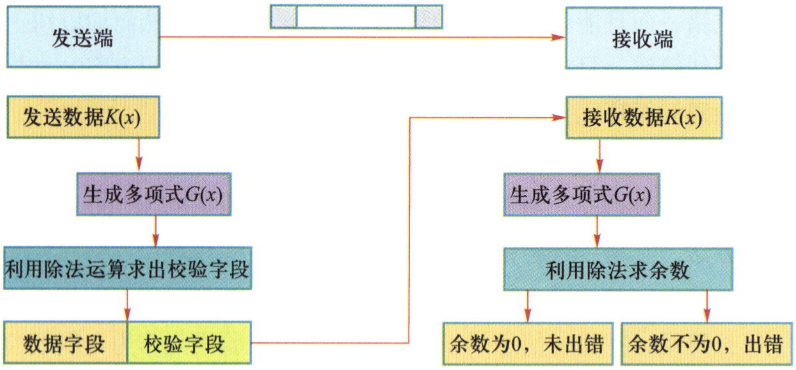

图 4-6
CRC 工作原理

```
┌─────────┐   ┌──┬──┬──┐   ┌─────────┐
│  发送端  │───┤  │  │  ├──→│  接收端  │
└─────────┘   └──┴──┴──┘   └─────────┘

┌──────────────┐            ┌──────────────┐
│ 发送数据K(x)  │            │ 接收数据K(x)  │
└──────┬───────┘            └──────┬───────┘
       ↓                           ↓
┌──────────────┐            ┌──────────────┐
│ 生成多项式G(x)│            │ 生成多项式G(x)│
└──────┬───────┘            └──────┬───────┘
       ↓                           ↓
┌────────────────────┐      ┌──────────────┐
│利用除法运算求出校验字段│      │ 利用除法求余数 │
└──────┬─────────────┘      └──────┬───────┘
       ↓                      ↓          ↓
┌──────────┬──────────┐  ┌──────────┐┌──────────────┐
│ 数据字段  │ 校验字段  │  │余数为0，未出错││余数不为0，出错 │
└──────────┴──────────┘  └──────────┘└──────────────┘
```

② 发送端根据生成多项式 $G(x)$ 去计算要附加在信息帧尾部的冗余位（校验和，Checksum）。计算校验和的算法如下：

a. 假设信息帧的比特数为 k 位，对应的多项式为 $K(x)$，$G(x)$ 为 r 阶。在信息帧的低位端加上 r 个 0，此时信息帧的比特数变为 $k+r$ 位，对应的多项式为 $K(x) \cdot x^r$。

b. 按模 2 除法，用对应于 $G(x)$ 的比特串去除对应于 $x^r K(x)$ 的比特串，从而得到一个小于等于 r 位的余数。这个余数便可作为校验和。

③ 将校验和附加在 k 位信息帧尾部，组成一个新的帧，由发送端发送给接收端。假设这个新的帧对应的多项式为 $T(x)$，显然其能被 $G(x)$ 除尽。因为这个新的帧的多项式 $T(x)$ 所对应的比特串可以视为是由多项式 $x^r K(x)$ 对应的比特串减去余数而得到的。

例 4-1：CRC 实例。假设要发送的信息帧数据比特序列为 110011，双方约定的生成多项式为 $G(x)=x^4+x^3+x^0$。

（1）发送端发送数据计算方法

① 信息帧的多项式为 $K(x)=x^5+x^4+x^1+x^0$。

② 由生成多项式 $G(x)=x^4+x^3+x^0$ 可知阶数 r 为 4，生成多项式的比特序列为 11001。

③ 此时利用公式 $x^r K(x)$，即信息帧的数据比特序列乘以 x^4，则信息帧的多项式变为 $x^9+x^8+x^5+x^4$，即信息帧的比特序列变为 1100110000。

④ 将乘积用多项式比特序列去除，按模 2 运算，求出余数为：

$$
\begin{array}{r}
100001 \\
生成多项式\ G(x) \rightarrow 11001\ \overline{)1100110000} \leftarrow K(x) \cdot x^r \\
11001 \\
\overline{\qquad 10000} \\
11001 \\
\overline{\qquad\quad 1001} \leftarrow 余数
\end{array}
$$

⑤ 通过上一步计算可知余数为 1001，也就是校验码，将校验码加在信息帧的后面即发送数据为 1100111001。

（2）接收端接收数据计算方法

如果在数据的传输过程中没有发生错误，那么接收端收到的带有 CRC 校验

码的数据比特序列一定能被相同的生成多项式整除，即

$$
\begin{array}{r}
100001 \\
生成多项式 \longrightarrow 11001 \overline{\smash{\big)}\,1100111001} \leftarrow K(x) \cdot x^r \\
G(x) \qquad\qquad \underline{11001} \\
11001 \\
\underline{11001} \\
11001 \\
\underline{11001} \\
0 \leftarrow 余数
\end{array}
$$

CRC 具有较强的检错能力，可以检测出所有的奇数位错、双比特错、小于等于校验和长度的突发错。CRC 中生成多项式 $G(x)$ 的选择是非常重要的。目前广泛使用的生成多项式主要有以下几种：

CRC–16 $\qquad G(x)=x^{16}+x^{15}+x^{2}+1$

CRC–CCITT $\quad G(x)=x^{16}+x^{12}+x^{5}+1$

CRC–32 $\qquad G(x)=x^{32}+x^{26}+x^{23}+x^{22}+x^{16}+x^{12}+x^{11}+x^{10}+x^{8}+x^{7}+x^{5}+x^{4}+x^{2}+x+1$

4.2.2 反馈重发机制

由于检错码本身不提供自动纠错的能力，所以需要提供一种与之相配套的错误纠正机制。目前常用的是一种称为反馈重发的机制：当接收方检出错误帧时，首先将该帧丢弃，然后接收方给发送方反馈信息请求对方重发相应的帧。反馈重发也称自动请求重传（Automatic Repeat Request，ARQ）。ARQ 通过使用确认和超时这两种机制，在不可靠服务的基础上实现可靠的信息传输。如果发送方在发送后一段时间之内没有收到确认帧，它通常会重新发送。ARQ 包括停止等待 ARQ 协议和连续 ARQ 协议。

微课 4-4
反馈重发机制

笔 记

1. 停止等待 ARQ 协议

在停止等待方式中，发送方每发送一帧后就等待应答，只有接收到一个应答（ACK）后，才发送下一个帧，直到发送方发送一个传输结束帧。若未收到应答，则发送方就重发该帧。对帧的确认有肯定和否定之分，表示正确接收的被称为确认帧（Acknowledgement，ACK），表示错误接收的被称为否认帧（Negative Acknowledgement，NAK）。

对数据重传的情况主要有三种：帧破坏、帧丢失和应答帧丢失。

数据帧在传输的过程中被破坏，接收方会发送一个否认帧，发送方在收到该否认帧后将会重传这个被损坏的帧，如图 4-7 所示。

如果传输过程中帧丢失，则接收方根本不知道这个数据帧的存在，因此不会给予发送方应答。另外如果接收方收到了数据帧，但是应答帧在传输过程中丢失，那么发送方就无法知道接收方是否收到了它发送的帧。因此在这两种情况下，可能造成发送方无限制地等待下去。解决上述无限等待的有效方法是引入超时重发机制。在发送方设置一个计时器，当发送一个帧之后，就开始计时；如果在规定的时间内确认帧还未到达，就默认帧在传输过程中丢失，于是重新启动帧的发送，如图 4-8 所示。

动画：
帧传输正常情况

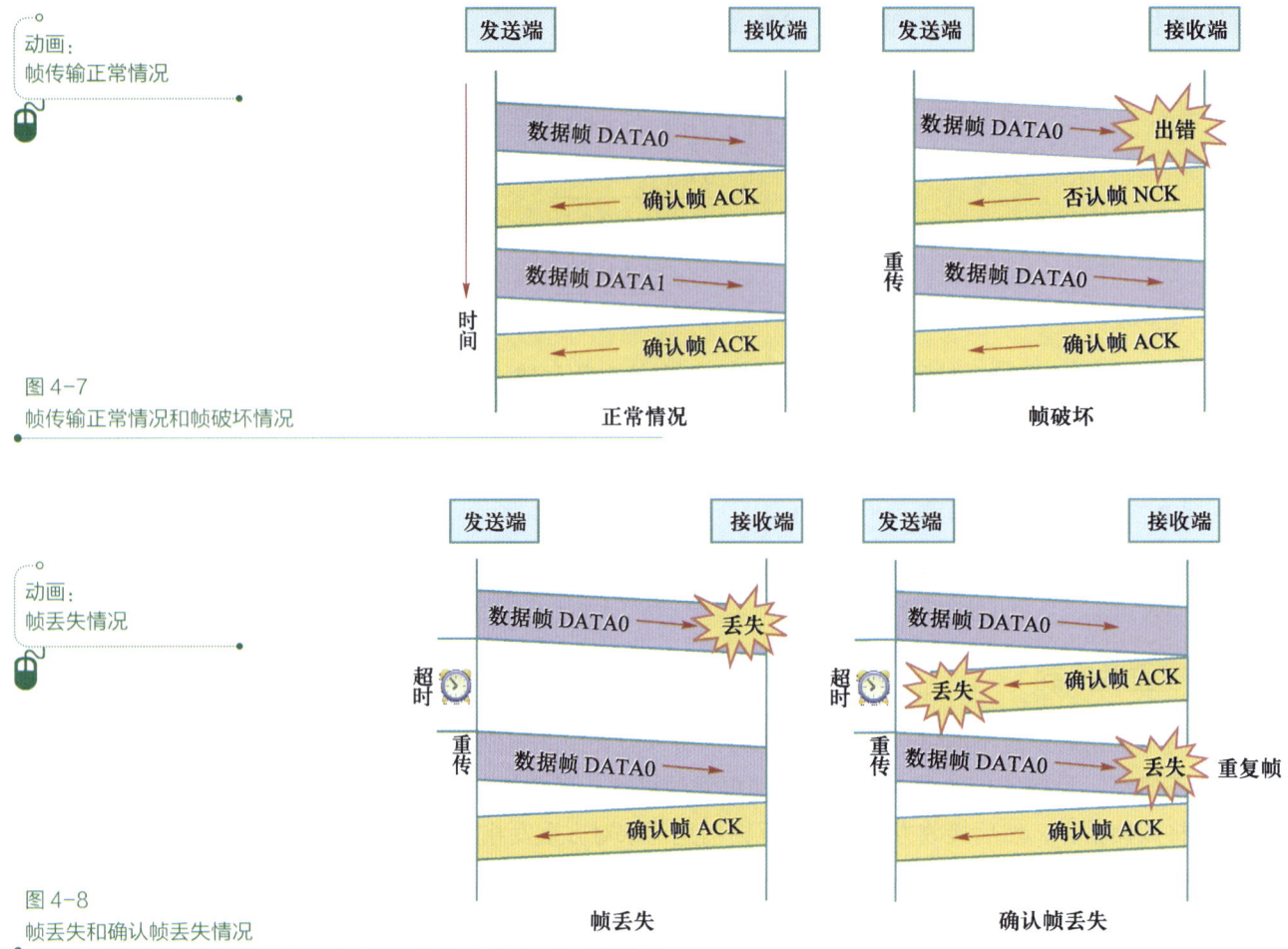

图 4-7
帧传输正常情况和帧破坏情况

动画：
帧丢失情况

图 4-8
帧丢失和确认帧丢失情况

　　但是，简单的超时重发会引发帧被重复接收的问题。数据帧已经被接收端正确接收，但接收端反馈的确认帧却在传输过程中丢失了，发送端因此启动了超时重发机制，从而造成接收端收到重复的帧。解决帧重复接收问题的一个简单方法就是对待发送的帧进行编号。接收端一旦在某段时间内收到两个序列号相同的帧，就可以判断出它们是重复帧，然后丢弃重复的帧。

　　停止等待 ARQ 协议的优点是协议简单；缺点是效率低，线路上只有一帧，如果两个设备之间的距离比较长，在每帧等待 ACK 帧时所花时间就比较长。为此，人们提出了连续 ARQ 协议。

2. 连续 ARQ 协议

　　连续 ARQ 协议的特点是发送端在发送一个帧后，不是停下来等待确认帧的到来，而是可以连续再发送多个帧，帧的个数取决于发送端的发送能力和接收端的接收能力。连续 ARQ 方案的链路传输速率大大提高，但相应地需要更大的缓冲存储空间。对于连续 ARQ 方式，必须要为不同的帧编上序列号以作为帧的标识。

　　在连续发送的多个帧中，可能会有一个或多个帧出现传输差错。针对这种情况，连续 ARQ 分别采用了两种不同的处理方式，即拉回（Back to n）方式和选择性重传（Selective Repeat）方式。

在拉回方式中，假设发送方连续发送了 m 帧，而接收方在对收到的数据帧进行校验后发现第 n 帧出错（$n \leq m$），则接收方给发送方发送出错信息并要求发送方重发第 n 帧及第 n 帧以后的所有帧。换言之，一旦接收方发现第 n 帧出错，则丢弃第 n 帧及第 n 帧以后的所有帧，而且针对这些丢弃的帧不返回确认。显然这种方式对信道带宽有很大的需求。例如，如果 2 号帧出错，接收端不论后面的帧是否正确到达都将丢弃掉。然后，发送端再从 2 号帧开始按帧的序号顺序连续发送，如图 4-9 所示。

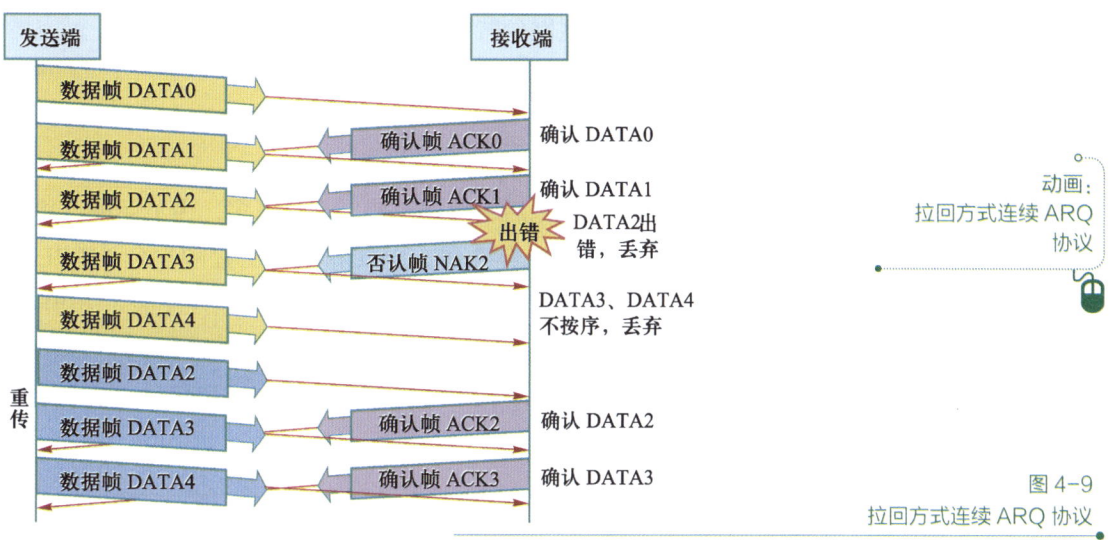

动画：
拉回方式连续 ARQ
协议

图 4-9
拉回方式连续 ARQ 协议

在选择重传方式中，假定发送方连续发送了 m 帧，而接收方在对收到的数据帧进行校验后发现第 n 帧出错（$n \leq m$），则接收方给发送方发送出错信息并只要求发送方重发第 n 帧。换言之，一旦接收方发现第 n 帧出错，则丢弃第 n 帧，但缓存第 n 帧以后的所有正确的帧。例如，接收方只请求发送方重传 2 号帧，而将正确到达的其他帧缓存下来。不过，选择性重传方式需要接收方提供大小足够的存储缓冲来暂时保存那些已经被正确接收的帧，如图 4-10 所示。

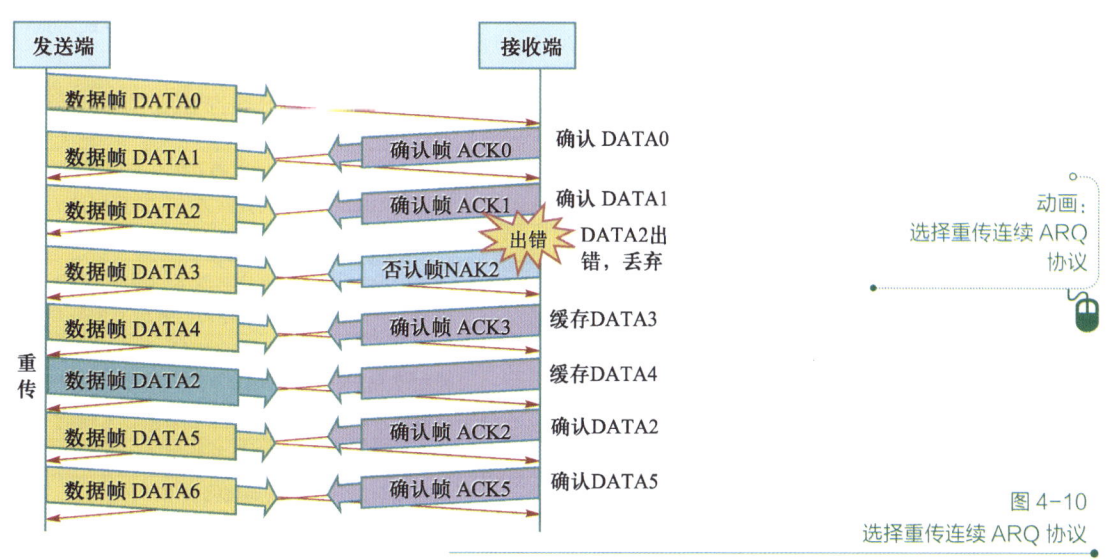

动画：
选择重传连续 ARQ
协议

图 4-10
选择重传连续 ARQ 协议

4.3　局域网

所谓局域网，就是在局部地区范围内的网络，其所覆盖的地区范围较小。在计算机数量配置上局域网没有太多的限制，少的可以只有两台，多的可达几百台。一般来说在企业局域网中，工作站的数量在几十台到两百台之间。网络所涉及的地理距离一般来说可以是几米至 10 千米。局域网一般位于一个建筑物或一个单位内。局域网的特点是连接范围窄、用户数少、配置容易、连接速率高。目前最高速率的局域网是 10 Gb/s 以太网。

4.3.1　局域网的体系结构

微课 4-5
局域网的体系结构

局域网出现之后，发展迅速、类型繁多，为了促进产品的标准化以增加产品的互操作性，1980 年 2 月，电气和电子工程师学会（IEEE）成立了局域网标准化委员会（简称 IEEE 802 委员会），研究并制定了关于 IEEE 802 局域网标准。

IEEE 的 802 标准委员会定义了多种主要的局域网：以太网（Ethernet）、令牌环网（Token Ring）、光纤分布式接口网络（FDDI）、异步传输模式网（ATM）以及最新的无线局域网（WLAN），见表 4-1。

表 4-1　IEEE 802 局域网系列主要标准

序号	标准	描述
1	IEEE 802.1	描述局域网体系结构以及寻址、网络管理和网络互联（1997）
	① IEEE 802.1G	远程 MAC 桥接（1998），规定使用本地 MAC 网桥操作远程网桥的方法
	② IEEE 802.1H	在局域网中以太网 2.0 版 MAC 桥接（1997）
	③ IEEE 802.1Q	虚拟局域网（1998）
2	IEEE 802.2	定义了逻辑链路控制（LLC）子层的功能与服务（1998）
3	① IEEE 802.3	描述带冲突检测的载波监听多路访问（CSMA/CD）的访问方法和物理层规范（1998）
	② IEEE 802.3ab	描述 1000Base-T 访问控制方法和物理层技术规范（1999）
	③ IEEE 802.3ac	描述 VLAN 的帧扩展（1998）
	④ IEEE 802.3ad	描述多重链接分段的聚合协议（Aggregation of Multiple Link Segments）（2000）
	⑤ IEEE 802.3i	描述 10Base-T 访问控制方法和物理层技术规范
	⑥ IEEE 802.3u	描述 100Base-T 访问控制方法和物理层技术规范
	⑦ IEEE 802.3z	描述 1000Base-X 访问控制方法和物理层技术规范
	⑧ IEEE 802.3ae	描述 10GBase-X 访问控制方法和物理层技术规范
4	IEEE 802.4	描述 Token-Bus 访问控制方法和物理层技术规范
5	IEEE 802.5	描述 Token-Ring 访问控制方法和物理层技术规范（1997）
	IEEE 802.5t	描述 100 Mb/s 高速标记环访问方法（2000）
6	IEEE 802.6	描述城域网（MAN）访问控制方法和物理层技术规范（1994）。1995 年又附加了 MAN 的 DQDB 子网上面向连接的服务协议
7	IEEE 802.7	描述宽带网访问控制方法和物理层技术规范
8	IEEE 802.8	描述 FDDI 访问控制方法和物理层技术规范
9	IEEE 802.9	描述综合语音、数据局域网技术（1996）
10	IEEE 802.10	描述局域网网络安全标准（1998）
11	IEEE 802.11	描述无线局域网访问控制方法和物理层技术规范（1999）

局域网的体系结构与 OSI 参考模型有相当大的区别，其只涉及 OSI 参考模型的物理层和数据链路层。为什么没有网络层及网络层以上的各层呢？首先局域网是一种通信网，只涉及有关的通信功能，其至多与 OSI 参考模型中的下三层有关。其次，由于局域网基本上采用共享信道的技术，所以也可以不设立单独的网络层。也就是说，不同局域网技术的区别主要在物理层和数据链路层，当这些不同的局域网需要在网络层实现互联时，可以借助已有的通用网络层协议（如 IP）实现。

微课 4-6
局域网的基本结构

局域网的数据链路层分为逻辑链路控制（Logical Link Control，LLC）和介质访问控制（Medium Access Control，MAC）两个功能子层。其中，MAC 子层负责介质访问控制机制的实现，即处理局域网中各站点对共享通信介质的争用问题，不同类型的局域网通常使用不同的介质访问控制协议，另外 MAC 子层还涉及局域网中的物理寻址；LLC 子层负责屏蔽掉 MAC 子层的不同实现，将其变成统一的 LLC 界面，从而向网络层提供一致的服务，LLC 子层向网络层提供的服务通过与网络层之间的逻辑接口实现，这些逻辑接口又称服务访问点（Service Access Point，SAP）。这样的局域网体系结构不仅使得 IEEE 802 标准更具有可扩充性，有利于其将来接纳新的介质访问控制方法和新的局域网技术，同时也不会使局域网技术的发展或变革影响到网络层。

尽管将局域网的数据链路层分成了 LLC 和 MAC 两个子层，但这两个子层都要参与数据的封装和拆封过程，而不是只由其中某一个子层来完成数据链路层帧的封装及拆封。在发送方，网络层传输下来的数据分组首先要加上控制信息并在 LLC 子层被封装成 LLC 帧，然后由 LLC 子层将其交给 MAC 子层，加上 MAC 子层相关的控制信息后被封装成 MAC 帧，最后由 MAC 子层交局域网的物理层完成物理传输；在接收方，首先将物理的原始比特流还原成 MAC 帧，在 MAC 子层完成帧检测和拆封后变成 LLC 帧交给 LLC 子层，LLC 子层完成相应的帧检验和拆封工作将其还原成网络层的分组上交给网络层。总之，局域网的 LLC 子层和 MAC 子层共同完成类似于 OSI 参考模型中的数据链路层的功能，并且考虑到局域网的共享介质环境，在数据链路层的实现上增加了介质访问控制机制，如图 4-11 所示。

动画：
数据链路层子层与数据封装过程

图 4-11
数据链路层子层与数据封装过程

4.3.2 介质访问控制方法 CSMA/CD

从通信介质（通信，介质）的使用方法上看，网络可分为共享介质型和非共享介质型。共享介质型网络指多个设备共享一个通信介质的网络。最早的以太网就是共享介质型网络。在这种方式下，设备之间使用同一个载波信道进行发

送和接收。为此，网络基本上采用半双工通信方式，并有必要对介质进行访问控制。

CSMA/CD（Carrier Sense Multiple Access/Collision Detection），即载波监听多路访问 / 冲突检测，是以太网发展过程中早期共享式以太网（如 10Base-2/10Base-5 标准的网络）用于解决冲突的协议，是介质访问控制的一种方式，如图 4-12 所示。

动画：
共享式以太网

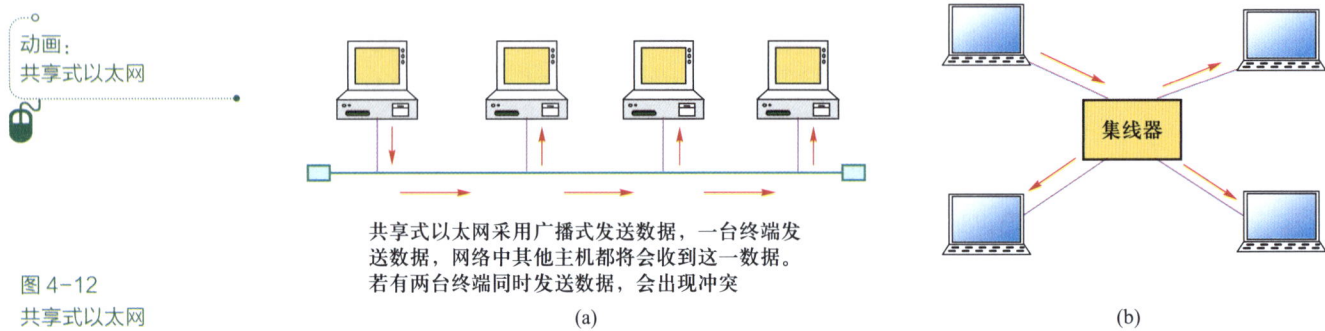

共享式以太网采用广播式发送数据，一台终端发送数据，网络中其他主机都将会收到这一数据。若有两台终端同时发送数据，会出现冲突

(a)　　　　　　　　　　　　　　(b)

图 4-12
共享式以太网

共享式以太网的典型代表是总线型的传统以太网和使用双绞线并用集线器连接的星形以太网，后者在物理结构上是星形拓扑，但在逻辑上网络内部的主机依然是在同一条总线上。共享式网络的工作方式是当网络中的一个节点要向另一个节点发送数据时，发送数据的节点就会在整个网络上广播相应的数据。其他节点都进行收听，并查看自己是否是数据的接收者，如果是，就保存这些数据；如果不是，就忽略这些数据。

这种总线型结构的特点决定了整个网络都处于同一个冲突域，若有两台主机同时发送数据，则会产生冲突。

这种情况就好比是几个人在开会，要求只能有一个人讲话，如果有多个人讲话就会出现干扰，造成混乱，谁也听不清发言。所以一个人讲话前，必须要先听一听，确认没有其他人讲话，他才发言。如果有人讲话，就等待其他人讲完他才能发言，如图 4-13 所示。

图 4-13
开会场景

为解决共享式以太网的这一冲突问题，引入了 CSMA/CD 解决方式。CSMA/CD 属于争用方式，即发送端需要争夺数据传输的权力。这种方法中，网络中的

各个站点采用先到先得的方式占用信道发送数据，如果多个站点同时发送帧，则会产生冲突现象，也因此导致网络拥堵与性能下降。这种方式适用于半双工的通信模式。

CSMA/CD 的工作原理可概括成四句话，即"先听后发，边发边听，冲突停发，随机延迟后重发"，具体过程如图 4-14 所示。

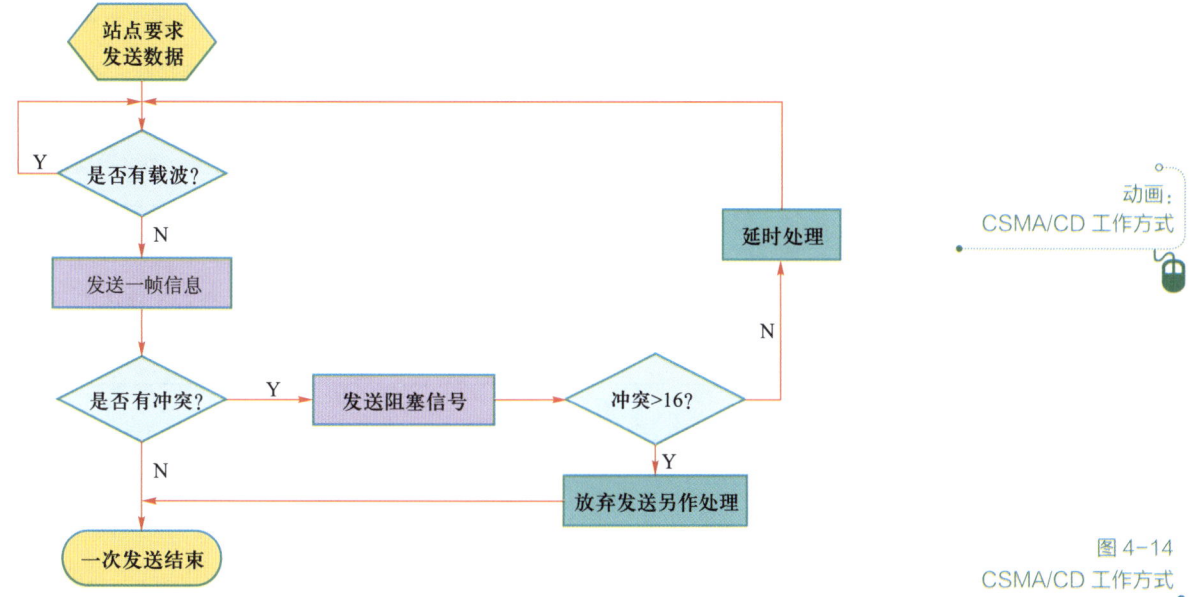

动画：
CSMA/CD 工作方式

图 4-14
CSMA/CD 工作方式

先听后发：当一个站点要发送数据时，先检测网络是否有其他站点正在发送，即监听信道是否空闲。如果信道忙，则等待，直到信道空闲；如果信道闲，站点就传输数据。

边听边发：在发送数据的同时，站点继续监听网络，确信没有其他站点同时传输数据，因为有可能两个或多个站点都同时检测到网络空闲然后几乎在同一时刻开始传输数据。如果两个或多个站点同时发送数据，就会产生冲突。

冲突停发：当一个传输站点识别出一个冲突，就放弃发送数据，并发送一个拥塞信号，这个信号使得冲突的时间足够长，让其他的站点都能发现。

随机延迟后重发：放弃发送以后，随机延迟一段时间，再重新争用介质发送数据。

CSMA/CD 介质访问控制方法中，每个站点都处于平等的地位去竞争传输介质，网络维护方便，增删站点容易。负载较少时，要发送信息的站点可以立即获得访问控制权限，效率较高。但是当负载重时，容易出现冲突，传输效率和有效带宽大为降低。

CSMA/CD 的使用

起初以太网的访问控制一般以半双工通信为前提采用 CSMA/CD 方式。CSMA/CD 前身与以太网同步使用，主要用来解决冲突检查的问题，却也成为以太网高速化的一个主要瓶颈。即使出现了 100 Mb/s 的 FDDI，以太网仍然滞留在 10 Mb/s 的速率上，以至于人们一度认为要想获取更高速的网络，只能放弃以太

笔记

网另寻他路。而这种状况并没有持续太久，随着 ATM 交换技术的进步和 CAT5 UTP 电缆的普及，这种壁垒很快就被打破。以太网的结构也发生了变化，逐渐采用像共享介质网络那样直接与交换机连接的方式。于是，冲突检查不再是必要内容，网络变得更加高速，没有交换机的半双工通信方式以及使用同轴电缆的总线型连接方式已渐渐退出舞台，使用范围在逐渐缩小。

　　现代的以太网都是交换式的，它以二层交换机为核心（取代了集线器的位置），交换机的每个端口都是一个独立的冲突域，假如端口连接唯一的一台主机，那么用于解决共享式以太网冲突的 CSMA/CD 协议就没有用武之地了，交换机可以将两条线路分别用于发送和接收，即全双工模式。当然，如果手动设定网卡以半双工模式工作，或者是网卡不支持全双工模式，或者端口连接的是一个集线器，那么端口必须工作在半双工模式。

　　事实上，在 IEEE 802.3 标准中有这样的规定，即在全双工模式下，不使用（实现）在传统共享式局域网中用于仲裁的 CSMA/CD 协议。

微课 4-8
MAC 地址

4.3.3　MAC 地址

　　前面介绍到，局域网体系结构中，数据链路层分为逻辑链路子层（LLC）和介质访问控制子层（MAC），其中 MAC 的一个重要功能就是完成局域网中的物理寻址。换句话说就是，局域网中的通信是利用 MAC 子层完成目的端的查找的。那它是通过哪种方式识别目标物理设备的呢？这就要用到 MAC 地址，如图 4-15 所示。

动画：
MAC 地址的使用方式

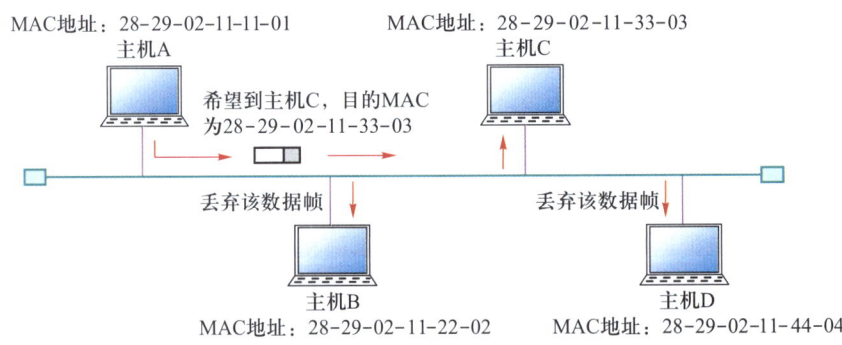

在总线或环型网络中，主机A发送数据给主机C，网络中所有主机都将会收到数据，然后根据自己MAC与数据包中的目的MAC进行匹配，如果匹配上就接收，匹配不上就丢弃

图 4-15
局域网中 MAC 地址使用方式

　　局域网中各节点之间的通信主要是通过 MAC 地址完成寻址的。在遵循 IEEE 802 标准的局域网中，MAC 地址为网络设备提供唯一硬件号码。MAC 地址又称为物理地址或硬件地址，在以太网中，MAC 地址又称以太网地址。在使用网卡（NIC）的情况下，MAC 地址一般会被烧入 ROM 中，因此，理论上讲任何一个网卡的 MAC 地址都是唯一的，在全世界都不会有重复。

　　MAC 地址长度为 48 位，即 6B，通常表示为 12 个十六进制数，如 28-29-02-D1-2A-19，MAC 地址常采用以下格式表示：

MM:MM:MM:SS:SS:SS 或者 MM-MM-MM-SS-SS-SS

MAC 地址中第 3 ~ 24 位（比特位）表示厂商识别码，称为组织唯一标识符，每个 NIC 厂商都有唯一的识别数字，这需要生产厂家到 IEEE 进行申请。后 24 位是生产厂家内部为识别每个网卡而设计的，以此保证全世界不会有相同 MAC 地址的网卡。

MAC 地址在传输时是逐字节从左到右发送的，但是对于每一字节来说，最先发送的是最低位，最后发送的是最高位，如图 4-16 所示。

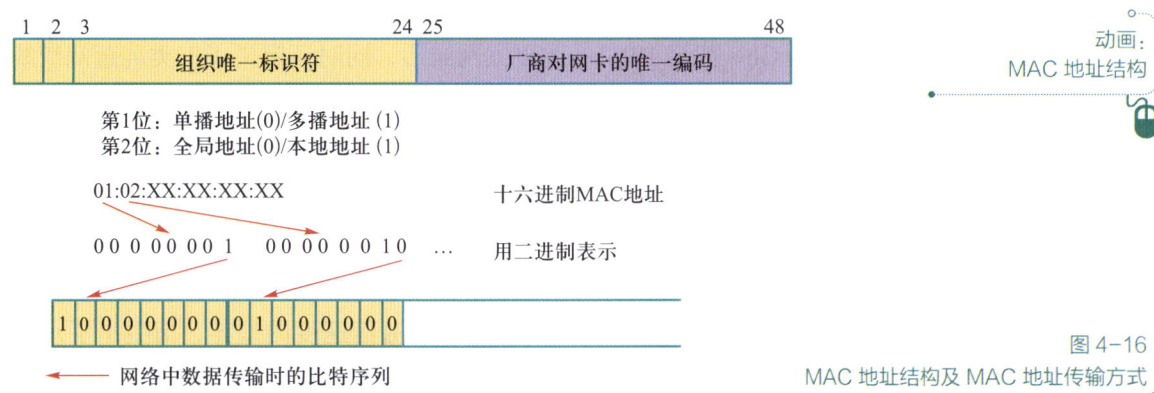

动画：
MAC 地址结构

图 4-16
MAC 地址结构及 MAC 地址传输方式

MAC 地址共有单播、多播和组播三类。在单播地址中，第 1 个字节的最低位为 0；在多播地址中，第 1 个字节的最低位为 1；广播地址是 48 个 1。

> **MAC 地址不一定是唯一的**
>
> 在全世界，MAC 地址并不总是唯一的。实际上，即使 MAC 地址相同，只要不属于同一个局域网就不会出现问题。例如，人们可以在计算机的本地连接属性中自由设置自己的 MAC 地址（在网卡的配置中的"高级"属性里修改）。再如，一台主机上如果启动多个虚拟机，由于没有硬件的网卡，只能由虚拟软件自己设定 MAC 地址给多个虚拟网卡，这时就很难保证所生成的 MAC 地址是独一无二的了。
>
> 但是，无论哪个协议成员通信设备，设计前提都是 MAC 地址的唯一性。这也可以说是网络世界的基本准则。

笔记

4.4　以太网

在众多数据链路层通信标准中，最为著名、使用最为广泛的莫过于以太网（Ethernet）。其规范简单，易于 NIC（网卡）及驱动程序实现。因此，在局域网普及初期，以太网网卡相对其他网卡价格也比较低廉，这也同时促进了以太网自身的普及。从最初的 10 Mb/s、1 Gb/s、10 Gb/s 到后来的 40 Gb/s、100 Gb/s，以太网已能够支持高速网络。现在，以太网已成为最具兼容性与未来发展性的一种数据链路。

以太网最早是由美国的 Xerox 公司与前 DEC 公司设计的一种通信方式，当时命名为 Ethernet。1980 年美国 Xerox、DEC 与 Intel 三家公司联合提出了以太网规范，这是世界上第一个局域网的技术标准。后来的以太网国际标准 IEEE 802.3 就是参照以太网规范建立的，两者基本兼容。为了与后来提出的快速以太网相区别，通常又将这种按 IEEE 802.3 规范生产的以太网产品简称以太网。

4.4.1　IEEE 802.3 以太网标准

IEEE 802.3 通常指以太网。它描述物理层和数据链路层的 MAC 子层的实现方法，在多种物理媒体上以多种速率采用 CSMA/CD 访问方式。对于快速以太网，该标准说明的实现方法有所扩展。IEEE 802.3 定义了 10 Mb/s、100 Mb/s、1 Gb/s 甚至 10 Gb/s 的以太网雏形，同时还定义了五类屏蔽双绞线和光缆作为有效的缆线类型。其确定了众多厂商的设备互操作方式，而不管它们各自的速率和缆线类型。而且这种方法定义了 CSMA/CD 访问技术规范。IEEE 802.3 还产生了许多扩展标准，如快速以太网的 IEEE 802.3u，千兆以太网的 IEEE 802.3z 和 IEEE 802.3ab，10 Gb/s 以太网的 IEEE 802.3ae。目前，局域网中应用最多的就是基于 IEEE 802.3 标准的各类以太网。

以太网因通信电缆的不同及通信速度的差异，衍生出了众多不同的以太网类型。

早期的 IEEE 802.3 描述的物理媒体类型包括 10Base-2、10Base-5、10Base-F、10Base-T 等；快速以太网的物理媒体类型包括 100Base-TX、100Base-T4 和 100Base-FX 等，见表 4-2。

表 4-2　以太网标准分类及主要特点

以太网种类	缆线最大长度	所使用的传输介质
10Base-2	185 m（最大节点数为 30）	同轴电缆
10Base-5	500 m（最大节点数为 100）	同轴电缆
10Base-T	100 m	三类至五类非屏蔽双绞线
10Base-F	1 000 m	多模光纤
100Base-TX	100 m	五类非屏蔽双绞线或屏蔽双绞线
100Base-FX	412 m	多模光纤
100Base-T4	100 m	三类至五类非屏蔽双绞线
1000Base-CX	25 m	屏蔽铜线
1000Base-SX	220 m/550 m	多模光纤
1000Base-LX	550 m/5 000 m	多模或单模光纤
1000Base-T	100 m	五类或超五类非屏蔽双绞线
10GBase-SR	26 ～ 300 m	多模光纤（SR，Short Range）
10GBase-LR	1 000 ～ 2 500 m	单模光纤（LR，Long Range）
10GBase-ER	3 000 m 或 4 000 m	支持超长波（1 550 nm）单模光纤（ER，Extended Range）
10GBase-T	100 m	六类屏蔽或非屏蔽双绞线

在这些标准中前面的数字表示传输速度，单位是 Mb/s，Base 表示"基带"，接下来的数字表示单段网线长度（基准单位是 100 m），字母 T、F 代表传输介质（T 指双绞线、F 代表光纤、S 代表短距离光纤、L 代表长距离光纤）。

> **局域网与以太网区别**
>
> IEEE 的 802 标准委员会定义了多种主要的局域网标准，其中 IEEE 802.3 定义的是 Ethernet Working Group，也就说 IEEE 802.3 定义的是以太网的通信标准。局域网还包括令牌环网（Token Ring）、光纤分布式接口网络（FDDI）、异步传输模式网（ATM）以及最新的无线局域网（WLAN）等各种局域网类型。从通信方式这个角度讲以太网属于局域网的一种类型。从应用的角度讲，以太网是当今现有局域网中最通用的通信协议标准，现有的局域网大部分都采用 Ethernet II 型协议，因此也有人将局域网称为以太网。

4.4.2 以太网帧

网络层的数据包被加上帧头和帧尾，就构成了可由数据链路层识别的以太网数据帧。虽然帧头和帧尾所用的字节数是固定不变的，但根据被封装数据包大小的不同，以太网数据帧的长度也随之变化，变化的范围是 64 B ～ 1 518 B（不含前导码和帧起始定界符）。

每个以太网帧前面有一个称为前导码（Preamble）的部分，共 7 B，它由 0、1 数字交替组合而成，表示一个以太网帧的开始，也是使端网卡同步的标志。前导码的后面是 1 B 的帧起始定界符。这 8 B 后面才是以太网的帧，如图 4-17 所示。

微课 4-9
以太网帧

前导码	帧起始定界符	以太网帧
共7字节 表示帧的开始	1字节，最低两位为11	64~1518字节之间

图 4-17
以太网整体帧结构

1980 年，Xerox、DEC 与 Intel 三家公司制订了 DIX Ethernet I 型标准，随后又制定了 DIX Ethernet II 标准和 IEEE 802.3SAP 帧格式。目前，常见的以太网帧结构是 Ethernet II 的格式。以太网帧的前端是以太网的首部，总共占 14 B，分别是 6 B 的目标 MAC 地址、6 B 的源 MAC 地址以及 2 B 的上层协议类型，如图 4-18 所示。

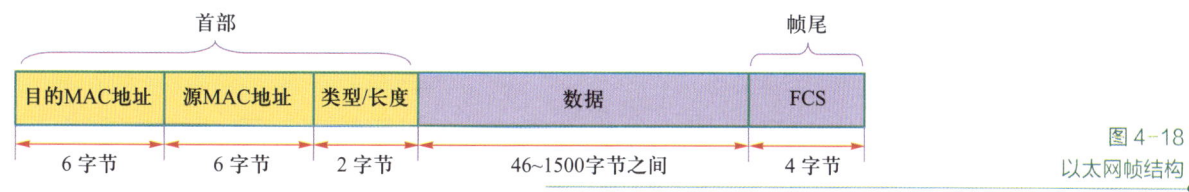

目的MAC地址	源MAC地址	类型/长度	数据	FCS
6 字节	6 字节	2 字节	46~1500字节之间	4 字节

首部　　　　　　　　　　　　　　　　　　帧尾

图 4-18
以太网帧结构

其中各字段的含义如下。

目的 MAC 地址：接收端的 MAC 地址，长度为 6 B。

源 MAC 地址：发送端的 MAC 地址，长度为 6 B。

类型 / 长度：该字段长度为 2 B，当字段值大于或等于 0x0600 时，表示上层数据使用的协议类型。例如，0x0806 表示 ARP 请求或应答，0x0800 表示 IP。当字段值小于 0x0600 时，表示以太网用户数据的长度。

数据：上层封装下来的数据，长度在 46 B～1 500 B 之间。

FCS：校验码，长度为 4 B，主要用于错误校验，可以检查帧是否有损坏。在通信传输过程中如果出现电子噪声的干扰，可能会影响数据的传输导致乱码位的出现。因此，通过检查这个 FCS 字段的值可以将那些受到噪声干扰的错误帧丢弃。FCS 中保存着整个帧除以生成多项式的余数。在接收端也用同样的方式计算，如果得到 FCS 的值相同，就判定所接收的帧没有差错。

IEEE 802.3 Ethernet 与一般的以太网在帧的首部上稍有区别。一般以太网帧中表示类型的字段，在 IEEE 802.3 以太网中却表示帧的长度。此外，IEEE 802.3 以太网帧的数据部分的前端还有 LLC 和 SNAP 等字段，标识上一层协议类型的字段在这个 SNAP 中。SNAP 中指定的协议类型与一般以太网指定的协议类型的意思基本相同。

4.4.3　以太网类型

微课 4-10
以太网类型

1. 标准以太网

在以太网普及之初，以太网只有 10 Mb/s 的吞吐量，一般采用多台终端使用同一根同轴电缆的共享介质型连接方式。这种早期的 10 Mb/s 以太网也称为标准以太网，所有的设备采用 CSMA/CD 的方式使用传输介质，在传输过程中所有节点共享同一传输介质，同一时间内只能有一台主机发送数据，冲突和碰撞是不可避免的，这使得数据传输效率和带宽的利用受到了限制。并且在共享式以太局域网中的网络设备必须保持相同的传输速率，否则一个设备发送的信息，另一个设备不可能收到。单一的共享式以太网不可能支持多种速率的设备。早期的 10Base-2、10Base-5、10Base-T、10Base-F 等标准的以太网就属于共享式以太网，如图 4-19 所示。目前共享式以太网已逐渐退出了历史舞台。

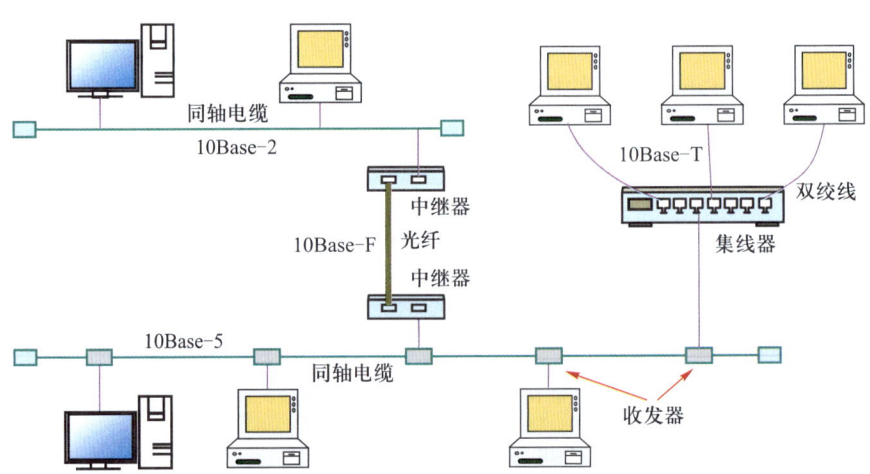

图 4-19
以太网的结构

在标准以太网中 10Base-T 是最常用的一种标准，主要由网卡、集线器、交换机、双绞线等设备组成。如图 4-19 所示的组网中所有的工作站都通过传输介质连接到集线器上，工作站与集线器之间的双绞线最大距离为 100 m，网络扩展可以采用多个集线器来实现，集线器之间的连接可以使用双绞线、同轴电缆或粗缆线。

10Base-T 以太网一经出现就得到了广泛的认可和应用，与 10Base-5 和 10Base-2 相比，10Base-T 以太网有如下特点。

① 安装简单、扩展方便；网络的建立灵活、方便，可以根据网络的大小，将不同规格的集线器或交换机连接在一起，形成所需要的网络拓扑结构。

② 网络的可扩展性强，因为扩充与减少工作站都不会影响或中断整个网络的工作。

③ 集线器或交换机具有很好的故障隔离作用。当某个工作站与中央节点之间的连接出现故障时，也不会影响其他节点的正常运行；甚至当网络中某一个集线器或交换机出现故障时，也只会影响与该集线器或交换机直接相连的节点。

2. 快速以太网

在 20 世纪 80 年代初期至 90 年代初期这 10 多年的时间里，10 Mb/s 以太网在局域网产品中占有很大的优势，特别是以 10Base-T 标准组建的网络得到了广泛应用。但是随着联网计算机的性能升级和高带宽应用的增加，人们对以太网带宽提出了更高的需求。IEEE 在 1995 年推出了 IEEE 802.3u 标准，即快速以太网（Fast Ethernet）。其设计思想非常简单，为了向后兼容以太网，保留了原来的帧格式、接口和过程规则，并和 10Base-T 一样使用集线器和交换机作为连接设备。传输介质除三类双绞线和光纤之外，还增加了五类双绞线。

快速以太网技术 100Base-X 由 10Base-T 标准以太网发展而来，主要解决网络带宽在局域网应用中的瓶颈问题。其协议标准为 1995 年颁布的 IEEE 802.3u，可支持 100 Mb/s 的数据传输速率，并且与 10Base-T 一样可支持共享式与交换式两种使用环境，在交换式以太网环境中可以实现全双工通信，如图 4-20 所示。IEEE 802.3u 在 MAC 子层仍采用 CSMA/CD 作为介质访问控制协议，并保留了 IEEE 802.3 的帧格式。但是，为了实现 100 Mb/s 的传输速率，它在物理层作了一些重要的改进。例如，在编码上，采用了效率更高的编码方式。传统以太网采用曼彻斯特编码，其优点是具有自带时钟特性，能够将数据和时钟编码在一起，但其编码效率只能达到 1/2，即在具有 20 Mb/s 传输能力的介质中，只能传输 10 Mb/s 的信号。所以快速以太网没有采用曼彻斯特编码，而采用效率更高的 4B/5B 等编码。在传输介质上，快速以太网取消了对同轴电缆的支持。

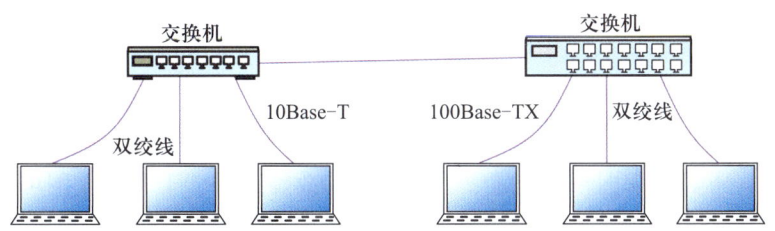

图 4-20
快速以太网

快速以太网的最大优点是结构简单、实用、成本低并易于普及。目前其主要用于快速桌面系统，也被用于一些小型园区网络的主干。100 Mb/s 快速以太网标准又分为 100Base-TX、100Base-FX 和 100Base-T4 三个子类，见表 4-3。

标准	缆线类型 及连接器	缆线对数	最大分 段长度	编码 方式	主要优点
100Base-TX	五类 UTP/RJ-45 接头 一类 STP/DB-9 接头	2 对（1、2 发 送数据，3、6 接 收数据）	100 m	4B/5B	支持全双工通信
100Base-FX	62.5 μm/125 μm 多模 光纤 8 μm/125 μm 单模光纤 ST 或 SC 光纤连接器	2 芯	多模光纤连接 的最大距离为 550 m；单模光 纤连接的最大距 离为 3 000 m	4B/5B	支持全双工的数 据传输。特别适合 于有电气干扰的环 境、较大距离连接、 或高保密环境等情 况下
100Base-T4	三、四、五类非屏蔽 双绞线或屏蔽双绞线	使用 4 对双绞 线（3 对用于数 据传输，1 对用 于冲突检测）	100 m	8B/10B	用于在三类非屏 蔽双绞线上实现 100 Mb/s 数据传输 速率

3. 千兆以太网

随着多媒体技术、高性能分布计算和视频应用等的不断发展，用户对局域网的带宽提出了越来越高的要求；同时，100 Mb/s 快速以太网也要求主干网、服务器一级的设备要有更高的带宽。人们迫切需要更高性能的网络，并且应与现有的以太网产品保持最大的兼容。于是，1996 年 3 月 IEEE 802 委员会成立了 IEEE 802.3z 工作组，专门负责千兆以太网及其标准的研究，并于 1998 年 6 月正式公布关于千兆以太网的标准。

千兆以太网标准是对以太网技术的再次扩展，其数据传输速率达到 1 000 Mb/s 即 1 Gb/s，因此也被称为吉比特以太网。千兆以太网基本保留了原有以太网的帧结构，其向下和以太网及快速以太网完全兼容，从而原有的 10 Mb/s 以太网或快速以太网可以方便地升级到千兆以太网。千兆以太网标准包括了支持光纤传输的 IEEE 802.3z 和支持铜缆传输的 IEEE 802.3ab 两大部分。

千兆以太网技术作为最新的高速以太网技术，给用户带来了升级核心网络的有效解决方案，这种解决方案的最大优点是继承了传统以太技术价格便宜的优点。千兆技术仍然是以太技术，它采用了与 10 Mb/s 以太网相同的帧格式、帧结构、网络协议、全 / 半双工工作方式、流控模式以及布线系统。由于该技术不改变传统以太网的桌面应用、操作系统，因此可与 10 Mb/s 或 100 Mb/s 的以太网很好地配合工作，如图 4-21 所示。

与快速以太网相比，千兆以太网有其明显的优点。千兆以太网的速度 10 倍于快速以太网，但其价格只有快速以太网的 2 ～ 3 倍，即千兆以太网具有更高的性能价格比。而且原有的传统以太网与快速以太网可以平滑地过渡到千兆以太网，不需要掌握新的配置、管理与排除故障技术。千兆以太网可作为校园或建筑物内的主干网，实现交换机到交换机、交换机到路由器、交换机到服务器和中继器到服务器的连接。网络升级为千兆以太网一般包括交换机到服务器连接的升级、交换机到交换机连接的升级、交换式快速以太网主干网的升级、共享式 FDDI 主干网的升级和高性能桌面系统的升级 5 种情况。

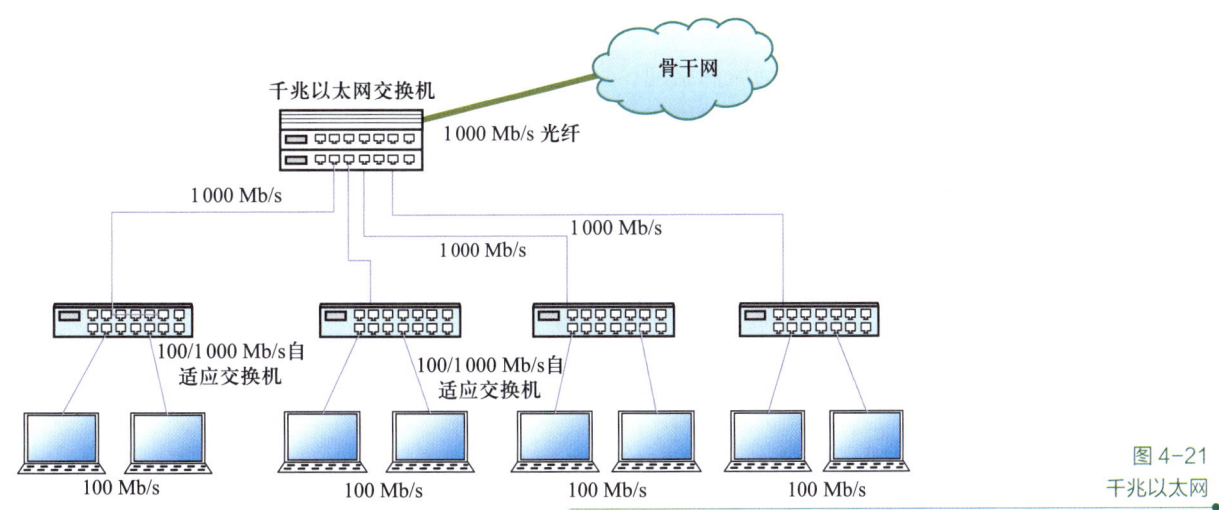

图 4-21
千兆以太网

千兆以太网标准主要包括 1000Base-SX、1000Base-LX、1000Base-CX 和 1000Base-T 这 4 个协议标准，见表 4-4。

表 4-4　千兆以太网标准

标准	缆线类型及连接器	缆线对数	最大分段长度	编码方式	主要优点
1000Base-SX	芯径为 62.5 μm 和 50 μm 的多模光纤	—	260 m 525 m	8B/10B	适用于作为大楼网络系统的主干通路
1000Base-LX	芯径为 50 μm 和 62.5 μm 的多模光纤 芯径为 9 μm 的单模光纤	—	多模：550 m 单模：5 000 m	8B/10B	多模：适用于作为大楼网络系统的主干通路 单模：适用于校园或城域主干网
1000Base-CX	150 Ω 平衡屏蔽双绞线	—	25 m	8B/10B	传输速率为 1.25 Gb/s，适用于集群网络设备的互连，如机房内连接网络服务器
1000Base-T	五类 UTP 双绞线	4 对	100 m	PAM-5	传输速率为 1 Gb/s，主要用于结构化布线中同一层建筑的通信，从而可以利用以太网或快速以太网已铺设的 UTP 电缆；也可被作大楼内的网络主干

笔 记

4. 万兆以太网

在以太网技术中，快速以太网是重要的里程碑之一，它确立了以太网技术在桌面的统治地位。随后出现的千兆以太网更是稳固了以太网技术在局域网中的绝对统治地位。然而，在很长的一段时间中，由于带宽以及传输距离等原因，人们普遍认为以太网技术不能用于城域网，特别是在城域网的汇聚层以及骨干层。1999 年 3 月，IEEE 成立了高速研究组（High Speed Study Group，HSSP），致力于万兆（10 Gb/s）高速以太网技术的研究，并于 2002 年正式发布 IEEE 802.3ae 10GE 标准。万兆以太网的问世不仅再度扩展了以太网的带宽和传输距离，更重要的是以太网技术从此开始由局域网领域向城域网领域发展。2007 年，IEEE 又提出了 IEEE 802.3ba 标准，目标是设计 40 Gb/s 甚至 100 Gb/s 的以太网。

为了提供 10 Gb/s 的传输速率，IEEE 802.3ae 10GE 标准在物理层只支持光纤作为传输介质。在物理拓扑上，万兆以太网既支持星形连接或扩展星形连接，也支持点到点连接以及星形连接与点到点连接的组合。星形连接或扩展星形连接主要用于局域网组网，点到点连接主要用于城域网组网，星形连接与点到点连接的组合则用于局域网与城域网的相互连接。

在万兆以太网的 MAC 子层，已不再采用 CSMA/CD 机制，其只支持全双工方式。事实上，尽管在千兆以太网协议标准中提到了对 CSMA/CD 的支持，但基本上已经只采用全双工方式，而不再采用共享带宽方式。

另外，IEEE 802.3ae 10GE 标准继承了 IEEE 802.3 以太网的帧格式和最大 / 最小帧长度，从而能充分兼容已有的以太网技术，进而降低了对现有以太网进行万兆位升级的风险。

实训文档：
实训 4-1 数据链路层抓包分析

【实训 4-1】 数据链路层抓包分析

4.5 虚拟局域网

4.5.1 交换式以太网

微课 4-11
交换式以太网

局域网在现代社会中覆盖率越来越高，大部分的机关、学校、企事业单位都已经有了自己的局域网，但随着局域网内的主机数量的日益增多，由大量的广播报文带来的带宽浪费、安全等问题变得越来越突出。为了解决这一问题，一种方法是将网络改造成用路由器连接多个子网，但这样会增加网络设备的投入；另一种成本较低又行之有效的方法就是采用虚拟局域网，如图 4-22 所示。虚拟局域网是在交换技术上发展起来的，因此需要先了解什么是交换式以太网。

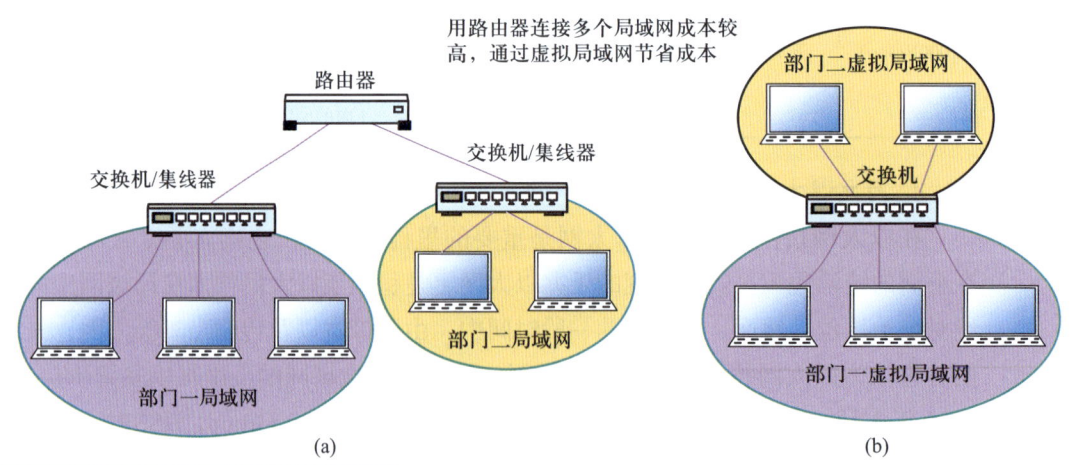

图 4-22
虚拟局域网起源

随着以太网接入点越来越多，流量也急速上升，冲突的次数也越来越多，以至于在共享式以太网中主机无法正常发送数据帧。为了处理不断严峻的负载、冲突和争用的问题，20 世纪 90 年代初，交换式以太网被设计出来。现在，随着互连设备的处理能力以及传输速度的提高，局域网一般都采用终端与交换机之间独占电缆的方式实现以太网通信。像快速以太网、千兆以太网、万兆以太网大部分都属于交换式以太网。

交换式以太网的核心就是交换机（Switch）。在这种方式下，网络中的每个站点直连交换机，由交换机负责转发数据帧，如图4-23所示。此方式下，发送端与接收端并不共享通信介质，因此在很多情况下采用全双工通信方式。当一台主机希望传送一个以太网帧时，它向交换机送出一个标准帧，交换机收到这个帧后，会查看帧的目的地址，然后将这个帧直接发送到目的地。在这种一对一连接全双工通信的方式下不会发生冲突，因此一般不需要CSMA/CD的机制就可以实现更高效的通信。

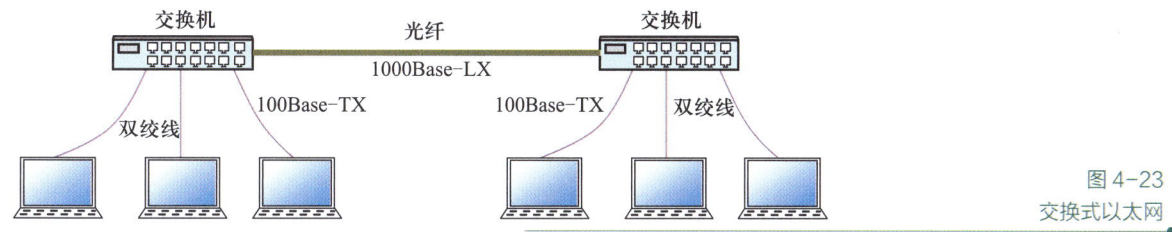

图 4-23
交换式以太网

4.5.2 交换机

交换机分为二层交换机和三层交换机，本章主要介绍的是工作在数据链路层的交换机，即二层交换机，如图4-24所示。交换机由网桥发展而来，是一种多端口的网桥，通过在其内部配备大容量的交换式背板实现了高速数据交换。从功能上说，交换机与网桥相同，但是交换机的吞吐率更高、接口密度更大（一般为16、24或48个的接口），每个接口的成本更低并且更为灵活，因此，在以太网中逐渐取代了网桥，成为交换式以太网中的核心设备。

图 4-24
交换机实物图

1. 冲突域与广播域

在以太网中存在两个概念：冲突域（Collision Domain）和广播域（Broadcast Domain）。

在共享链路上，当两个节点同时传输数据时，从两个设备发出的帧在物理介质上相遇，从而发生碰撞，彼此数据都被破坏，称为冲突，如图4-25所示。冲突域是指在共享链路上，同时发送数据会产生冲突的计算机所构成的区域，一个共享介质的网段就构成了一个冲突域。在共享式的以太网中，由于所有的节点共享链路，所以连接在同一共享介质上的节点构成了一个冲突域。而在交换式以太网中的交换机如果每个接口只连接一个用户，那么用户间发送数据不会产生冲突和介质争用问题，因此可以说交换机的每个端口构成了一个冲突域。

在以太网中，如果一个节点发送广播数据包，那么这个局域网网络中的其他节点也将会收到这个广播数据包。这种能够接收同样广播消息的节点的集合就被称为一个广播域，如图4-26所示。在同一个共享式以太网中所有节点构成了一个广播域。在交换式的以太网中也存在这样的情况，因此在同一个交换式以太网

微课 4-12
冲突域与广播域

中的所有节点也共同构成了一个广播域。

动画：
冲突与冲突域

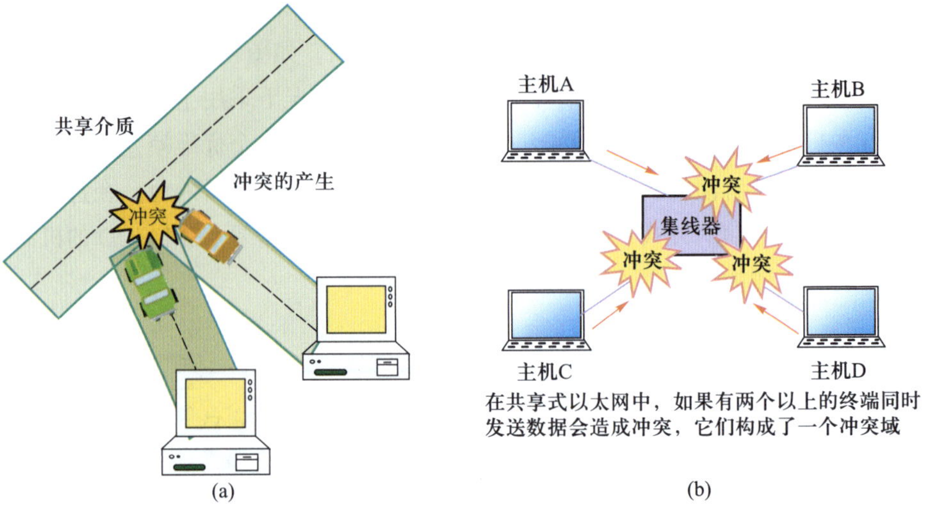

图 4-25
冲突与共享式以太网中的冲突域

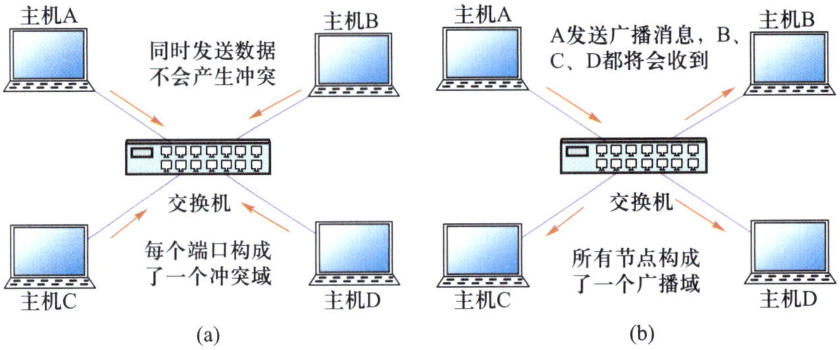

图 4-26
交换式以太网中的冲突域
与广播域

拓展阅读 4-2
集线器与交换机的
区别

微课 4-13
交换机数据转发方式

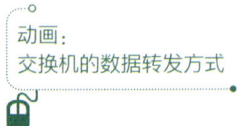

动画：
交换机的数据转发方式

2. 交换机数据转发方式

交换机的数据转发方式主要有直通式转发、存储转发和无碎片直通式转发三种。

直通式（Cut Through）方式处理过程是在输入端口检测到一个数据包后，只检查其包头，取出目的地址，通过内部的地址表确定相应的输出端口，然后把数据包转发到输出端口，这样就完成了交换。其优点是延迟小，交换速度快，但是不具备检错能力。

存储转发（Store and Forward）是计算机网络领域使用得最为广泛的数据转发技术之一，在这种工作方式下，交换机的控制器先缓存输入端口的数据包，然后进行 CRC 校验，滤掉不正确的帧，确认包正确后，取出目的地址，通过内部的地址表确定相应的输出端口，然后把数据包转发到输出端口。支持不同速度端口的交换机通常使用这种方式，否则不能保证高速端口（如 100 Mb/s）和低速端口（如 10 Mb/s）间的正常通信，如图 4-27 所示。

无碎片直通（Fragment Free Through）是介于直通式和存储转发式之间的一种解决方案，它检查数据包的长度是否够 64 B（512 b），如果小于 64 B，说明该包是碎片（即在信息发送过程中由于冲突而产生的残缺不全的帧），则丢弃该包；如果大于 64 B，则发送该包。该方式的数据处理速度比存储转发方式快，但比直通式慢。

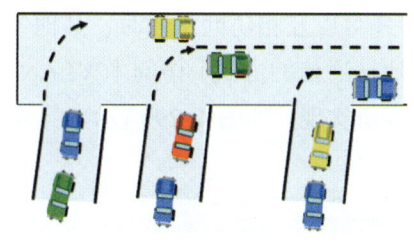

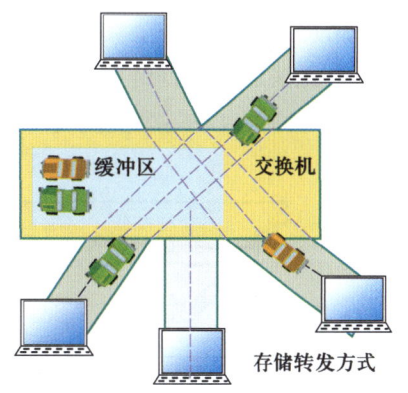

图 4-27
交换机的数据转发方式

交换机之所以同时进行数据转发，其中重要的一个方面是其具有很宽的总线带宽，如果有 N 个端口，每个端口带宽为 M，则交换机总线的带宽为 $N×M$，可以避免冲突的产生

3. 交换机工作原理

在交换机中，维护着一张 MAC 地址表，表中存放着主机的 MAC 地址与交换机端口的映射关系。交换机可以识别数据包中的 MAC 地址信息，然后根据 MAC 地址查询 MAC 地址表进行数据转发。如图 4-28 所示，当主机 A 发送数据给主机 B，交换机收到数据后，首先取出数据中的目的 MAC 地址 000A-1200-2222，接下来查询 MAC 地址表，查出其映射的端口号 E2，然后将数据从 E2 端口转发给主机 B。

微课 4-14
交换机工作原理

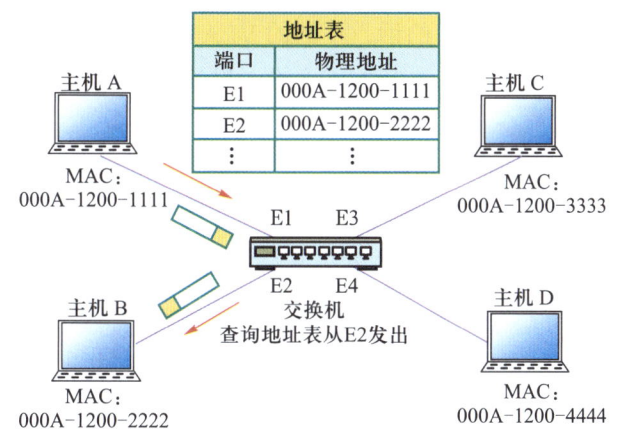

图 4-28
交换机转发数据包

4.5.3 虚拟局域网技术及应用

交换网络从结构上说是一种平面的网络设计，使用交换设备可以很容易地将终端接入单个广播域中，但随着终端数量的增加，广播域会变得很大，这会在网络通信、安全性、网络管理等方面带来诸多问题。因此，虚拟局域网这个概念被引入平面交换网络设计中，用于将单个的广播域分割成多个广播域。

1. 虚拟局域网概念

虚拟局域网（Virtual Local Area Network，VLAN）是以局域网交换机为基础，通过交换机软件实现根据功能、部门、应用等因素将设备或用户组成虚拟工作组或逻辑网段的技术，其最大的特点是在组成逻辑网时无须考虑用户或设备在网络中的物理位置。VLAN 有着和普通局域网同样的属性，除了没有地理位置的限制，其他和普通局域网都相同。数据链路层的广播、单播帧只能在同一个 VLAN 内转发和扩散，而不会直接进入其他的 VLAN 之中，VLAN 内的各个

微课 4-15
虚拟局域网简介

用户就像在同一个真实的局域网内一样可以互相访问，同时，其他 VLAN 的用户无法通过数据链路层（使用 MAC 地址通信的方式）访问本 VLAN 内的用户。VLAN 可以在一个交换机内或者跨交换机实现，如图 4-29 所示。

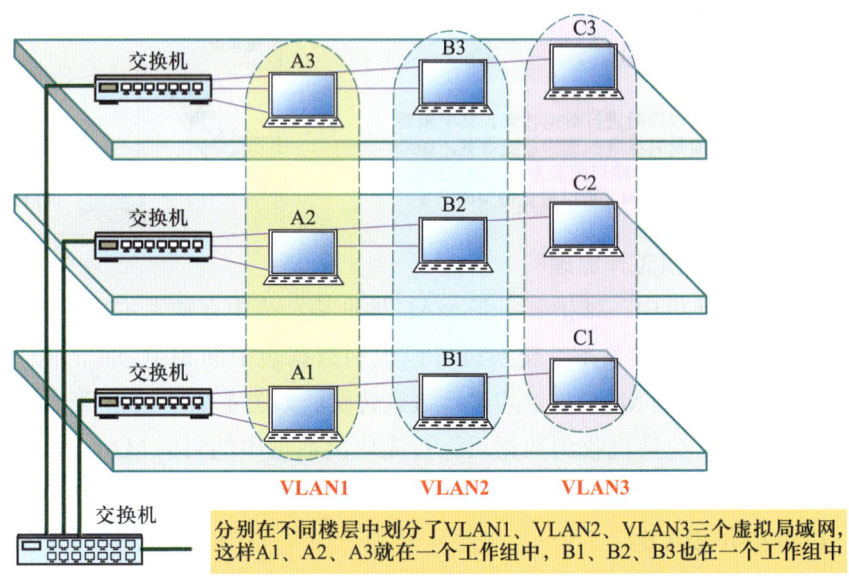

图 4-29
虚拟局域网的实现方式

同时，若没有路由的话，不同的 VLAN 之间不可以互相通信，这样就增强了企业网络中不同部门之间的安全性。网络管理员可以通过配置 VLAN 之间的路由来全面管理企业内部不同工作组之间的访问。

2. VLAN 用途及优势

（1）控制不必要的广播报文的扩散

在同一个 VLAN 中的主机，不论它们实际与哪个交换机连接，它们的通信就好像在同一个交换机上进行。同一个 VLAN 中的广播包只有本 VLAN 内的成员才可以收到，不会传输到其他的 VLAN 中，这样可以很好地控制不必要的广播报文扩散，提高了网络带宽的利用率，也减少了主机因为接收不必要的广播造成资源浪费。

（2）增加了安全性

通过将企业的网络划分为不同 VLAN，可强化网络管理和网络安全。在企业或校园网中，地理位置和部门的不同使不同主机对网络中相应的数据和资源有不同的权限要求。例如，财务部和人事部的数据就不允许其他部门的人员看到或者侦听截取到。因此可以利用 VLAN 技术来限制不同工作组之间用户的互访，以提高数据安全性。

（3）简化了网络管理

一方面，VLAN 可以不受网络用户的物理位置限制而根据用户需求进行网络逻辑组网，如将同一项目或部门中的协作者，功能上有交叉的工作组，共享相同网络应用或软件的不同用户群组在同一个 VLAN 中。另一方面，由于 VLAN 可以在单独的交换设备内或跨多个交换设备实现，也会大大减少在网络中增加、删除或移动用户时的管理开销。增加用户时只要将其所连接的交换机端口指定到其

笔 记

所属的 VLAN 中即可；在删除用户时只要将其 VLAN 配置撤销或删除即可；用户移动时，只要还能连接到任何交换机的端口，就无须重新布线。

3. VLAN 的划分方式

微课 4-16
虚拟局域网的实现方式

划分 VLAN 的方法有很多种，常见的包括基于端口的 VLAN、基于 MAC 地址的 VLAN、基于网络层的 VLAN、基于 IP 组播的 VLAN 等。

（1）基于端口的 VLAN

基于端口的 VLAN 是划分虚拟局域网最简单、最有效并且使用最广泛的方法，它实际上是某些交换端口的集合，网络管理员只需要管理和配置交换端口，而不管交换端口连接的设备，如图 4-30 所示。这种划分 VLAN 的方法根据以太网交换机的端口来划分，如将某一交换机的 3、5、7、9 端口划为 VLAN10，19 ～ 22 端口划为 VLAN20，这些属于同一个 VLAN 的端口可以不连续，而且同一 VLAN 还可以跨越数个以太网交换机。

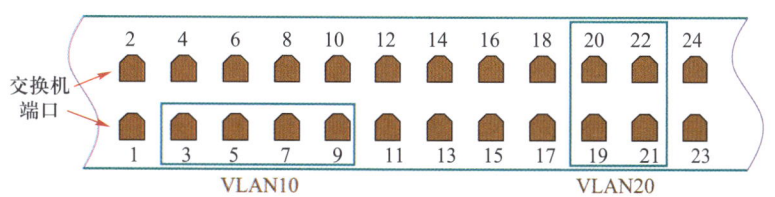

图 4-30
基于端口的 VLAN 划分方式

用这种划分方法定义 VLAN 成员时非常简单，所有端口都只定义一次就可以了。其缺点是如果某 VLAN 的用户离开了原来的端口，到了一个新的交换机的某个端口时，就必须重新定义。

（2）基于 MAC 地址的 VLAN

按 MAC 地址来划分 VLAN 实际上是将某些工作站和服务器分属于某个 VLAN。事实上，该 VLAN 是一些 MAC 地址的集合，如图 4-31 所示。

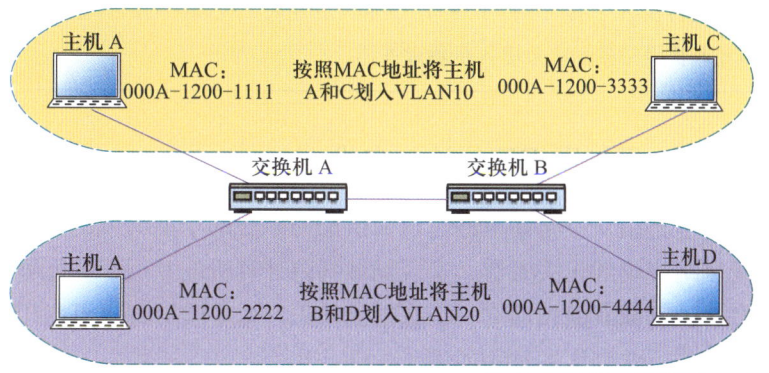

图 4-31
基于 MAC 地址的 VLAN

网络管理员需要管理和配置设备的 MAC 地址，这种划分 VLAN 的方法的最大优点就是当用户物理位置移动时，即从一个交换机到其他交换机时，VLAN 不需要重新配置；该方法的缺点是初始化时，所有用户都必须配置，如果有几百个甚至上千个用户的话，配置的工作量是非常大的。而且这种划分的方法也导致了交换机执行效率的降低，因为在每一个交换机的端口都可能存在很多个 VLAN 组的成员，这样就无法限制广播包了。

笔 记

（3）基于网络层的 VLAN

这种划分 VLAN 的方法是根据每个主机的网络层地址或协议类型（如果支持多协议）划分的。虽然这种划分依据网络地址，例如 IP 地址，但它不是路由，与网络层的路由毫无关系。其优点是用户的物理位置改变时，不需要新配置所属的 VLAN，而且可以根据协议类型来划分 VLAN；除此之外，不需要通过附加的帧标签来识别 VLAN，这样可以减少网络的通信数据量。这种方法的缺点是效率低，因为检查每一个数据包的网络层地址是需要消耗处理时间的。

（4）基于 IP 组播的 VLAN

IP 组播实际上也是一种 VLAN 的定义，即认为一个组播就是一个 VLAN，这种划分方法将 VLAN 扩大到广域网，因此具有更大的灵活性，而且也容易通过路由器进行扩展，当然这种方法不适合局域网，主要原因是其效率不高。

VLAN 解决实际问题举例

局域网的通信是通过 MAC 地址进行寻址的，那如何知道目的端的 MAC 地址呢？这就需要 ARP 寻址。ARP 寻址是通过发送广播包实现的。由于同一个局域网中的终端都处于同一个广播域中，因此，一个 ARP 广播就会被交换机转发到与其相连的所有网段中。当网络上有大量这样的包存在时，不仅是对带宽的浪费，还会因过量的广播产生广播风暴，当交换网络规模增加时，网络广播风暴问题还会更加严重，并可能导致网络瘫痪。

另外，在传统的以太网中，同一个物理网段中的节点也是一个逻辑工作组，不同物理网段中的节点是不能直接相互通信的。这样，当用户由于某种原因在网络中移动但同时还要继续在原来的逻辑工作组时，就必然需要进行新的网络连接乃至重新布线。例如，假设某学校的学生宿舍楼 A 和宿舍楼 B 位于两个不同的网段中，当某位同学因为宿舍调整从宿舍楼 A 搬至宿舍楼 B，而同时他又希望继续与宿舍楼 A 中的同班同学在同一逻辑工作组时，校园网的网络管理员就必须为其重新提供一条到宿舍楼 A 的物理连接。

微课 4-17
VLAN 帧结构

拓展阅读 4-3
VLAN 帧与普通以太网
帧结构比较

【实践与体验】 局域网组网体验与实践

本节将组建一个简单的、以交换机为中心的小型局域网，并对每一台计算机配置网络协议的相关参数，实现局域网内计算机的互通，并能够实现主机间的文件共享，以期对局域网有一个直观的认识。本实践过程也可以用 Packet Tracer 模拟器进行。实验拓扑结构如图 4-32 所示。

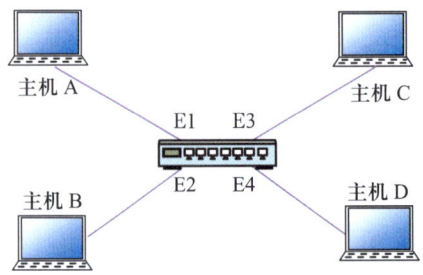

图 4-32
组网拓扑结构

1. 网络组建与地址配置

① 首先，实验时，使用双绞线将 4 台计算机与交换机实现连接，即将每台计算机相连网线的 RJ-45 插头与交换机以太网口相连接。

② 连接完成后，开始为计算机配置 IP 地址信息。通过右击"网上邻居"图标，在弹出的快捷菜单中选择"属性"命令，打开网络连接窗口。

③ 右击"本地连接"图标，在弹出的快捷菜单中选择"属性"命令，打开"本地连接 属性"对话框，如图 4-33 所示。选中"Internet 协议版本 4（TCP/IPv4）"选项，并在该选项前面打钩，再单击"属性"按钮，打开"Internet 协议版本 4（TCP/IPv4）属性"对话框，如图 4-34 所示。

笔 记

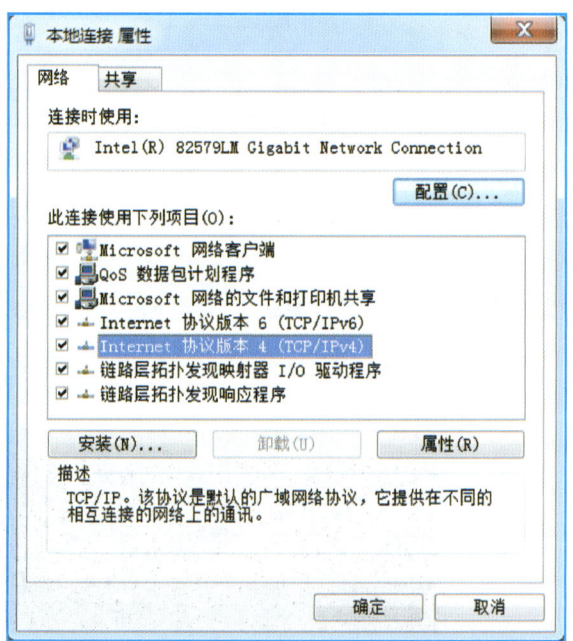

图 4-33
"本地连接 属性"对话框

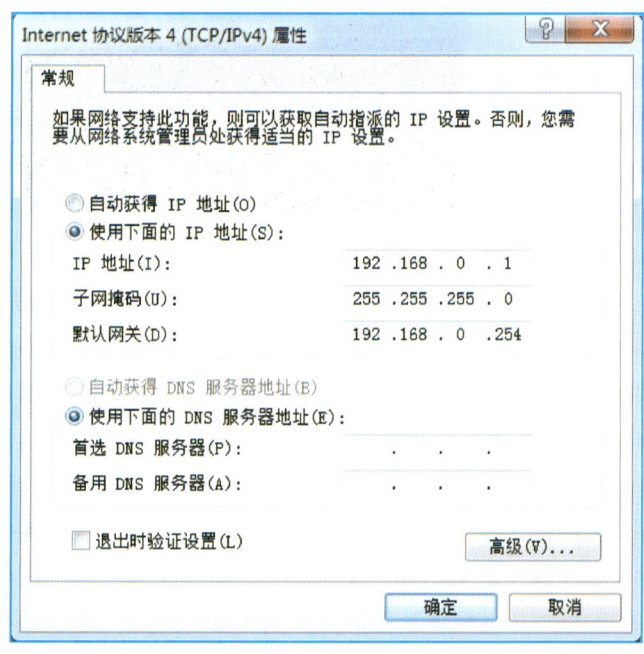

图 4-34
"Internet 协议版本 4（TCP/IPv4）属性"对话框

④ 将计算机的 IP 地址分别设置成 192.168.0.1 ～ 192.168.0.4 中的一个，如图 4-34 所示，一定要保证 4 台计算机的 IP 地址各不相同。子网掩码和默认网关保持不变，或者根据需要设置。在实际应用中，子网掩码是根据网络号自动确定的，默认网关一般是指本局域网唯一网关的 IP 地址（详见模块 5）。

⑤ 接下来用 ping 命令检验网络的连通性。在其中一台计算机选择"开始"→"运行"菜单命令，在打开的"运行"命令框中输入"ping 192.168.0.*"，来检查与其他计算机的连通性，如图 4-35 所示。命令中的"*"代表 1、2、3、4 中的一个。ping 通后的结果如图 4-36 所示，若 ping 不通（如图 4-37 所示），则需要检查网络连接及 IP 地址的配置。这样一个简单的局域网就搭建完成了。

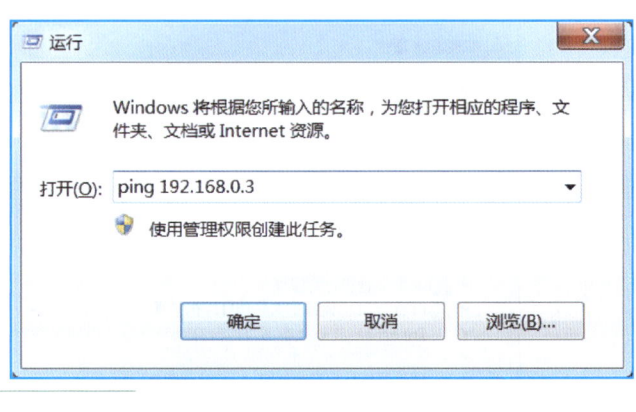

图 4-35
输入 ping192.168.0.3 对话框

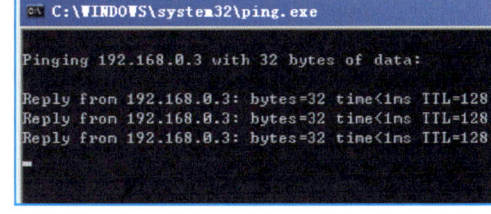

图 4-36
ping 通后的结果

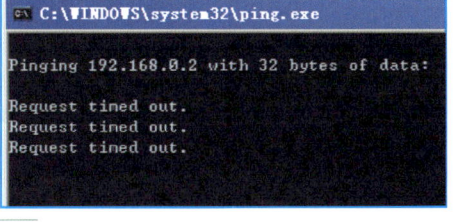

图 4-37
ping 不通后的结果

2. 文件共享设置

① 首先，选择 IP 地址为 192.168.0.1 的主机，右击系统界面中的"计算机"图标，在弹出的快捷菜单中选择"属性"命令，可以查看并更改本机计算机名和工作组。如果不在一个工作组，则统一修改到"WORKGROUP"工作组，如图 4-38 所示。

② 要想使本机的硬盘或文件夹能被其他计算机访问，必须先设置其共享属性。在"计算机"中右击 D 盘图标，在弹出的快捷菜单中选择"属性"命令，打开"本地磁盘（D）属性"对话框，选择"共享"选项卡，单击"高级共享"按钮，打开的"高级共享"对话框如图 4-39 所示。

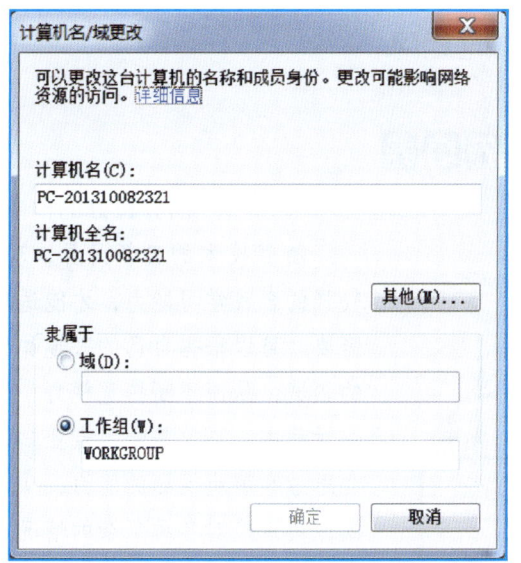

图 4-38
计算机工作组及计算机名设置

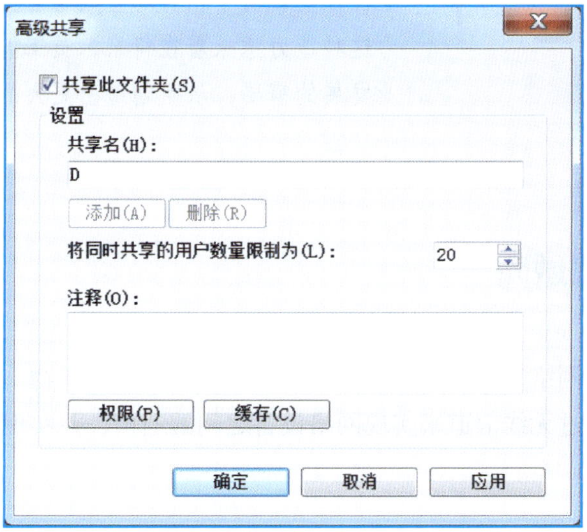

图 4-39
文件共享设置

③ 设置完成后，可以通过"网上邻居"查看工作组中的计算机。找到共享的计算机，双击后可以看到共享的文件，也可以在另外一台计算机的"运行"对话框中输入"\\IP 地址 \ 盘符 $"打开 Windows 的默认共享，如图 4-40所示。

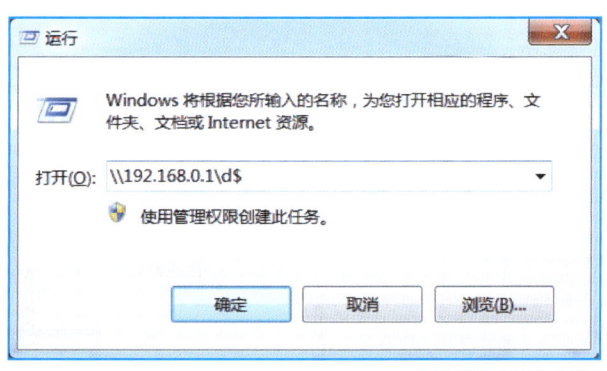

图 4-40
文件共享访问

实训文档:
实训 4-2　局域网组网

【实训 4-2】 局域网组网

职业核心素养培养

培养良好的自主学习能力

随着技术的日新月异，现在的职场新人必须具备较强的自我学习能力，才能适应社会的快速变化和岗位需要。可以根据自己的兴趣和目标，选择想要深入研究的领域，从而不断拓宽视野，加强个人知识储备。在这一过程中，不仅是学习专业知识，更重要的是要培养独立思考和解决问题的能力，从而能够独立面对未知的挑战，灵活应对各种复杂的情况。自主学习能力还能使我们更好地适应快速变化的职场环境。在求职市场上，企业往往更倾向于招聘那些具备自主学习能力的人才，因为这种能力意味着在将来，员工能够更主动地去适应企业发展的需要，从而创造出更大的价值。

4.6　无线局域网

无线网络是无线通信技术与网络技术相结合的产物。从专业角度讲，无线网络就是通过无线信道来实现网络设备之间的通信，并实现通信的移动化、个性化和宽带化。

4.6.1　WLAN 简介

微课 4-18
WLAN 简介

无线局域网（Wireless Local Area Network，WLAN）是指采用无线传输介质的局域网，如图 4-41 所示。无线局域网的范围可以是一个房间、一个建筑物内，也可以是一个校园或者几千千米的广大区域。

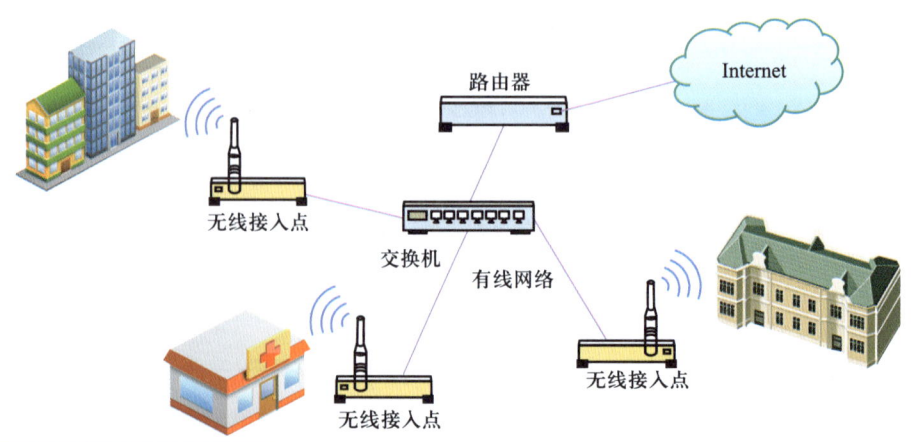

图 4-41
无线局域网简单拓扑结构

随着无线通信技术的广泛应用，特别是移动终端的使用（手机购物、移动支付等），使得传统网络已经越来越不能满足人们的需求，于是无线网络得到了飞速发展。尽管目前无线网络还不能完全独立于有线网络，但近年来无线网络的产品逐渐走向成熟，正以它优越的灵活性和便捷性在网络应用中发挥日益重要的作用。随着无线通信速度的不断提升，无线局域网络能利用简单的存取架构让用户透过它，达到"信息随身化、便利走天下"的理想境界。

无线局域网之所以能够得到迅速发展，是因为它有着独特的优势。

① 灵活性和移动性。在有线网络中，网络设备的安放位置受网络位置的限制，而无线局域网中，设备在无线信号覆盖区域内的任何一个位置都可以接入网络。无线局域网另一个最大的优点在于其移动性，连接到无线局域网的用户可以移动且能同时与网络保持连接。

② 安装便捷。无线局域网可以免去或最大限度地减少网络布线的工作量，一般只要安装一个或多个接入点设备，就可建立覆盖整个区域的局域网络。

③ 易于进行网络规划和调整。对于有线网络来说，办公地点或网络拓扑的改变通常意味着重新建网。重新布线是一个昂贵、费时、浪费和琐碎的过程，无线局域网可以避免或减少以上情况的发生。

④ 故障定位容易。有线网络一旦出现物理故障，尤其是由于线路连接不良而造成的网络中断，往往很难查明，而且检修线路需要付出很大代价。无线网络则很容易定位故障，只须更换故障设备即可恢复网络连接。

⑤ 易于扩展。无线局域网有多种配置方式，可以很快从只有几个用户的小型局域网扩展到上千用户的大型网络，并且能够提供节点间"漫游"等有线网络无法实现的功能。

由于无线局域网有以上诸多优点，因此其发展十分迅速。最近几年，无线局域网已经在企业、医院、商店、工厂和学校等场合得到了广泛的应用。

4.6.2 WLAN 的组成结构

1. WLAN 组成与解决方案

无线局域网可独立存在，也可与有线局域网共同存在并进行互联。在WLAN 中最常见的组件有便携式计算机、工作站、无线移动终端、无线网卡、无线接入点（AP）、天线等。

一般架设无线局域网的基本配备就是无线网卡及 AP，如此便能以无线的模式，配合既有的有线架构来分享网络资源，架设费用和复杂程度远远低于传统的有线网络。无线网卡提供与有线网卡一样丰富的系统接口，它是操作系统与天线之间的接口，用来创建透明的网络连接。无线网卡就像标准的网络适配器那样工作，不需要其他特别的无线网络功能。

AP 主要在媒体存取控制层中扮演无线工作站及有线局域网络的桥梁。接入点相当于局域网集线器，它在无线局域网和有线网络之间接收、缓冲存储和传输数据，以支持一组无线用户设备。接入点通常通过标准以太网线连接到有线网络上，并通过天线与无线设备进行通信。在有多个接入点时，用户可以在接入点

笔 记

微课 4-19
WLAN 的组成结构

之间漫游切换。接入点的有效范围是 20 ~ 500 m。根据技术、配置和使用情况，一个接入点可以支持 15 ~ 250 个用户，通过添加更多的接入点，可以比较轻松地扩充无线局域网，从而减少网络拥塞并扩大网络的覆盖范围，如图 4-42 所示。

图 4-42
无线局域网简单拓扑结构

有了 AP，无线工作站可以快速且轻易地与网络相连。特别是对于宽带的使用，像目前在家庭用户中，有线宽带网络（ADSL、小区 LAN 等）到户后，连接到一个 AP，计算机或移动终端就可以通过无线上网。甚至用户的邻里得到授权后，无须增加端口，也能以共享的方式上网。

单纯的 AP 就是一个无线交换机，仅仅提供无线信号发射的功能。现在的 AP 更多的是在网络层次的，具有路由等更高级的功能以实现网络接入控制，如 MAC 地址过滤、DHCP 服务器等。目前常用的 AP 是无线路由器。

2. 无线传输介质

无线信号是能够在空气中进行传播的电磁波，无线信号不需要任何物理介质，它在真空环境中也能够传输，就如同在办公室大楼的空气中传播一样。无线电波不仅能穿透墙体，还能够覆盖较大的范围，所以无线技术成为组网的一种通用方法。

WLAN 中所有的波都以光速传播，这个速度可以精确地称为电磁波速度。所有波都遵循公式：频率 × 波长 = 速度。

各种电磁波之间的主要区别就是频率。如果电磁波频率低，那么它的波长就长；如果电磁波频率高，那么它的波长就短。

3. 无线局域网的配置方式

无线局域网配置方式通常有对等模式和基础结构模式两种。

① 对等模式，又称 Ad-hoc 模式，是点对点的对等结构。这种模式包含多个无线终端和一个服务器，均配有无线网卡，但不连接到接入点和有线网络，而是通过无线网卡进行相互通信。它主要用来在没有基础设施的地方快速而轻松地构建无线局域网，如图 4-43 所示。

② 基础结构模式，又称 Infrastructure 模式。该模式是目前最常见的一种架构，这种架构包含一个接入点和多个无线终端，接入点通过电缆连线与有线网络连接，通过无线电波与无线终端连接，可以实现无线终端之间的通信，以及无线终端与有线网络之间的通信。通过对这种模式进行复制，可以实现多个接入点相互连接的更大的无线网络，如图 4-44 所示。

在这种结构模式中，一个无线 AP 提供的覆盖范围所组成的局域网可以称为 BSS（Basic Service Set，基本服务集）。一个 BSS 可以通过 AP 进行扩展，当超

笔 记

过一个 BSS 连接到有线 LAN，就称为 ESS（Extended Service Set，扩展服务集）。一个或多个以上的 BSS 即可被定义成一个 ESS。用户可以在 ESS 上漫游及存取 BSS 系统中的任何资源。

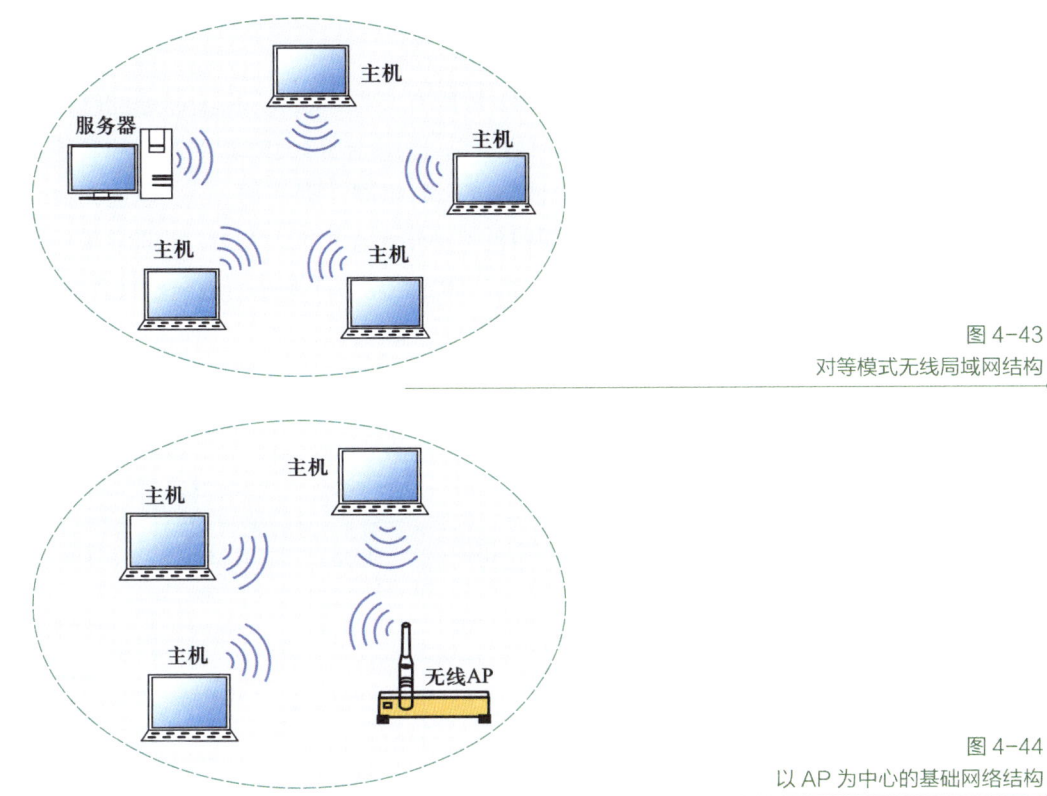

图 4-43
对等模式无线局域网结构

图 4-44
以 AP 为中心的基础网络结构

ESSID 可以称为无线网络的名称。在基础结构模式中，每个 AP 必须配置一个 ESSID，每个客户端必须与 AP 的 ESSID 匹配才能接入无线网络。

4. 无线局域网的解决方案

基础结构模式的 WLAN 不仅可以应用于独立的无线局域网中，如小型办公室无线网络、SOHO 家庭无线网络，也可以以它为基本网络单元组建成庞大的 WLAN 系统，如 ISP"热点"位置为各移动办公用户提供无线上网服务，在酒店、宾馆、机场等公共场所提供无线上网区等。如图 4-45 所示是一家宾馆的无线网络方案，宾馆中各层楼的无线用户通过接入该楼层与有线网络相连接的 AP 实现与 Internet 的连接。

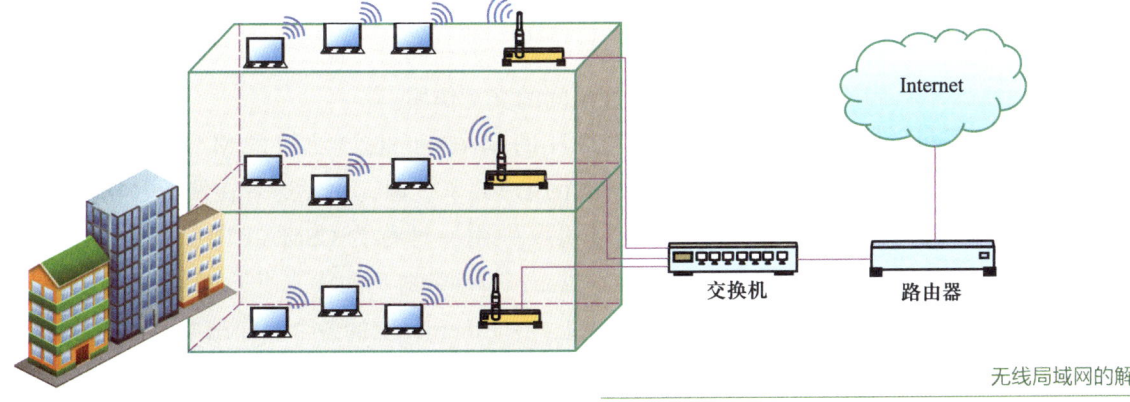

图 4-45
无线局域网的解决方案举例

4.6.3　IEEE 802.11 标准

　　IEEE 802.11 定义了 WLAN 协议中物理层与数据链路层的一部分（MAC 层）。IEEE 802.11 这个编号有时指众多标准的统称，有时也指无线局域网的一种通信方式。

　　IEEE 802.11 是所有 IEEE 802.11 相关标准的基础。其中定义的数据链路层的一部分（MAC 层）适用于所有 IEEE 802.11 的其他标准，见表 4-5。MAC 层中的物理地址与以太网相同，都使用 MAC 地址，而介质访问控制上则使用与 CSMA/CD 相似的 CSMA/CA 方式。MAC 层通常采用无线基站或高基站实现通信。现在，各家厂商已经开始开发并销售一种具有网桥功能的（能够连接以太网与 IEEE 802.11）基站设备。

表 4-5　IEEE 802.11
标准与无线技术

无线技术与标准	802.11	802.11a	802.11b	802.11g	802.11n	802.11ac
工作频段	2.4 GHz	5 GHz	2.4 GHz	2.4 GHz	2.4 GHz 和 5 GHz	5 GHz
最高传输速率	2 Mb/s	54 Mb/s	11 Mb/s	54 Mb/s	108 Mb/s 以上	1 Gb/s 以上
实际传输速率	低于 2 Mb/s	31 Mb/s	6 Mb/s	20 Mb/s	大于 30 Mb/s	300 Mb/s 以上
传输距离	100 m	80 m	100 m	150 m 以上	100 m 以上	—
主要业务	数据	数据、图像、语音	数据、图像	数据、图像、语音	数据、高清图像、语音	数据、高清图像、语音
成本	高	低	低	低	低	低

4.6.4　无线局域网冲突检测技术 CSMA/CA

　　与所有的局域网协议标准要规定 MAC 子层和物理层一样，IEEE 802.11 规范覆盖了无线局域网的物理层和 MAC 子层。其中，MAC 子层又进一步分为 "MAC" 和 "MAC 管理" 两大部分。"MAC" 仍然负责访问控制和分组拆装，"MAC 管理" 则负责 ESS 漫游、电源管理和登记过程中的关联管理。物理层分为物理层会聚协议（Physical Layer Convergence Protocol，PLCP）、物理介质相关（Physical Medium Dependent，PMD）子层和物理（Physical，PHY）管理子层。PLCP 主要进行载波监听和物理层分组的建立，PMD 用于传输信号的调制和编码，而 PHY 管理负责选择物理信道和调谐。此外还定义了 "站管理" 子层，用于协调物理层和 MAC 层之间的交互作用。

　　无线局域网标准 802.11 的 MAC 和 802.3 协议的 MAC 非常相似，都是在一个共享媒体之上支持多个用户共享资源，由发送者在发送数据前先进行网络的可用性检测。在 802.3 协议中由一种称为 CSMA/CD（Carrier Sense Multiple Access with Collision Detection，带冲突避免的载波侦听多路访问）的协议来完成可用性调节，这个协议解决了在 Ethernet 上的各个工作站如何在线缆上传输数据的问题，用于检测和避免当两个或两个以上的网络设备需要进行数据传送时网络上的冲突。

CSMA/CA 利用 ACK 信号来避免冲突的发生，也就是说，只有当客户端收到网络上返回的 ACK 信号后才确认送出的数据已经正确到达目的地址。CSMA/CA 没有 CSMA/CD 的冲突检测机制，因此在检测到信道忙后，各发送站点要等待一段时间后重新发送以进一步减少冲突，如图 4-46 所示。CSMA/CA 的工作原理如下。

① 首先检测信道是否正在使用，如果检测出信道空闲，则等待一段随机时间后，才送出数据。

② 接收端如果正确收到此帧，则经过一段时间间隔后，向发送端发送确认帧 ACK。

③ 发送端收到 ACK 帧，确定数据正确传输。如果在规定的时间内没有收到确认，表明出现冲突，发送失败，执行退避算法，重发此帧。

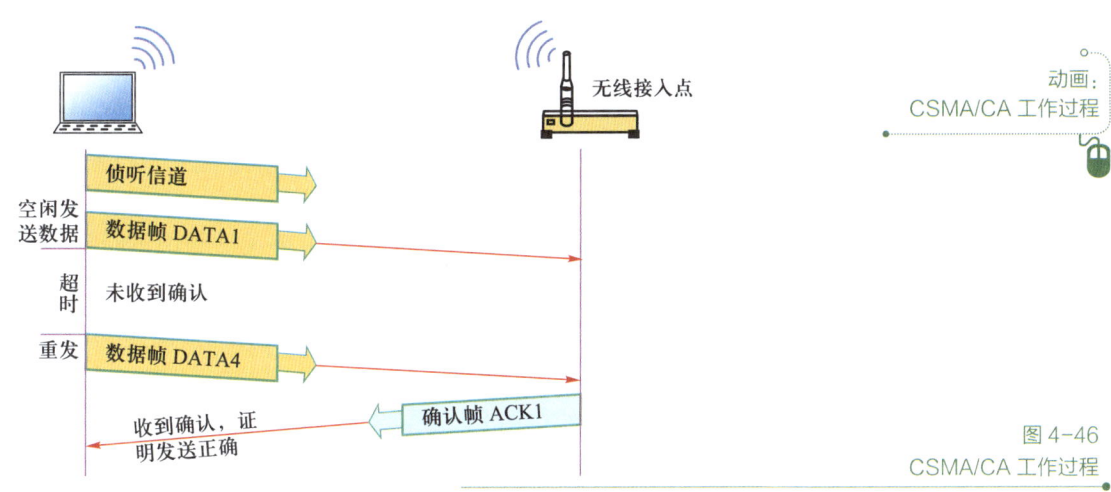

图 4-46
CSMA/CA 工作过程

4.6.5 5G 通信技术

5G（第五代移动通信技术）是一种具有高传输速率、低时延和大连接特性的最新一代蜂窝移动通信技术标准，如图 4-47 所示。5G 网络不是简单的网络升级，而是采用了全新的架构。这个架构主要包括核心网、承载网和接入网三部分。可以把核心网想象成人的大脑，负责数据处理和转发；承载网就像是人的神经网络，负责数据传输；接入网就是人的感官，负责无线接入和传输。5G 的关键技术包括毫米波、大规模天线、全频谱接入、网络切片和边缘计算等，这些技术让 5G 网络频谱效率更高、传输速率更快、时延更低。

拓展阅读 4-5
其他无线通信标准

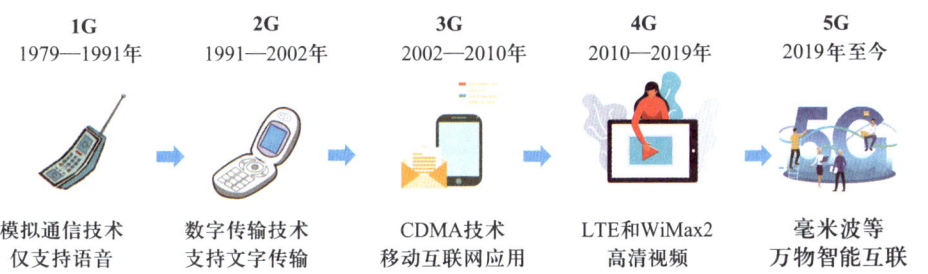

图 4-47
移动通信技术发展
历程与特点

1. 5G 通信技术主要特点

（1）高速率：5G 的峰值传输速率可以达到惊人的 10 Gb/s，是 4G 的几倍甚至几十倍。这使得 5G 网络能够轻松应对大数据量及高速率的传输需求，如支持高清视频、虚拟现实等。例如，用 5G 下载一部高画质电影，可能只需要一眨眼的工夫。

（2）低时延：5G 网络的时延极低，可以达到毫秒级甚至更低。这种特性对于需要实时交互的应用场景至关重要，如远程医疗、自动驾驶等。在这些场景中，任何延迟都可能导致严重的后果，而 5G 网络能够确保数据的及时传输和处理。

（3）大连接数：5G 网络能够支持每平方千米内数百万甚至上千万台设备的连接。这种支持大连接数的能力使得 5G 网络在物联网、智慧城市等需要大量设备连接的应用场景中具有巨大优势。通过 5G 网络，各种智能设备可以实现高效、可靠的连接和数据传输。

（4）高可靠性：5G 网络采用先进的编码技术和多天线技术等手段，提高了网络的可靠性和稳定性。这使得 5G 网络在关键业务应用，如工业自动化、远程医疗等场景中，具有更高的可信度。在这些应用中，网络的可靠性直接关系到业务的成功与否以及安全性。

（5）灵活的频谱利用：5G 网络能够灵活利用不同频段的频谱资源，包括低频段、中频段和高频段。这种灵活的频谱利用方式使得 5G 网络可以根据不同的应用场景和需求来优化网络性能。例如，在需要高速率和大容量的场景中，可以使用高频段频谱来提供更高的数据传输速率；在需要广覆盖和深穿透的场景中，则可以使用低频段频谱来确保网络的覆盖范围和稳定性。

2. 5G 通信技术应用场景

（1）智能制造领域：5G 技术就像一根"魔法棒"，让智能制造变得更加高效和灵活。首先，5G 技术让设备间可以高速、低时延地通信，这意味着生产线上各个环节可以无缝衔接，大大提高了生产效率。其次，通过 5G 网络可以远程监控设备的状态，就像给设备装上了千里眼和顺风耳，一旦有问题，人们就能及时进行故障预警和维修，避免了生产中断。再次，在智能仓储管理中，5G 技术让货物追踪和库存管理变得轻而易举，仓库里的一切都尽在掌握。最后，借助 5G 技术，生产线也可以变得更加具有柔性，灵活调整生产流程和工艺，满足日益增长的个性化生产需求。总之，5G 技术在智能制造领域的应用，就像为其插上了"翅膀"，使生产更加智能、高效和灵活。

（2）智慧城市建设：首先，5G 技术使交通信号灯变得更加智能，通过精准控制优化了交通流量，让人们的出行更加顺畅。其次，5G 网络让城市安防监控实现了高清化，每一个细节都逃不过它的"眼睛"，大大提高了城市的治安水平。再次，5G 技术还能实时监测和分析能源数据，帮助人们更好地利用能源，减少浪费。最后，5G 技术还带来了诸多便捷的公共服务，比如智能停车、智能照明等，让人们的生活变得更加轻松和舒适。

（3）智能医疗：5G 网络在远程医疗服务上大展身手，医生们可以跨越地域限制，进行远程会诊、手术示教，还能够实时监测患者的生命体征，一旦有潜在风险就能及时预警，这无疑会大大提高医疗水平。借助 5G 网络，高清医疗影像可以实时传输，医生们能更准确地做出诊断。

（4）物联网：5G 网络的大连接特性使其成为物联网发展的理想选择。通过5G 网络，各种智能设备可以实现互联互通，形成庞大的物联网生态系统，为人们的工作和生活带来更多便利和智能化体验。

> **Wi-Fi**
>
> Wi-Fi（Wireless Fidelity）是一种可以将个人计算机、手持设备（如 Pad、手机）等终端以无线方式互相连接的技术，事实上它是一个高频无线电信号。Wi-Fi 实际上是 WECA（Wireless Ethernet Compatability Alliance，无线以太网兼容性联盟）为普及 IEEE 802.11 的各种标准而打造的一个品牌名称，其目的是改善基于 IEEE 802.11 标准的无线网络产品之间的互通性。一般人们会把 Wi-Fi 与 IEEE 802.11 混为一谈，甚至把 Wi-Fi 等同于无线网络。现在，在生活中人们所说的 Wi-Fi 指高质量的无线局域网。

4.7 PPP

PPP 是点对点协议（Point-to-Point Protocol）的简称，它是一个工作于数据链路层的广域网协议，通常用于在两节点间创建直接的连接，并提供连接认证、传输加密以及压缩服务。PPP 是在最早的 SLIP（Serial Line Internet Protocol，串行线 IP）的基础上发展起来的，由于 SLIP 只支持异步传输方式，无协商过程，尤其是不能协商双方 IP 地址等网络层属性方面的缺陷，在后来的发展过程中逐步被 PPP 所替代。

4.7.1 PPP 概述

1. PPP 的应用

PPP 由 IETF（Internet Engineering Task Force）开发，目前已被广泛应用并成为国际标准。无论是同步电路还是异步电路，PPP 都能够建立路由器之间或者主机到网络之间的连接。PPP 属于纯粹的数据链路层，与物理层没有任何关系。换句话说，仅有 PPP 无法实现通信，还需要物理层的支持，如图 4-48 所示。

微课 4-21
PPP 概述

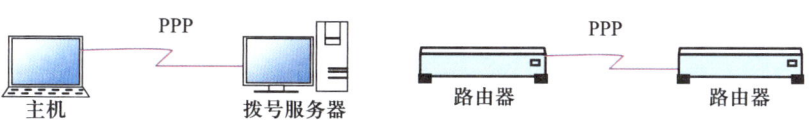

图 4-48
PPP 的应用

PPP 可以使用电话线、ISDN、专线、ATM 线路。近些年人们更多使用 ADSL 或有线电视通过 PPPoE（PPP over Ethernet）实现 Internet 接入。PPPoE 是在以太网的数据中加入 PPP 帧进行传输的一种方式。

例如，在 ADSL 上网方式中，每一个 ISP（Internet 服务提供商）都已经从 Internet 的管理机构或更大的 ISP 申请到一批 IP 地址，ISP 通过高速通信专线与 Internet 相连，如图 4-49 所示。用户在申请后，就可以通过拨号方式利用 Modem、电话线接入该 ISP。用户在接通 ISP 后就被分配一个临时 IP 地址，从而实现与 Internet 的连接。用户接入 ISP 的方式主要通过 PPP 实现。当用户断开连接后，ISP 收回 IP 地址，以便再分配给其他用户使用。

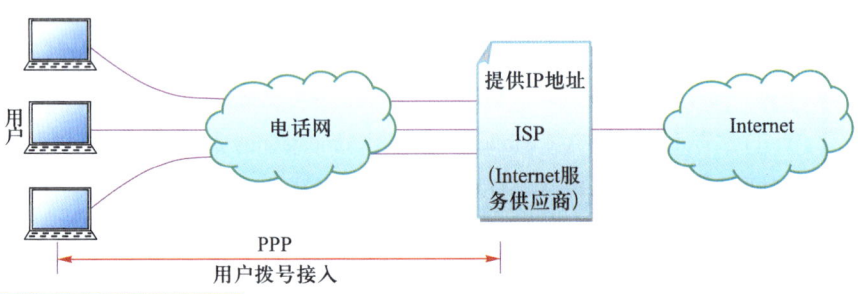

图 4-49
ADSL 模式中 PPP 的应用

2. PPP 的特点

PPP 主要特点如下。

① 能够控制数据链路的建立。

② 具有动态分配 IP 地址的能力，可以为接入的终端自动分配 IP 地址，在链路释放后可以收回 IP 地址。

③ 支持多种网络协议，能够支持 IP、IPX 等网络协议，允许在一条链路上同时传输多种网络协议报文。

④ 能够进行错误检测，PPP 的错误检测机制使得进程能够识别错误的情形。

⑤ 支持身份验证，用来确保接入者的合法身份，另外 PPP 还具有授权、计费等功能。

⑥ 有协商选项，能够对网络层的地址和数据压缩等进行协商，通过压缩可缩小数据的长度，从而提高数据的吞吐量。

3. PPP 的体系结构

PPP 使用了 OSI 参考模型体系结构中的 3 层，如图 4-50 所示。在 PPP 的主要功能中包括两个协议：一个是不依赖上层的 LCP（Link Control Protocol，链路控制协议），另一个是依赖上层的 NCP（Network Control Protocol，网络控制协议）。如果上层为 IP，此时的 NCP 也叫作 IPCP（IP Control Protocol）。

OSI层次			
网络层	IP	IPX	Apple Talk等
	IPCP	IPXCP	其他
数据链路层	NCP		
	LCP		
物理层	物理层 (ISDN、v.35、Ethernet等)		

图 4-50
PPP 体系结构与 OSI 结构关系

笔 记

LCP 主要用于数据链路连接的建立、拆除和监控、参数的协商等，NCP 则主要用于协商在该链路上所传输的数据包的格式与类型，建立和配置不同网络层协议。

目前，NCP 有 IPCP 和 IPXCP 两种。IPCP 用于在 LCP 上运行 IP；IPXCP 用于在 LCP 上运行 IPX，负责 IP 地址设置以及是否进行 TCP/IP 首部压缩等。

同时，PPP 还提供了用于安全方面的验证协议。通过 PPP 连接时，通常需要进行用户名及密码的验证，并且对通信两端进行双向的验证。其验证协议有两种，分别为 PAP（Password Authentication Protocol）和 CHAP（Challenge Handshake Authentication Protocol）。PPP 连接建立时，PAP 通过两次握手进行用户名和密码验证，其中密码以明文方式传输，因此 PAP 一般用于安全要求并不很高的环境，否则会有窃听或盗用连接的危险。CHAP 采用密文验证方式，过程相对 PAP 复杂得多，可以有效防止窃听。此外，在使用 PPP 建立连接后还可以进行定期的密码交换，用来检验对端是否中途被替换。

4.7.2 PPP 的工作过程

下面以 ADSL 网络中用户利用 PPP 拨号接入到 Internet 的工作过程为例了解 PPP 的工作过程。

如图 4-51 所示，当用户拨号接入 ISP 时，路由器的调制解调器对拨号做出应答，并建立物理层连接，线路进入建立状态。这时 PC 向路由器发送一系列的 LCP 分组（封装成多个 PPP 帧）。LCP 开始协商一些选项，这些分组及其响应选择将要使用的一些 PPP 参数，协商结束后就进入验证状态。若通信的双方身份验证成功，则进入网络层协议协商阶段。NCP 给新接入的 PC 分配一个临时的 IP 地址，这样 PC 就成为 Internet 上一个主机了。当用户通信完毕后，NCP 释放网络层连接，收回原来分配出去的 IP 地址。接着 LCP 释放数据链路层连接，最后释放的是物理层的连接，如图 4-52 所示。

微课 4-22
PPP 的工作过程

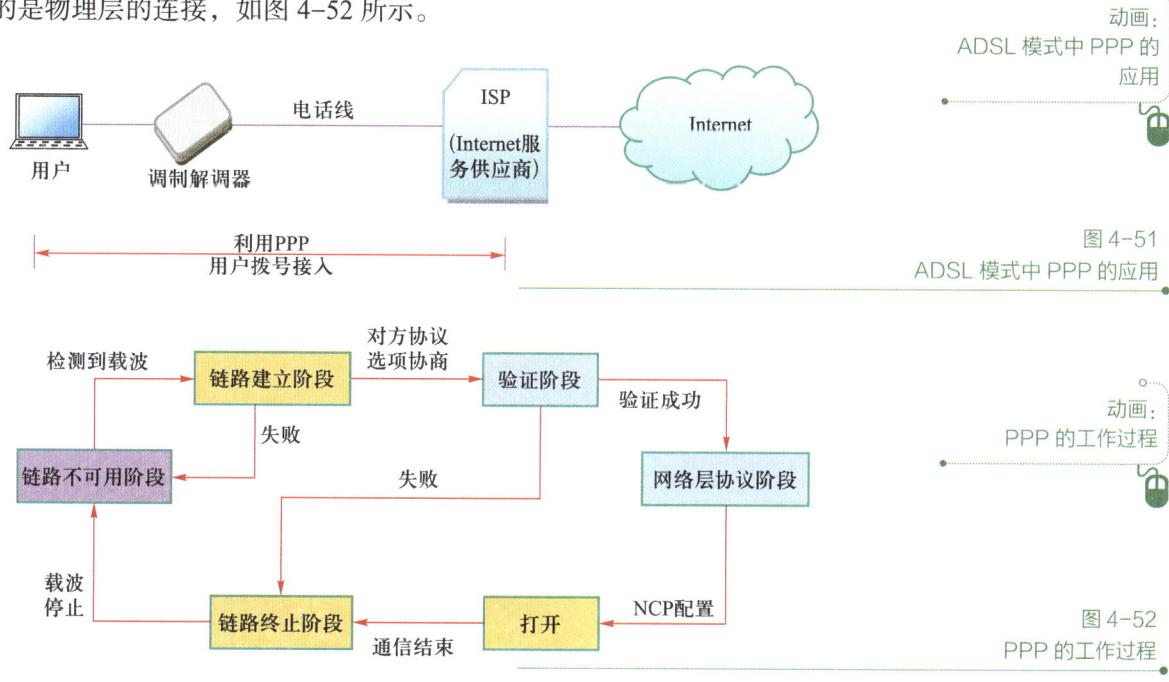

动画：
ADSL 模式中 PPP 的应用

图 4-51
ADSL 模式中 PPP 的应用

动画：
PPP 的工作过程

图 4-52
PPP 的工作过程

微课 4-23
PPP 的帧格式

4.7.3　PPP 的帧格式

PPP 是面向字符（以字符为单位）的，而其他数据链路层广域网协议大部分是面向位（以位为单位）的，如 HDLC、SDLC 等。

如图 4-53 所示，PPP 帧中的标志字段用来区分每个帧。这一点与 HDLC 协议非常相似，因为 PPP 本身就是基于 HDLC 制定出来的一种协议。PPP 帧以标准的 HDLC 标志字节（01111110）开始，如果是用在信息字段上，就是所填充的字符。

标志	地址	控制	协议	信息(IP报文)	FCS	标志
1 字节	1 字节	1 字节	2 字节	不超过 1 500 字节	2 字节	1 字节

图 4-53
PPP 的帧结构

地址字段：总是设成二进制值 11111111，表明主从端的状态都为接收状态。

控制字段：其默认值为 00000011，此值表明是一个无序号帧。换言之，默认情况下，PPP 没有采用序列号和确认来进行可靠传输。在有噪声的环境中，如无线网络，则使用编号方式进行可靠的传输。

协议字段：告知在信息字段中使用的是哪类分组，针对 LCP、NCP、IP、IPX、AppleTalk 及其他协议，定义了相应的代码。

信息字段：是变长的，最多可达到所商定的最大值，默认长度为 1 500 字节。如果需要的话，在有效内容后面增加填充字段。

微课 4-24
PPPoE 简介

4.7.4　PPPoE 及其应用

有些 Internet 接入服务商在以太网上利用 PPPoE 提供 PPP 功能。PPPoE（Point to Point Protocol over Ethernet，以太网上的点对点协议）简单来说，就是将以太网和 PPP 结合后的协议，目前广泛应用在 ADSL 接入方式中。通过 PPPoE 技术和宽带调制解调器（如 ADSL Modem）就可以实现高速宽带网的个人身份验证访问，为每个用户创建虚拟拨号连接，这样用户就可以高速连接到 Internet。

在这种 Internet 接入服务中，通信线路由以太网模拟。由于以太网越来越普及，再加上其网络设备与相应的 NIC 价格比较便宜，因而 ISP 能够提供一个单价更低的 Internet 接入服务。

单纯的以太网没有验证功能，也没有建立和断开连接的处理，因此无法按时计费。而如果采用 PPPoE 管理以太网连接，就可以利用 PPP 的验证等功能使各家 ISP 可以有效地管理终端用户的使用。

PPPoE 使用 Client/Server 模型，PPPoE 的客户端为 PPPoE Client，PPPoE 的服务器端为 PPPoE Server。PPPoE Client 向 PPPoE Server 发起连接请求，两者之间会话协商通过后，PPPoE Server 向 PPPoE Client 提供接入控制、认证等功能。

根据 PPP 会话的起止点所在位置的不同，有两种组网结构：一种是通信设备之间建立连接，如企业中有众多用户，希望通过局域网的方式实现网络连接；另一种是主机与通信设备的连接，如个人通过拨号连接到 Internet 的方式，如图 4-54 所示。

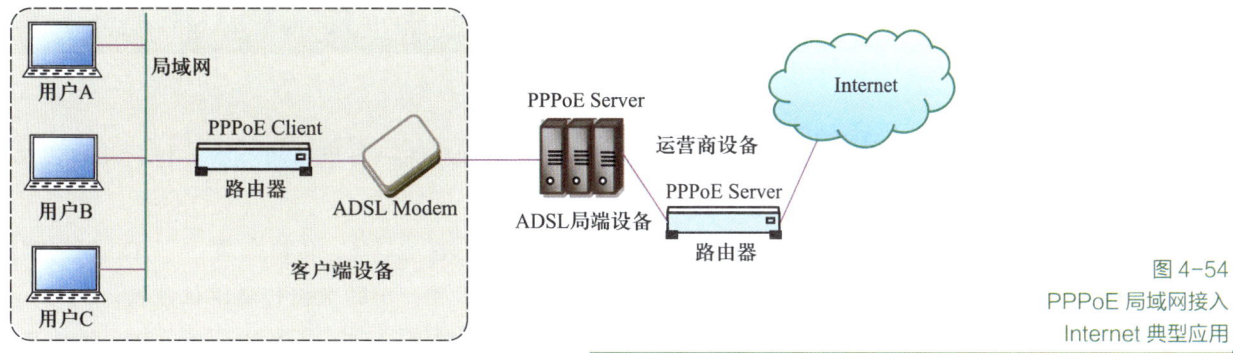

图 4-54
PPPoE 局域网接入
Internet 典型应用

在无线网络中，AP 设备可以作为 PPPoE Client，宽带远程接入服务器（BRAS）作为 PPPoE Server，终端用户可以直接通过无线网络访问 Internet，如图 4-55 所示。

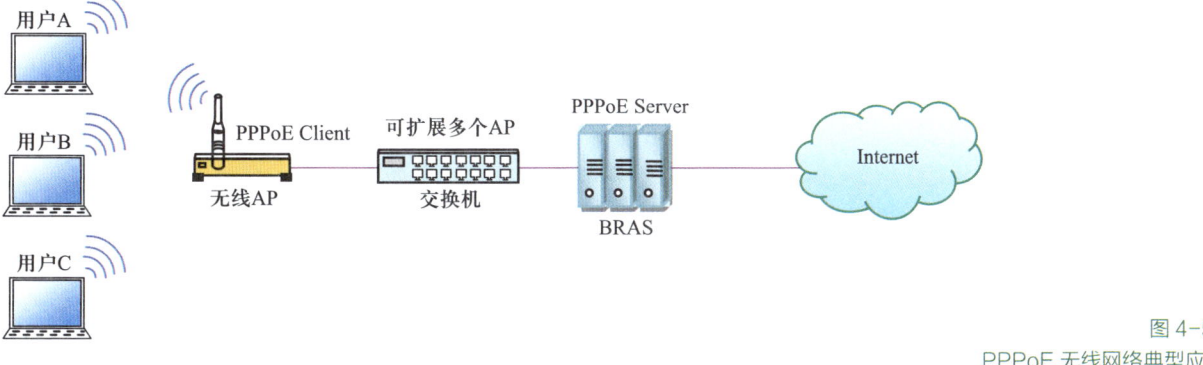

图 4-55
PPPoE 无线网络典型应用

PPPoE 的优点

（1）对于用户来说，PPPoE 的优点如下。

① 沿袭传统的拨号上网方式，依旧使用用户熟悉的硬件以及类似的软件进行 Internet 的接入。

② 兼容现有的所有 xDSL Modem，不需要对客户端的 xDSL Modem 进行复杂的配置。

③ 使用以太网网卡连接 PC 和 xDSL Modem，允许多台 PC 同时共享 xDSL 线路，可以节约用户投资。

（2）对于运营商来说，PPPoE 的优点如下。

① 运营商可以通过数字用户线、调制解调器或无线连接等方式提供支持多用户的宽带接入服务。

② 运营商可以利用可靠和熟悉的技术来加速部署高速互联网业务，对现有网络部署影响小。

③ 运营商可以通过访问控制功能对用户的身份进行确认，通过计费功能对用户进行计费，同时对用户的网络行为进行监控，保证了网络安全。

④ 终端用户可同时接入多个运营商，这种动态服务选择的功能可以使运营商容易创建和提供新的业务。

习 题 4

一、选择题

1. 设计数据链路层的主要目的是将一条原始的、有差错的物理线路变为无差错的（　　　）。

　　A. 物理链路　　　　B. 数据链路　　　C. 传输介质　　　D. 端到端的连接

2. 在 OSI 参考模型的各层中，（　　　）的数据传送单位是帧。

　　A. 物理层　　　　　B. 数据链路层　　C. 网络层　　　　D. 传输层

3. IEEE 802.3 标准以太网的物理地址长度为（　　　）位。

　　A. 8　　　　　　　B. 32　　　　　　C. 48　　　　　　D. 64

4. 下列 MAC 地址的表示形式正确的是（　　　）。

　　A. A2-16-2A-30-42　　　　　　　B. 00-02-60-07-A1-1C

　　C. 202.168.1.32　　　　　　　　D. 01-02-6F-70-A1-EC

5. 两台计算机利用电话线路传输数据信号时必备的设备是（　　　）。

　　A. 调制解调器　　　B. 网卡　　　　　C. 中继器　　　　D. 集线器

6. 下列不属于数据链路层的两种设备是（　　　）。

　　A. 中继器　　　　　B. 交换机　　　　C. 网桥　　　　　D. 普通集线器

7. 虚拟局域网是基于（　　　）实现的。

　　A. 集线器　　　　　B. 网桥　　　　　C. 交换机　　　　D. 网卡

8. 交换机连成的网络属于同一个（　　　）。

　　A. 冲突域　　　　　B. 广播域　　　　C. 管理域　　　　D. 控制域

9. PPP 是（　　　）的协议。

　　A. 物理层　　　　　B. 数据链路层　　C. 网络层　　　　D. 高层

10. 无线网络采用的通信标准是（　　　）。

　　A. IEEE 802.2　　B. IEEE 802.3　　C. IEEE 802.11　　D. IEEE 802.1Q

二、简答题

1. 数据链路层的主要任务是什么？为了实现什么目的？何为差错？引起差错的原因是什么？

2. 请画出以太网帧的结构，并描述各字段含义。

3. 请阐述局域网交换机的工作原理。

4. 什么是 VLAN？引入 VLAN 有哪些优越性？VLAN 有哪几种实现方式？

5. 请阐述集线器、网桥和交换机的异同之处。

6. 已知循环冗余码的生成多项式 $G(x)=x^5+x^4+x+1$，若接收方收到的码字为 1010110001101，请问传输中是否有差错？

模块 5
网络层与网络互联

学习情境

　　万物互联的时代，计算机网络就如一张无形的"巨网"，将全球信息与资源紧密相连。从日常浏览网页、在线聊天到网络直播，这些看似简单的应用，其实都隐藏着极为复杂的网络通信过程。例如，数据从一端到另一端的转发，对使用者来说看似简单，实则包含着数据应该走哪条路、如何避免网络太拥挤导致数据发送不过去、如果数据量太大应当如何进行传输等一系列问题。这些问题都要由网络层解决，它在互联网中扮演着至关重要的角色，是人们能够享受网络所带来便利的基础。

　　接下来，我们将一同探索数据包的奇妙之旅，深入理解网络层的工作原理，掌握数据包转发与路由选择的精髓，并通过实践操作与案例分析，获得宝贵的实战经验，为未来从事网络工程、运维管理等工作打下坚实的基础。

学习目标

1. 知识目标

（1）了解网络层的主要功能，包括路由选择、数据包转发、拥塞控制等。

（2）深入理解 IPv4 和 IPv6 的地址结构及子网划分方法。

（3）了解 IP 的结构及特点。

（4）了解 ARP 的原理及应用。

（5）掌握 ICMP 的常用命令及其应用方法。

（6）了解并能解释常见的路由协议的工作原理、特点及适用场景。

2. 能力目标

（1）能够根据项目需求合理配置 IP 地址，实现子网划分。

（2）能够对网络层出现的常见问题进行诊断与排除。

（3）通过模拟器或实际操作，掌握网络设备的基本配置。

3. 素养目标

（1）通过案例分析与评估，培养创新意识与批判性思维。

（2）激发对网络新技术的探索兴趣，提升学习的主观能动性。

（3）通过团队合作共同解决问题，培养团队协作和沟通交流能力。

网络层就像是互联网的交通枢纽，其主要工作就是负责把数据从源地址传输到目的地址。它就像一个聪明的邮递员，能找出最高效的传输路径，让数据能够快速、准确地到达目的地。

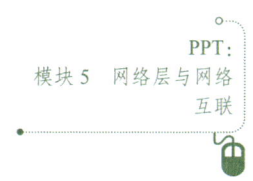
PPT：
模块 5　网络层与网络
互联

5.1　网络层概述

网络层是 OSI 参考模型中的第 3 层，TCP/IP 协议体系中网络层的功能由 IP 规定和实现，因此又称其为 IP 层。网络层主要关注的是如何将数据包从源端通过合适的网络路径送达目的端，如图 5-1 所示。

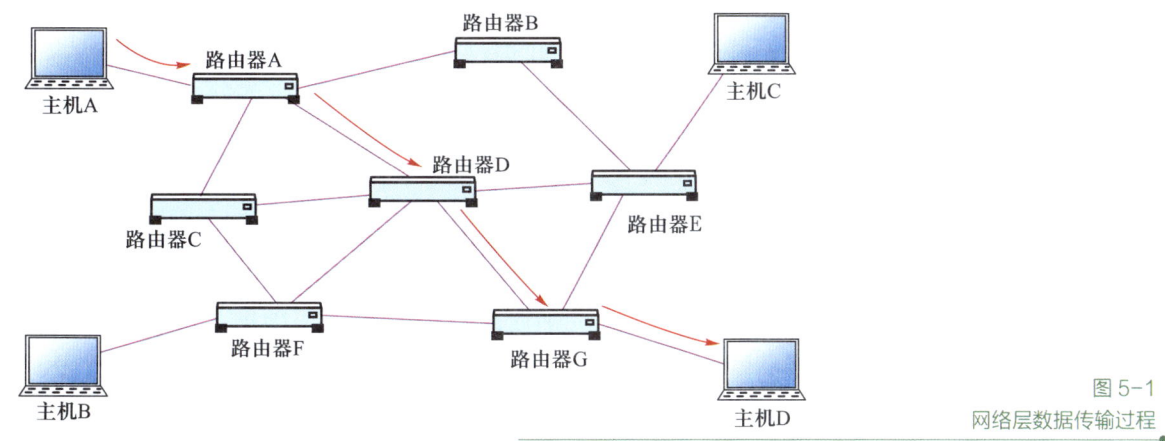

图 5-1
网络层数据传输过程

5.1.1　网络层的主要功能

数据链路层提供了两个相邻节点之间的数据帧的传输，网络层在此基础上设法将数据从源端经过若干个中间节点传送到目的端，从而向传输层提供最基本的端到端的数据传送服务。网络层一般使用路由器将各种网络相互连接，形成一个统一的网络，并负责数据包的转发。为了有效地实现源到目标的数据传输，网络层需要提供以下几个功能。

1. 分组与封装

网络层规定了该层协议数据单元的类型和格式，将其称为包（Packet），用来完成传输层报文与网络层分组间的相互转换。由于上层下来的报文通常很长，不适合直接在网络中传输，因此在发送端，网络层负责将传输层报文拆成一个个分组，再进行传输。在接收端，网络层负责将分组组装成报文交给传输层处理。

这种将长的报文分割成若干短的分组进行多次传输，即以分组为单位的转发方式称为分组交换（或包交换）。它带来的好处主要有：由于分组长度小，大大提高了转发速度；发送端发出多个分组后，这些分组可以在不同传输路径上被同时发送，降低了总体的传输时间；当传输出错时，只需要重传出错的分组，而不必重传整个报文，提高了效率。

2. 路由与转发

网络层的主要功能是将分组从源主机通过网络发送到目的主机。源与目的主

微课 5-1
网络层的主要功能

笔 记

机之间可能存在多条相通的路径，网络层选择一条"最佳"路径的方式就是路由选择。路由器的基本功能是转发分组，路由器的不同端口连接不同的网络。当一个分组从某端口到达路由器时，路由器根据目的 IP 地址，并依据某种路由选择算法，选择适当的输出端口转发该分组，如图 5-1 所示。

3. 拥塞控制

在为分组选择路径时还要注意既不要使某些路径或通信线路处于超负载状态，也不能让另一些路径或通信线路处于空闲状态而浪费资源，即所谓的拥塞控制和负载平衡。通常，当网络负载过重、带宽不够或通信子网中的路由设备性能不足时，都可能导致拥塞。

4. 异构网络的互联

当源主机和目标主机的网络不属于同一种网络类型时，如一端是 ATM 的网络，另一端是以太网的网络，为了解决不同网络在寻址、分组大小、协议等方面的差异，要求在不同种类网络交界处的路由器能够对分组进行处理，使得分组能够在不同网络上传输。网络层必须协调好不同网络间的差异，即解决异构网络互联的问题。

5. 透明传输

根据分层的原则，网络层在为传输层提供分组传输服务时还要做到：服务与通信子网技术无关，即通信子网的数量、拓扑结构及类型对于传输层是透明的。传输层获得的地址应采用统一的方式，以使其能跨越不同的 LAN 和 WAN，这也是网络层设计的基本目标。

5.1.2　网络层提供的服务

网络层为传输层提供哪些方面的服务呢？这是由网络层的设计目标决定的。网络层需要为传输层提供透明传输并解决异构网络互联等问题，而针对这些问题，网络层设计的焦点问题主要集中在是提供面向连接的服务还是面向无连接的服务。

1. 数据报（Datagram）方式

以 Internet 为代表的阵营认为，通信子网仅仅是传输分组，不再做别的事情。他们认为不管子网如何设计，从本质上讲是不可靠的，终端（传输层）要基于这种不可靠的方式自己进行差错控制和流量控制。也就是说，网络层应该提供面向无连接的服务。网络中传输的每个分组需要携带完整的目标地址，分组的排序及流量控制需要终端来解决，而不是网络层来解决。

在这种方式下，每个分组称为一个数据报（Datagram）。每个数据报自身携带完整的地址信息，它的传输是被单独处理的，独立寻址、独立传输，相互之间没有什么关系，彼此之间不需要保持任何顺序关系。一个节点接收到一个数据报后，根据数据报中的地址信息和节点所存储的路由信息，找出一个合适的路径，然后把数据报原样地发送到下一个节点。

如图 5-2 所示，主机 A 有一个较长的数据要传送给主机 B，这个数据被分成了 4 个分组。主机 A 和主机 B 之间有两条链路可以进行数据传输，当分组 1、

微课 5-2
网络层提供的服务

2 和 3 到达路由器 A 时，它们被缓存起来。根据路由算法，路由器 A 认为将数据发给路由器 C 是"最佳"路径，于是每个分组分别被转发给 C，然后转发给 E，进一步转发给主机 B。

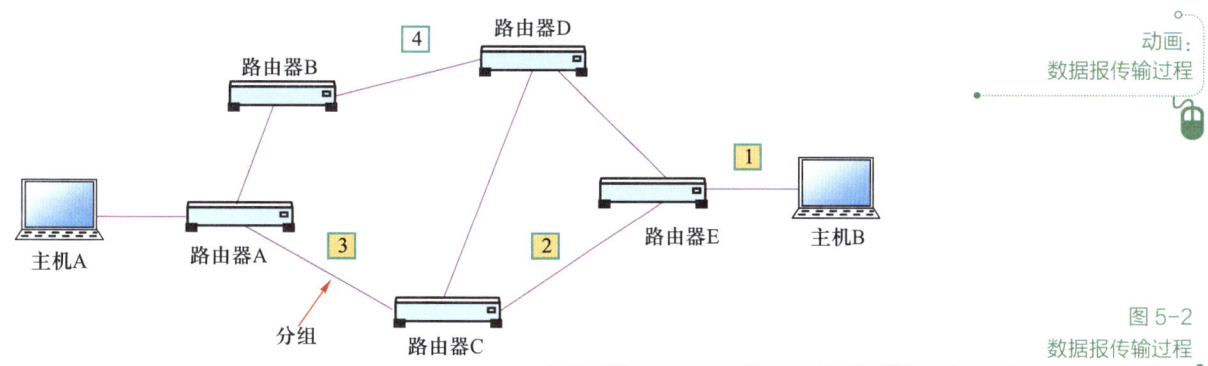

动画：
数据报传输过程

图 5-2
数据报传输过程

分组 4 的情形有所不同，当它到达路由器 A 时，尽管它的目标也指向主机 B，但是由于路由器 A—C—E 路径上出现了流量拥塞，于是分组 4 被转发给了路由器 B，然后经过路由器 A—B—D—E 的路径转发给主机 B。

数据报方式中，每个分组都独立寻径，它们可能经过不同路径和不同的传输时间，因此不能保证分组按顺序到达目的站。Internet 的网络层中 IP 数据报的转发就是基于这种方式。

2. 虚电路（Virtual Circuit）方式

以电话公司为代表的阵营认为通信子网应该提供可靠的、面向连接的服务，如 ATM 网络。他们认为服务质量是最重要的因素，因此通信的两端需要建立一条逻辑链路（不是物理链路），以保证传输的质量。这种通信方式被称为虚电路的方式。如图 5-3 所示在两端通信时首先建立一条虚电路，然后进行数据传输。

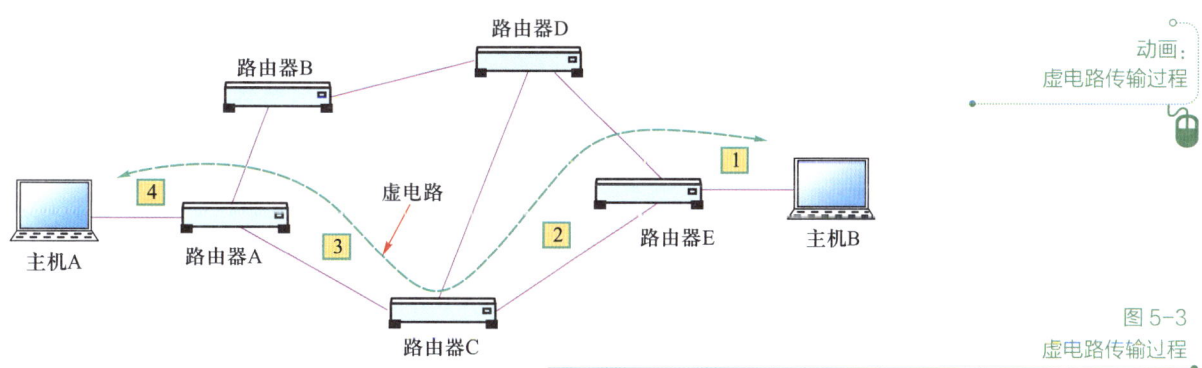

动画：
虚电路传输过程

图 5-3
虚电路传输过程

虚电路通信方式中，一次通信中所有分组都使用同一条路径传输。如图 5-3 所示，如果要传输 4 个分组，那么这 4 个分组会依次从主机 A 传递给主机 B。为此，首先要建立一个传输连接，然后使用这一固定的路径进行数据传输，传输完成后释放这一连接。这与电路交换相似，但又有不同之处，即虚电路连接并不是真正地建立了一条物理线路，而是在现有网络中指定了一条传输路径，因此才称为虚电路。而且，这一连接也不是专用的，连接上的节点和线路还可以为转发其他分组服务。

3. 数据报与虚电路的比较

在当前的网络环境中，数据报面向无连接服务，主要适用于要求快速投递而允许偶然出错的实时系统，如实时数据采集系统；而虚电路作为面向连接的服务适用于实时的电视图像传送。例如，全球最大的互联网 Internet，它的网络层是无连接，而支持多媒体通信的 ATM 网络是面向连接的。因此，当前的网络层既提供面向连接的服务（即虚电路），又提供面向无连接的服务（即数据报）。总结起来，数据报与虚电路的主要区别见表 5-1。

表 5-1　数据报与虚电路的比较

比较方面　　　服务方式	数据报	虚电路
连接建立	不需要建立逻辑链路，实行路由选路	需要建立逻辑链路
可靠性保障	可靠通信由用户主机保证	可靠通信由网络保证
目的站地址	每个分组需要完整源和目的地址	每个分组包含相同的虚电路号
传输路径	每个分组可根据网络状况选择不同路径传输	一旦虚电路建立，将按照同一路径传输
传输节点出现故障	故障节点可能丢失分组，一些路由会发生变化	一个节点出现故障，整个虚电路不能工作
分组顺序	由于分组可按照不同的路径传输，因此不保证按发送顺序到达目的主机	分组按照发送顺序到达目的主机
流量平衡	可根据网络流量改变传输路径	不能根据网络流量改变传输路径

5.1.3　网络层与数据链路层的关系

数据链路层已经能利用物理层所提供的比特流传输服务实现相邻节点之间的可靠数据传输，那为什么还要在数据链路层之上提供一个网络层呢？

首先，是跨越互联网的寻址问题。局域网主要是利用物理地址进行通信，数据链路层能够以 MAC 地址来标识网络中的每一个节点。如果源站点和目的站点处于同一个局域网（如以太网）中，就可以直接利用 MAC 地址，将数据从一个节点传递到局域网中的另一个节点。但是，当网络互联规模增大时，会因为网络中大量的广播流量而导致网络性能下降甚至瘫痪。这时就需要利用 IP 地址进行路由寻址，以找到"最佳"路径进行数据传输，如图 5-4 所示。

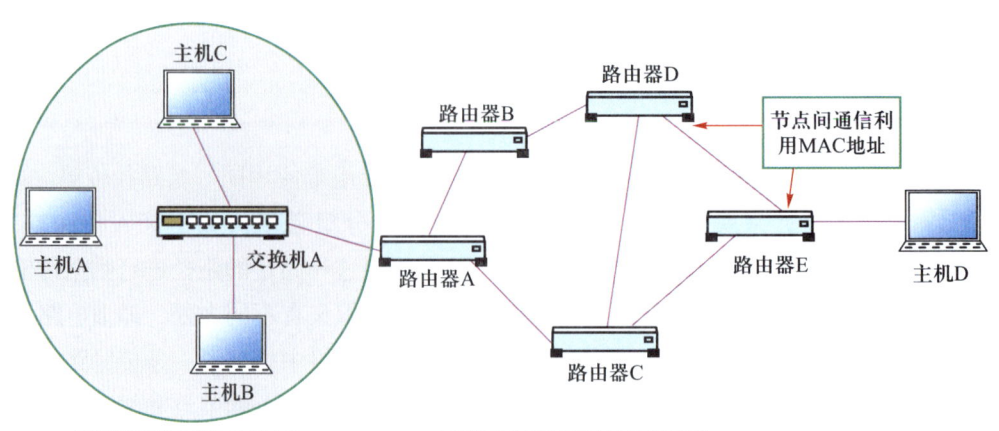

图 5-4
网络层与数据链路层数据
传输寻址方式

也就是说，通过物理地址直接寻址的方式只适用于小型局域网，在绝大多数情况下必须提供一种包含主机所在位置信息的结构化地址（IP 地址）来跨越多个局域网，或者说是使用路由器来进行通信。互联网上两个节点（路由器）之间构成的网络可以看成一个小型的局域网。

其次，当网络互联规模增大时，还会涉及异构网络的互联问题。所谓异构是指网络技术、通信协议、计算机体系结构或操作系统上存在差异。当面临这种情况时，网络层必须设法解决异构网络互联的问题，按照不同网络协议的格式完成数据的重新封装；而数据链路层实现的是两端链路的连通性，可以说数据链路层不能分辨异构的网络。

以旅行为例说明这一问题。有人想去一个很远的地方旅行，他手中有一张行程表，针对行程表需要乘坐的交通工具先后有汽车、飞机、火车等，每个区间乘坐一种交通工具，每到一个地方需要换乘另一种交通工具。

在这个案例中，可以把每个区间乘坐的交通工具看成是数据链路层的通信，只是负责将数据送到另一端。中间换乘的过程可以看成网络层解决异构网络的过程，行程表可以看成网络中网络层寻址的过程，它指引着旅行者最终到达目的地，如图 5-5 所示。

动画：
网络层与数据链路层
的比较

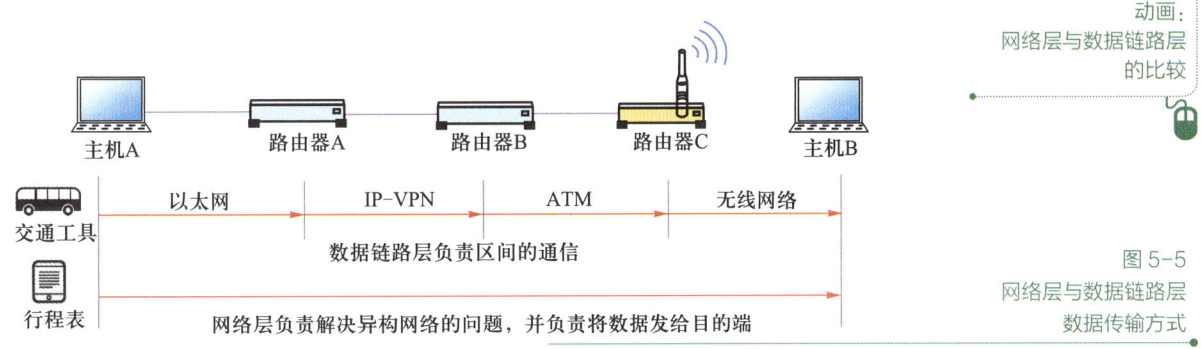

图 5-5
网络层与数据链路层
数据传输方式

5.2　IP 地址

5.2.1　IP 地址基础知识

1. 使用 IP 地址的原因

以太网利用 MAC 地址（物理地址）标志网络中的一个节点，两个以太网节点要进行通信就需要知道对方的 MAC 地址。但是，以太网并不是唯一的网络，世界上存在着各种各样的网络，这些网络使用的技术不同，物理地址的长度、格式等表示方法也不相同，例如以太网的物理地址采用 48 位二进制数表示，而电话网则采用 14 位十进制数表示。因此，如何统一节点的地址表示方式、保证信息跨网传输是互联网面临的一大难题。

显然，统一物理地址的表示方法是不现实的，因为物理地址表示方法是和每一种物理网络的具体特性联系在一起的。因此，互联网对各种物理网络地址的

微课 5-4
IP 地址基础知识

"统一"必须通过上层软件完成。确切地说，互联网对各种物理网络地址的"统一"要在 IP 层完成，于是在用 TCP/IP 通信时，采用了 IP 地址来识别主机和路由器。在互联网通信中，全世界的终端及网络设备都必须设定正确的 IP 地址，否则，根本无法实现正常的通信，如图 5-6 所示。

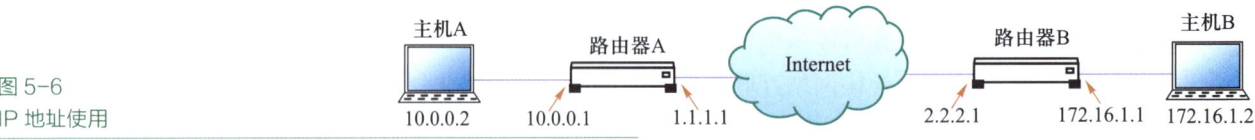

图 5-6
IP 地址使用

2. IP 地址由网络号和主机号组成

IP 地址（IPv4 地址）采用 32 位二进制数来表示。IP 地址在计算机内部以二进制方式被处理，但由于人们习惯了十进制的记忆方式，因此将 32 位的 IP 地址以每 8 位为一组，分成 4 组，并将每组转换为十进制，然后用"."隔开进行表示，通常将这种表示方法称为点分十进制。

	第 1 组	第 2 组	第 3 组	第 4 组
二进制：	11000000	10101000	00000001	00000010
十进制：	192 .	168 .	1 .	2

一个互联网包括了多个网络，而每个网络又包括了多台主机，因此，互联网是具有层次结构的。与互联网的层次结构对应，IP 地址也采用了层次结构，这就好比我国的行政区划，如图 5-7 所示。

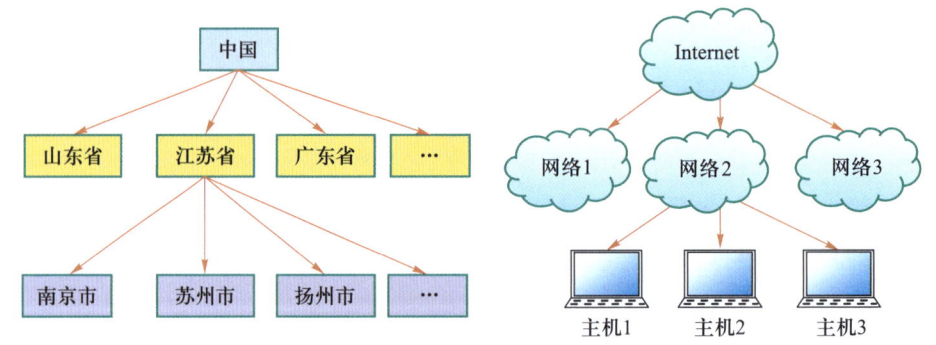

图 5-7
我国行政区划与互联网
层次结构

IP 地址就好比电话号码，每个电话号码都包括区号和电话号两个部分，如图 5-8 所示。IP 地址则由网络号（Net Id）和主机号（Host Id）两部分组成。电话号码的区号用来识别电话号码所属城市，电话号用来标识一台电话机。IP 地址中的网络号用来标识互联网中的一个特定网络，主机号用来表示该网络中主机的一个特定连接。

IP 地址的编址方式明显携带了位置信息。如果给出一个具体的 IP 地址，马上就能知道它位于哪个网络，这给 IP 互联网的路由选择带来了很大便利，如图 5-9 所示。例如，在 Internet 中，每个网络的网络号是不同的，同一网络内的主机必须有相同的网络号，但主机号不能重复。由此，可以通过设置网络号和主机号，在相互连接的整个网络中保证每台主机的 IP 地址都不会重复，即 IP 地址具有了唯一性。

图 5-8
电话号码与 IP 地址

网络号是将 IP 地址中主机号所占位置为 0 时的地址。例如，IP 地址 192.168.1.2，它的最后一部分为主机号，则其网络号为 192.168.1.0，主机号为 2。

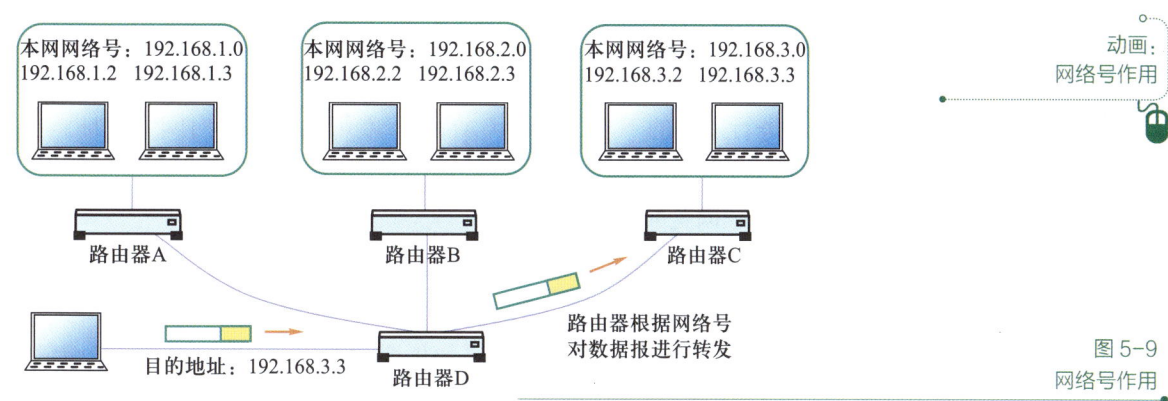

动画：
网络号作用

图 5-9
网络号作用

3. 子网掩码

数据传输过程中是通过什么方式来判断网络号的呢？主要是通过子网掩码（Subnet Mask）来实现的。

笔记

在配置主机的 IP 地址时，除了配置 IP 地址和网关外，还需要配置子网掩码，那么这个子网掩码是如何得出的呢？这里的子网掩码主要是通过将网络号所占二进制位设为 1，主机号所占二进制位设为 0，然后转换成十进制计算得来的。如 IP 地址 172.16.1.2，已知其网络号位数为 16，主机位数也为 16，则其子网掩码为 255.255.0.0。

IP 地址：	172	.	16	.	1	.	2	
二进制为：	10101100	00010000	00000001	00000010				←将 IP 地址转换为二进制
子网掩码：	11111111	11111111	00000000	00000000				←网络位为 1，主机位为 0
十进制为：	255	.	255	.	0	.	0	←将子网掩码转换为十进制

在数据报传输过程中，计算机或者网络设备主要通过子网掩码与 IP 地址进行"与"运算（AND）来得出该 IP 地址的网络号并获知该 IP 地址所属网络区域。例如，已知 IP 地址为 192.168.1.2，子网掩码为 255.255.255.0，则其网络号为 192.168.1.0。

需要注意的一点是：在网络中，所有 IP 地址的计算都用二进制来进行。

通常情况下，子网掩码的表示方法和地址本身的表示方法是一样的。在 IPv4 中，就是点分四组表示法（4 个取值在 0 到 255 区间内的数字由点隔开，如 255.128.0.0）或表示为一个八位十六进制数（如 FF.80.00.00，它等同于 255.128.0.0），后者用得较少。

IP 地址：	192	.	168	.	1	.	2

转换为二进制为：	11000000	10101000	00000001	00000010
子网掩码：	& 11111111	11111111	11111111	00000000
得出网络号为：	11000000	10101000	00000001	00000000
转换为十进制为：	192 .	168 .	1 .	0

还有一种更为简短的形式叫作无类别域间路由（CIDR）表示法，它给出的是一个网络号加上一个斜杠以及网络掩码的二进制表示法中"1"的位数（即网络号中和子网掩码相关的是多少位）。例如，192.0.2.96/28 表示的是一个前 28 位被用作网络号的 IP 地址（和 255.255.255.240 的意思一样）。"/"后面的数字也称为前缀长度。

子网掩码的好处就是：不管网络有没有划分子网，只要把子网掩码和 IP 地址进行逐位的"与"运算（AND），就可以立即得出网络地址。在路由器处理接收到的分组时也可以采用同样的方法。

4. 网关的用途

网关（Gateway）就是一个网络连接到另一个网络的"关口"，顾名思义，也就是网络关卡，就好比从一个房间走到另一个房间，必然要经过一扇门。如图 5-10 所示，公司内部网络如果要与 Internet 进行通信，数据包的发送必须经过路由器的 F0 接口，那么 F0 的 IP 地址就是公司内部网络所有主机的网关。在配置主机的 IP 地址参数时，有一个参数叫作默认网关。一台主机可以有多个网关，默认网关的意思是一台主机如果找不到可用的网关，就把数据包发给默认指定的网关，由这个网关来处理数据包。现在主机使用的网关，一般指的是默认网关。一台计算机的默认网关是不可以随随便便指定的，必须正确地指定，否则一台计算机就会将数据包发给不是网关的计算机，从而无法与其他网络的计算机通信。

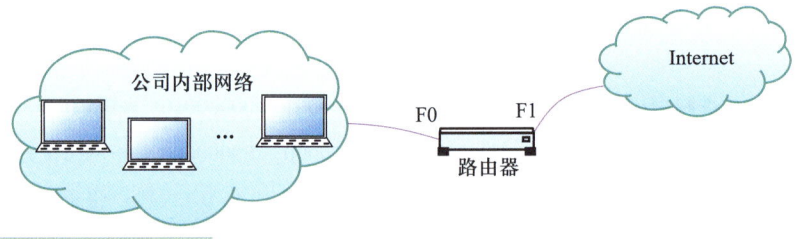

图 5-10
网关的作用

【实践与体验 5-1】 主机 IP 地址配置实践

在如图 5-11 所示的拓扑结构图中，部门 A 网络中所有主机使用的 IP 地址的网络号为 192.168.1.0/24（其中的 24 表示网络号为 24 位），与部门 A 相连的路由器 F0 的接口 IP 地址为 192.168.1.1，部门 B 网络中所有主机使用的 IP 地址的网络号为 192.168.2.0/24，与部门 B 相连的路由器 F1 的接口 IP 地址为 192.168.2.1。要求在图 5-12 所示的配置界面中为部门 A 网络中的主机 A 配置其所在网络中可用的最小 IP 地址及子网掩码、默认网关的相关参数。

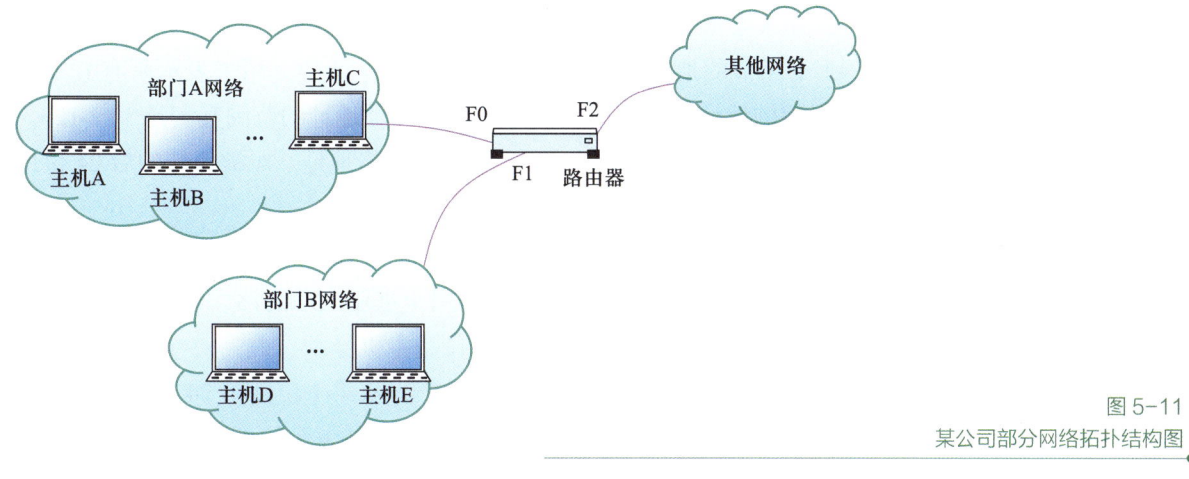

图 5-11
某公司部分网络拓扑结构图

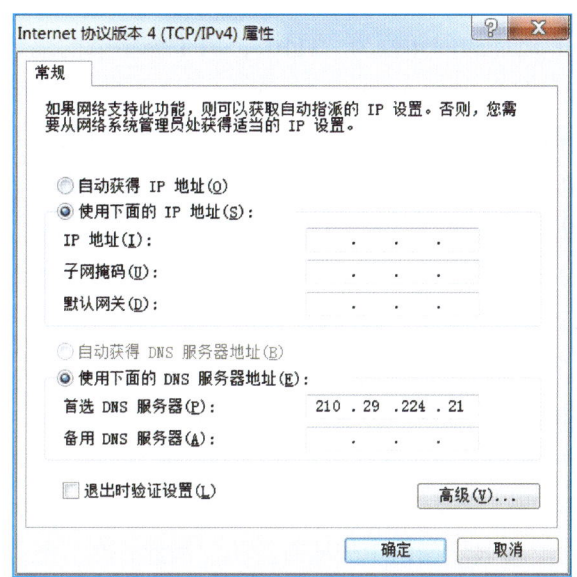

图 5-12
主机 A 的 IP 地址配置界面

5.2.2　IP 地址的分类

在 Internet 中，每个网络所包含的主机数是不确定的。有的网络具有成千上万台主机，而有的网络仅仅有几台主机。为了适应不同的网络规模，IP 将 IP 地址划分成 A、B、C、D 和 E 共 5 类，如图 5-13 所示。它根据 IP 地址中从第 1 位到第 4 位的数值对其网络号和主机号进行区分。每一类 IP 地址包含的主机数量不同，以适应网络规模的不同大小。

微课 5-5
IP 地址的分类

	字节1	字节2	字节3	字节4	第1字节范围
A类	0 网络号		主机号		0~127
B类	10 网络号		主机号		128~191
C类	110	网络号		主机号	192~223
D类	1110	多播地址			224~239
E类	11110	预留			240~255

图 5-13
IP 地址的分类

笔 记

A 类 IP 地址的首位以"0"开头。从第 1 位到第 8 位是它的网络位,因此第 1 个字节的地址范围是 0 ~ 127,0 是保留的,用来表示所有 IP 地址,127 也是保留的地址,用于测试环回,因此 A 类地址的范围其实是 1 ~ 126。用十进制表示的话,0.0.0.0 ~ 127.0.0.0 是 A 类网络地址。A 类地址的后 24 位用于表示主机号,因此它可以用于大型网络。

B 类 IP 地址的前两位为"10",从第 1 位到第 16 位是它的网络号,第 1 个字节的地址范围是 128 ~ 191。用十进制表示的话,128.0.0.0 ~ 191.255.0.0 是 B 类网络地址。B 类地址的后 16 位是主机号。

C 类 IP 地址的前三位为"110",从第 1 位到第 24 位是它的网络号,第 1 个字节的地址范围是 192 ~ 223。用十进制表示的话,192.168.0.0 ~ 223.255.255.0 是 C 类的网络地址。C 类地址的后 8 位是主机号。

D 类 IP 地址的前 4 位为"1110",第 1 个字节的地址范围是 224 ~ 239。用十进制表示的话,224.0.0.0 ~ 239.255.255.255 是 D 类的网络地址。D 类地址是一个专门保留的地址,它并不指向特定的网络,目前这一类地址被用在多点广播(Multicast)中。多点广播地址用来一次寻址一组计算机,它标识共享同一协议的一组计算机。

E 类 IP 地址的前 4 位为"1111",第 1 个字节的地址范围是 240 ~ 255,为将来使用保留。

在这 5 类 IP 地址中,A、B 和 C 这 3 类是常用地址,可以正常配置给普通主机所使用,D 和 E 两类不能配置给普通主机使用。

在分配 IP 地址时关于主机号有一点需要注意:主机号不可以全部为 0 或全部为 1,因为它们有着特殊含义。当主机号全为 0 时表示网络地址,全为 1 时表示广播地址,即表示网络中的所有主机。因此,在分配过程中,应该去掉这两种情况。如一个 C 类的网络中可包含的主机数量是 $2^8-2=254$ 台。

对于每一类地址中的子网掩码,可以通过将网络位置为 1、主机位全部置为 0 计算得出,如 A 类网络的子网掩码为 255.0.0.0。A、B 和 C 这 3 类 IP 地址的子网掩码及包含主机数量见表 5-2。

表 5-2　各类 IP 地址的子网掩码与包含主机数量

IP 地址类别	网络地址长度	子网掩码	包含主机数量
A 类	8 位	255.0.0.0	$2^{24}-2=16777214$
B 类	16 位	255.255.0.0	$2^{16}-2=65534$
C 类	24 位	255.255.255.0	$2^8-2=254$

5.2.3　私有地址与全局地址

微课 5-6
私有地址与全局地址

起初,Internet 中的任何一台主机或路由器必须配有一个唯一的 IP 地址。一旦出现 IP 地址冲突,就会使发送端无法判断究竟应该发给哪个目的地。而接收端收到数据包后发送回执时,由于地址重复,发送端也无从得知究竟是哪个主机返回的信息,从而影响了通信的正常进行,如图 5-14 所示。

此外,随着 Internet 的迅速普及,IP 地址不足的问题日趋显著。如果一直按照原有的方法采用唯一地址的话，IP 地址将很快就不能满足现实需求。

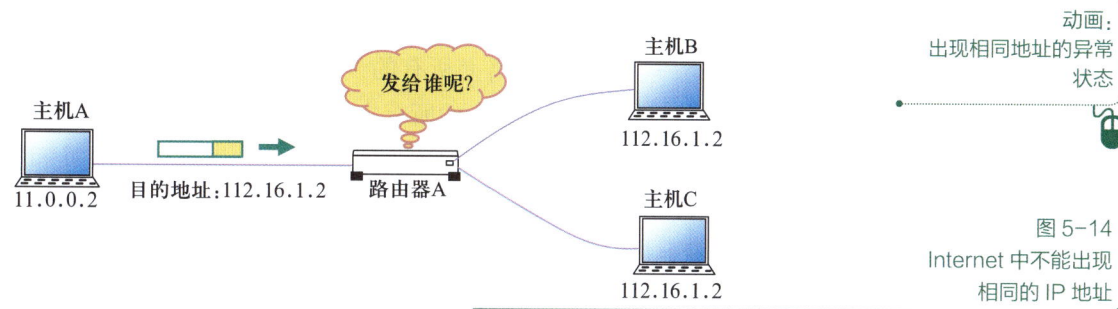

动画：
出现相同地址的异常
状态

图 5-14
Internet 中不能出现
相同的 IP 地址

于是就出现了一种新技术。它不要求为每一台主机或路由器分配一个固定的 IP 地址，而是对直接连接公网的设备配置一个固定的 IP 地址，不同私有网络或者不同局域网内可以配置重复的 IP 地址，但是在同一个局域网内不能出现相同的 IP 地址。在公网中能够使用的地址称为全局地址，或者公网地址；在私网或局域网中使用的可重复的地址称为私有地址，或者私网地址，如图 5-15 所示。

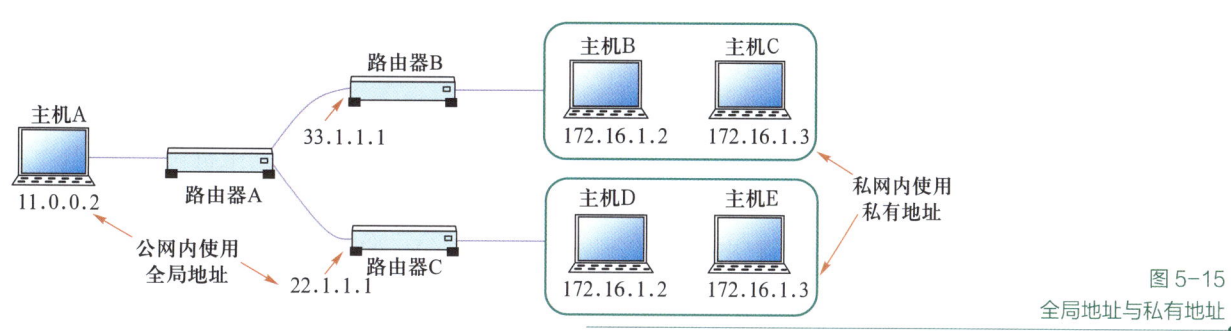

图 5-15
全局地址与私有地址

现在有很多单位、学校、家庭内部都采用私有 IP 地址，而在路由器（宽带路由器）或在必要的服务器上使用全局 IP 地址。配有私有 IP 地址的主机要连接网络时，需要通过 NAT 进行地址转换，将私有地址映射为全局地址进行通信，否则就会违背 IP 地址在互联网络环境中具有全局唯一性的约定。

全局 IP 地址要在整个互联网内保持唯一性，但私有地址不需要。只要在同一个私网中保证唯一即可，不同的私网里可以出现相同的私网地址。

私有地址包含了 A、B 和 C 这 3 类地址空间中的 3 个小部分，见表 5-3。

IP 地址类别	私有地址范围
A 类	10.0.0.0 ～ 10.255.255.255
B 类	172.16.0.0 ～ 172.31.255.255
C 类	192.168.0.0 ～ 192.168.255.255

表 5-3 私有地址范围

5.2.4 特殊 IP 地址及应用

除了全局地址和私有地址外，还有一些特殊的 IP 地址。

（1）网络地址

在互联网中，经常需要使用网络地址，IP 地址方案规定，网络地址包含了一个有效的网络号和一个全 0 的主机号。例如，在 A 类网络中，地址 114.0.0.0 就表示该网络的网络地址；一个 C 类 IP 地址为 212.29.222.12 的主机所在的网络

微课 5-7
特殊 IP 地址及应用

笔 记

的地址为 212.29.222.0，它的主机号为 12。

（2）广播地址

当一个设备向网络上所有的设备发送数据时，就产生了广播。这就好比是开会，一个人讲话，会场的所有人都会听到，属于"一对所有"的通信方式。为使网络上的所有设备都能够接收到这个广播，必须使用一个可进行识别和侦听的 IP 地址，这类地址就称为广播地址。有线电视网就是典型的广播型网络，电视机实际上是接收到所有频道的信号，但只将一个频道的信号还原成画面。

IP 广播有两种形式，一种叫作直接广播，另一种叫作有限广播。

直接广播（Directed Broadcasting）地址包含一个有效的网络号和一个全 1 的主机号，即将 IP 地址中的主机号部分全部设置为 1，就成为这个网络的直接广播地址。例如，把 172.20.0.0/16 用二进制表示如下：

10101100.00010100.00000000.00000000　　（二进制）

将这个地址的主机部分全部改为 1，则形成广播地址：

10101100.00010100.11111111.11111111　　（二进制）

再将这个地址用十进制表示，则为 172.20.255.255。

这类广播地址可以在网络中进行转发，路由器不会屏蔽这类数据包。例如 C 类地址 212.7.10.255 就是一个直接广播地址，因为其主机位全部为 1。互联网上的一台主机如果使用该 IP 地址作为目的 IP 地址发送数据包，那么 212.7.10.0 网络上的所有主机都将会收到这个数据包，如图 5-16 所示。

动画：
直接广播

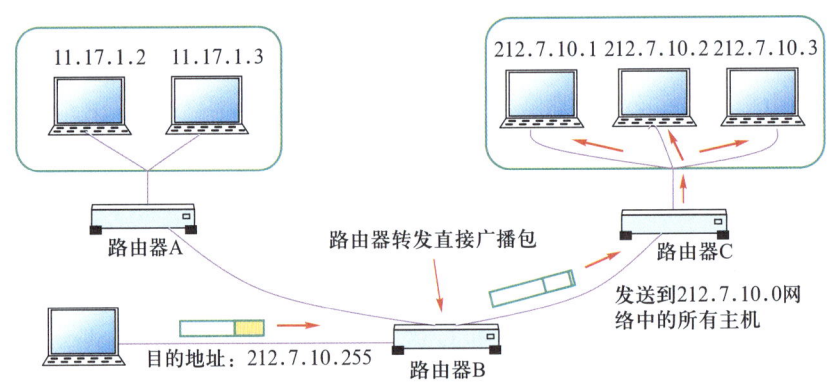

图 5-16
直接广播

有限广播（Limited Broadcasting）地址也称为受限广播地址，是指 32 位全为 1 的 IP 地址，即 255.255.255.255。其用于本网广播，即数据包被限制在本网络之中。路由器会屏蔽这类广播数据包，不让其发送到其他网络中。

例如，某主机在 11.0.0.0 网络中发送了一个目的地址为 255.255.255.255 的广播数据包，那么只有它自身所在的网络中的主机会接收到这个广播包，其他网络中的主机无法接收到，如图 5-17 所示。

（3）多播地址

多播（Multicast）也称为组播，D 类 IP 地址就属于多播地址。其在网络技术中的应用并不是很多，网络视频会议或视频点播特别适合采用多播方式。因为如果采用单播（Unicast，即一对一的通信方式），逐个节点传输，有多少个目标节点，就会有多少次传送过程，这种方式显然效率极低，是不可取的；如果采用不区分目标、全部发送的广播方式，虽然一次可以传送完数据，但是显然达不到区分特定数据接收对象的目的。采用多播方式，既可以实现一次向所有目标节点传送数据，也可以穿透路由，达到只对特定对象传送数据的目的。

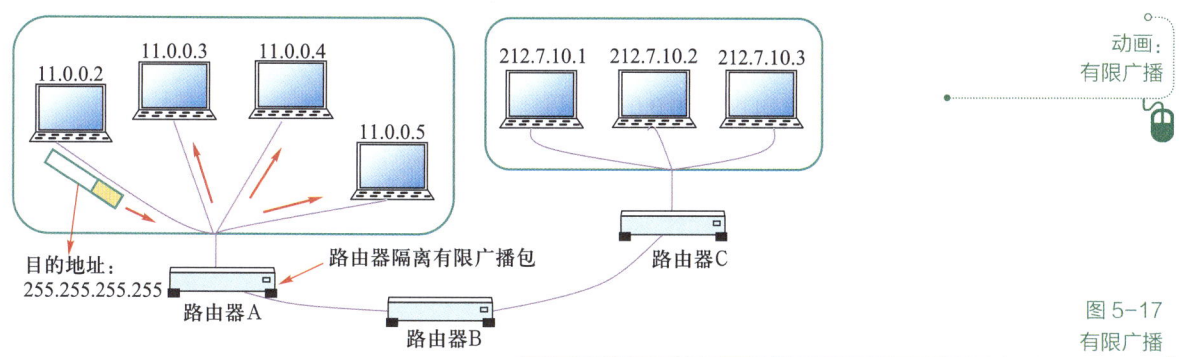

动画：
有限广播

图 5-17
有限广播

从 224.0.0.0 到 239.255.255.255 都是多播地址的可用范围。其中，从 224.0.0.0 到 224.0.0.255 的范围不需要路由控制，在同一个链路内也能实现多播，而在这个范围之外设置多播地址会给全网所有组内成员发送多播的包，如图 5-18 所示。利用 IP 多播实现通信，除了 IP 地址外还需要 ICMP 等协议的支持。

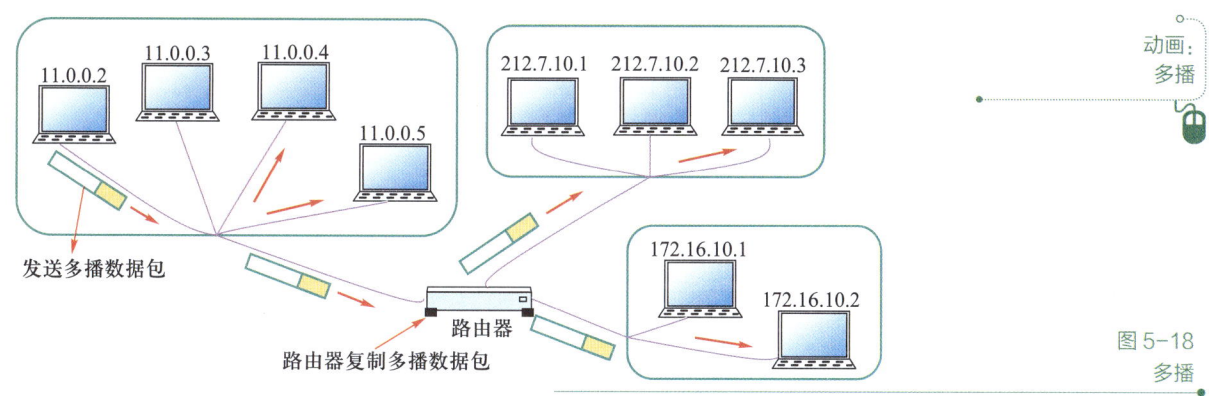

动画：
多播

图 5-18
多播

此外，对于多播，所有的主机（路由器以外的主机和终端主机）必须属于 224.0.0.1 的组，所有的路由器必须属于 224.0.0.2 的组。类似地，多播地址中还有众多已知的地址用于特定的设备，见表 5-4。

组播地址	用途
224.0.0.0	（预定）
224.0.0.1	子网内所有的系统
224.0.0.2	子网内所有的路由器
224.0.0.5	OSPF 路由器
224.0.0.6	OSPF 指定路由器
224.0.0.9	RIP2 路由器
224.0.0.10	IGRP 路由器
224.0.0.11	Mobile-Agents
224.0.0.12	DHCP 服务器 / 中继器代理

表 5-4　部分多播地址

（4）环回地址

在 A 类网络中，网络号部分为 127，主机号为任意值的地址称为环回地址。它主要用于网络软件测试以及本地进程之间的通信。例如，在网络测试中常用 ping 工具命令发送一个以环回地址为目标地址的 IP 分组" ping 127.0.0.1"，以测试本地 TCP/IP 是否正常工作。无论什么网络程序，一旦使用了环回地址作为目标地址，则所发送的数据都不会被传送到网络上。

（5）0.0.0.0

严格意义上来说，0.0.0.0 已经不是真正意义上的 IP 地址了。它表示的是所有不清楚的主机和目的网络的一个集合，也可以说是代表所有 IP 地址。这里的"不清楚"是指在本机的路由表里没有特定条目指明如何到达。对本机来说，它就像是一个收容所，所有不认识的"三无"人员一律送进去。最常用的是作为默认路由的地址，当不知道数据包转发到哪里去的时候，将会按照这个 0.0.0.0 的路由信息转发。此外，当主机没有获取到 IP 地址时，也会短暂地以 0.0.0.0 作为自己的地址。

如果用户在网络中设置了默认网关，那么 Windows 系统就会自动产生一个目的地址为 0.0.0.0 的默认路由，这意味着所有的发往外部的数据全部按照这条路径发送，如图 5-19 所示。

```
C:\>route print
Active Routes：
Network Destination    Netmask         Gateway          Interface              Metric
       0 .0 .0 .0          0. 0. 0 .0     210 .29 .228 .65   210 .29 .228 .68      20
    127.0 .0 .0          255. 0. 0. 0         127 .0 .0 .1       127 .0 .0 .1        1
    169 .254 .0 .0       255 .255 .0 .0    210 .29 .228 .68   210 .29 .228 .68      20
    224 .0 .0 .0         240 .0 .0 .0      210 .29 .228 .68   210 .29 .228 .68      20
255 .255 .255 .255   255 .255 .255 .255  210 .29 .228 .68   210 .29 .228 .68       1
Default  Gate way：    210. 29. 228. 65
```

图 5-19
主机中使用 route print
命令查看默认路由

（6）169.254.*.*

如果主机使用了 DHCP 功能自动获得一个 IP 地址，那么当 DHCP 服务器发生故障或响应时间太长而超出系统规定的一定时间后，Windows 系统会为用户分配这样一个地址。

5.2.5 子网划分

微课 5-8
子网划分

1. 子网划分的概念

在同一个网络内的所有主机需要采用相同的网络号。例如，架构一个 B 类的网络时，理论上可以允许最多 65 535 台主机相连接，但在实际架构中，一般不会有这么多的主机连接在同一个网络中。一个 A 类网络包含的主机数量更多，因此，如果直接使用 A 类或 B 类地址，就会造成大量 IP 地址的浪费。随着 Internet 的覆盖范围逐渐增大，网络地址会越来越不足以应对需求，直接使用 A、B 或 C 类地址就更加浪费资源。为此，人们开始使用一种新的方式以减少这种浪费，更加充分合理地利用每一个 IP 地址。

IP 地址具有层次结构，标准的 IP 地址分为网络号和主机号两层。为了避免 IP 地址的浪费，子网划分将 IP 地址的主机号部分进一步划分成子网号部分和主机号部分。

子网划分主要有如下几方面的优点：有效利用 IP 地址，提高 IP 地址利用率，节约日益短缺的 IP 资源；通过划分子网将大的网络划分成了多个小的网络，方便了网络管理，同时避免了不同网络之间的直接访问，增强了系统安全性；通过划分子网，能减小广播域，避免了数据碰撞在大的网络内产生严重后果的可能，也避免了广播风暴的产生，如图 5-20 所示。

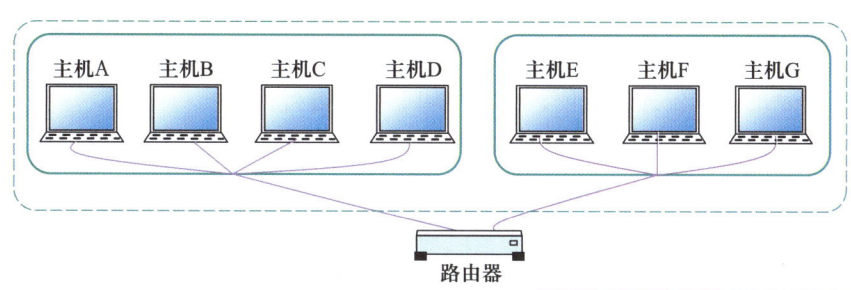

图 5-20
子网划分

2. 子网划分方式

为创建子网，需要从原有 IP 地址的主机号中，从最高位开始借出连续的若干位作为子网号。一般把这种方式称为借位，即从主机最高位开始借位变为新的子网位，剩余部分仍为主机号，如图 5-21 所示。下面以 B 类的 IP 地址为例讲解子网划分的方式。

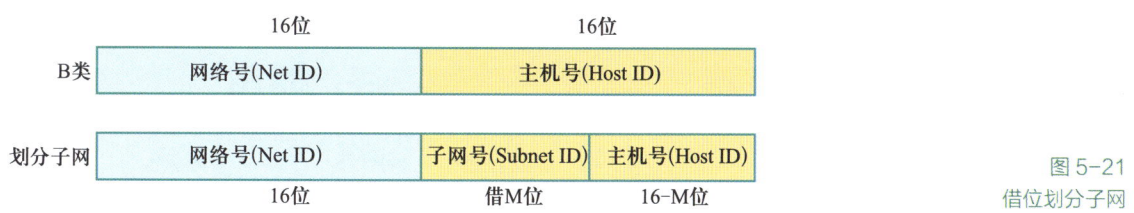

图 5-21
借位划分子网

划分子网后，IP 地址从原来两层结构的"网络号 + 主机号"形式变成了 3 层结构的"网络号 + 子网号 + 主机号"形式。可以这样理解：经过划分后的子网因其主机数量减少，已经不需要原来那么多位作为主机号，从而可以借用多余的主机位用作子网位。划分子网后，子网掩码也相应地发生了变化，子网号也看成是网络号的一部分。例如，一个 B 类地址 172.16.1.2，默认子网掩码为 255.255.0.0；现在将主机号的最高四位借用为子网号，则其子网掩码变为 255.255.240.0，如图 5-22 所示。

图 5-22
子网划分后子网掩码发生变化

划分子网后的地址除了用子网掩码进行标识外，还可以通过在每个 IP 地址后面追加网络号的位数并用"/"隔开这种方式标识，如 172.16.1.2/20。

最基本的子网划分有两种方式，一种是按照子网的数量划分，另一种是按照子网内主机的数量划分。

按照子网的数量划分，首先要确定有多少子网，然后确定子网所占的位数，可遵照如下公式进行：

$2^n \geq N$ （N 代表网络数量，n 代表子网位数）

在以前子网划分时，计算子网位数需要减掉子网全 0 和全 1 这两种情况，即公式为 $2^n - 2 \geq N$。现在的路由器都支持全 0 和全 1 的子网，因此不需要再减 2。

按照主机数量进行划分，首先确定用多少位主机位能满足主机的数量，然后剩余的主机位为子网位，可遵照如下公式进行：

$2^n - 2 \geq N$ （N 代表主机数量，n 代表主机位数）

之所以要在公式中减 2，一个是主机号全为 0 的情况，代表着网络地址；另一个是全为 1 的情况，代表着广播地址。

这两种划分方式只是简单、基本的划分方式，对于一些复杂的情景，还要在同时满足子网数和主机数的情况下结合两种方式灵活运用。

【实践与体验 5-2】 等长掩码子网划分体验

假设学校的计算机系新建了 3 个实验室，其中，主机数量分别是 62 台、48 台和 50 台。现给一 C 类网络地址 192.168.1.0/24，要求将其进行子网划分，并分配给这 3 个实验室使用，如图 5-23 所示。

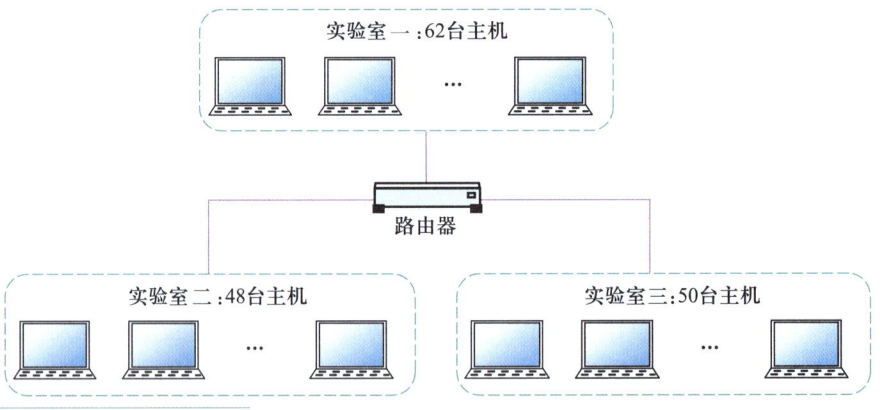

图 5-23
实验室结构图

第 1 种方法是按照子网数量进行划分，子网数量为 3，则应用公式：

$2^n \geq N$ 即 $2^n \geq 3$ → $n=2$

$n=2$ 说明子网位数为两位，即从主机位中借出最高的两位作为子网位，剩余的 6 位仍然作为主机号使用，相应的子网掩码也由原先的 255.255.255.0 变成了 255.255.255.192，如图 5-24 所示。

利用借出的两位可以组成 $2^2=4$ 个子网号，可以任选 3 个用于 3 个实验室，如图 5-25 所示。

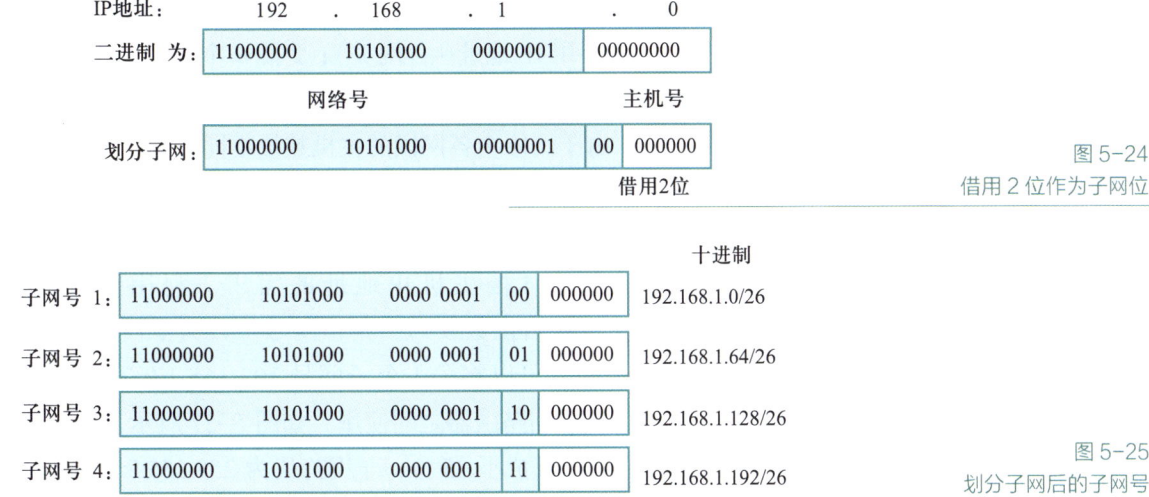

图 5-24
借用 2 位作为子网位

图 5-25
划分子网后的子网号

第 2 种方法是按照主机数量进行划分，3 个子网中主机数量各不相同，为满足所有子网中的主机 IP 地址的使用，因此选择按照最多的主机数量进行划分，即按照实验室一中的 62 台主机数量进行划分，则应用公式：

$$2^n-2 \geqslant N \quad 即 \quad 2^n-2 \geqslant 62 \quad \rightarrow \quad n=6$$

$n=6$ 说明子网中主机位数为 6，则剩余的两位作为子网号，其子网分配方式和第 1 种方法类似。

【实践与体验 5-3】　VLSM 与 CIDR 的应用体验

1. VLSM

当利用子网划分技术来进行 IP 地址规划时，经常会遇到各子网主机规模不一致的情况。例如，对一家企业或公司来说，可能在公司总部会有较多的主机，而分公司或部门的主机数会相对较少。为了尽可能地提高地址利用率，必须根据不同子网的主机规模来进行不同位数的子网划分，从而会在网络中出现不同长度的子网掩码并存的情况。通常将这种允许在同一网络范围内使用不同长度子网掩码的情况称为可变长子网掩码（Variable Length Subnet Mask，VLSM）。

下面举例说明 VLSM 的使用方式，这也是子网划分的一种重要方法。

某公司分配了一段 IP 地址 192.168.1.0/24，现在该公司有两层办公楼（1 楼和 2 楼），统一从 1 楼的路由器上公网。1 楼有 100 台计算机要连接网络，2 楼有 53 台计算机要连接网络，如图 5-26 所示。作为该公司的网管，该如何进行 IP 地址规划？

微课 5-10
VLSM 与 CIDR 的应用

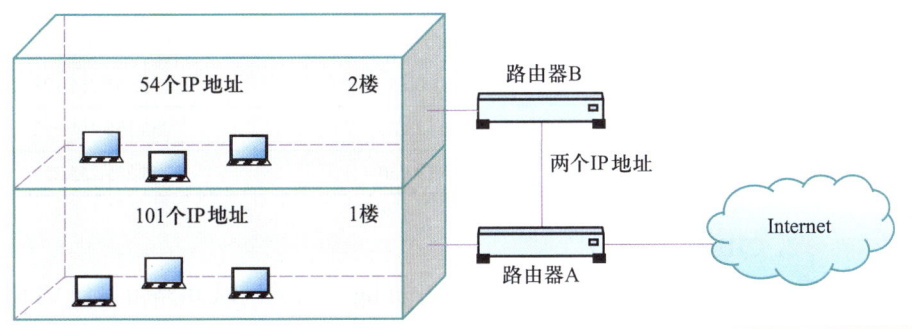

图 5-26
公司网络部署情况

根据需求，网络地址 192.168.1.0/24 需要划分成 3 个网段：1 楼一个网段，至少拥有 101 个可用 IP 地址（含网关）；2 楼一个网段，至少拥有 54 个可用 IP 地址（含网关）；1 楼和 2 楼的路由器互联用一个网段，需要两个 IP 地址。

划分思路：由于网络中各网段的主机数量不同，因此在划分的时候为保证 IP 地址的充分利用，不能使用等长子网掩码的方式划分，需要采用可变长子网掩码。

在划分子网时优先考虑最大主机数来划分。在本例中，划分步骤如下：

第 1 步，为满足 1 楼主机 IP 地址的需求，利用公式 $2^n-2\geqslant N$，即 $2^n-2\geqslant 101$，得出主机所占位数 $n=7$，则子网号位数为 1，这时将原先的网络地址划分成了两个子网，可以将第 1 个子网号 192.168.1.0/25 分配给 1 楼使用，将第 2 个子网号给 2 楼和路由器之间使用，如图 5-27 所示（也可以反过来）。需要注意的是网络号已经变成了 25 位，子网掩码为 255.255.255.128。

				第 1 次借位		十进制
1 楼：	1100 0000	10101000	0000 0001	0	00000 00	192.168.1.0
2楼、路由器间：	1100 0000	10101000	0000 0001	1	00000 00	192.168.1.128/25

图 5-27
根据部门 A 主机数量划分子网

第 2 步，将 192.168.1.128/25 这个网络号分配给 2 楼和路由器之间使用。由于 2 楼主机数量比较多，因此先按照 2 楼主机数进行划分。利用公式 $2^n-2\geqslant N$，即 $2^n-2\geqslant 54$，得出需要占用 6 为主机位，还剩 1 位为子网号。这时可以将子网号为 192.168.1.128/26 的网络地址分配给 2 楼使用，另一个 192.168.1.192/26 给路由器间使用，如图 5-28 所示。需要注意的是，此时网络号已经变成了 26 位，子网掩码为 255.255.255.192。

			第 2 次借位		十进制
2 楼：	11000000 10101000 00000001	1	0	0000 00	192.168.1.128/26
路由器间：	11000000 10101000 00000001	1	1	0000 00	192.168.1.192/26

图 5-28
根据部门 B 主机数量进一步划分子网

第 3 步，由于两个路由器连接的网段只需要两个 IP 地址，因此继续将 192.168.1.192/26 网络地址划分。利用公式 $2^n-2\geqslant N$，即 $2^n-2\geqslant 2$，得出需要占用两位主机位，即网络号为 30 位，如图 5-29 所示。

				第 3 次借位		十进制
路由器间：	11000000 10101000 00000001	1	1	0000	00	192.168.1.192/30

图 5-29
第 3 次划分子网

通过划分，各网段使用的网络地址见表 5-5。

表 5-5 各部门使用的网络地址

部门	网络号	子网掩码
1 楼	192.168.1.0/25	255.255.255.128
2 楼	192.168.1.128/26	255.255.255.192
路由器之间网络	192.168.1.192/30	255.255.255.252

2. CIDR

CIDR（Classless Inter Domain Routing，无类别域间路由）是 VLSM 的延伸

使用。使用 VLSM 无形中增加了路由条目，降低了通信效率，此时利用 CIDR 可以将若干个较小的网络合并成一个较大的网络，以可变长子网掩码的方式重新分配网络号，其目的是将多个 IP 网络地址结合起来使用，通过路由集中降低路由器的负担。

Classless 表示 CIDR 借鉴了子网划分技术中取消 IP 地址分类结构的思想，使 IP 地址成为无类别的地址。与子网划分将一个较大的网络分成若干个较小的子网相反，CIDR 是将若干个较小的网络合并成一个较大的网络，因此又被称为超网（Supernet）。

子网划分时，从地址主机部分借位，将其合并进网络部分；超级组网则是将网络部分的某些位合并进主机部分。这种无类别超级组网技术通过将一组较小的无类别网络汇聚为一个较大的单一路由表项，减少了 Internet 路由域中路由表条目的数量。

以下是一个采用 CIDR 的企业网实例。该企业网络的主机数量达 1 000 多台，由于难以申请 B 类地址，因此该企业申请了 6 个连续的 C 类地址 200.1.0.0/24 ～ 200.1.5.0/24，解决了地址资源短缺的问题，如图 5-30 所示。但是，这样的地址分配方案就使这个企业的网络变成了 6 个相对独立的 C 类网络。如果这 6 个 C 类网络各自管理，会显著增加网络管理的开销。例如，各个子网之间的通信需要通过路由器，在企业网与外部网络之间的边界路由器 C 上则需要为这 6 个 C 类网络生成 6 条路由信息，从而明显增加了路由器的设备投资及管理开销。

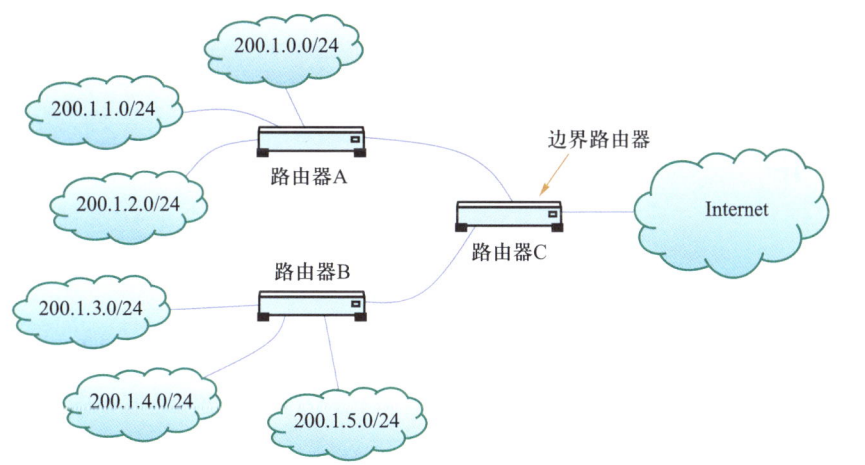

图 5-30
某企业网络划分情况

采用 CIDR，可以将这 6 个连续的 C 类网络汇聚成一个网络，其方法是使用二进制表示这些网络地址时，从开头部分取一系列相同的位。IPv4 的 CIDR 地址块的表示方法和 IPv4 地址的表示方法是相似的：由 4 部分组成的点分十进制地址，后跟一个斜杠，加上合并后的网络号位数（即所取的相同位的位数），如 A.B.C.D/N。

将所有的网络号转换成二进制后会发现前 21 位是相同的，所以汇聚后的网络号取前 21 位，得出的超网地址为 200.1.0.0/21，子网掩码相应的变成了 255.255.248.0，剩余的 11 位标识主机。而在企业网与外部网的边界路由器上只要生成一条关于 200.1.0.0/21 的路由信息即可，如图 5-31 所示。

从最高位开始取相同的位

网络 1:	11001000	0000001	00000000	00000000
网络 2:	11001000	0000001	00000001	00000000
网络 3:	11001000	0000001	00000010	00000000
网络 4:	11001000	0000001	00000011	00000000
网络 5:	11001000	0000001	00000100	00000000
网络 6:	11001000	0000001	00000101	00000000
汇聚后的超网地址	11001000	0000001	00000　000	00000000

图 5-31
CIDR 超网汇聚方式

在历史上，每类 IP 地址都有着固定长度的网络地址。网络的类别以及网络地址，还有该网络上的主机数目，都可以从地址的最高位得出。这是因为分类路由协议不指定子网的掩码或前缀长度，路由器必须使用路由通告中的地址类别去得出子网掩码以建立路由表。

随着原为实验性的 TCP/IP 网络在 20 世纪 80 年代转变为互联网，对更灵活的寻址方法的需求日益迫切，这就导致了子网和 CIDR 的相继发展。因为原来的类别已被忽略，所以现在的系统被叫作无类别路由，其为当今的路由协议所支持，如 RIPv2、EIGRP、IS-IS 和 OSPF 等；而相对地，原来的系统叫作分类路由，或者有类路由。

实训文档:
实训 5-1　子网划分实践

【实训 5-1】　子网划分实践

5.3　IP

5.3.1　IP 的特点

微课 5-11
IP 的特点

IP 是 TCP/IP 网际层的核心协议，也是整个 TCP/IP 模型中的核心协议之一。由于 IP 是用来使相互连接的许多计算机网络能够进行通信，因此在 TCP/IP 体系中的网络层常称为网际层（Internet Layer），或 IP 层。IP 既提供了分组功能，用以实现端到端的分组（也叫数据报）传输，又提供了寻址功能，用以标识网络及主机节点地址（即 IP 地址）。IP 的独特之处在于：在报文交换网络中，主机在传输数据之前，无须与先前未曾通信过的目的主机预先建立好一条特定的"通路"。IP 提供了一种"不可靠的"数据包传输机制，也就是说，它不保证数据能准确地传输。数据包在到达的时候可能已经损坏，顺序错乱，产生冗余包，或者全部丢失，如图 5-32 所示。如果需要保证可靠性，一般需要采取其他的方法，如利用 IP 的上层协议控制。

总结起来，IP 提供的服务主要有如下 3 个特点：

① 不可靠的数据投递服务。这意味着 IP 不能保证数据报的可靠投递，因为

IP 本身没有能力证实发送的报文是否被正确接收。数据报可能在线路延迟、路由错误、数据报分片和重组等过程中受到损坏，但 IP 不检测这些错误。在错误发生时，IP 也没有可靠的机制来通知发送方或接收方。

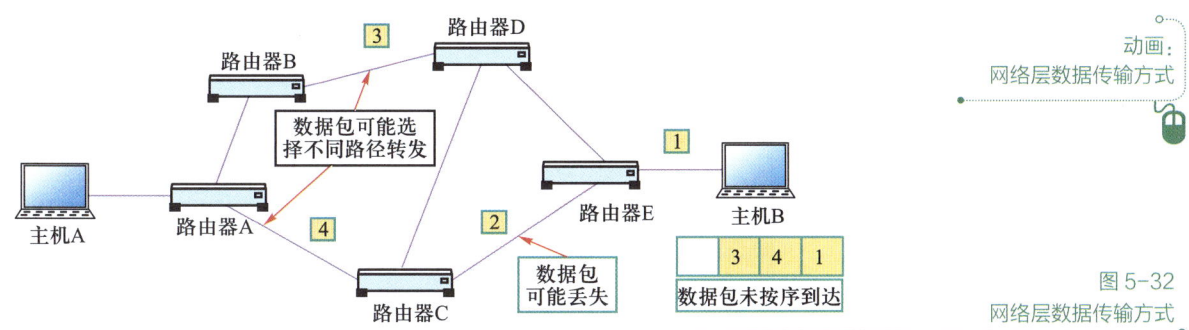

动画：
网络层数据传输方式

图 5-32
网络层数据传输方式

②面向无连接的传输服务。IP 不维护 IP 数据报发送后的状态信息，而从源节点到目的节点的每个数据报可能经过不同的传输路径，并且每个数据报的处理是相对独立的，数据报在传输过程中有可能丢失，有可能正确到达。

③尽最大努力投递服务。尽管 IP 提供的是面向无连接的不可靠服务，但是 IP 并不随意地丢弃数据报，只有当系统的资源用尽、接收数据错误或网络故障等状态下，IP 才被迫丢弃报文。

5.3.2　IPv4 数据报结构

在网络层，需要传输的数据首先需要加上 IP 头信息，封装成 IP 数据报。IP 数据报（Data-gram）是 IP 使用的数据单元，网络层数据信息和控制信息的传递都需要通过 IP 数据报进行。

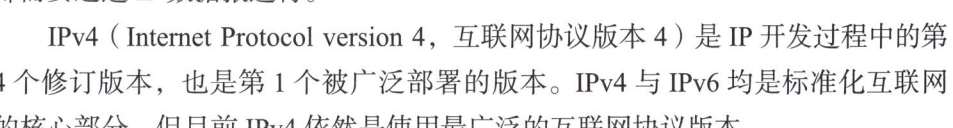

微课 5-12
IPv4 报文结构

IPv4（Internet Protocol version 4，互联网协议版本 4）是 IP 开发过程中的第 4 个修订版本，也是第 1 个被广泛部署的版本。IPv4 与 IPv6 均是标准化互联网的核心部分，但目前 IPv4 依然是使用最广泛的互联网协议版本。

IPv4 是一种无连接的协议，此协议会尽最大努力交付分组，即它不保证任何分组均能送达目的地，也不保证所有分组均按照正确的顺序无重复地到达。这些问题是由上层的传输协议（如 TCP）处理的。

IPv4 数据报是由 IP 来定义的。整个 IP 数据报可以分为报头区和数据区两大部分，其中数据区包括高层需要传输的数据，报头区是为了正确传输高层数据而增加的控制信息。可以把数据报比喻为快递包裹，快递的物品属于数据部分，为了保证物品不受损坏而使用的包装箱及为了准确送达目的地而使用的快递单就好比是报头，如图 5-33 所示。

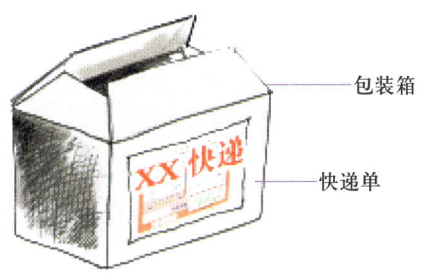

图 5-33
快递包裹

IPv4 数据报的报头区包括不可变部分和可变部分两部分。报头区总长度在 20 ～ 60 B 之间，其中不可变部分为 20 B。可变部分主要是选项和填充字段，如图 5-34 所示。

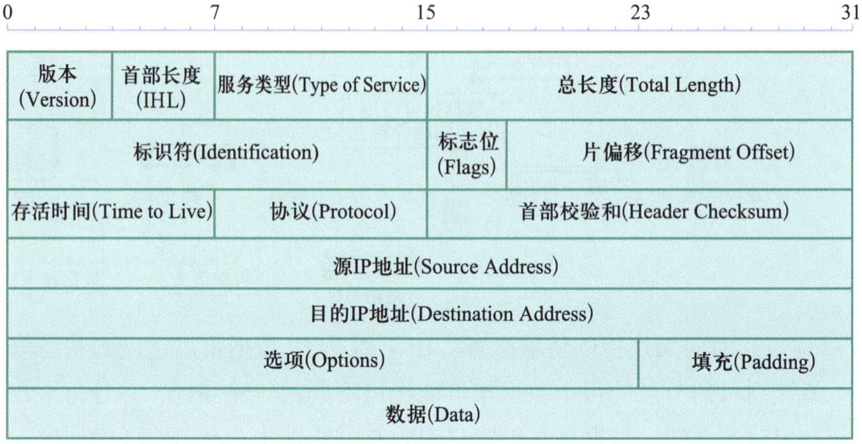

0		7	15	23	31
版本(Version)	首部长度(IHL)	服务类型(Type of Service)		总长度(Total Length)	
标识符(Identification)			标志位(Flags)	片偏移(Fragment Offset)	
存活时间(Time to Live)		协议(Protocol)		首部校验和(Header Checksum)	
源IP地址(Source Address)					
目的IP地址(Destination Address)					
选项(Options)				填充(Padding)	
数据(Data)					

图 5-34
IPv4 数据报格式

1. 版本（Version）

"版本"字段是 IP 报文首部的第 1 个字段，占用 4 位。它表示该数据报所使用的 IP 版本号，用于正确解析相应的数据。例如，目前使用最多的 IPv4，其本字段值为 4（二进制为 0100）。在解封装数据报时，如果前 4 位为 0100，则证明这是一个 IPv4 的报文，接下来将按照 IPv4 的数据报格式进行解析；如果是 0110，则证明这是一个 IPv6 的报文，将按照 IPv6 的数据报格式进行解析。

2. 首部长度（Internet Header Length，IHL）

"首部长度"字段长度为 4 位，指明"报头区"的长度，以 32 b 为单位。在"报头区"中"选项"和"填充"字段的长度是可变的，其他字段的长度都是固定的，因此首部的长度也是可变的。这个字段的最小值是 5（RFC 791），即没有"选项"和"填充"字段，最大值是 15。例如，某 IP 包的报头长度值为 0111，表示该 IP 包的首部长度为 7×32 b=28 B，由此也可以计算出该 IP 包"选项 + 填充"字段的长度为（7−5）×32 b=8 B。

3. 服务类型（Type of Service，TOS）

"服务类型"字段的作用在 1998 年的 RFC 2474 文档中做了修改，被重定义为 DiffServ（DSCP）。但无论修改前还是修改后，其作用主要是区分不同的服务种类，如图 5-35 所示，对传输速率及可靠性等方面加以控制。例如，对于数字化的语音数据，传输速率比精确性更加重要；对于文件，准确性则比传输速率重要。

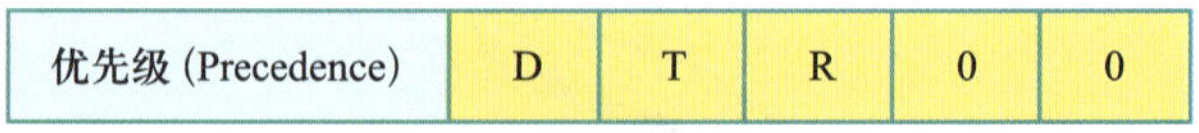

图 5-35
TOS 字段最初格式

优先级 (Precedence)	D	T	R	0	0

最初的时候，"服务类型"字段包含了 1 个 3 位的优先级和 3 个标志位 D、T、R。优先级定义了从 0 ～ 7 的 8 个服务等级，如 000 表示 Routine（普通）、001 表示 Priority（优先）、010 表示 Immediate（快速）等。DTR 分别代表着延迟（Delay）、吞吐量（Throughput）和可靠性（Reliablity）。这个字段可以帮助网络设

备按照服务类型作出路由决定。例如,路由器可以利用这个字段选择一条高吞吐量、高延迟的卫星线路,或者选择一条低吞吐量、低延迟的租用线路。但在实际当中,这一方式基本被忽略掉了。

在 DiffServ 中定义了一个替换头字段,称为 DS 字段,用来取代现有的 IPv4 TOS 和 IPv6 Traffic Class,其格式如图 5-36 所示。

区分服务代码点 (DSCP)	未使用 (CU)

图 5-36
TOS 修改后格式

DSCP(Differentiated Service Code Point,区分服务代码点)占用 6 位,描述 QoS 优先级,用于选择 PHB(Per Hop Behavior,每一跳行为),帮助每一个路由节点选择不同的转发策略,保证了在互相竞争资源的数据流中为每个网络节点分配缓冲区和带宽资源时,有一个合理的处理力度。CU(Currently Unused)占用两位,当前尚未使用。

4. 总长度(Total Length)

"总长度"这个 16 位字段定义了报文总长,包含首部和数据,单位为 B(字节)。这个字段的最小值是 20(20 B 首部 + 0 B 数据),最大值是 65 535。

5. 标识符(Identification)

"标识符"字段的用途是让目标主机确定一个新到达的分段属于哪一个数据报。同一个数据报的所有分段包含相同的 Identification 值。

6. 标志位(Flags)

"标志位"字段占用 3 位,如图 5-37 所示,用于控制和识别分片。其中第 1 位为保留字段,值为 0。接下来一位为 DF(Don't Fragment,不分片),这是针对路由器的一条命令,它让路由器不要分割该数据报,因为目标主机无法将分片重组回原来的数据报。

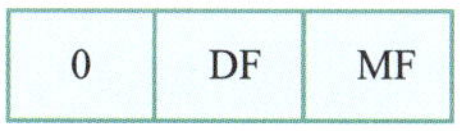

0	DF	MF

图 5-37
标志位字段格式

例如,所有主机都必须支持最小 576 B 的报文,但大多数现代主机支持更大的报文。有时候子网会限制报文的大小,这时报文就必须被分片。但当一台计算机启动的时候,它可能向网络请求给它发送一个包含内存映像的单个数据报。发送方在数据报中标记了 DF 位之后,就知道该数据报将作为一个整体到达接收方,不过这意味着该数据报必须避开最优路径上的小分组网络,而不得不走次优的路径。

MF(More Fragments)代表更多分片。当一个报文被分片,除了最后一片外的所有分片都设置 MF 标志。只有当 DF=0 时才允许分片,MF 为 1 表示后面还有分片,MF 为 0 表示最后一个分片。不被分片的报文不设置 MF 标志,它是它自己的最后一片。

7. 片偏移(Fragment Offset)

"片偏移"这个 13 位字段指明了每个分片相对于原始报文开头的偏移量,以 8 B 作单位,用以标识该分段在当前数据报中的什么位置。除了数据报的最后一个分段以外，其他所有的分段的该字段必须是 8 B 的倍数。

由于该字段有 13 位，因此每个数据报最多有 2^{13}＝8 192 个分段，最大的数据报长度为 8 192×8 B＝65 536 B，比总长度最大值还要大 1 B。

8. 存活时间（Time to Live）

"存活时间"这个 8 位字段避免报文在网络中永远存在（如陷入路由环路）。这里的计数时间单位为 s（秒），最大的生存期为 255 s，但小于 1 s 的时间均向上取整到 1 s。在每一跳上该计数器必须被递减，而且当数据报在一台路由器上排队时间较长时，该计数器必须被多倍递减。

在应用中，该字段实际上成了一个跳数计数器，报文每经过一个路由器（或者三层网络设备）都将此字段减 1。当此字段等于 0 时，报文将会被丢弃。

9. 协议（Protocol）

"协议"字段定义了该报文数据区使用的协议。当网络层组装完一个完整的数据报之后，需要知道该如何对该数据报进行处理。协议字段指明了该将数据报交给哪个协议进行处理，如 TCP、UDP、ICMP 等，见表 5-6。

表 5-6　协议字段中常见协议

笔 记

协议字段值	协议名称	缩写
1	互联网控制信息协议	ICMP
2	互联网组管理协议	IGMP
6	传输控制协议	TCP
17	用户数据报协议	UDP
41	IPv6 封装	—
89	开放式最短路径优先协议	OSPF
132	流控制传输协议	SCTP

10. 首部校验和（Header Checksum）

"首部校验和"字段只检验数据报的首部部分（报头区），不包括数据部分（数据区），即数据区的错误留待上层协议处理。UDP 和 TCP 都有检验和字段，这是因为数据报每经过一个路由器，都要重新计算一下首部检验和（一些字段如生存时间、标志、片偏移等都可能发生变化），不检验数据部分可减少计算的工作量。在每一跳，计算出的首部检验和必须与此字段进行比对，如果不一致，此报文被丢弃。

11. 源 IP 地址（Source Address）与目的 IP 地址（Destination Address）

一个 IPv4 地址由 4 B 共 32 位构成，此字段的值是将每个字节转为二进制并拼在一起所得到的 32 位值。例如，10.9.8.7 是 00001010000010010000100000000111。

源 IP 地址是报文发送端的地址，目的 IP 地址是报文接收端的地址。

12. 选项（Options）与填充（Padding）

"选项"字段与"填充"字段组成了 IP 首部的可变部分，见表 5-7。"选项"字段用来支持排错、测量以及安全等措施，内容很丰富。此字段的长度可变，从 1 B 到 40 B 不等，取决于所选择的项目。某些选项只需要 1 B，即它只包括 1 B

的选项代码；还有些选项需要多个字节，这些选项一个个拼接起来，中间不需要有分隔符，最后用全 0 的填充字段补齐长度为 4 B 的整数倍。

增加首部的可变部分是为了增加 IP 数据报的功能，但这同时也使得 IP 数据报的首部长度成为可变的，这就增加了每一个路由器处理数据报的开销。实际上这些选项很少被使用，并非所有主机和路由器都支持这些选项。新的 IP 版本 IPv6 就将 IP 数据报的首部长度规定成固定的。

选　　项	说　　明
Security	安全与处理限制，规定了数据报的秘密程度，通常用于军事领域
Record route	记录路径，记录 IP 数据报从源主机到目的主机所经过路径上各个路由器的 IP 地址
Timestamp	时间戳，让每个路由器都记下 IP 数据报经过每一个路由器的 IP 地址和当地时间
Strict source routing	严格的源站路由，数据报要按照规定的路径进行转发
Loose source routing	宽松的源站路由，为数据报指定一系列必须经过的路由器

表 5-7　一些 IP 选项

13. 数据（Data）

"数据"字段内容是传输层所封装的完整数据。它不是首部的一部分，因此并不被包含在检验和中。数据的格式在"协议"字段中被指明，并可以使用任意的传输层协议。

【实践与体验 5-4】　IPv4 抓包体验

在本节中，将使用 Wireshark 抓取指定 IP 包，并对抓取的数据包按 IPv4 格式对各字段含义进行分析，以期对 IPv4 有一个直观的认识。

微课 5-13
IPv4 抓包体验

1. 抓包过程

① 打开 Wireshark，关闭已有的联网程序（防止抓取过多的包），开始抓包。

② 打开浏览器，输入百度官网地址，网页打开后停止抓包。

③ 如果抓到的数据包较多，可以在 Wireshark 的过滤器（Filter）中输入"http"，单击"应用"按钮进行过滤，如图 5-38 所示。在过滤结果中通过源 IP 地址和目的 IP 地址查找与百度通信的相关数据包。

图 5-38
数据包抓包过滤

④ 在 cmd 命令窗口中（选择"开始"→"运行"菜单命令，在弹出的窗口

中输入命令"cmd"，单击"确定"按钮即可进入），输入命令"ipconfig"后看到本地主机的 IP 地址为 192.168.27.107，然后输入命令"nslookup www.baidu.com"，可以解析出本次通信中百度的 IP 地址为 180.97.33.107。

⑤ 在过滤的结果中选择一个与百度通信的包括 http get 请求的数据包，该包用于向百度网站服务器发出 http get 请求，如图 5-39 所示。

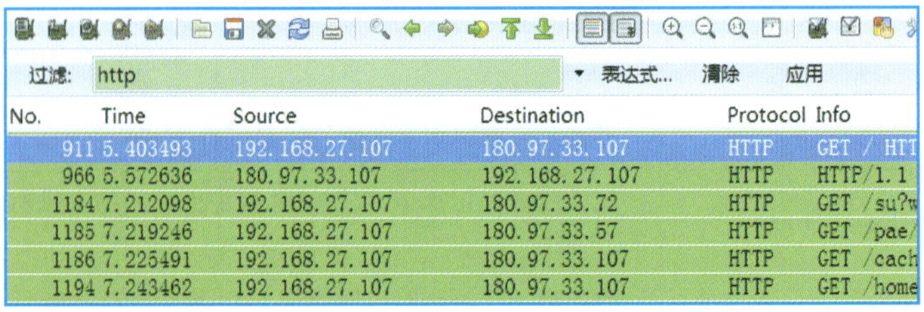

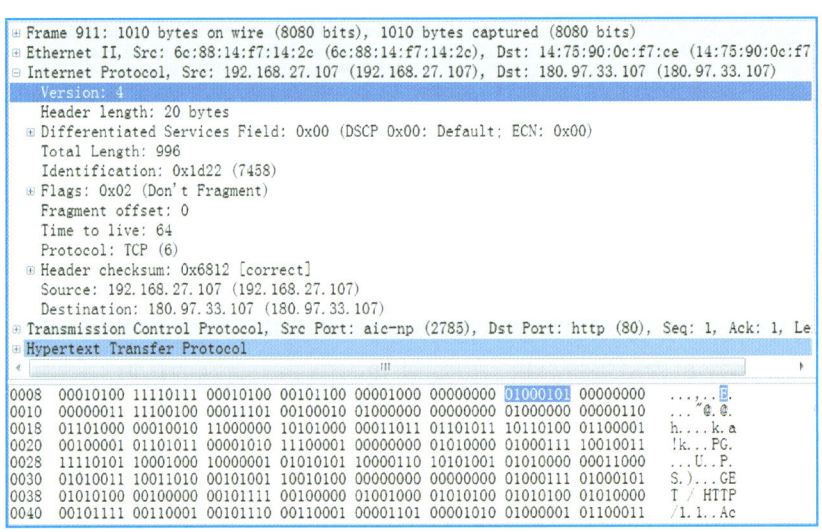

图 5-39
选中一个 http get 请求的数据包

⑥ 选中该数据包后，单击该数据包封装明细区中 Internet Protocol 前的"+"号，显示该数据包中 IP 包的头部信息和数据区，如图 5-40 所示。

图 5-40
选中的数据包中的 IP 信息

⑦ 数据区如果以十六进制表示，可以在数据区右击，在弹出的快捷菜单中选择"二进制"命令以二进制表示。

注意：数据区展开的区域是 IP 包的数据（即 Internet Protocol 部分所包含的信息），其余数据是封装该 IP 包的其他层的数据。

2. 协议主要字段含义分析

① 在图 5-41 的数据包封装明细区中，可以看到"Version：4"信息，单击后可以在数据区中看到其二进制值为 0100（Version 字段为 4 位组成），该值代表该 IP 包的协议版本为 IPv4。

② 版本值后面的 4 位为首部长度，从数据区中可以看到该值二进制为 0101，由于首部长度的单位为 4 B（即 32 位），则得出该 IP 数据包的首部长度为 5×4 B=20 B，即数据包封装明细区中的"Header Length：20 bytes"。

③ 在图 5-41 中可以看到"Total Length：996"，说明 IP 包的"总长度"为 996 B。单击 Total Length 可以在数据区中看到该字段值为 00000011 11100100，

由此可以推断出该 IP 包的数据区长度为 976 B。

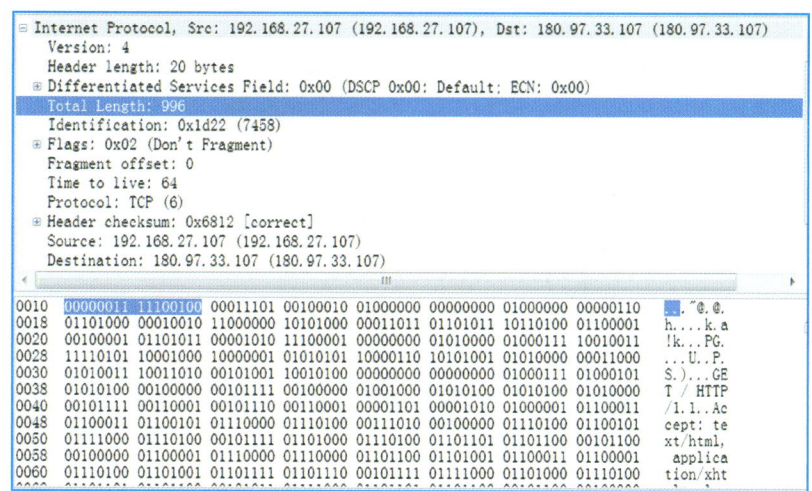

图 5-41
IP 数据包中 Total Length 字段

④ 单击 Flags（标志位）前的"+"号，可以看到"Don't fragment"位的值为 1，表示该 IP 数据包未分片；More fragments 位的值为 0，表示没有其他分片，也表示为最后一个分片，如图 5-42 所示。

图 5-42
IP 数据包中 Flags 字段

⑤ 在该 IP 包中，可以看到 Time to Live 的值为 64，二进制值为 01000000，该值代表该 IP 包最多还可以经过 64 个路由器。

⑥ 该 IP 包的"协议"字段二进制值为 00000110，该值代表该 IP 包的上层封装协议为 TCP，即数据包封装明细区中的"Protocol：TCP（6）"。

⑦ 该 IP 包的"Source：192.168.27.107"为源 IP 地址字段，二进制值为 11000000 10101000 00011011 01101011。

⑧ 该 IP 包的"Destination：180.97.33.107"为目的 IP 地址字段，二进制值为 10110100 **01100001** 00100001 01101011。

【实训 5-2】 IPv4 抓包分析

实训文档：
实训 5-2　IPv4 抓包分析

5.4　路由控制

5.4.1　路由

路由是指网络中的数据包到达路由器（网络互联设备）时，路由器根据数据

微课 5-14
什么是路由

包的目的地址进行定向并转发的过程，也就是选择数据包转发路径的过程。一个数据包之所以能够到达目标地址，全靠路由控制，如图 5-43 所示。

动画：
路由控制过程

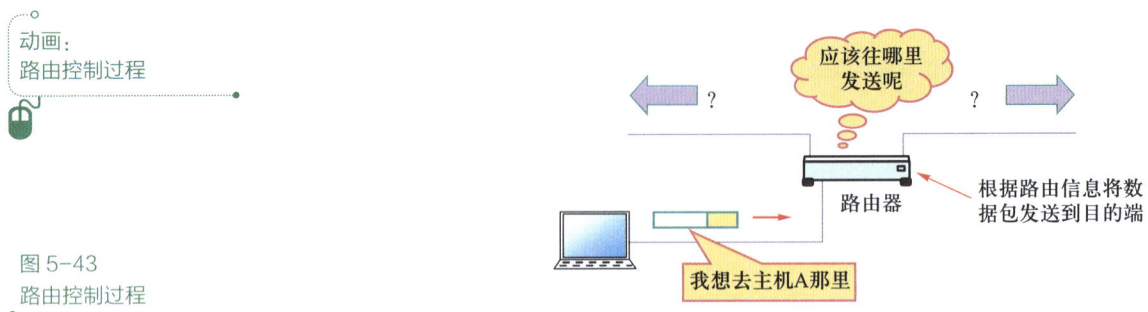

图 5-43
路由控制过程

发送数据包时所使用的地址是网络层的地址，即 IP 地址。然而仅仅有 IP 地址还不足以将数据包发送到目标地址，在数据发送过程中还需要类似于"指明路由器或主机"的信息，以便真正发往目标地址。保存这种信息的就是路由表（Routing Table），即路由器将所有关于如何到达目标网络的最佳路径信息以数据库表的形式存储起来。路由表中的不同表项给出了到达不同目标网络所需要历经的本路由器接口或下一跳（Next Hop）地址信息。实现 IP 通信的主机和路由器都必须持有一张这样的表，它们也正是在这张表格的基础上才得以进行数据包发送。这张表就好比是电话簿，其中联系人的名字就好比是目的地址，所对应的电话号码就相当于数据包要转发的路径，如图 5-44 所示。

图 5-44
电话簿与路由表

在路由表中有一项重要的信息，就是下一跳（Next Hop），这里的"跳"即指报文转发的中转过程。本网络的报文欲通过本网络节点到达目的节点，如不能直接送达，则本节点应把此报文送到某个中转站点，该中转站点就称为下一跳。跳数（Hop Count）则是指一个报文从本节点到目的节点途经的中转次数，也就是一个包到达目标所必须经过的路由器的数目，如图 5-45 所示。

动画：
路由跳数

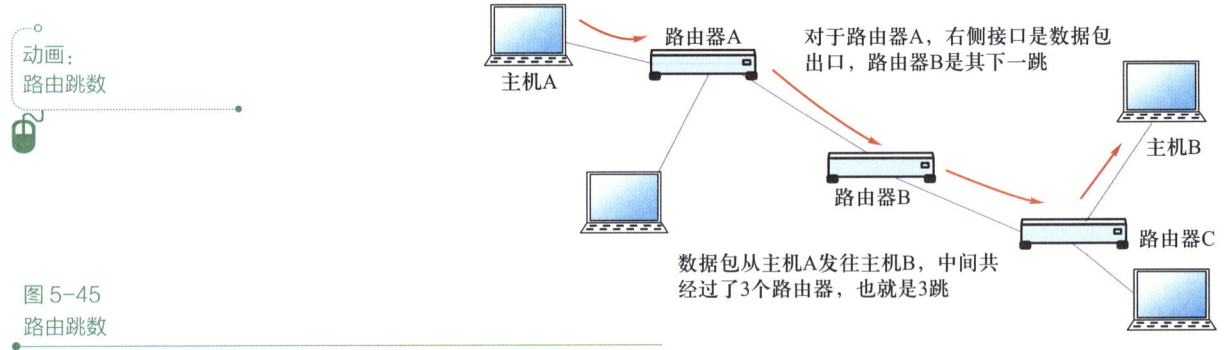

图 5-45
路由跳数

路由器在它们的路由选择表中保存着以下重要的信息。

信息类型：路由信息产生的方式，主要有直连路由（用"C"表示）、静态路由（用"S"表示）和动态路由（一般用动态路由协议的首字母表示）3 种。

目的地：数据包要发送给的目的地址。

下一跳地址：与之相连的下一跳路由器的接口地址。如图 5-45 所示的案例中，路由器 B 要将数据包发给路由器 C，那么 C 与之相连的接口地址就是下一跳地址。

度量值：路由信息的可靠度，不同的路由选择协议使用不同的度量。标准来判别路由的好坏。例如，RIP 使用跳数作为度量标准值，IGRP 使用带宽、负载、延迟、可靠性来创建合成的度量标准值。

出站接口：数据必须从这个接口被发送出去以到达最终目的地。例如，对于如图 5-45 所示案例中的路由器 A 来说，右侧的接口相当于其出站接口。

那路由器如何利用路由表进行数据转发呢？在图 5-46 中，如果主机 A 给主机 B 发送数据，当数据包到达路由器 B 后，路由器首先分析数据包的目的地址所属网络号为 4.0.0.0/8，接下来去查路由表，找到目的地址为 4.0.0.0 的条目，然后根据相应的路由信息，通过自身的 F0/1 接口将数据发给路由器 C，这样就完成了数据的转发。路由器 A 和路由器 C 同样各有自己的路由表，数据转发也要经过同样的过程。

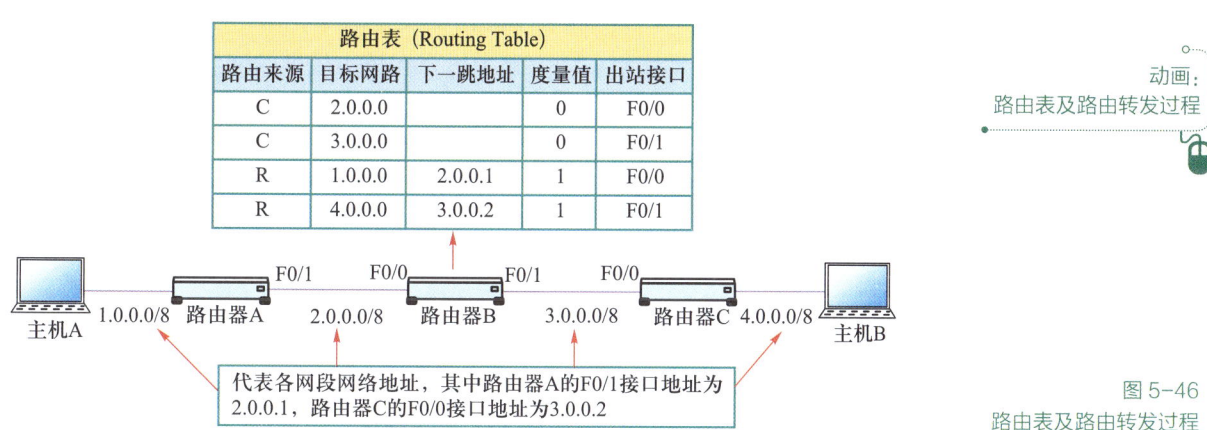

动画：
路由表及路由转发过程

图 5-46
路由表及路由转发过程

5.4.2 路由协议

路由表里面的路由信息是如何产生的呢？它们是通过路由协议创建的。路由协议就是在路由指导 IP 数据包发送过程中事先约定好的规定和标准。它通过在路由器之间共享路由信息来创建路由表，其描述了网络拓扑结构。路由协议与路由器协同工作，执行路由选择和数据包转发功能。

1. 路由协议分类

路由协议分为静态路由协议（Static Routing）和动态路由协议（Dynamic Routing）。

对这两种路由协议的理解，就好比在一个陌生环境里如果想到达某一个地点，可以有两种方法，如图 5-47 所示。一种方法是找一张相关的地图，按图索

微课 5-15
路由协议分类

骥，选择一条路径，直接到达目的地，这种属于静态路由；另一种方法是卫星导航，自动选择一条最佳的路径，这种属于动态路由协议。无论使用什么样的方法，其目的都是一样的，就是要找一条最近的路径到达要去的地方。互联网中的数据传送就类似于这种情况。

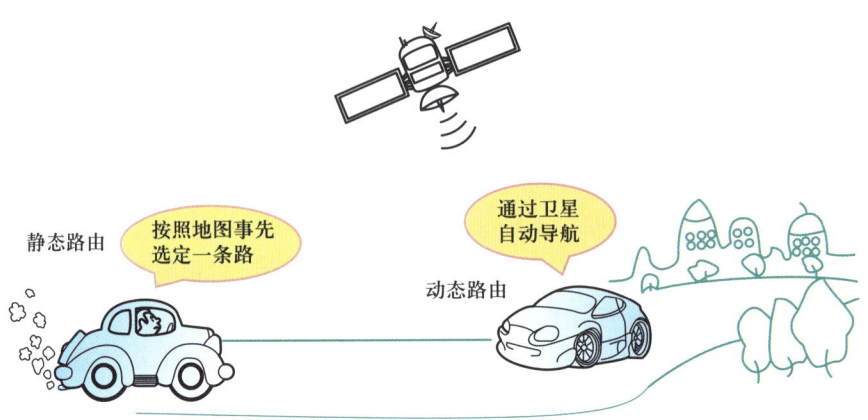

图 5-47
静态路由与动态路由

静态路由协议是手工添加到路由器上的，有多少个网络就需要添加多少路由信息条目。例如，有 100 个网络时，就需要设置近 100 条路由信息。在每次网络发生变化时，都需要手动修改这些路由信息，因此给管理者带来很大负担，如图 5-48 所示；并且一旦某个路由器发生故障，基本上无法自动绕过发生故障的节点，只能手动恢复。静态路由适合在较小规模的网络中使用。

动画：
静态路由的使用

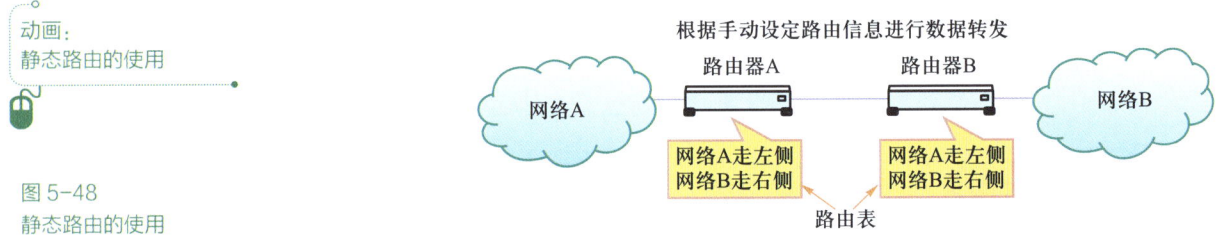

图 5-48
静态路由的使用

在具有较大规模的网络（如跨国企业网络、ISP 网络）中，如果通过人工指定转发策略，将会给网络管理员带来巨大的工作量，并且管理、维护路由表也变得很困难。

为了解决这个问题，动态路由协议应运而生。动态路由协议是路由器之间通过交换路由信息来建立、维护动态路由表，并计算最佳路径的协议。路由器通过路由协议把和自己直接相连的网络信息通告给它的邻居，并通过邻居通告给邻居的邻居。通过交换路由信息，网络中的每一台路由器都了解到了远程的网络。它是一个自动学习的过程，并且网络拓扑发生改变后自动更新路由表。网络管理员只需要配置动态路由协议即可，相比人工指定转发策略，工作量大大减少。

使用动态路由协议的网络，如果网络拓扑发生变化，例如，有新的网络加入，只要在新增加网络的路由器上进行一个动态路由的设置即可，不需要像静态路由那样，要在所有的路由器上进行设置。对于网络规模较大的网络，使用动态路由协议是一个非常方便的方式。运行动态路由协议的路由器互相通告所连接的网络，通过"口耳相传"的方式，实现对全网的了解，如图 5-49 所示。

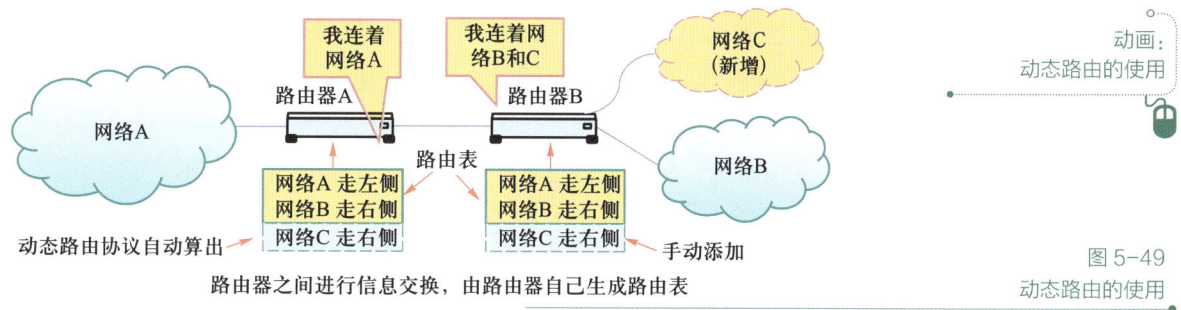

动画：
动态路由的使用

图 5-49
动态路由的使用

2. 动态路由协议分类

动态路由协议主要分为外部网关协议（EGP）和内部网关协议（IGP）两大类。EGP 和 IGP 的关系就好比 IP 地址中网络地址与主机地址的关系，可以根据 EGP 在各区域网络之间进行路由选择，IGP 在区域网络内部进行主机识别。区域网络指的是一个有权自主地决定在本系统中应采用何种路由协议的小型单位，也称自治系统（Autonomous System，AS），如图 5-50 所示。

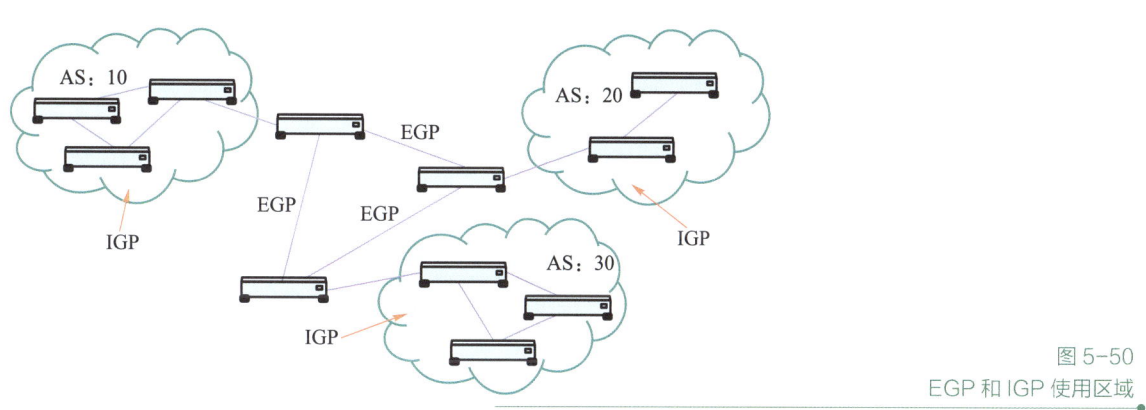

图 5-50
EGP 和 IGP 使用区域

动态路由协议根据算法，还分为距离矢量路由协议和链路状态路由协议。

距离矢量（Distance-Vector）路由协议是指根据距离矢量算法，确定网络中节点的方向与距离，也就是根据距离和方向决定目标网络位置的一种方法，这里的距离通常指跳数，也就是到达目的地经过路由器的个数，如图 5-51 所示。

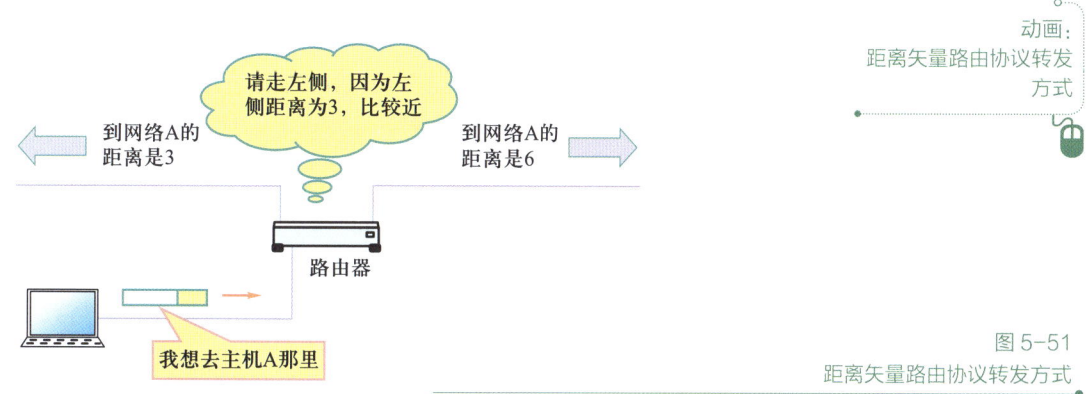

动画：
距离矢量路由协议转发
方式

图 5-51
距离矢量路由协议转发方式

链路状态（Link-State）路由协议在了解全网连接状态的基础上通过链路状态算法计算出到达目的地的最佳路径。与距离矢量路由协议按照距离（跳数）和方向进行转发不同，运行链路状态路由协议的每个路由器都必须互相之间学习链路连接状态，最终每个路由器上得到的网络拓扑都是一样的。即使网络中拓扑发生变化，只要每个路由器尽快地与其他路由器同步路由信息，就可以使路由信息达到稳定的状态。因此，即使网络结构变得复杂，每个路由器也能够保持正确的路由信息，从而进行稳定的路由选择，如图 5-52 所示。

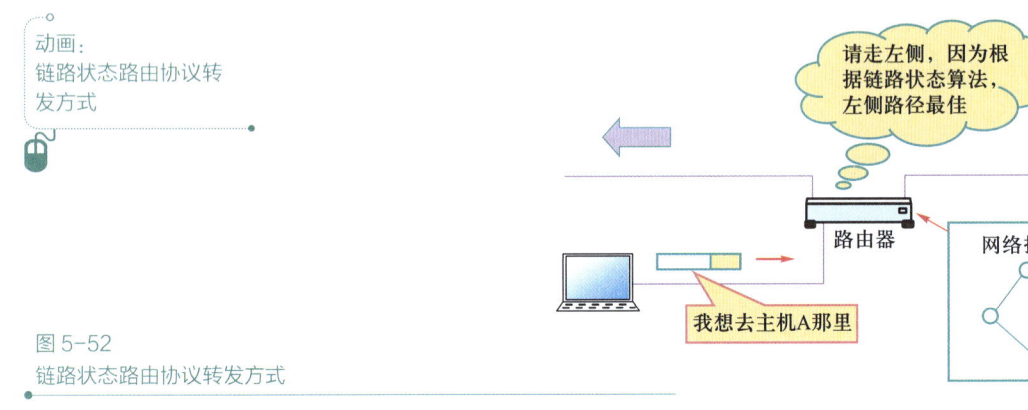

动画：
链路状态路由协议转
发方式

图 5-52
链路状态路由协议转发方式

3. 主要路由协议

路由协议分很多种，每种都有自己的特点及适合使用的网络，见表 5-8。

表 5-8　主要路由协议

协议名称	使用的下层协议	类　　型	适用范围
RIP	UDP	距离矢量路由协议	域内
OSPF	IP	链路状态路由协议	域内
EIGRP	IP	综合了距离矢量和链路状态两种协议	域内
IS-IS	IP	链路状态协议	域内
EGP	IP	距离矢量	对外连接
BGP	TCP	路径矢量	对外连接

【实践与体验 5-5】　查看主机静态路由信息

在配置主机的 IP 地址时，需要配置网关。网关也称为网络的出口，其在实际使用中是通过一条默认路由来（一种特殊的静态路由）体现的。当数据包要往主机外发送时，就会按照这条默认路由的信息进行转发。可以利用"route print"命令来查看主机的路由信息。

① 选择"开始"→"运行"菜单命令，在弹出的窗口中输入命令"cmd"，单击"确定"按钮后进入到 cmd 命令行界面。

② 输入命令"route print"，可以看到主机上的相关路由信息，如图 5-53 所示。其中，灰色的路由条目就是默认路由，其含义是当数据包无法匹配其他的路由条目时，就按照这条路由信息发送，即通过网关发给与本台主机相连的接口地址为 192.168.212.11 的设备。

微课 5-16
主机静态路由配置体验

拓展阅读 5-1
主机静态路由配置

```
C:\>route print
IPv4 路由表
===========================================================================
活动路由:
网络目标          网络掩码              网关              接口              跃点数
    0.0.0.0          0.0.0.0        192.168.212.1     192.168.212.11      20
  127.0.0.0        255.0.0.0           在链路上            127.0.0.1       306
  127.0.0.1   255.255.255.255          在链路上            127.0.0.1       306
127.255.255.255 255.255.255.255        在链路上            127.0.0.1       306
192.168.212.0   255.255.255.0          在链路上         192.168.212.11     276
  224.0.0.0        240.0.0.0           在链路上            127.0.0.1       306
  224.0.0.0        240.0.0.0           在链路上         192.168.212.11     276
255.255.255.255 255.255.255.255        在链路上            127.0.0.1       306
255.255.255.255 255.255.255.255        在链路上         192.168.212.11     276
===========================================================================
```

图 5-53
主机路由信息表

【实训 5-3】 主机静态路由配置

实训文档:
实训 5-3　主机静态
路由配置

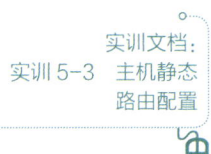

5.4.3　动态路由协议举例

1. RIP

RIP（Routing Information Protocol）是距离矢量路由协议的一种，是 IP 所使用的第一个路由协议，被广泛用于 LAN。它使用跳数作为路径选择的依据，例如，若一个由 RIP 产生的路由表表项给出到达某目标网络的跳数为 4，则说明从当前节点到达该目标网络需要经过 4 个路由器的转发。RIP 最大跳数为 15 跳，超过 15 跳则认为目标网络不可达，因此 RIP 通常用在网络架构较为简单的小型网络环境。

微课 5-17
动态路由协议举例

RIP 的工作原理是通过路由器将自己知道的路由信息每隔 30 s 广播给它的邻居，通过互相之间的广播，计算出到达每一个目的地的最佳路径。如图 5-60 所示的案例中，网络 A 的信息经过路由器 A、路由器 B 和路由器 C 广播后，路由器 D 知道了到达网络 A 有两条路径，一条是 D—B—A，距离为 2；另一条是 D—C—B—A，距离是 3。因此，如果路由器 D 要发送数据到路由器 A，将会选择 D—B—A 这条最佳路径。在路由器 D 中，到达网络 A 的距离就是 2，方向是发给路由器 B。其他路由器也通过同样的过程把自己知道的网段互相通告，最后达到全网互通的目的，如图 5-54 所示。

2. OSPF

OSPF 路由协议是一种典型的链路状态（Link-State）路由协议，一般用于同一个路由域内。在这里，路由域是指一组通过统一的路由策略或路由协议互相交换路由信息的网络，即自治系统（AS）。在这个 AS 中，所有的 OSPF 路由器都共同维护一个描述区域拓扑结构的数据库。该数据库中存放的是路由域中相应链路的状态信息，OSPF 路由器正是通过这个数据库计算出其 OSPF 路由表的。

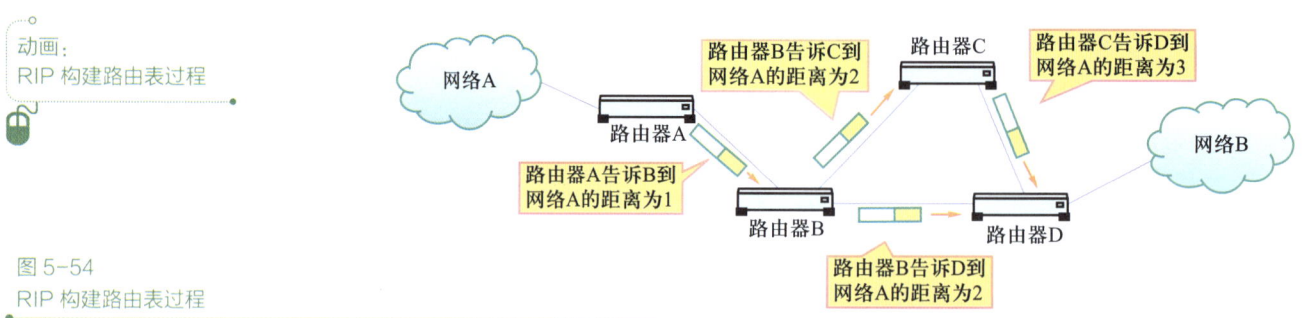

图 5-54
RIP 构建路由表过程

运行 OSPF 协议的网络，路由器之间交换链路状态生成网络拓扑信息，这一点与距离矢量路由协议不同。运行距离矢量路由协议的路由器是将部分或全部的路由表传递给与其相邻的路由器，如图 5-55 所示。

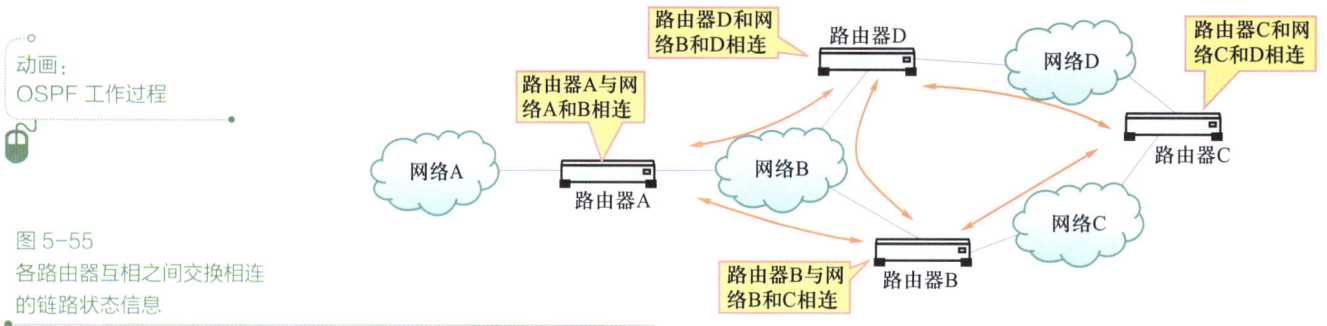

图 5-55
各路由器互相之间交换相连
的链路状态信息

OSPF 协议工作的基本思想是：互联网上的每个路由器周期性地向其他路由器广播自己与相邻路由器的连接关系，如链路类型、IP 地址和子网掩码、带宽、延迟等，从而使网络中的各路由器能获取远方网络的链路状态信息，以使各个路由器都可以画出一张互联网拓扑结构图。利用这张图和最短路径优先（SPF）算法，每个路由器就都可以计算出自己到达各个网络的最短路径，如图 5-56 所示。

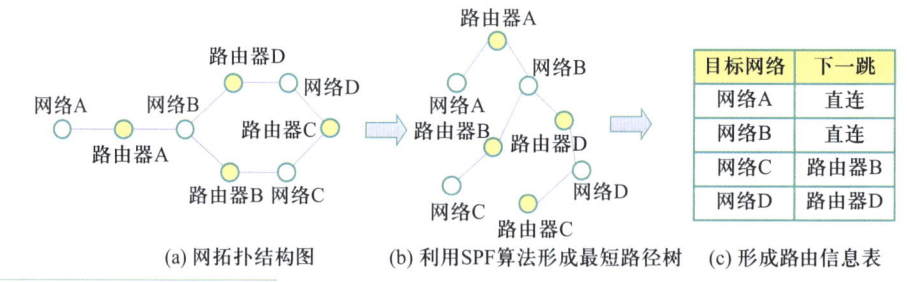

图 5-56
路由器 A 路由信息计算过程

(a) 网拓扑结构图　　(b) 利用 SPF 算法形成最短路径树　　(c) 形成路由信息表

从以上可以看出，链路状态路由协议与距离矢量路由协议有很大的不同。运行距离矢量路由协议的路由器依靠它的邻居获取远程网络和路由器的信息，不需要路由器了解整个互联网的拓扑结构，实际上它对远方的网络状况一无所知，仅是 "听说" 而已。

链路状态路由协议则不同，它通过相邻路由器获取远方网络的链路状态信息，因此它对整个网络或既定区域的认识是直接的、完整的，并且它依赖于整个互联网的拓扑结构图，利用该图得到 SPF 树，再由 SPF 树生成路由表。

拓展阅读 5-2
MPLS

拓展阅读 5-3
分片与重组

微课 5-19
分片与重组

微课 5-20
路径 MTU 发现技术

动画：
MPLS 数据工作原理

动画：
IP 报文分片与重组

动画：
UDP 路径 MTU 发现机制

动画：
TCP 路径 MTU 发现机制

5.5 网络层相关协议

5.5.1 ARP

微课 5-21
ARP 的作用与工作机制

1. ARP 的作用

数据包在 Internet 中的转发依靠 IP 地址进行寻址，而在局域网中依靠 MAC 地址完成数据的转发，如图 5-57 所示。那么局域网中的主机是如何知道目的主机的 MAC 地址的呢？这就需要用到 ARP。

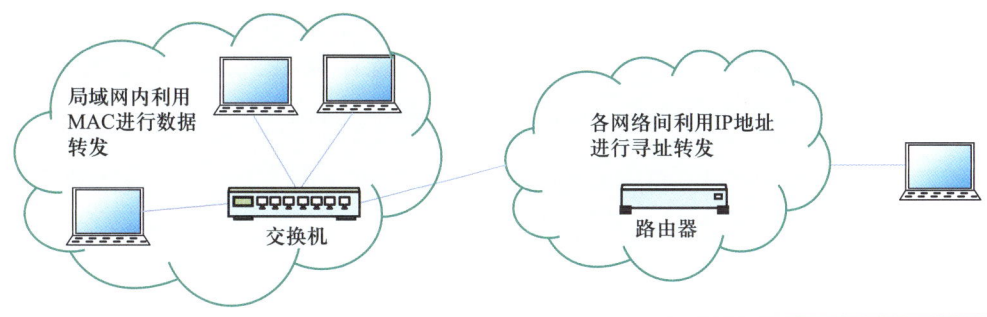

图 5-57
数据转发依据

ARP 是 Address Resolution Protocol（地址解析协议）的缩写。所谓"地址解析"就是主机在发送帧前将目标 IP 地址转换成目标 MAC 地址的过程。在局域网中，网络中实际传输的是"帧"，帧里面有目标主机的 MAC 地址。在以太网中，一个主机和另一个主机进行直接通信，必须要知道目标主机的 MAC 地址。ARP 的基本功能就是通过目标设备的 IP 地址查询该设备的 MAC 地址，以保证通信的顺利进行。

注意：ARP 只适用于 IPv4，不能用于 IPv6。在 IPv6 中可以用 ICMPv6 替代 ARP 进行目标 MAC 地址查询。

2. ARP 工作机制

那么 ARP 又是如何知道 MAC 地址的呢？简单来说，ARP 是借助 ARP 请求与 ARP 响应两种类型的包来确定 MAC 地址的。

下面通过一个案例了解 ARP 寻址的过程。如图 5-58 所示，假定主机 A 向同一局域网的主机 B 发送数据包，主机 A 的 IP 地址为 172.16.1.1，主机 B 的 IP 地址为 172.16.1.2，它们互不知道对方的 MAC 地址。

希望与主机B
进行通信

172.16.1.1

主机A

1.首先发送ARP
广播包询问B的
MAC地址

172.16.1.3

2.C收到后
丢弃此包

主机C

3.B收到后将主机
A的MAC地址收
藏，并给回应

172.16.1.2

交换机

4.告诉A,自己
的MAC地址

主机B

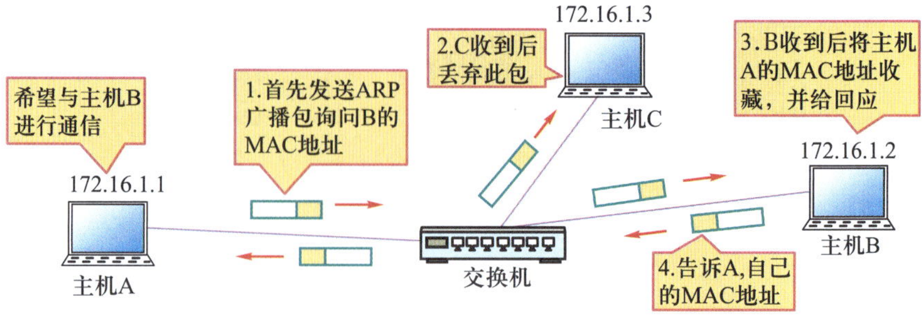

图 5-58
ARP 地址解析过程

主机 A 为了与主机 B 通信，必须知道 B 的 MAC 地址，因此在通信之前首先进行 ARP 寻址。

① 主机 A 发出 ARP 请求包，询问"谁知道 IP 地址为 172.16.1.2 的主机的 MAC 地址，请告诉我"，该 ARP 包数据帧是一个目的 MAC 地址为 FFFFFFFFFFFF（12 个 F）的广播包。

② 同一局域网中的所有主机都会收到这个广播包。

③ 主机 C 收到包后，检查发现所询问的 IP 地址与自己的不相符，于是丢弃该包。

④ 主机 B 收到这个广播包后，发现是在询问自己的 MAC 地址是多少，首先把 A 的 MAC 地址收藏起来，然后发送一个目的地址为主机 A 的 MAC 地址、源地址为自己的 MAC 地址的单播 ARP 响应包给主机 A，告诉 A 自己的 MAC 地址是多少。

⑤ 主机 A 收到这个单播包后会将主机 B 的 MAC 地址放入自己的 ARP 地址表中（利用命令"arp -a"可查看主机中所保存的 ARP 地址表，如图 5-59 所示）。

⑥ 主机 A 利用这一 MAC 地址与主机 B 进行通信。

```
C:\>arp  -a
Interface：210.29.228.68 --- 0x2
    Internet Address        Physical  Address        Type
    172.16.1.2              00-00-5e-00-01-06         dynamic
```

图 5-59
主机 A 中 ARP 地址表

根据 ARP 可以动态地进行地址解析，因此，在 TCP/IP 的网络构造和网络通信中无须事先知道目的地的 MAC 地址究竟是什么，只要有 IP 地址即可。

如果每发送一个 IP 数据报都要进行一次 ARP 请求来确定 MAC 地址，那将会产生不必要的网络流量。因此，通常的做法是把获取到的 MAC 地址放到 ARP 地址表中缓存起来。下一次再向这个 IP 地址发送数据报时不需再重新发送 ARP 请求，而是直接使用这个缓存表当中的 MAC 地址进行数据报的发送。

MAC 地址的缓存是有一定期限的，超过这个期限，缓存的内容将被清除。这使得 MAC 地址与 IP 地址的对应关系即使发生了变化，也依然能够将数据报正确地发送给目标地址。

3. ARP 与跨网络通信

在局域网中通信使用 MAC 地址，那么在不同网络之间的通信会不会用到 MAC 地址呢？在如图 5-60 所示的案例中 ARP 又是如何工作的呢？

微课 5-22
ARP 与跨网络通信

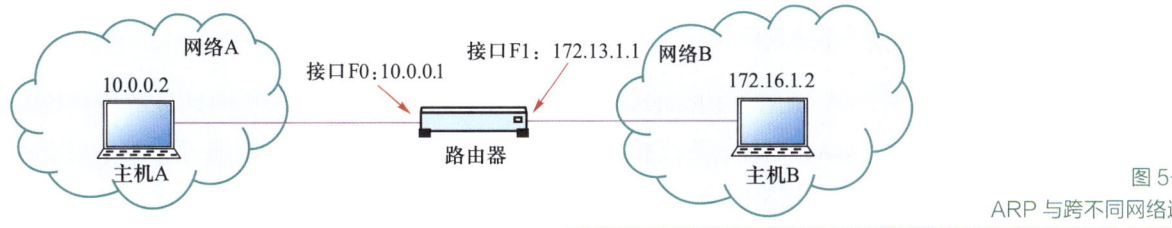

图 5-60
ARP 与跨不同网络通信

有些人可能会质疑:"只要知道了 IP 地址,即使不做 ARP,仅在数据链路上做一个广播不就能发给主机 B 了吗?"那么,为什么既需要 IP 地址又需要 MAC 地址呢?因为主机 A 发送 IP 数据报给主机 B 时,数据报必须经过路由器。即使知道了主机 B 的 MAC 地址,由于路由器会隔断两个网络,还是无法实现直接从主机 A 发送数据报给主机 B。此时,主机 A 必须得先将数据报发送给路由器,然后再由路由器将数据报转发给主机 B。

路由器与网络 A 的接口为 F0,IP 地址是 10.0.0.1,它是网络 A 中所有主机往其他网络发送数据的一个出口,因此它是网络 A 的网关。主机 A 要想把数据报发给主机 B,首先必须发给它的网关,即路由器的 F0 接口。这个过程主机 A 也要进行 ARP 寻址得到网关(F0 接口)的 MAC 地址。

同样当路由器将数据报发送给主机 B 时,首先也要进行 ARP 寻址得到主机 B 的 MAC 地址,然后利用 F1 接口(网络 B 的网关)将数据发送给主机 B。

通过这个案例可以知道,正常情况下,主机只能解析到与之同一网络的其他主机及网关的 MAC 地址,而不能跨网络进行地址解析。

4. 代理 ARP

代理 ARP(Proxy ARP)由 ARP 演变而来。通常 ARP 包会被路由器隔离,但是采用代理 ARP 的路由器可以将 ARP 请求转发给邻近的网段。由此,两个以上网段的节点之间可以像在同一个网段中一样进行通信。

当代理 ARP 路由器在网络中捕获到一个 ARP 请求后,首先判断 ARP 请求包中的目标 IP 地址是否属于本地网络。如果属于本地网络,则会忽略或丢弃该 ARP 请求包;若 ARP 请求中目标 IP 地址不在本地网络中,便会采用代理 ARP 的方式。

如图 5-61 所示案例中,主机 A 想解析主机 B 的 MAC 地址,当解析包发送到路由器时,路由器判断出它们不在同一网络,但知道主机 B 的在哪,于是就会以自己接口的物理地址进行 ARP 应答,那么主机 A 的 ARP 表中将会存放主机 B 的 IP 地址和路由器的 MAC 地址的映射关系。通信的时候,主机 A 首先将数据发给路由器,然后由路由器 B 完成后续转发工作。

动画:
代理 ARP

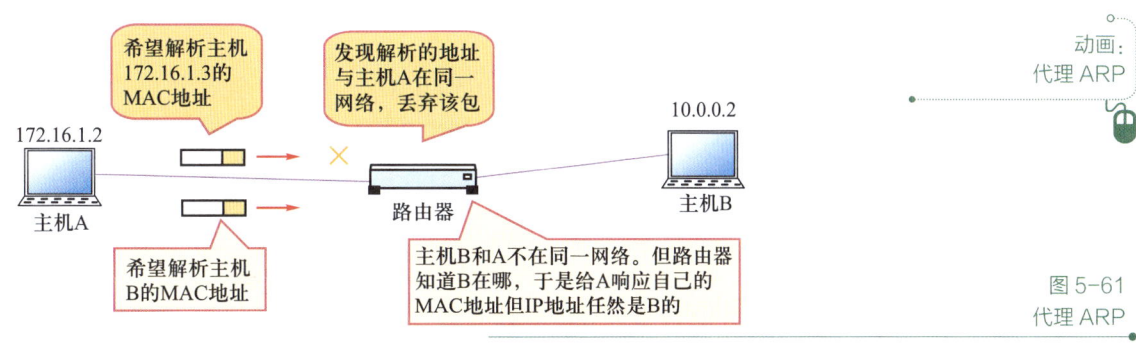

图 5-61
代理 ARP

5.5.2　RARP

RARP（Reverse Address Resolution Protocol，反向地址解析协议）是指利用 MAC 地址解析出相对应的 IP 地址。例如，将打印机服务器等小型嵌入式设备接入到网络时就经常会用到该协议。

主机可以通过手动设置 IP 地址，也可以通过自动分配方式（DHCP）自动获取 IP 地址。然而，使用嵌入式设备时，会遇到没有任何输入接口或无法通过 DHCP 动态获取 IP 地址的情况。

在类似情况下，就可以使用 RARP，如图 5-62 所示。为此，需要架设一台 RARP 服务器，在这个服务器上注册设备的 MAC 地址及其 IP 地址。然后再将这个设备接入到网络，插电启动设备时，该设备会发送一条"我的 MAC 地址是 ***，请告诉我，我的 IP 地址应该是什么"的请求信息。RARP 服务器接到这个消息后返回类似于"MAC 地址为 *** 的设备，IP 地址为 ***"的信息给这个设备，设备就根据从 RARP 服务器所收到的应答信息设置自己的 IP 地址。

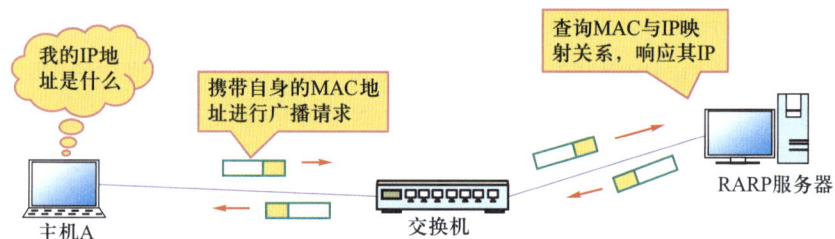

图 5-62
RARP 解析过程

5.5.3　ICMP

IP 提供的是一种无连接的、不可靠的、尽力而为的服务，不存在关于网络连接的建立和维护过程，也不包括流量控制与差错控制功能，在数据报通过互联网的过程中，出现各种传输错误是难免的。而且对于源主机而言，一旦数据报被发送出去，那么该数据报在传输过程中是否出现差错，是否顺利到达目标主机等就会变得一无所知。因此，需要设计某种机制来帮助人们对网络的状态有一些了解，包括路由、拥塞和服务质量等问题。ICMP 就是为了这个目的而设计的。

ICMP 是 Internet Control Message Protocol（互联网控制信息协议）的缩写。它是 TCP/IP 协议簇中的一个子协议，用于在 IP 主机、路由器之间传递控制消息。控制消息是指网络通不通、主机是否可达、路由是否可用等网络本身的消息。这些控制消息虽然并不传输用户数据，但是对于用户数据的传递起着重要的作用。

在网络中经常会使用到 ICMP，例如，经常使用的用于检查网络通不通的 ping 命令，这个"ping"的过程实际上就是 ICMP 工作的过程。还有其他的网络命令（如跟踪路由的 tracert 命令）也是基于 ICMP 的。

1. ICMP 主要功能

ICMP 的主要功能包括确认 IP 包是否成功送达目标地址、通知在发送过程当中 IP 包被丢弃的具体原因、改善网络设置等。有了这些功能以后，就可以获得网络是否正常、设置是否有误以及设备有何异常等信息，从而便于进行网络上的问题诊断。

总体来说，ICMP 报文提供针对网络层的错误诊断、拥塞控制、路径控制和查询服务 4 项功能。例如，当一个分组无法到达目的站点或 TTL 超时后，路由器就会丢弃此分组，并向源端返回一个目的站点不可到达的 ICMP 报文，如图 5-63 所示。

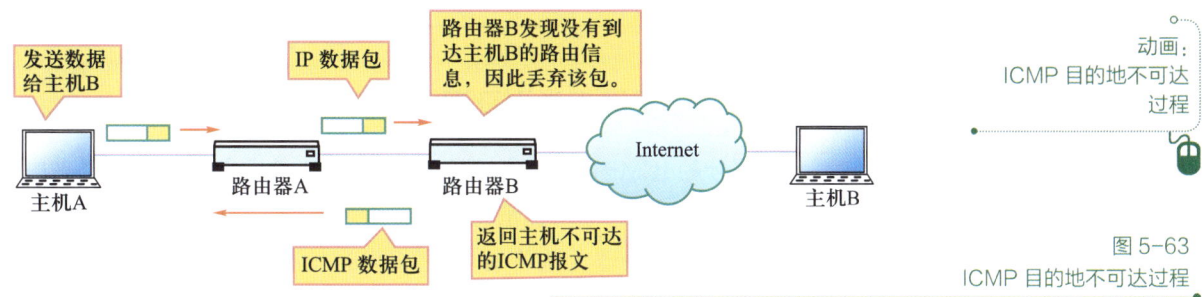

图 5-63
ICMP 目的地不可达过程

2. ICMP 报文格式

ICMP 是 IP 层协议。ICMP 报文作为 IP 层数据报的数据，在加上 IP 数据报的首部之后，组成 IP 数据报发送出去。ICMP 报文的前 4 个字节格式是统一的，共有 3 个字段，分为类型（ICMP 的类型）、代码（进一步划分 ICMP 的类型，可以说是错误号）、校验和，如图 5-64 所示。后续 4 字节的内容和 ICMP 有关。最后是数据字段，其长度取决于 ICMP 的类型（详细信息参见 RFC 792 技术文档）。

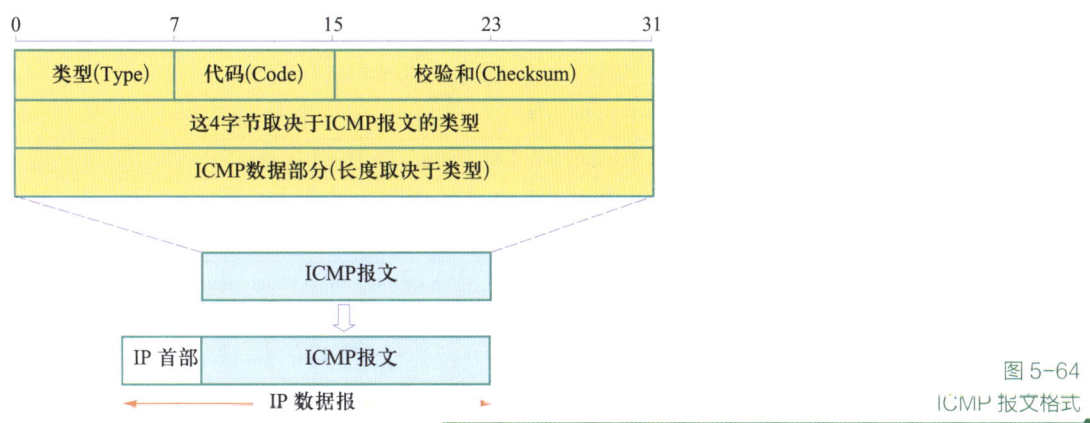

图 5-64
ICMP 报文格式

ICMP 的消息可以大致分为两类：一类是 ICMP 差错控制报文，即通知出错原因的错误消息，另一类是 ICMP 询问报文，即用于诊断的查询消息，其类型见表 5-9。

ICMP 报文种类	类型（十进制数）	内　　　容
差错报告报文	3	目标不可达（Destination Unreachable）
	4	源点抑制（Source Quench）
	5	重定向或改变路由（Redirect）
	9	路由器公告（Router Advertisement）
	10	路由器请求（Router Solicitation）
	11	超时（Time Exceeded）

表 5-9　ICMP 部分报文类型

续表

ICMP 报文种类	类型（十进制数）	内　　容
询问报文	0	回送应答（Echo Reply）
	8	回送请求（Echo Request）
	13	时间戳（Timestamp）
	14	时间戳响应（Timestamp Reply）
	17	地址子网请求（Address Mask Request）
	18	地址子网应答（Address Mask Reply）

5.5.4　ICMP 的主要消息类型及现象分析

微课 5-25
ICMP 的主要消息类型
及现象分析

大部分的 ICMP 报文类型都包含不同的消息，它们通过代码来进行区分。

（1）ICMP 目标不可达消息（类型为 3）

网络中，路由器无法将 IP 数据报发送给目的地址时，会给发送端返回一个目标不可达（Destination Unreachable Message）的 ICMP 消息，并在这个消息中显示不可达的具体原因，其种类代码见表 5-10。

表 5-10　目标不可达的消息种类

错误号	ICMP 不可达消息
0	目标网络不可达（Network Unreachable）
1	目标主机不可达（Host Unreachable）
2	目标协议不可达（Protocol Unreachable）
3	目标端口不可达（Port Unreachable）
4	要求分段并设置 DF flag 标志（Fragmentation Needed and Don't Fragment was Set）
5	源路由失败（Source Route Failed）
6	未知的目标网络（Destination Network Unknown）
7	未知的目标主机（Destination Host Unknown）
8	源主机隔离（Source Host Isolated）
9	禁止访问的网络（Communication with Destination Network is Administratively Prohibited）
10	禁止访问的主机（Communication with Destination Host is Administratively Prohibited）

在实际通信当中经常会遇到的错误代码是 1，表示主机不可达（Host Unreachable），它是指路由表中没有该主机的信息，或者该主机没有连接到网络。此外，错误代码 4（Fragmentation Needed and Don't Fragment was Set）用于路径 MTU 发现。由此，根据 ICMP 不可达的具体消息，发送端主机也就可以了解此次发送不可达的具体原因。

（2）ICMP 超时消息（类型为 11）

在 IP 网中，每个路由器独立地为 IP 数据报选路。一个路由器的路由选择出现问题，IP 数据报的传输就有可能出现兜圈子的情况。IP 数据报中有一个字段叫作 TTL（Time To Live，生存周期），其值每经过一次路由器就会减 1，直到减到 0 时该 IP 数据报会被丢弃。此时，路由器将会发送一个 ICMP 超时的消息（ICMP Time Exceeded Message，错误号 0）给发送端主机，并通知该数据报已被丢弃，如图 5-65 所示。

动画：
数据未达目的端 ICMP
超时

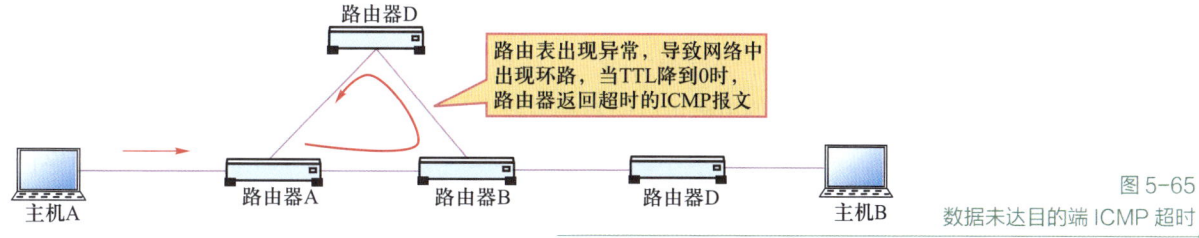

图 5-65
数据未达目的端 ICMP 超时

设置 IP 数据报生存周期的主要目的是在路由控制遇到问题发生循环状况时，避免 IP 数据报无休止地在网络上被转发。此外，有时可以用 TTL 控制包的到达范围，如设置一个较小的 TTL 值。

产生超时报告报文的另一种情况是：当组成报文的所有分段未能在某一时限内到达目的主机时，也要产生超时报文。当第 1 个分段到达时，目的主机就启动计时器。当计时器的时间到了，且目的主机没有收到所有分段时，它就丢弃已收到的分段，并向源端发送超时报文，如图 5-66 所示。

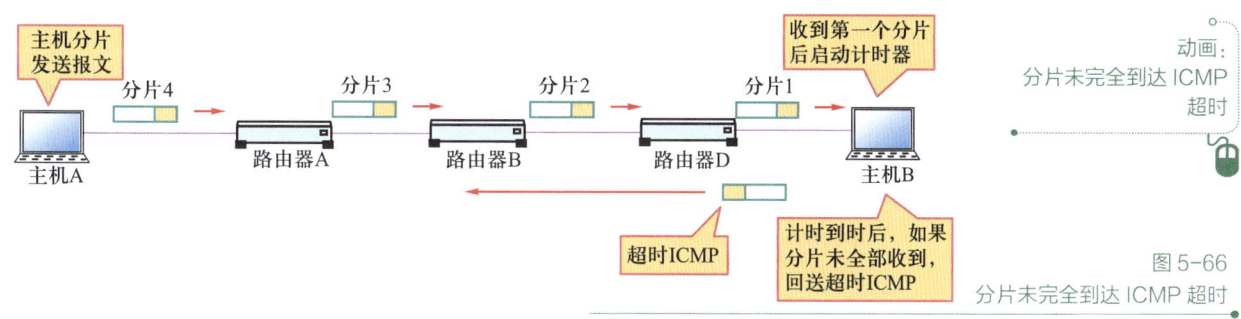

动画：
分片未完全到达 ICMP
超时

图 5-66
分片未完全到达 ICMP 超时

（3）ICMP 重定向消息（类型为 5）

在 IP 网中，主机可以在数据传输过程中不断地从相邻的路由器获得新的路由信息。通常，主机在启动时都具有一定的路由信息，这些信息可以保证主机将 IP 数据报发送出去，但经过的路径不一定是最优的。路由器一旦检测到某 IP 数据报经非优路径传输，它一方面继续将该数据报转发出去，另一方面将向主机发送一个路由重定向 ICMP 报文，通知主机去往相应目的主机的最优路径，如图 5-67 所示。这样主机经过不断积累便能掌握越来越多的路由信息。ICMP 重定向机制的优点是保证主机拥有一张动态的、既小且优的路由表。

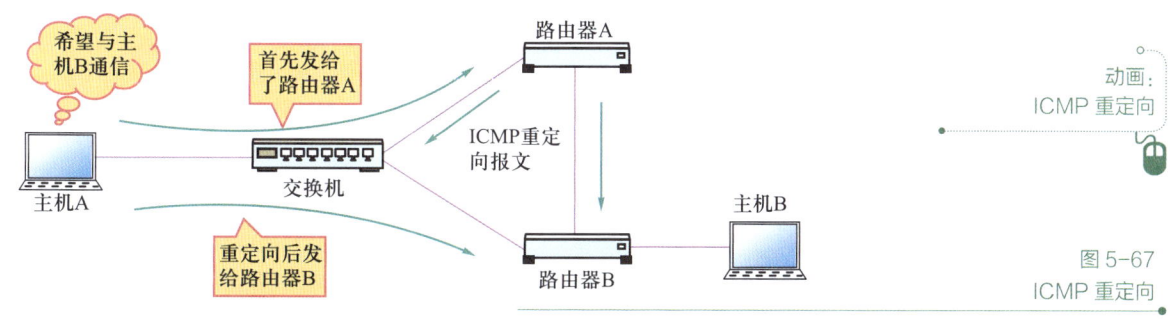

动画：
ICMP 重定向

图 5-67
ICMP 重定向

但是，ICMP 重定向机制只能用于同一网络的路由器与主机之间，对路由器之间的路由刷新无能为力。

（4）ICMP 回送消息（类型为 0 和 8）

用于进行通信的主机或路由器之间，用于测试路由器和目的主机的可达性。网络中的主机可以向对端主机发送回送请求的消息（ICMP Echo Request Message，类型 8），也可以接收对端主机发回来的回送应答消息（ICMP Echo Reply Message，类型 0）。网络上最常用的 ping 命令就是利用这个消息实现的，如图 5-68 所示。

动画：
ICMP 回送消息

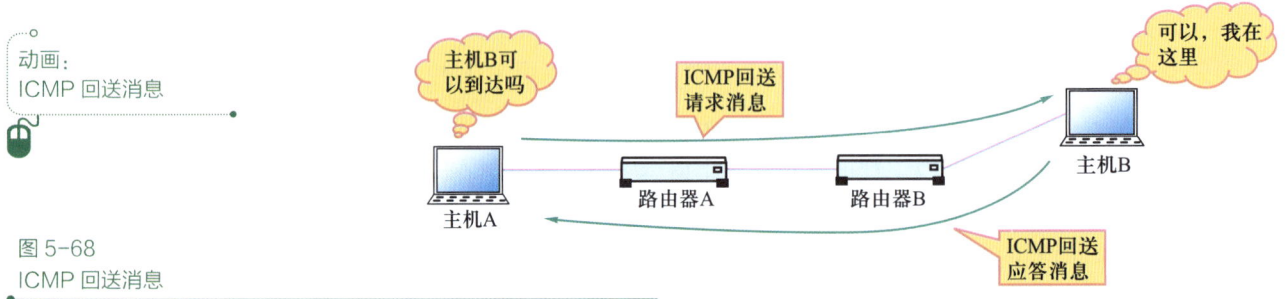

图 5-68
ICMP 回送消息

【实践与体验 5-6】 常用网络命令体验

微课 5-26
常用网络命令体验

1. ipconfig 命令

ipconfig 是调试计算机网络的常用命令，通常使用它显示网络适配器的物理地址、IP 地址、子网掩码以及默认网关，还可以查看主机的相关信息，如主机名、DNS 服务器、DHCP 服务器等。在 CMD 命令行模式下输入命令"ipconfig /?"可以显示 ipconfig 的格式和参数说明。

（1）显示网络配置详细信息

命令格式：ipconfig /all

说明：此应用方式显示网络适配器（网卡、拨号连接等）的完整 TCP/IP 配置信息。与不带参数的用法相比，其信息更全更多，如可显示网卡的物理地址、IP 是否动态分配等，如图 5-69 所示。

```
C:\>ipconfig /all
  以太网适配器  本地连接
      连接特定的 DNS 后缀 . . . . . . . . :
      描述. . . . . . . . . . . . . . . . : Intel (R) 82579LM Gigabit Network Connection
      物理地址. . . . . . . . . . . . . . : 12-64-43-33-84-89
      DHCP 已启用 . . . . . . . . . . . . : 是
      自动配置已启用. . . . . . . . . . . : 是
      本地链接 IPv6 地址. . . . . . . . . : fe80::19a9:60dd:ac7d:438e%11(首选)
      IPv4 地址 . . . . . . . . . . . . . : 192.168.212.11(首选)
      子网掩码  . . . . . . . . . . . . . : 255.255.255.0
      获得租约的时间  . . . . . . . . . . : 2015年3月9日 15:28:49
      租约过期的时间  . . . . . . . . . . : 2015年3月10日 15:28:49
      默认网关. . . . . . . . . . . . . . : 192.168.212.1
      DHCP 服务器 . . . . . . . . . . . . : 192.168.212.253
      DHCPv6 IAID . . . . . . . . . . . . : 250617775
      DHCPv6 客户端 DUID  . . . . . . . . : 00-01-00-01-19-E5-E0-8F-F0-1F-AF-35-CF-6B
      DNS 服务器 . . . . . . . . . . . . . : 210.29.224.21
                                          61.147.37.1
      TCPIP 上的 NetBIOS  . . . . . . . . : 已启用
```

图 5-69
"ipconfig/all"命令显示的详细信息

（2）备份网络设置

命令格式：ipconfig /batch bak-netcfg

说明：将有关网络配置的信息备份到文件 bak-netcfg 中。

（3）为网卡动态分配新地址

命令格式：ipconfig /release

说明：去除网卡（适配器 1）的动态 IP 地址。

命令格式：ipconfig /renew

说明：为网卡重新动态分配 IP 地址。

如果网络连接发生故障，刚好网卡的 IP 地址是自动分配的，就可以使用实例 3 的方法了。

2. ping 命令

ping 命令就是利用回应请求 / 应答 ICMP 报文来测试目的主机或路由器的可达性。不同网络操作系统对 ping 命令的实现稍有不同，较复杂的实现方法是发送一系列的回应请求 ICMP 报文、捕获回应应答并提供丢失数据报的统计信息。网络管理人员可利用 ping 工具诊断网络的问题。

微课 5-27
ping 命令的使用

ping 发送 echo request 报文到某个地址，然后等待应答（reply），当 echo request 到达目标地址以后，目标端在一个有效的时间内（timeout 之前）返回 echo reply 报文给源端，这样即说明能够 ping 通。

图 5-70 中是使用 ping 命令测试可达性返回的信息。总共返回了 4 个测试数据包，其中 bytes=32 表示测试中发送的数据包大小是 32 字节；time<1 ms 表示与对方主机往返一次所用的时间小于 1 ms；TTL=63 表示当前测试使用的 TTL（Time To Live）值（系统默认值为 64）。测试结果表明连接非常正常，没有丢失数据包，响应很快。对于局域网，数据包丢失越少和往返时间越小则越优。如果数据包丢失率高，响应时间非常慢，或者各数据包不按次序到达，那么就有可能是硬件有故障。

```
C:\>ping  192.168.224.21

Pinging  192.168.224.21 with 32 bytes of data:

Reply from  192.168.224.21: bytes=32 time<1 ms TTL=63
Reply from  192.168.224.21: bytes=32 time<1 ms TTL=63
Reply from  192.168.224.21: bytes=32 time=1 ms TTL=63
Reply from  192.168.224.21: bytes=32 time<1 ms TTL=63

Ping statistics for       192.168.224.21：
    Packets: Sent = 4, Received = 4, Lost = 0 (0% loss),
Approximate round trip times in milli       -seconds：
    Minimum = 0 ms, Maximum = 1 ms, Average = 0 ms
```

图 5-70
ping 命令的使用

对于路由器或其他网络设备，ping 命令测试会返回不同的标志符，它们代表着不同的含义，见表 5-11。

返回信息	信息含义
!（叹号）	成功收到响应，网络可达
.（点）	等待响应超时（Request Timed Out）
U	目标不可达（Destination Unreachable）或接收到错误的 PDU
Q	目标地址过于繁忙（Source Quench Received）
M	不能分片
?（问号）	未知的数据包类型
&	生存期（TTL=0）超出
Bad IP address	可能没有连接到 DNS 服务器所以无法解析这个 IP 地址，也可能是 IP
Unknown host	地址不存在

表 5-11 ping 命令测
试返回的信息
含义

在 Windows 操作系统中，除可以使用简单的"ping 目的 IP 地址"形式外，还可以使用 ping 命令的选项。完整的 ping 命令形式为"ping ［选项］ 目的 IP 地址"，具体使用方法可以通过输入"ping /?"进行查看，见表 5-12。

选项	选项含义
-t	连续发送和接收回送请求／应答 ICMP 报文直到手动停止（Ctrl+Break：查看统计信息；Ctrl+C：停止 ping 命令）
-a	将 IP 地址解析为主机名
-n Count	发送回送请求 ICMP 报文的数量
-l Size	发送探测数据包的大小（默认值为 32 B）
-f	不能分片（默认为允许分片）
-i TTL	指定生存周期
-w Timeout	指定等待每个回送应答的超时时间（以 ms 为单位，默认值为 1 000）

表 5-12 ping 命令选项

3. tracert 命令

tracert 可以显示出由执行程序的主机到达特定主机之前历经多少路由器，确定数据包到达目的地所必须经过的有关路径，并指明哪个路由器在浪费时间。它的原理是源主机发送一份（实际是连发三份，以确保对方收到）TTL 字段为 1 的 IP 数据报给目的主机，处理这份数据报的第 1 个路由器将 TTL 值减 1，丢弃该数据报，并发回一份超时 ICMP 报文。这样就得到了该路径中的第 1 个路由器的地址。然后 tracert 程序发送一份 TTL 值为 2 的数据报，这样就可以得到第 2 个路由器的地址，继续这个过程直至该数据报到达目的主机。具体用法是在命令行里输入"tracert 目标主机地址"即可，如图 5-71 所示。

```
C:\WINDOWS>tracert -d 172.16.2.65

Tracing route to      172.16.2.65

over a maximum of 30 hops：

  1   <10 ms   <10 ms   <10 ms   172.16.2.65

Trace complete.
```

图 5-71
tracert 命令的使用

4. nslookup 命令

nslookup 命令主要用来诊断域名系统（DNS）基础结构的信息，是查询域名信息的一个非常有用的命令，可以指定查询的类型，可以查到 DNS 记录的生存时间，还可以指定使用哪个 DNS 服务器进行解析。在已安装 TCP/IP 的计算机上面均可以使用这个命令。

nslookup 有非交互式和交互式两种运行模式。

① 非交互式在 cmd 命令窗口中直接输入命令，返回对应的数据，其命令格式：

nslookup [- 选项]　查询的域名　[DNS 服务器地址]

例如，查询百度的 IP 地址，可直接输入"nslookup www.baidu.com"，如图 5-72 所示。

```
C:\>nslookup www.baidu.com
服务器：dns.hcit.edu.cn
Address：210.29.224.21

非权威应答：

名称：   www.a.shifen.com
Addresses：119.75.218.70
          119.75.217.109
Aliases：www.baidu.com
```

图 5-72
非交互式查询方法

以上结果显示，正在工作的域名服务器为 dns.hcit.edu.cn，对应 IP 地址为 210.29.224.21。解析的地址 119.75.218.70 和 119.75.217.109 为百度的 IP 地址。

② 交互式模式是仅仅在命令行输入"nslookup"，随即便进入 nslookup 的交互命令行。在命令提示符下输入"help"或"?"可查看详细命令格式及使用方法。按快捷键 Ctrl+C 中断交互命令。

如要查询域名 A 记录，则可输入"set type=a"，按 Enter 键进入查询模块，然后输入要查询的域名，按 Enter 键后，即可查询到该域名 A 记录的详细信息，操作过程如图 5-73 所示。

```
C:\>nslookup
默认服务器：dns.hcit.edu.cn
Address：210.29.224.21

> set type=a
↗ www.baidu.com
服务器：dns.hcit.edu.cn
Address：210.29.224.21

非权威应答：

名称：   www.a.shifen.com
Addresses：119.75.217.109
          119.75.218.70
Aliases：www.baidu.com
```

图 5-73
交互式查询过程

5. netstat 命令

netstat 命令用于显示各种网络相关信息，如网络连接、路由表、接口状态、masquerade 连接、多播成员等。netstat 常见参数见表 5-13。

选项	选项含义
-a	显示所有选项，默认不显示 Listen 相关
-t	仅显示 TCP 相关选项
-u	仅显示 UDP 相关选项
-n	拒绝显示别名，能显示数字的全部转化成数字
-l	仅列出有在 Listen（监听）的服务状态
-p	显示建立相关链接的程序名
-r	显示路由信息，路由表
-e	显示扩展信息，如 uid 等
-s	按各个协议进行统计

表 5-13   netstat 命令
　　　　　 选项

例如，如果要列出所有 TCP 连接的端口，则输入"netstat -t"命令即可，如图 5-74 所示。

```
C:\>netstat    -t

活动连接

  协议   本地地址                外部地址                    状态              卸载状态
  TCP    127.0.0.1:1082          PC-201310082321:1083        ESTABLISHED       InHost
  TCP    127.0.0.1:1083          PC-201310082321:1082        ESTABLISHED       InHost
  TCP    127.0.0.1:11941         PC-201310082321:11942       ESTABLISHED       InHost
  TCP    127.0.0.1:11951         PC-201310082321:11950       ESTABLISHED       InHost
  TCP    192.168.212.11:16551    220.181.90.74:http          ESTABLISHED       InHost
  TCP    192.168.212.11:16609    180.153.160.57:http         CLOSE_WAIT        InHost
  TCP    192.168.212.11:16676    220.181.89.69:http          ESTABLISHED       InHost
```

图 5-74
"netstat -t"命令部分显示结果

【实训 5-4】　常用网络命令实践

实训文档：
实训 5-4　常用网络
命令实践

培养良好的网络习惯

遵守网络道德规范，养成良好上网习惯

高速发展的信息化时代下，网络正在潜移默化地改变着人们的生活方式。但是，作为一把"双刃剑"，网络在给人们的生活带来巨大便利的同时，也夹杂了许多良莠不齐的内容。因此，我们应当严格遵守网络道德规范，养成良好的上网习惯，不沉浸于网上聊天、游戏等虚拟世界，不浏览、制作、传播不健康信息，上网聊天时不使用侮辱、谩骂等词语，更不可轻易和不曾相识的网友见面或约会。作为信息时代的大学生，我们要尽量在网上多关注对自己的日常学习与生活有帮助的内容，自觉抵制网上有害信息的侵蚀，树立良好的上网风气，摒弃不文明、不道德行为，倡导文明、健康的网络生活。

5.6　虚拟专用网与网络地址转换

5.6.1　虚拟专用网（VPN）

直到 20 世纪 90 年代末，网络上的计算机通过非常昂贵的专线或拨号连线相互连接，视站点间的距离，花费可达数千美元（56 kb/s 连线）或上万美元（T1）。VPN 的出现避免了租用多条互联网专线的需要，极大减少了网络开支，并且用户可以安全地交换私密数据，这使昂贵的专线变得多余。

1. VPN 概述

虚拟专用网（Virtual Private Network，VPN）是一种常用于连接中、大型企业或团体与团体间的私人网络的通信方法。虚拟私人网络的信息通过公用的网络架构（如 Internet）来传送内部网络的网络信息。它利用已加密的通道协议（Tunneling Protocol）来达到保密、发送端认证、消息准确性等私人消息安全效果。这种技术可以用不安全的网络来发送可靠、安全的消息。需要注意的是，消息加密与否是可以控制的。没有加密的虚拟专用网消息依然有被窃取的危险。

以日常生活的例子来比喻，虚拟专用网就像图 5-75 所示的案例。甲公司的经理 A 想寄明信片给乙公司的经理 B。一般来讲明信片是可以直接邮寄的，但是 A 不想让人看到明信片上所写的内容，于是将明信片装进了信封里，为了保证明信片快速到达，A 还让本公司的员工 C 亲自送去。这个过程通过借助专用人员 C 保证了明信片的快速送达，同时保证了明信片内容的保密性，这就好比数据包的加密过程，如图 5-75 所示。

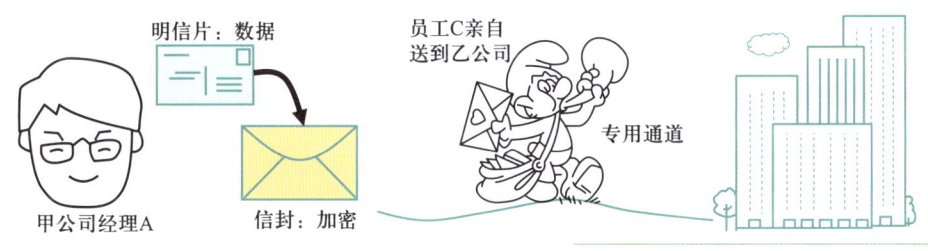

图 5-75
VPN 与私人通信的关系

"虚拟"的概念是相对传统私有专用网络的构建方式而言的，对于广域网连接，传统的组网方式是通过远程拨号和专线连接来实现的，而 VPN 利用服务提供商所提供的公共网络来实现远程的广域连接。通过 VPN，企业可以以更低的成本连接它们的远程办事机构、出差工作人员以及业务合作伙伴。

VPN 技术的推广主要是因为和其他网络技术相比它有很多优势，如搭建 VPN 的费用降低、提高了通信效率、实现了数据的安全传输。

2. VPN 中常用技术

VPN 主要通过隧道技术来实现业务，但是由于公网上业务复杂，安全性较差，因此 VPN 还要采取其他技术保证数据的安全性，主要包括加解密技术、密钥管理技术、数据认证技术和身份认证技术等。

（1）隧道技术

隧道技术是 VPN 技术中最关键的技术。隧道技术是指在隧道的两端通过封装以及解封装技术在公网上建立一条数据通道，使用这条通道对数据报文进行传输，如图 5-76 所示。

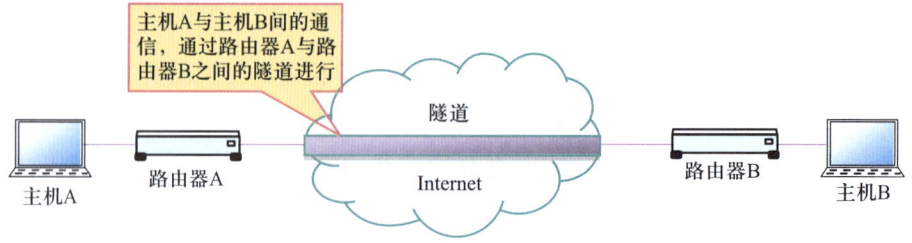

主机A与主机B间的通信，通过路由器A与路由器B之间的隧道进行

隧道
Internet

主机A　路由器A　　　　　　　路由器B　主机B

图 5-76
VPN 隧道技术

（2）加解密技术

加解密技术是数据通信中一项较成熟的技术，VPN 技术可以借助加解密技术保证数据在网络中传输时不被非法获取。即当数据被封装入隧道后立即进行加密，当数据到达隧道对端后，由隧道对端对数据进行解密。

（3）密钥管理技术

密钥管理技术在 VPN 中的主要任务是在不安全的公用数据网上安全地传递密钥而不被窃取。

（4）数据认证技术和身份认证技术

数据认证技术主要保证数据在网络传输过程中不被非法篡改。数据认证技术主要采用哈希算法，由于哈希算法的不可逆特性以及理论上的结果唯一性，因此在摘要相同的情况下可以保证数据没被篡改过。身份认证技术主要保证接入 VPN 的操作人员的合法性以及有效性，主要采用"用户名 + 密码"方式进行认证，对安全性要求较高的网络还可以使用 USB Key 等认证方式。

5.6.2　网络地址转换（NAT）与应用方式

微课 5-29
网络地址转换（NAT）

1. NAT 概述

由于 IPv4 地址正逐渐枯竭，为解决 IPv4 地址空间不足的情况，在私有网络（内网）中引入了私有地址的使用，但是在 Internet 中无法使用私有地址进行数据传输。为实现内网主机访问 Internet，就需要将私有地址转换成 Internet 中可使用的公网地址。这个转换过程就称为网络地址转换（Network Address Translation，NAT）。

简单来说，NAT 就是在局域网内部网络中使用内部地址，而当内部节点要与外部网络进行通信时，就在网关处将内部地址替换成公用地址，从而与外部公网（Internet）正常通信。NAT 可以使多台计算机共享 Internet 连接，这一功能很好地解决了公共 IP 地址紧缺的问题。通过这种方法，可以只申请一个合法 IP 地址就把整个局域网中的计算机接入 Internet 中。这时，NAT 屏蔽了内部网络，所有内部网计算机对于公共网络来说是不可见的，而内部网计算机用户通常不会意识到 NAT 的存在。这里提到的内部地址，是指在内部网络中分配给节点的私有 IP 地址，这些地址只能在内部网络中使用，不能在公网中使用。从实现上来说，一般的 NAT 设备（实现 NAT 功能的网络设备）都维护着一张地址转换表，所有经过 NAT 设备并且需要进行地址转换的报文，都会通过这个表做相应的修改，如图 5-77 所示。

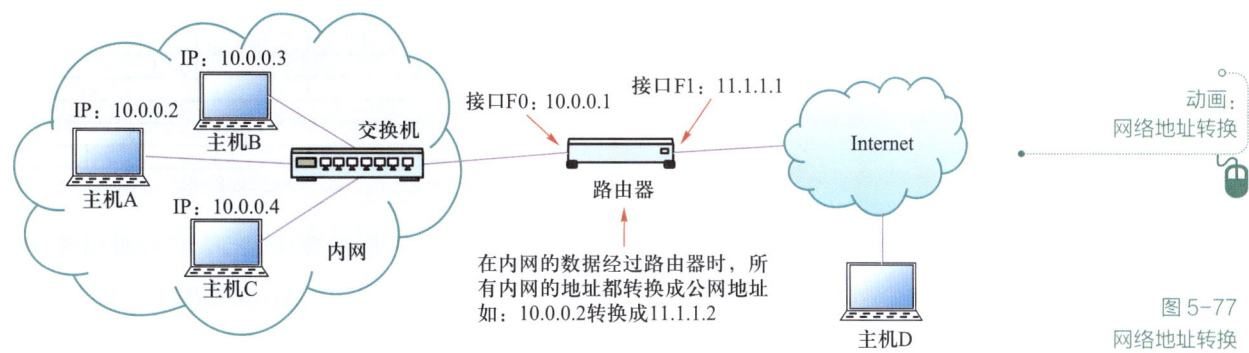

动画：
网络地址转换

图 5-77
网络地址转换

NAT 设备处于内部网络和外部网络的连接处。内部的 PC 与外部服务器的交互报文全部通过该 NAT 设备。常见的 NAT 设备有路由器、防火墙等。

2. NAT 优缺点

NAT 技术是一种在网络中被广泛使用的技术，几乎所有的内部网和 Internet 接口处都会使用 NAT 技术。NAT 优点比较突出，例如，对节省公有地址提供了技术支持；对外部用户隐藏了内部网络地址，增强了内部网络安全性；解决地址重复问题。同时 NAT 的应用也造成了一些问题，如 NAT 的操作比较消耗设备资源，可能增加网络时延；对应用了 NAT 技术的网段不能执行 ping 或者 Tracert 命令；某些应用可能无法穿越 NAT。

【实践与体验 5-7】 NAT 过程体验

在本节中，将利用 Packet Tracer 来体验 NAT 过程。在 Packet Tracer 中搭建如图 5-78 所示的网络，其中，内网主机使用的是私有地址，网络地址为 192.168.1.0/24；外网主机使用的是公有地址，网络地址为 11.0.0.0/8；为了实现内网与外网互通，在出口路由器上配置了静态网络地址转换，将 PC1-IP:192.168.1.2 转换为 10.1.1.3 的公网地址，将 PC2-IP:192.168.1.3 转换为 10.1.1.4 的公网地址。下面利用 Packet Tracer 软件的 Simulation Mode 来观察数据包的变化。

微课 5-30
NAT 过程体验

① 首先启用 Packet Tracer 的 Simulation Mode 视图，接下来从 PC1 发送一个数据包到 PC0，这时 PC1 生成了一个数据包，双击数据包打开数据包信息面板，在 Outbound PDU Details 标签中可以看到 IP 中封装的源 IP 地址为 192.168.1.2，目的 IP 地址为 11.0.0.2，如图 5-79 所示。

PT 案例：
NAT 过程体验

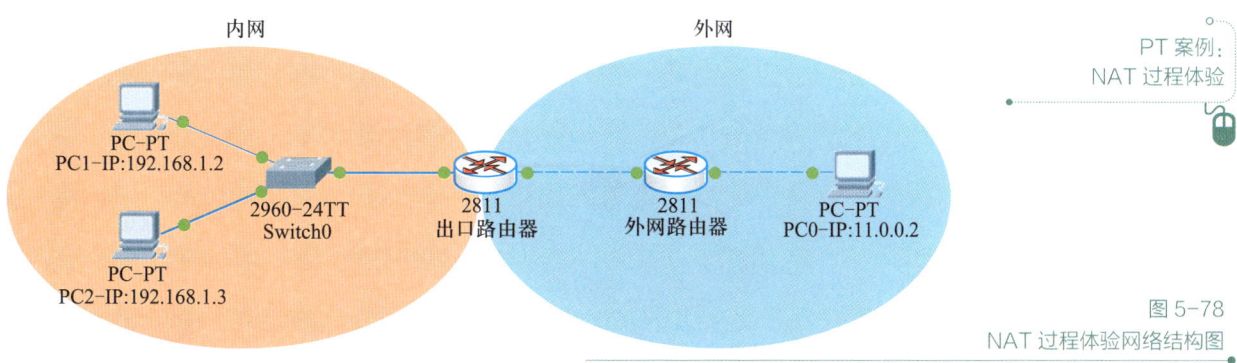

图 5-78
NAT 过程体验网络结构图

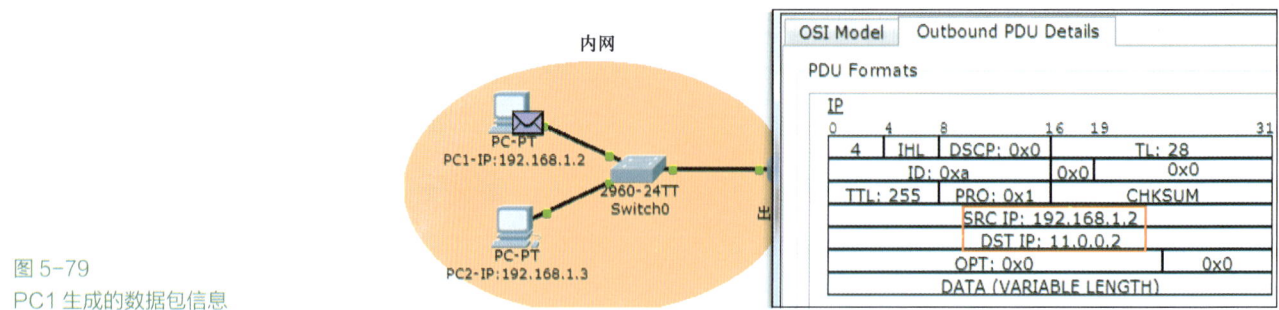

图 5-79
PC1 生成的数据包信息

②单击"Capture/Forward"按钮，数据包继续运行，当经过出口路由器后，双击数据包会发现，源 IP 地址已经转换为了 10.1.1.3，如图 5-80 所示，这是静态 NAT 按照事先的配置将其进行了转换。

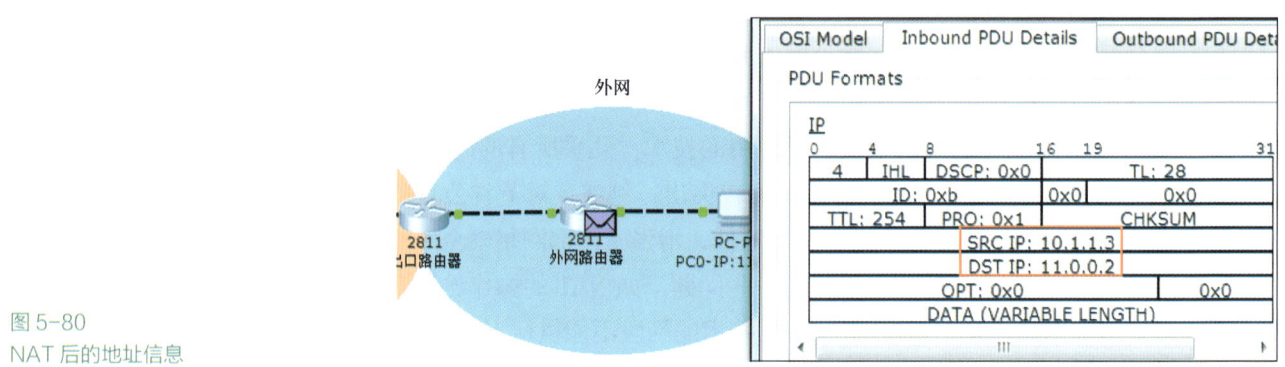

图 5-80
NAT 后的地址信息

③当数据包从 PC0 返回时，单击数据包会发现数据包中的源 IP 为 PC0 的 IP 地址 11.0.0.2，目的地址为 10.1.1.3，如图 5-81 所示。

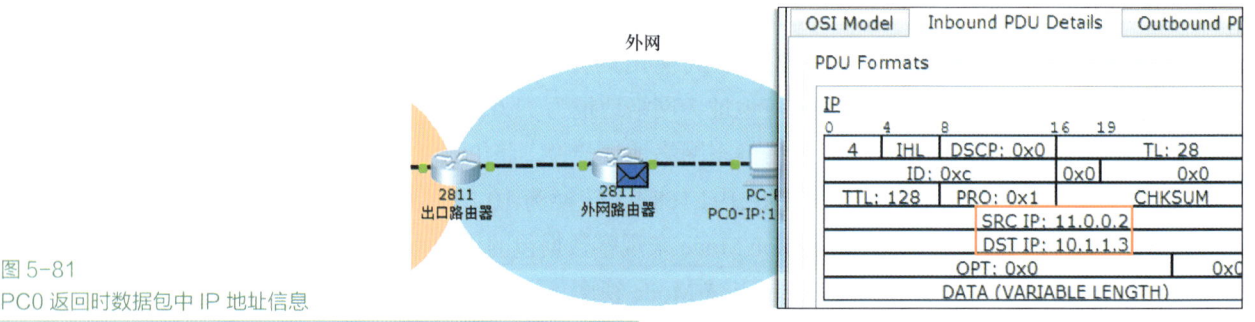

图 5-81
PC0 返回时数据包中 IP 地址信息

④当数据包通过出口路由器后，会发现数据包中的目的地址再次被转换为主机 PC1 的 IP 地址 192.168.1.2，如图 5-82 所示。

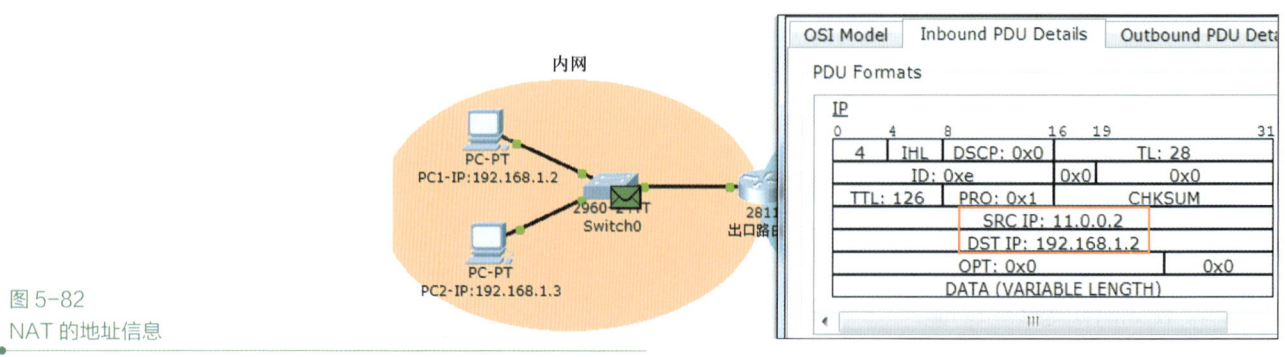

图 5-82
NAT 的地址信息

5.7　IPv6

5.7.1　IPv6 概述

1. IPv6 出现的背景

IPv4 是目前广泛部署的互联网协议，从 1981 年最初定义（RFC 791）到现在已经有 30 多年的时间，实践证明 IPv4 是一个非常成功的协议，其成功应用推动了互联网的巨大发展。

微课 5-31
IPv6

然而，互联网发展的速度与规模不断提升与扩大，以及新技术应用需求的不断增长，使得互联网开始面临着 IPv4 地址空间不足、网络节点配置困难、网络安全、服务质量、移动性支持有限等一系列问题。随着电信网络、电视网络和计算机网络"三网融合"工作的展开，越来越多的设备需要 IP 地址，如具有接入 IP 网络功能的汽车、手机和各种智能家用电器等。在这些问题中，最迫切需要解决的是 IPv4 地址空间不足的问题。尽管人们先后引入了子网划分、CIDR 和 NAT 等改进技术，但这些方法仍然不能从根本上解决 IP 地址短缺的问题。

为了解决 IPv4 在互联网发展中遇到的问题，IETF 于 1992 年 6 月提出要制定下一代互联网协议（IP-the next generation，IPng），即 IPv6。1998 年，IETF 正式发布了 IPv6 的系列草案标准。IPv6 不仅仅能解决 IPv4 地址耗尽的问题，它还试图弥补 IPv4 中的绝大多数缺陷。目前，人们正着力进行 IPv4 与 IPv6 之间的相互通信与兼容性方面的测试。

2. IPv6 的特点

与 IPv4 相比，IPv6 的新特性主要如下。

（1）巨大的地址空间

IPv6（IP version 6）是为了从根本解决 IPv4 地址耗尽的问题而被标准化的网际协议。IPv4 的地址长度为 32 位，而 IPv6 的地址长度则是原来的 4 倍，即 128 位，地址空间广泛，毫不夸张地说可以为世界上的每一粒沙子配置 IP 地址。

（2）性能提升

IPv6 包首部长度采用固定的值（40 B），不再采用首部检验码，可以简化首部结构，减轻路由器负荷。路由器不再做分片处理（由发送端主机通过路径 MTU 发现进行分片处理）。

（3）支持即插即用功能

即使没有 DHCP 服务器也可以实现自动分配 IP 地址。

（4）采用认证与加密功能

IPv6 集成了 IPSec 用于网络层的认证与加密功能，为用户提供端到端的安全传输。

（5）多播、Mobile IP 成为扩展功能

因为 IPv6 报头之后添加了扩展报头，将 IPv4 中的选项功能放在了可选的扩

笔记

展报头中，可按照不同协议要求增加扩展报头的种类，IPv6 可以很方便地实现功能扩展，如多播和 Mobile IP。由此可以预期，曾在 IPv4 中难于应用的这两个功能在 IPv6 中能够顺利使用。

5.7.2 IPv6 报文格式

微课 5-32
IPv6 报文格式

IPv6 将首部长度变为固定的 40 B，称为基本首部。将不必要的功能取消了，首部的字段数减少到只有 8 个。为了减轻路由器的负担，取消了首部的校验和字段，因此路由器不必再计算校验和，提高了数据包转发效率。在基本首部的后面允许有零个或多个扩展首部。所有的扩展首部和数据合起来叫作数据报的有效载荷（payload）或净负荷，如图 5-83 所示。

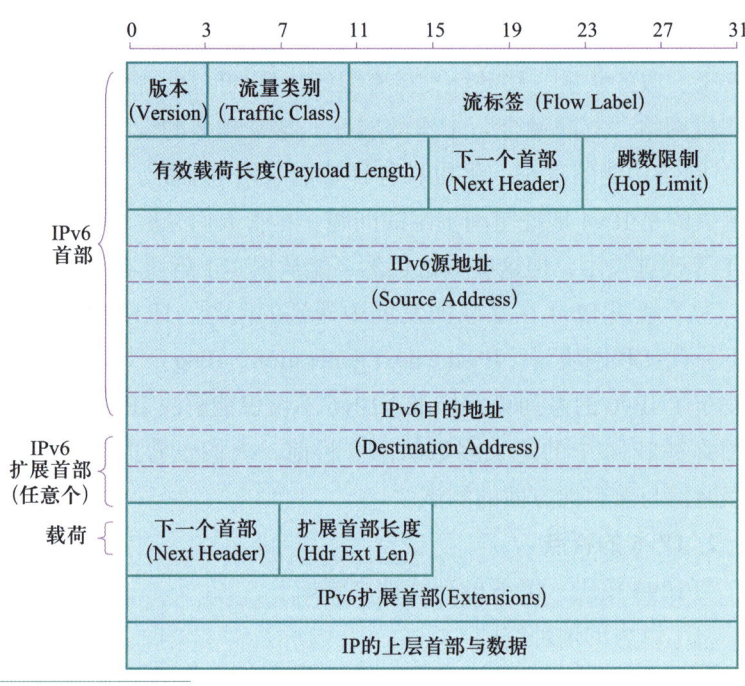

图 5-83
UDP 格式

1. 版本（Version）

"版本"字段与 IPv4 一样，由 4 位组成。IPv6 版本号为 6，因此在这个字段上的值为 6，二进制位为 0110。

2. 流量类别（Traffic Class）

该字段长度为 8 位，相当于 IPv4 中的 TOS（Type of Service）字段。由于 TOS 在 IPv4 中基本没发挥作用，本来计划在 IPv6 中删掉这一字段。但是，出于今后研究使用的目的还是保留了这一字段。其主要用以标识 IPv6 分组的类别和优先级，发送节点和转发路由器可以根据该字段的值来决定发生拥塞时如何更好地处理分组。例如，若由于拥塞的原因两个连续的数据报中必须丢弃一个，那么具有较低优先级的数据报将被丢弃。

3. 流标签（Flow Label）

"流标签"字段长度为 24 位，用以支持资源预定。这里的"流"是指从特定的源节点到目标节点的单播或组播分组，所有属于同一个流的数据分组都具有相同的流标签。流标签允许路由器将每一个数据分组与一个给定的资源分配相关联,数据分组所经过路径上的每一个路由器都要保证其所指明的服务质量。

在最简单的形式中,流标签可用来加速路由器对分组的处理。当路由器收到一个分组时,它不用查找路由表并用路由选择算法确定下一跳的地址,而是可以很容易地在流标签表中找到下一跳的地址。

在更加复杂的形式中,流标签可用来支持实时音频和视频的传输。特别是数字形式的实时音频或视频,需要高带宽、大缓存、长处理时间等。进程可以事先对这些资源进行预留,以保证实时数据不会因资源不够而被延迟。

4. 有效载荷长度(Payload Length)

该字段长度为 16 位,表示 IPv6 数据报除基本头部以外的字节数。该字段能表示的最大长度为 65 535 B 的有效载荷,如果超过这个值,该字段会置零。

5. 下一个首部(Next Header)

该字段长度为 8 位,相当于 IPv4 中的协议字段或可选字段,通常表示 IP 的上一层协议是 TCP 或 UDP。在 IPv6 中,用于表示后面第一个扩展首部的协议类型。

6. 跳限制(hop limit)

该字段长度为 8 位,该字段用以保证分组不会无限期地在网络中存在,相当于 IPv4 中的生存时间。分组每经过一个路由器,该字段的值递减 1。当跳限制降为 0 时,分组将会被丢弃。

7. 源地址(Source Address)与目的地址(Destination Address)

该字段长度分别为 128 位,用以标识发送分组的源主机和接收分组的目标主机的 IPv6 地址。

8. IPv6 扩展首部

IPv6 扩展首部是跟在基本 IPv6 首部后面的可选首部。为什么在 IPv6 中要设计扩展首部这种字段呢?在 IPv4 的首部中包含了所有的选项,因此每个中间路由器都必须检查这些选项是否存在,如果存在,就必须处理它们。这种设计方法会降低路由器转发 IPv4 数据包的效率。为了解决这种矛盾,在 IPv6 中,相关选项被移到了扩展首部中。中间路由器就不需要处理每一个可能出现的选项(在 IPv6 中,每一个中间路由器必须处理的唯一的扩展首部是逐跳选项扩展首部),这种处理方式提高了路由器处理数据包的速度,也提高了其转发性能。

扩展首部中还可以包含扩展首部协议及下一个扩展首部字段。IPv6 首部中没有标识以及标志字段,在需要对 IP 数据报进行分片时,就可以使用扩展首部,如图 5-84 所示。

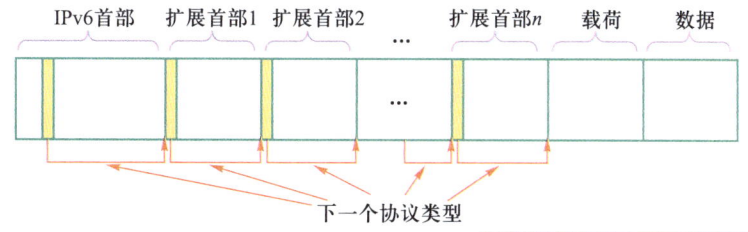

图 5-84
IPv6 扩展首部

微课 5-33
IPv6 地址

5.7.3 IPv6 地址

IPv6 的 IP 地址长度为 128 位，它所能表示的地址的数量高达 38 位数（$2^{128} \approx 3.40 \times 10^{38}$ 个），这可谓是天文数字，足以为人们所能想象到的所有主机和路由器分配地址。

如果将 IPv6 的地址像 IPv4 的地址一样用十进制数据表示的话显得有些麻烦，因此，将 IPv6 和 IPv4 在标记方法上进行区分。一般人们将 128 位 IPv6 地址以每 16 位为一组，采用 16 进制，每组间用冒号（":"）隔开进行标记，可以称这种方式为"冒号分十六进制"表示方法。

1. IPV6 地址表示

用文本方式表示的 IPv6 地址有 3 种规范的形式。

① 一个 IPv6 的地址由 8 个地址节组成，每节包含 16 个地址位，以 4 个十六进制数书写，节与节之间用冒号分隔。如 108A:0:0:0:8:800:200C:417A。

② 在分配某种形式的 IPv6 地址时，会发生地址包含长串 0 位的情况。为了简化包含 0 位地址的书写，可以使用 "::" 符号简化多个 0 位的地址节。"::" 符号在一个地址中只能出现一次，该符号也可以用来压缩地址中前部和尾部的 0，例如：

108A:0:0:0:8:800:200C:417A 压缩格式表示为　108A::8:800:200C:417A

0:0:0:0:0:0:0:1　压缩格式表示为　::1

0:0:0:0:0:0:0:0　压缩格式表示为　::

对于 108A:0:0:8:0:0:0:417A 可以表示成 108A::8:0:0:0:417A 或者 108A:0:0:8::417A，不能表示成 108A::8::417A，这样会导致不知道哪部分有三个 0。

③ 在涉及 IPv4 和 IPv6 节点混合的环境时，有时需要采用另一种表达方式，即 x:x:x:x:x:x:D.D.D.D，其中 x 是地址中 6 个高阶 16 位段的十六进制值，D 是地址中 4 个低阶 8 位字段的十进制值（按照 IPv4 标准表示）。

例如：

0:0:0:0:0:0:123.1.68.3　压缩格式表示为　::123.1.68.3

0:0:0:0:0:FFF:129.123.23.32　压缩格式表示为　::FFFF:129.123.23.32

为了在一个 URL 中使用一个文本 IPv6 地址，文本地址应该用符号 "[" 和 "]" 来封闭。

例如，文本 IPv6 地址 ::13.1.68.3 的 URL 格式表示为 http://[::13.1.68.3]/index.html

2. IPv6 地址分类

IPv6 类似 IPv4，也是通过 IP 地址的前几位标识 IP 地址的种类。IPv6 使用比较灵活，可以在不同的网络中使用不同的 IPv6 地址。IPv6 地址可分为以下 3 种。

（1）单播（Unicast）地址

用来唯一标识一个接口，类似于 IPv4 的单播地址，发送到单播地址的数据报文将被传送给此地址所标识的接口。IPv6 的单播地址包括全局单播地址、唯一本地地址（Unique Local Address，ULA）和链路本地地址（Link-local）等。

全局单播地址：在互联网通信中，使用一种全局的单播地址，是互联网中唯一的地址，不需要正式分配 IP 地址。现在 IPv6 的网络中所使用的格式为，前 64 位为网络标识，后 64 位为主机标识，如图 5-85 所示。全局路由前缀标识了站点所得到的前缀值，RFC 3177 建议其长度是 48 位或者更短。子网 ID 标识全球路由前缀所代表的站点内的子网。接口 ID 用于标识链路上不同的接口，并具有唯一性。接口 ID 可以由设备随机生成或手动配置。

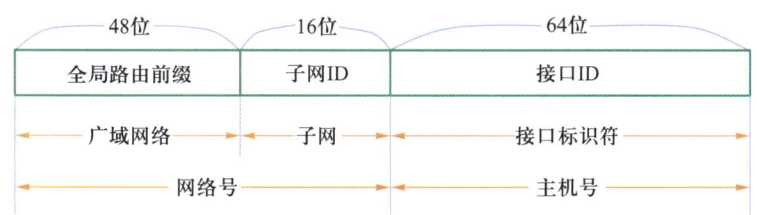

图 5-85
全局单播地址结构

唯一本地地址：在限制型网络中，即那些不与互联网直接接入的私有网络，可以使用区域唯一本地地址。唯一本地地址虽然不会与互联网连接，但是也会尽可能地随机生成一个唯一的全局 ID。由于企业兼并、业务统一、效率提高等原因，很有可能会需要用到唯一本地地址进行网络之间的连接。在这种情况下，人们希望可以在不改动 IP 地址的情况下即可实现网络的统一。唯一本地地址固定前缀为 FC00::/7，即前 7 位为 "1111110"，如图 5-86 所示。L 表示地址的范围，取值为 1 表示本地范围，0 则保留。全局 ID 是全球唯一前缀，随机生成。子网 ID 在划分子网时使用。

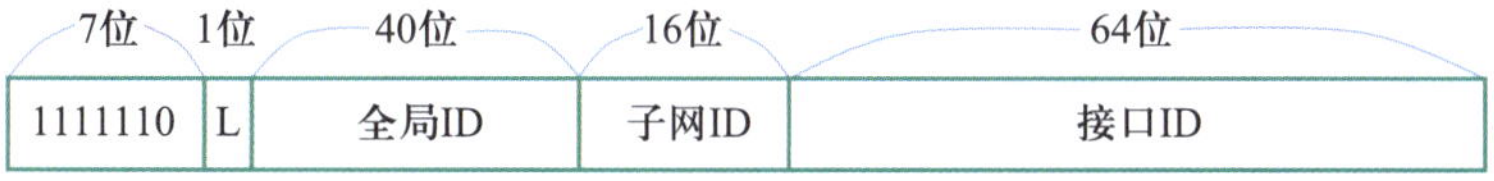

7位	1位	40位	16位	64位
1111110	L	全局ID	子网ID	接口ID

图 5-86
唯一本地地址结构

链路本地地址：在不使用路由器或者说在同一个以太网网段内进行通信时，可以使用链路本地地址。链路本地地址使用特定的前缀 FE80::/64，同时将接口 ID 添加在后面作为地址的低 64 位，如图 5-87 所示。在 IPv6 邻居节点之间的通信协议中广泛使用了该地址，如邻居发现协议、动态路由协议等。

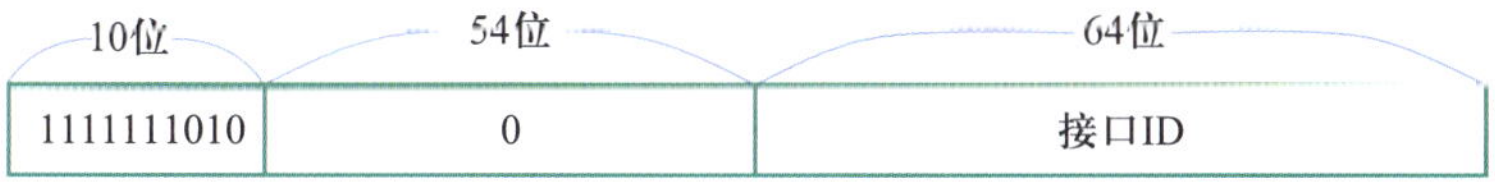

10位	54位	64位
1111111010	0	接口ID

图 5-87
链路本地地址结构

在构建允许多种类型 IP 地址的网络时，在同一个链路上也可以使用全局单播地址以及唯一本地地址进行通信，如图 5-88。

在 IPv6 的环境下，可以同时将这些 IP 地址全都配置在同一个网卡上，按需灵活使用。

（2）任播（Anycast）地址

用来标识一组接口（通常这组接口属于不同的节点），类似于 IPv4 的组播地址。发送到组播地址的数据报文被传送给此地址所标识的所有接口。IPv4 支持单播和多播，单播在源和目的地间直接进行通信，多播在单一来源和多个目的地之间进行通信。

动画:
IPv6 单播地址使用方式

图 5-88
IPv6 单播地址使用方式

而任播则在以上两者之间，它像多播一样，会有一组接收节点的地址栏表，但指定为任播的数据包，只会发送给其中一个距离最近或发送成本最低（根据路由表来判断）的接收地址，当该接收地址收到数据包时进行回应，且加入后续的传输。该接收列表的其他节点会知道某个节点地址已经回应了，它们就不再加入后续的传输作业。

以目前的应用为例，任播地址只能分配给路由器，不能分配给计算机使用，而且不能作为发送端的地址。

（3）多播（Multicast）地址

多播地址也称组播地址，用来标识一组接口（通常这组接口属于不同的节点）。IPv6 中没有广播地址，广播地址的功能通过组播地址来实现。

3. IPv6 特殊地址

IPv6 特殊地址见表 5-14。

表 5-14　IPv6 特殊地址

类　　型	二进制表示方式	十六进制表示方式
未定义	0000……0000（128 位）	::/128
环回地址	0000……0001（128 位）	::1/128
唯一本地地址	1111 110	FCOO::/7
链路本地地址	1111 1110 10	FE80::/10
多播地址	1111 1111	FFOO::/8

5.7.4　IPv4 到 IPv6 过渡技术

微课 5-34
IPv4 到 IPv6 过渡技术

尽管 IPv6 比 IPv4 具有明显的先进性，但要在短时间内将 Internet 和各个企业网络中的所有系统全部从 IPv4 升级到 IPv6 是不可能的，IPv4 的网络将在相当长时间内和 IPv6 的网络共存。为了促进与保证 IPv4 的网络向 IPv6 网络的平滑迁移，IETF 已经设计了 3 种过渡策略使过渡更加平滑，这些不同的过渡策略分别适用于不同的场合。

1. 双协议栈

双协议栈是一种最直接的过渡策略。该策略在主机或路由器上同时实现 IPv4 和 IPv6 两种协议,由此在通过 IPv4 与现有的 IPv4 网络通信的同时,可以通过 IPv6 与新建的 IPv6 网络通信。当主机或者路由器提供双栈协议之后,原有的不支持 IPv6 的 IPv4 应用可以继续使用 IPv4 来与其他节点进行通信。而那些支持 IPv6 的新应用一般也同时兼容 IPv4,因此在利用网络层的 IP 协议栈与其他节点通信时,源主机要向 DNS 查询,确定应使用哪个版本,根据 DNS 查询的结果,选择使用 IPv4 或者 IPv6,如图 5-89 所示。

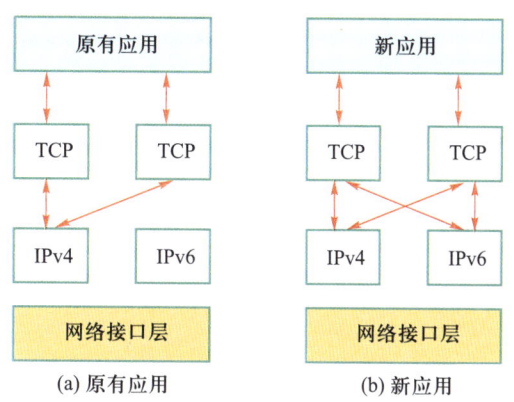

(a) 原有应用   (b) 新应用

图 5-89
双栈协议

但是由于双协议栈需要同时支持 IPv4 和 IPv6 两种协议,因此整个协议栈的结构比较复杂。特别是对于双栈路由器,不仅需要同时运行 IPv4 下的路由协议和 IPv6 下的路由协议,同时还需要保存两套路由表,这要求路由器提供较高的 CPU 处理能力和更多的内存资源。如果将双栈过渡机制用于骨干网,则需要对大量的网络设备进行升级,其难度比较大。因此,在现阶段双栈网元一般只用于 IPv4 网络或者 IPv6 网络的边缘,作为隧道过渡机制的隧道端点部署,以解决 IPv4 或者 IPv6 网络的直接互通问题。

2. 隧道技术

在 IPv6 开始部署的早期阶段,IPv6 网络相对于已有的 IPv4 网络就像是海洋中的孤岛,这些没有直接连接的 IPv6 孤岛被 IPv4 海洋分隔开。为了在这些 IPv6 孤岛之间进行通信,就必须保证 IPv6 报文能够从一个 IPv6 网络出发,穿过 IPv4 网络,到达目的端的 IPv6 网络,如图 5-90 所示。隧道机制就是解决该问题的一个比较直接的方法。

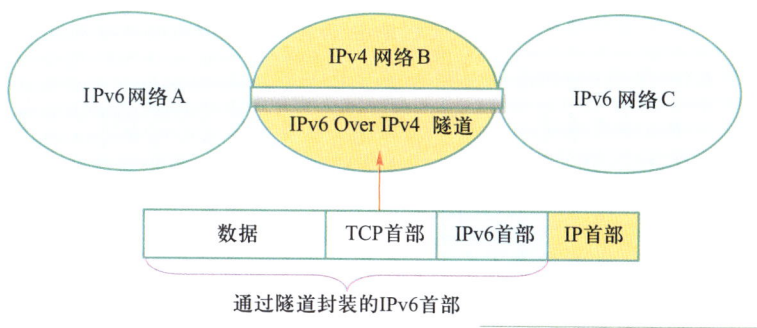

图 5-90
IPv6 Over IPv4 隧道技术

IP 隧道可以将从网络 A 发过来的 IPv6 数据包，在网络 A 与网络 B 的边缘路由器（运行 IPv4 和 IPv6，也称双栈路由器）上为之追加一个 IPv4 的首部然后转发给网络 C，网络 C 与网络 B 之间的双栈路由器将追加的首部去掉，然后转发给相应的主机。

3. 协议转换

隧道方式一般用于源与目标均为 IPv6 网络的互联互通环境，当 IPv6 网络中不支持 IPv4 的节点需要和 IPv4 网络中不支持 IPv6 的节点进行通信时，隧道方式就不再适用，此时需要使用协议转换的方法。

网络地址翻译—协议转换（Network Address Translation–Protocol Translation，NAT–PT）技术就是一种利用协议转换来实现纯 IPv6 网络和纯 IPv4 网络之间互通的方法。

如图 5-91 所示案例中，当右边的 IPv6 网络需要与左边的 IPv4 网络相互通信时，不得不通过位于它们之间的 NAT–PT 网关对报文的地址和格式等信息进行必要的转换，以实现两种不同类型 IP 网络的互联。另外，NAT–PT 通过与应用层网关相结合，实现了只安装了 IPv6 的主机和只安装 IPv4 主机的大部分应用的相互通信。

动画：
NAT-PT 技术

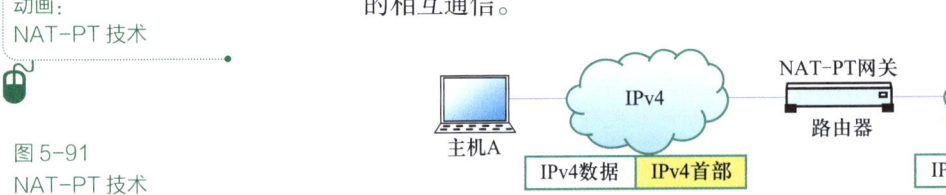

图 5-91
NAT-PT 技术

NAT–PT 较好地解决了纯 IPv6 和纯 IPv4 的互通问题，其优点是不需要改动原有的各种协议。但是，与 IPv4 的 NAT 机制类似，由于 NAT–PT 需要对 IP 地址进行转换，因此不能继续使用那些需要保存地址信息的网络应用，而且这种方式也牺牲了端到端的安全性。

习 题 5

文本：
习题参考答案

一、选择题

1. 在 ISO/OSI 参考模型中，网络层的主要功能是（　　　）。

    A. 提供可靠的端到端服务，透明地传送报文

    B. 路由选择、拥塞控制与网络互联

    C. 在通信实体之间传送以帧为单位的数据

    D. 数据格式变换、数据加密与解密、数据压缩与恢复

2. 网络层的功能不包括（　　　）。

    A. 路由选择　　　B. 物理寻址　　　C. 拥塞控制　　　D. 网络互联

3. 网络层的协议数据单元被称为（　　　）。

    A. 比特　　　　　B. 帧　　　　　　C. 段　　　　　　D. 数据报

4. 在 IP 地址方案中，202.96.209.133 是一个（　　　）地址。

    A. A 类　　　　　B. B 类　　　　　C. C 类　　　　　D. D 类

5. ARP 实现的功能是（　　　）。

　　A. 域名地址到 IP 地址的解析　　　　B. IP 地址到物理地址的解析

　　C. IP 地址到域名地址的解析　　　　D. 物理地址到 IP 地址的解析

6. IPv6 地址长度为（　　　）位。

　　A. 32　　　　　　B. 48　　　　　　C. 64　　　　　　D. 128

7. 127.0.0.1 属于（　　　）类特殊地址。

　　A. 广播地址　　　　　　　　　　　B. 回环地址

　　C. 本地链路地址　　　　　　　　　　D. 网络地址

8. 在传送 IP 数据包时，如果发生了诸如主机不可到达、路由不可到达等错误时，（　　　）将会把错误信息封包，然后传送回主机。

　　A. TCP　　　　　B. UDP　　　　　C. IGMP　　　　D. ICMP

9. 关于 RIP，下列说法正确的有（　　　）两项。

　　A. RIP 是一种 IGP

　　B. RIP 是一种链路状态路由协议

　　C. RIP 是一种距离矢量路由协议

　　D. RIP 是一种 EGP

10. 下列关于 OSPF 协议的描述中，错误的是（　　　）。

　　A. OSPF 使用链路状态协议

　　B. 链路状态协议"度量"主要是指费用、距离、时延、带宽等

　　C. 当链路状态发生变化时用泛洪法向所有路由器发送信息

　　D. 链路状态数据库中保存一个完整的路由表

11. 将内部专用 IP 地址转换为外部公用 IP 地址的技术是（　　　）。

　　A. RAPR　　　　B. NAT　　　　C. DHCP　　　　D. ARP

12. 下列对 IPv6 地址 FE80:0:0:0801:FE:0:0:04A1 的简化表示中，错误的是（　　　）。

　　A. FE80::801:FE::04A1　　　　　　B. FE80::801:FE:0:0:04A1

　　C. FE80:0:0:801:FE::04A1　　　　　D. FE80:0:0:801:FE::4A1

二、简答题

1. 网络层向上提供的服务有哪两种？试比较其优缺点。

2. 一个路由器刚刚接收到以下新的 IP 地址：57.6.96.0/21，57.6.104.0/21，57.6.112.0/21 和 57.6.120.0/21。如果所有这些地址都使用同一条出境线路，试问它们可以被聚合吗？如果可以，它们被聚合到哪个地址上？如果不可以，请问为什么？

3. 求下列地址的网络编号和广播地址

　　172.16.10.255/16

　　192.168.1.47/27

4. 请问下列地址是否可以分配给主机。

　　192.168.10.31/28

　　172.16.10.255/19

5. 请问下列地址中哪些地址分配给主机后可以直接通信（无需路由）。

192.168.10.34/28

192.168.10.53/28

192.168.10.31/28

192.168.10.61/28

6. 某公司内部采用 192.168.0.0/24 C 类私有地址段。若想划分为 8 个子网，应如何设置子网掩码？划分后每个子网共可容纳多少台主机？

7. 某企业获得一个 B 类网络地址 190.24.0.0/16，欲构建 60 个子网，每个子网内的主机数目为 500 台。试问，采用可变长子网掩码 255.255.252.0 是否可行？并判断 190.24.193.0 属于哪一子网段？

8. 阐述 ARP 的工作原理。

9. 主机 A 发送 IP 数据报给主机 B，途中经过了 5 个路由器。试问在 IP 数据报的发送过程中总共使用了几次 ARP？

10. 描述什么是 VPN。VPN 有什么特点和优缺点？ VPN 有几种类别？

11. 描述什么是 NAT。NAT 的优点和缺点有哪些？

模块 6
传输层与数据传输

在日常学习或工作时，你面前的计算机上可能同时运行着微信、QQ、浏览器、邮件客户端等多个应用程序。当网络数据（如微信消息、邮件和网页内容）涌入时，计算机需要确保每个数据包都能被准确送达对应的应用程序中，如将微信消息送至微信、邮件内容送至邮件客户端、网页数据送至浏览器等。即使是同一个浏览器，也要能够区分不同网页的请求，显示不同网页的内容。那么，网络在通信过程中，是如何区分不同的应用程序的，又是如何准确地将数据发送到对应的程序中呢？这就是传输层的重要功能。传输层是如何工作的？又有哪些协议来支持这些工作呢？本模块内容就将通过分析传输层的作用以及数据抓包实践来回答这些问题。

1. 知识目标

（1）理解传输层的定义、功能及其在网络协议栈中的位置。

（2）深入理解 TCP 和 UDP 的工作原理、特点、适用场景及它们之间的区别。

（3）了解端口号在数据传输过程中的重要性，及如何与 IP 地址结合来标识通信端点。

（4）理解流量控制、拥塞控制和差错控制等机制。

（5）掌握传输层数据分析方法。

2. 能力目标

（1）能运用所学知识分析实际网络传输中遇到的问题，如数据传输延迟、丢包等。

（2）能够区分 TCP 和 UDP 的应用场景。

（3）熟练使用 Wireshark 等网络调试工具捕获和分析传输层数据包。

3. 素养目标

（1）培养独立思考、分析问题并寻求解决方案的能力。

（2）提升自我管理能力，培养主动规划职业生涯的意识。

（3）面对困难具有吃苦耐劳的精神，树立以创新思维解决问题的意识。

（4）培养主动学习、探究学习的能力。

传输层是 OSI 参考模型中的第 4 层，其主要工作就是负责主机里两个进程之间的通信。想象一下，两台计算机就是两个人，它们要进行交流，传输层就是中间传话的人，要保证数据能从一台计算机准确无误地传到另一台计算机。这就像我们寄信一样，既要保证信能安全送到对方手里，又要保证信里的内容顺序不乱；如果信在传递过程中有损坏，还要负责修复。传输层非常关键，是网络通信的"守护者"。

PPT：
模块 6 传输层与数据传输

6.1 传输层的作用

6.1.1 传输层概述

在协议栈中，传输层位于网络层之上，其主要功能是在网络层在通信两端已经建立连接的基础上实现端到端的传输，也就是在终端的主机上确定数据包属于哪个应用程序。传输层和网络层面向的对象有所差别，一个是面向具体的应用进程，另一个则是面向主机。应用进程指向的是应用层的应用程序。网络层、传输层与应用层之间的关系如图 6-1 所示。

微课 6-1
传输层的主要功能

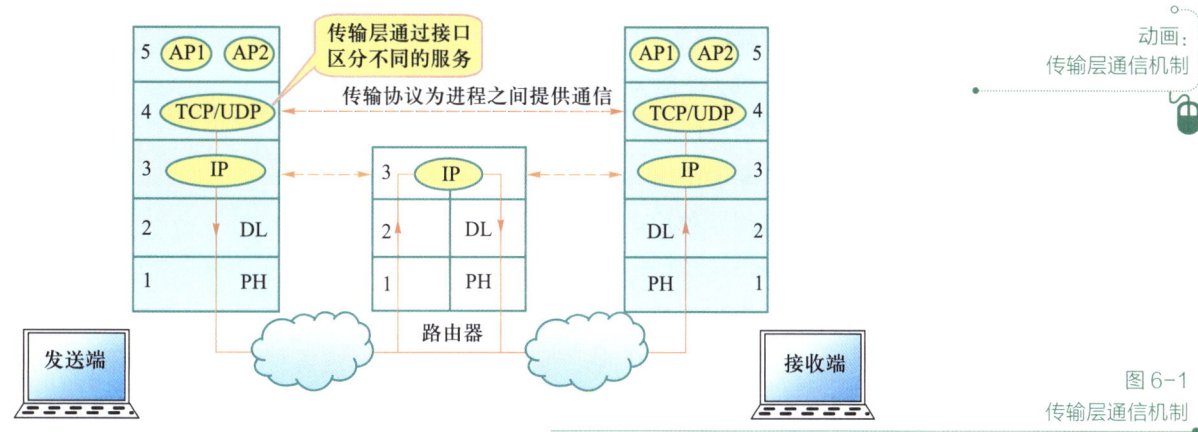

动画：
传输层通信机制

图 6-1
传输层通信机制

网络层协议与传输层协议的作用有相似之处。在网络层中，IP 首部中有一个协议（Protocol）字段，用来标识网络层的上 层所采用的协议。根据这个协议号，就可以识别 IP 传输的数据部分究竟是 TCP 的内容还是 UDP 的内容。同样，传输层的 TCP 和 UDP，为了识别自己所传输的数据部分究竟应该发给哪个应用，也设定了一个编号（Source/Destination Port 字段）进行标识。接下来以邮政寄信的例子来了解传输层和网络层之间的关系及区别，如图 6-2 所示。

假设有一个 A 单位的员工要向另一个 B 单位的员工投寄信件，A 单位的员工写好收件人地址（相当于目标 IP 地址）后，将信件交给本单位的收发员。邮递员（IP）会按照收件人的地址将信件（相当于 IP 数据报）投递到 B 单位，B 单位会有收发员专门进行信件的投递，他会根据信件的信息判断最终的接收人（接收端的应用程序），并进行派送，如图 6-2 所示。

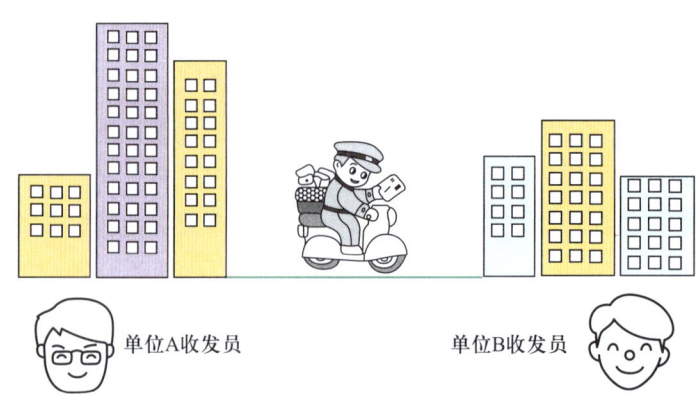

图 6-2
邮政寄信过程

单位A收发员　　　单位B收发员

笔记

在这个例子中，一方面，邮递员会提供两个单位之间的邮寄服务，在两个单位之间传递信件，而不是针对每一个人进行服务，这个环节相当于网络层提供的服务。另一方面，单位的收发员也完成着信件的最后投递，从单位员工的角度看，收发员是信件的服务人，他们只是端到端寄送服务的一部分（终端系统部分），不负责各个邮递中心的邮件分类工作以及将邮件从一个中心送到另一个中心的工作，单位收发员提供的这种服务属于传输层提供的进程间的通信。在一个终端中，传输层协议将应用进程的消息传送到网络层，但是它并不涉及消息在网络层之间的传送。网络层的中间路由器对于传输层加在应用程序消息上的信息不能做任何识别和处理。这个例子是传输层和网络层之间的关系的一个形象比喻。

主机（也称为终端系统）＝A/B 单位

网络层协议＝邮寄服务（包括邮递员）

传输层协议＝单位收发员

进程＝单位员工

端口＝单位员工的姓名

应用程序消息＝信封里的信

在传输层的通信过程当中也是如此，需要写明具体的应用程序。传输层主要使用端口号这一标识字段进行识别。根据端口号就可以判断传输层的上一层应用层所使用的具体应用程序。

传输层在计算机终端的处理方式如图 6-3 所示。

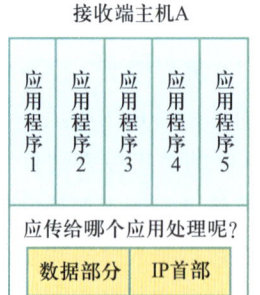

接收端主机A

应用程序1	应用程序2	应用程序3	应用程序4	应用程序5

应传给哪个应用处理呢？

数据部分	IP首部

发送端B发送的数据　　　应该投给谁呢

图 6-3
传输层在计算机终端处理方式

6.1.2 传输层要解决的问题

传输层作为整个网络体系结构中的重要的一层，它的主要作用是在源主机与目的主机的进程之间提供端到端的数据传输，而传输层以下的各层只提供相邻节点之间点对点的数据传输，如源主机到路由器、路由器到路由器、路由器到目的主机的数据传输。从"点对点"到"端到端"通信是一次质的飞跃，传输层为解决底层的不足、提高传输服务的可靠性和保证服务质量（Quality of Service，QoS）引入了一些新的机制。传输层与应用层之间的关系如图 6-4 所示。

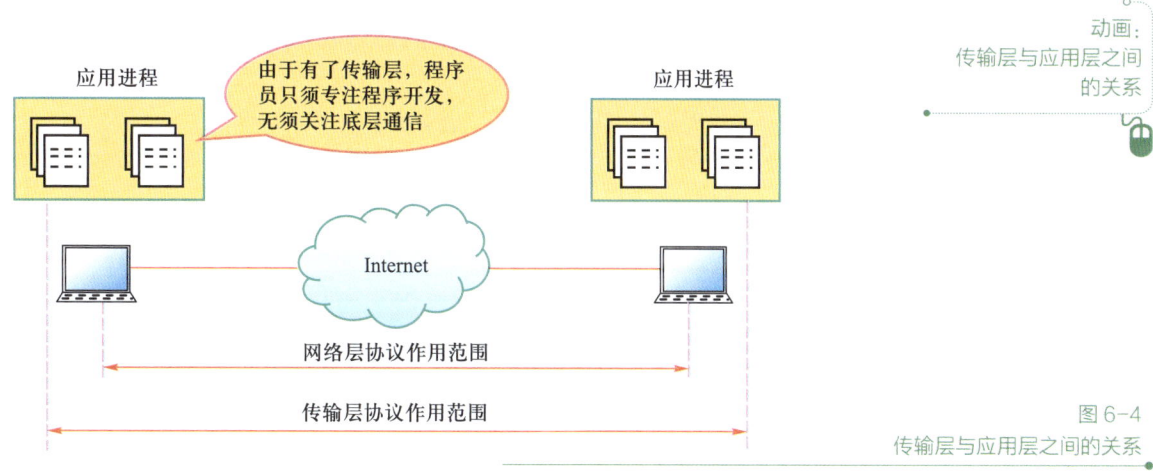

动画：
传输层与应用层之间的关系

图 6-4
传输层与应用层之间的关系

服务是描述相邻层之间关系的一个概念，它体现在网络中低层向相邻的上层提供的一组操作。低层是服务的提供者，高层是服务的用户。任何服务都有质量的问题，网络中的服务也不例外。

如同网络层有两种不同类型的服务（面向连接的和无连接的）一样，传输服务的类型也有两种。这两层提供的服务有诸多类似之处，如在这两者之间，连接过程均有建立连接、数据传输和释放连接三个阶段，编址和寻址以及流控制也是类似的。

通过上一节知道，传输层的代码完全运行在用户的机器上，但是网络层主要运行在由运营商控制的路由器上。如果网络层提供的服务不够用，那会怎么样呢？如果它频繁地丢失分组该怎么办？如果路由器时常崩溃又该怎么办呢？

如在图 6-2 所示的例子中，如果邮递员没按时将信件送达或者信件中途丢失，那么接收人可以让单位的收发员联系邮政进行查询，并要求提供信件的详细传递信息。这也就是说，用户在网络层上并没有真正的控制权，所以它们不可能用最好的路由器或者在数据链路层上用更好的错误处理机制来解决服务太差的问题。唯一的可能是在网络层之上的另一层中提高服务质量。如果在一个面向连接的子网中，一个传输实体在执行一个长时间的传输过程时，突然接到通知说它的网络层连接已经被意外终止了，而且也不知道当前正在传输的那些数据到底怎么样，那么，该传输实体可以与远程的传输实体建立起新的网络层连接。利用新建立的连接，可以向对方发送一个查询请求，询问哪些数据已经到达，哪些数据还没有到达，然后从中断的地方开始继续向对方发送数据。

由于传输层的存在，传输服务有可能比网络服务更加可靠。丢失的分组和损坏

笔 记

的数据可以在传输层上检测出来,并且由传输层来补偿。也正是有了传输层,应用程序开发人员可以只专注于程序的开发,而且他们的程序有可能运行在各种各样的网络上,他们不用处理不同的子网接口,也不用担心不可靠的传输过程。在现实世界中,传输层承担了将子网的技术、设计和各种缺陷与上层隔离的关键作用。

网络的工作模式主要以客户端/服务器的形式为主。客户端属于各种网络服务的应用端,也是请求的发起端;服务器是各种网络服务的提供者,是请求的处理端。服务器端的应用服务程序须提前启动,用于监听客户端的连接请求,并随时响应。否则,即使有客户端的请求发过来,也无法进行处理。下面以 Linux 服务器为例介绍 HTTP 连接请求过程,如图 6-5 所示。

动画:
HTTP 连接请求过程

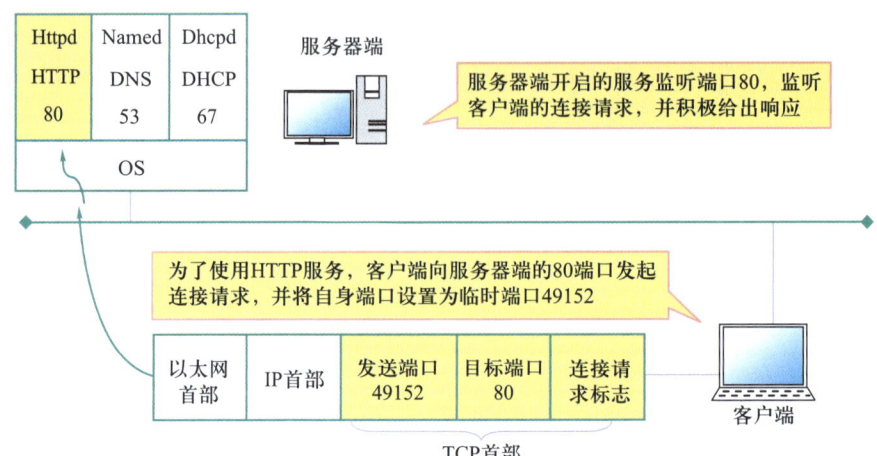

图 6-5
HTTP 连接请求过程

Linux 在启动时要启动很多系统服务,它们向本地和网络用户提供了 Linux 的系统功能接口,直接面向应用程序和用户。这些服务器端程序在 Linux 操作系统中称为守护进程,如在图 6-5 中所示的 Httpd 为 HTTP 服务的守护进程,Named 和 Dhcpd 分别是 DNS 和 DHCP 的守护进程。当服务器端开启这些守护进程后,它们将时刻监听客户端发来的请求,并根据目标端口号识别目标处理程序,完成相应的操作,将结果响应给客户端。

在图 6-5 中,客户端想要浏览服务器端的 Web 服务,因此它以 HTTP 服务的默认端口 80 为目标端口发起连接请求。服务器端会根据数据包中的目标端口 80 来确认客户端的请求发给服务端的守护进程 Httpd。当然,如果目标端口为 53 或 67,则表示请求发给守护进程 Named 或 Dhcpd,然后对该连接上的通信传输进行处理。

6.1.3 传输层协议的特点

微课 6-2
传输层协议的特点

在 OSI 参考模型或 TCP/IP 协议簇中实现传输层功能最具代表性的协议是 TCP 和 UDP,它们分别属于面向连接和面向非连接的两种协议。那么什么是面向连接和面向非连接呢?

面向连接的通信在两个端点之间建立了一条数据通信信道(电路),这条信道提供了一条在网络上顺序发送报文分组的预定义路径。

面向连接的会话建立的通信信道是一条逻辑链路。与在网络上寻求一条实际的物理路径相比，这条信道更关心的是保持两个端点的联系。在有多条到达目的地路径的网络中，物理路径在会话期间随着数据模式的改变而改变，但是端点（和中间节点）一直保持对路径的跟踪。虚电路需要一个建立过程，但电路一旦建立，它就为长时间的处理提供一条有效的路径，如支持管理程序对网络站点的连续监控和许多大文件的传送。

面向连接的服务类似于打电话。客户方的应用程序就像一个电话用户，服务器方的应用程序就像另一个电话用户，客户方需要拨通电话，服务方需要接起电话才能通话，这样他们之间就有一条专线进行连接。当通话结束双方需要挂断电话，释放所占用的线路。在这过程中，通电话的前提是双方都应有电话机。用户的应用程序可利用传输层接口（类似耳机和话筒）打开一个设备文件来获得一个传输端点，传输端点相当于电话机，如图 6-6 所示。

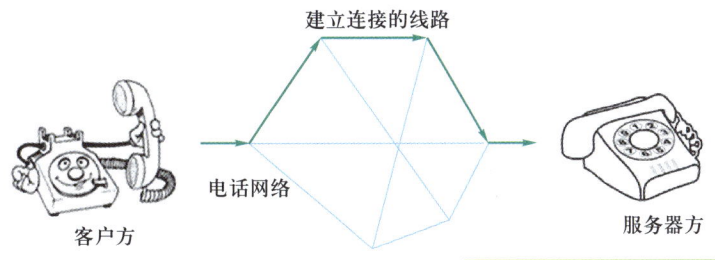

图 6-6
面向连接的传输过程举例

面向连接的会话的建立过程如下。

① 源应用程序（客户方）向服务端（服务器方）请求一个面向连接的通信会话。

② 两端建立会话。

③ 在逻辑连接上开始数据传输。

④ 传输结束时，信道解除连接。

面向非连接的服务中，发送方和接收方之间没有初始协商，发送方仅仅向网络上发送数据报，每个分组含有源地址和目的地址。该方法中没有接收方发来的分组接收或未接收的应答，也没有流量控制，所以分组可能不按次序到达，接收方必须对它们重新排序。如果接收方接收到有错误的分组，则将它删掉，当重新整理分组时，就会发现被删掉的包并请求重发。

面向非连接的服务过程类似于发送邮件的过程，通信的前提是有一个信箱。客户方相当于发信人，服务器相当于收信人，传输端点相当于邮箱。发信人和收信人之间无须建立实时连接，只需要通过邮递员传递即可。信件在传输过程中有可能丢失，那么接收方可以要求发送方再写一份信件重新邮寄，如图 6-7 所示。

客户方　　　　　客户方与服务方无须建立连接，信件传输过程有可能丢失　　　　　服务器方

图 6-7
面向非连接的传输过程

　　传输层的两种协议中，TCP 是面向连接的、可靠的流协议。流就是指不间断的数据结构，可以把它想象成排水管道中的水流。当采用 TCP 发送消息时，可以保证数据发送的顺序，数据犹如没有任何间隔的数据流发送给接收端。在数据的传输过程中使用顺序控制或重发机制保证数据传输的可靠性，此外还采用流控（流量控制）、拥塞控制、差错控制等机制提高网络利用率。

　　UDP 是不具有可靠性的数据报协议。它的可靠性交给上层的应用程序完成。在 UDP 协议的传输过程中，虽然可以保证发送消息的大小，却不能保证消息一定会到达目的地。因此，应用程序会根据自己的需要请求重发。

　　TCP 和 UDP 不能说孰优孰劣，它们只是两种不同的协议，使用于不同的场景而已。UDP 实现起来相对比 TCP 更加的简单。TCP 的连接过程会消耗资源，过程为可靠连接，不会丢失数据，适合大数据量交换；UDP 属于不可靠连接，会丢包，没有校验，速度快，无须连接过程。简单来说，UDP 就是把需要发送的包往网络上一扔就不管它了，主要用于一些突发的小数据包，如 QQ；而 TCP 还要实现差错控制、流量控制等，主要用于发送持续的数据流，如 HTTP、FTP 等协议。TCP 主要用于在传输层有必要实现可靠传输的情况，UDP 用于那些对于高速传输和实时性有较高要求的通信或广播通信。

　　目前在中国宽带有线网上开展的一些业务，如视频、咨询、股票等，用的几乎全都是 UDP，这是基于 UDP 的单向特性；在互联网上，UDP 相对 TCP 的应用就少得多，因为 TCP 的双向互动特性能满足用户的实时需求，而 UDP 则太过于被动，UDP 的突出之处是在它的强大的组播及广播功能上，做到"一呼百应"。技术上讲，实现起来区别不大，TCP 需要首先建立连接，而 UDP 只要绑定端口发送就行，TCP 建立连接以后，能够保证传送的数据包的次序，而 UDP 则不能保证数据包到达的先后次序，甚至会丢包，就这点而言，UDP 的客户端所要做的接收工作要更复杂（如接收文件等）。

　　下面通过一个利用 IP 电话进行通信的例子看一下 TCP 与 UDP 的区别。在利用 IP 电话通信的过程中，如果使用 TCP，数据在传输途中如果丢失会被重发，但这样无法流畅地传输双方的声音，会导致无法进行正常交流。而采用 UDP，它不会进行重发处理，从而声音也就不会有大幅度的延迟，即使有部分数据丢失，也只是会影响某一小部分的通话。

6.2　端口号

微课 6-3
端口号概述

6.2.1　端口号概述

　　如果说 IP 地址让网络上的两个节点之间可以建立点对点的连接，那么端口号则为端到端的连接提供了可能。理解端口号的概念，对于理解 TCP/IP 协议的通信过程有着至关重要的作用。

　　一台网络服务器可以提供许多服务，如 Web 服务、FTP 服务、SMTP 服务等，这些服务完全可以通过一个 IP 地址来进行访问。那么，主机是怎样区分不同的网络服务呢？显然不能只靠 IP 地址，因为 IP 地址与网络服务的关系是一对多的关系，实际上主机是用端口号来区分不同的服务的。因此，端口号用来识别同一台计算机中进行通信的不同应用程序。

在网络中如何确定一次完整的通信呢？仅仅通过目的 IP 地址和目标端口号是不够的。如在图 6-8 中服务器 A 和 B 都提供 Web 服务。图中①和②的通信分别由客户端 A 和 B 发起，它们都来访问服务器 A 的 Web 服务。服务器 A 将会同时收到两个连接请求，那如何确定哪个请求来自哪个客户端，并分别作出正确的响应呢？或者在同一个客户端使用两个浏览器访问服务器端的 Web 服务时，又如何确定响应客户端的哪个浏览器呢？这就需要一些信息来确定一次通信，通常采用 5 个信息来共同识别，它们是"目标 IP 地址""源 IP 地址""协议号""目标端口号"和"源端口号"，把这 5 项称为"五元组"。其中"目标 IP 地址"和"源 IP 地址"用来确定通信的两端在网络中的位置。"协议号"用于区分传输层应用使用的协议类型，是 TCP 还是 UDP。"目标端口号"和"源端口号"用于确定两端使用进程，或者说是指定两端所使用的应用程序，如图 6-8 所示。

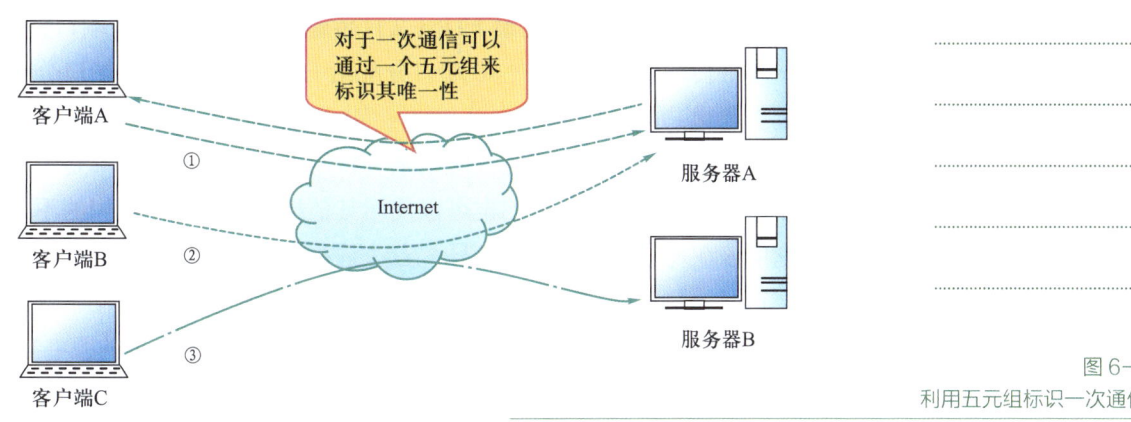

图 6-8
利用五元组标识一次通信

总之，端口号主要用于区分服务类别和在同一时间进行的多个会话。下面可以通过一个具体的实例来了解源端口号和目的端口号使用的场景。

主机 A 需要同时下载网络上某 FTP 服务器 B 上的两个文件，那么 A 需要与 B 同时建立两个会话，而这两个传输会话就是靠源端口号来区分的。在这种情况下如果没有源端口号的概念，那么 A 就无法区分 B 传回的数据究竟是属于哪个会话，或属于哪个文件。而实际上的通信过程是，A 使用本机的 1025 号端口请求 B 的 21 号端口上的文件 1，同时又使用 1026 号端口请求文件 2。对于返回的数据，发现是传回给 1025 号端口的，就认为是属于文件 1；传回给 1026 号端口的，则认为是属于文件 2。这就是端口号区分多个会话的作用。

服务器 B 除了提供 FTP 服务外，还提供 WWW 服务，如果没有端口号存在的话，这两种服务是无法区分的。实际上，当网络上主机 A 需要访问 B 的 FTP 服务时，就要指定目的端口号为 21；当需要访问 B 的 WWW 服务时，则需要将目的端口号设为 80，这时 B 根据 A 访问的端口号，就可以区分 A 的两种不同请求，如图 6-9 所示。这就是端口号区分服务类别的作用。

动画:
利用五元组标识一次
通信过程

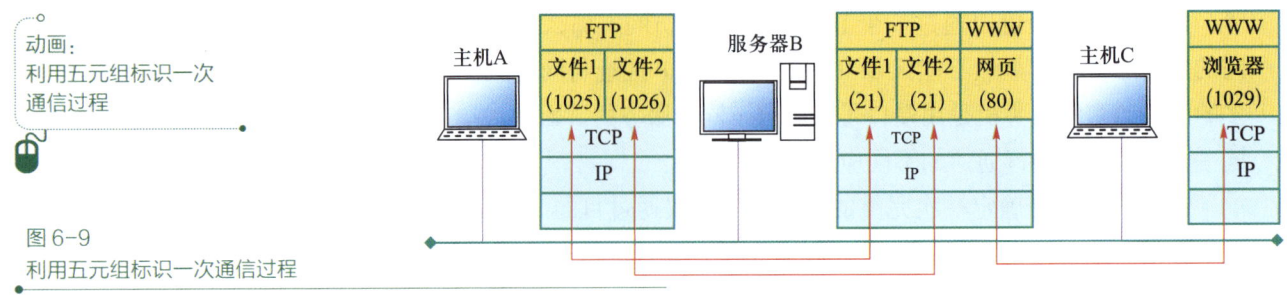

图 6-9
利用五元组标识一次通信过程

6.2.2 端口号的分类与使用

微课 6-4
端口号的分类

在实际进行通信时，通信两端要事先确定端口号。端口号的使用方法分为以下 3 种。

1. 系统端口号（System Ports）

这些端口号也称知名端口号（Well Known Ports），使用时的分配方式属于静态方法，范围是 0 ～ 1023。它是指每个应用程序都有其指定的端口号，但并不是说应用程序可以随意使用任何一个端口号，每个端口号都有其对应的固定的应用程序。应用程序应该避免使用知名端口号进行既定目的之外的通信，以免产生冲突。

例如，21 端口分配给 FTP（文件传输协议）服务，25 端口分配给 SMTP（简单邮件传输协议）服务，80 端口分配给 HTTP 服务，135 端口分配给 RPC（远程过程调用）服务等。

这类端口号一般固定分配给某一特定网络服务，但并不是说这些网络服务必须使用这些端口号，它们也可以使用其他端口号。如果使用的不是默认的端口号则应该在地址栏上指定端口号，方法是在地址后面加上冒号 ":"（半角），再加上端口号。例如，使用 "8080" 作为 WWW 服务的端口，则需要在地址栏里输入 "http://192.168.1.1:8080"，这表示目标地址位 192.168.1.1 的服务器上 WWW 服务使用的端口号是 8080。

常见知名端口号及对应服务见表 6-1。

表 6-1 常用知名端口号
及对应的服务

服务类型	端口号	传输层协议	内　　容
ftp-data	20	TCP/UDP	File Transfer[Default Data]（文件传输协议 [默认数据口]）
FTP	21	TCP	File Transfer[Control]（文件传输协议 [控制数据口]）
SSH	22	TCP/UDP	SSH Remote Login Protocol（SSH 远程登录协议）
Telnet	23	TCP/UDP	Telnet（远程登录协议）
SMTP	25	TCP	Simple Mail Transfer Protocol（简单邮件传输协议）
DNS	53	TCP/UDP	Domain Name Server（域名系统）
TFTP	69	UDP	Trivial File Transfer（小型文件传输协议）
HTTP	80	TCP	World Wide Web HTTP（超文本传输协议）
POP3	110	TCP	Post Office Protocol Version 3（邮局协议）
SNMP	161	UDP	Simple Network Management Protocol（简单网络管理协议）
HTTPS	443	TCP	Http Protocol over TLS/SSL（超文本传输安全协议）

注：其他协议请参见《RFC 6335-Service Name and Transport Protocol Port Number Registry》文档。

2. 用户端口号（User Ports）

这类端口也称为注册端口（Registered Ports），使用时的分配方式也属于静态方法，范围是 1024 ～ 49151。这些端口多数没有明确地定义服务对象，不同程序可根据实际需要自己定义，它们可用于任何通信用途。如 8080 便属于这类端口号。

3. 动态（私有）端口（Dynamic and/or Private Ports）

这类端口也称为临时端口（Private or Ephemeral Ports），使用时分配方法属于动态分配，范围是 49152 ～ 65535。只要运行的程序向系统提出访问网络的申请，那么系统就可以从这些端口号中分配一个供该程序使用。在关闭程序进程后，就会释放所占用的端口号。在这种方法下，客户端没有必要使用确定的端口号。客户端应用程序可以完全不用设置端口号，而全权交给操作系统进行分配。操作系统可以为每个应用程序分配互不冲突的端口号。例如，每需要一个新的端口号时，就在之前分配号码的基础上加 1。这样，操作系统就可以动态地管理端口号了。根据这种动态分配端口号的机制，即使是同一个客户端程序发起的多个TCP 连接，识别这些通信连接的 5 部分信息也不会全部相同。

6.2.3 端口号与协议的对应关系

端口号由其使用的传输层协议决定。因此，不同的传输协议可以使用相同的端口号。例如，在表 6-1 中一些服务同时使用 TCP 与 UDP 的同一个端口号，但使用目的各不相同，这是由 TCP 和 UDP 的特点决定的。

在网络中，当数据包到达 IP 层后，会先检查 IP 首部中的协议号字段，根据其值再传给相应协议的模块。如果协议是 TCP 则传给 TCP 模块，如果是 UDP则传给 UDP 模块去做相应的应用处理。即使是同一个端口号，由于传输协议各自独立地进行数据处理，因此相互之间不会受到影响。

此外，那些知名端口号与传输层协议并无关系，只要端口一致都将分配给同一种程序进行处理。例如，53 号端口在 TCP 与 UDP 中都用于 DNS 服务，80 端口用于 HTTP 通信。从目前来看，由于 HTTP 通信必须使用 TCP，因此 UDP 的 80端口并未投入使用。但是将来，如果 HTTP 的实现也开始允许使用 UDP 以及在应用协议被相应扩展的情况下，就可以原样使用与 TCP 相同的 80 端口号了。

6.3 TCP

6.3.1 TCP 的应用场景

网络层的 IP 数据传输属于不可靠的传输，而对于大多数 Internet 应用服务来说，它们需要可靠的、按序递交的服务，这就需要得到传输层协议的支持，即TCP。目前，TCP 是 Internet 上承担任务最为繁重的一个协议，因为它支持多种网络应用程序，对下层服务没有多少要求。它假定下层只能提供不可靠的数据包服务，TCP 可以在多种硬件构成的网络上运行。

TCP（Transmission Control Protocol，传输控制协议）是为了在主机间实现高

笔 记

微课 6-5
TCP 的特点

可靠性数据交换的传输协议。它是面向连接的端到端的可靠协议，是为了在不可靠的互联网上提供一个可靠的端到端字节流而设计的。互联网与单个网络不同，不同部分可能有截然不同的拓扑、带宽、延迟、分组大小和其他的参数。TCP 的设计目标是能够动态地适应互联网的这些特性，当面对多种失败传输时仍然足够健壮。

　　TCP 实现数据传输时各种控制功能，例如，可以进行丢包时的重发控制，还可以对次序乱掉的分包进行顺序控制。TCP 作为一种面向有连接的协议，只有在确认通信对端存在时才会发送数据，从而可以控制通信流量的浪费。

　　为了实现可靠性传输，TCP 的设计考虑了很多问题，如数据的破坏、丢包、重复以及分片顺序混乱等。为解决这些问题，TCP 通过检验和、序列号、确认应答、重发控制、连接管理以及窗口控制等机制实现可靠性传输。

　　TCP 在网络中的应用范围很广，主要用在对于数据传输可靠性要求高的环境，如远程登录（Telnet）。这时，客户端发出的每个命令都要在远程主机上执行，那么就希望数据的传输是可靠的。如果有不可靠的数据到达了，希望能让发送端再发送一次，从而提高可靠性。还有大家熟悉的网页浏览，它使用的 HTTP 就是依赖 TCP 提供可靠性的。在使用 TCP 时，通信方对数据的可靠性要求高，即使因此降低了一点数据传输速率也是可以接受的。常用的基于 TCP 的应用层服务有 HTTP、DNS、Telnet、SMTP、FTP 等。

6.3.2　TCP 的协议格式

微课 6-6
TCP 的协议格式

　　TCP 是如何实现可靠性传输的呢？TCP 的各种功能的实现依赖于它的首部数据结构。在 TCP 的首部中包含了许多 TCP 数据段的重要信息，如果不计任选字段，它通常是 20 B，如图 6-10 所示。以下对 TCP 的首部数据结构进行详细讲解。

0	7	15	23	31
源端口(Source Port)		目标端口(Destination Port)		
序列号(Sequence Number)				
确认号(Acknowledgement Number)				
数据偏移(Data Offset)	保留字段(Reserved)	URG ACK PSH RST SYN FIN	窗口大小(Window)	
校验和(Checksum)		紧急指针(Urgent Pointer)		
可选项(Options)		填充(Padding)		
数据(Data)				

图 6-10
TCP 首部数据格式

　　TCP 中源端口（Source port）和目标端口（Destination Port）标明了一个连接的两个端点的端口号，它们的长度都是 16 位。源端口和目标端口合起来标识了一个连接。源端口是由发送方进程产生的一个随机数，一般使用临时端口。目标端口对应的是接收端的进程，接收端收到数据段后，根据这个端口号来确定把数据送给哪个应用程序的进程，这样才能保证数据到达正确的地方。否则，发给 A

程序的数据有可能被送给 B 程序，那么整个数据传输秩序就会变得很混乱。

序列号（Sequence-Number）占用 32 位。TCP 从应用程序取得数据后，会根据实际传输能力把数据划分成不同的数据段。TCP 用这个字段的值来给数据段打上标记，当数据到达目的地后，接收端会按照这个序列号把数据重新排列，保证数据的正确性。

确认号（Acknowledgement Number）占用 32 位，它指定的是下一个期望收到的字节的序列号，而不是已经正确接收到的最后一个字节。被分成许多数据段的数据虽然被做了标记，但并不能保证这当中的所有段都会到达目的地。然而对接收端来讲，只要有一个段没有接收到，就不能保证数据的正确性。使用确认号可以很好地解决这个问题。确认号是对发送端的确认信息，用于告诉发送端这个序号之前的数据段都收到了，例如，确认号是 X，就表示前 X-1 个数据段都收到了。如果一个数据段一直没有被确认，它将会被要求重发。这样数据的完整性就得到了保证。

数据偏移（Data Offset）占用 4 位，该字段表示 TCP 所传输的数据应该从 TCP 包的哪个位开始计算，当然也可以把它看作 TCP 的长度。此信息是必需的，因为可选项（Options）域是可变长度的，所以整个首部也是变长的。该部分每个值的单位为 4 B（即 32 位），如果该部分值为 0110，则表示长度为 24 B（6×4 B）。一般情况下 TCP 首部是 20 B，但当要扩展首部长度时可以使用这个字段，比如把这 4 个位都置为 1 就得到 TCP 首部长度的最大值 60 B（4 位二进制数的最大值是 1111，换算成十进制是 15，表示首部长度为 15 行。而每行数据有 32 位即 4 B 长，所以首部长度为 15×4 B＝60 B）。

保留字段（Reserved）占用 6 位，这部分保留位作为今后扩展功能用，但是至今未使用。这也从另一个角度说明了 TCP 的设计者们考虑得很周到，根本不需要利用这个部分来修正原始设计中的错误。

在保留字段的后面有 6 个分别是 1 位的字段，称为标志位，这些字段指挥着 TCP 连接的建立、维持与释放等功能。各位的含义如下。

URG：紧急指针有效位，它和第 5 行的 16 位紧急指针配合使用，如果紧急指针被使用了，则 URG 被设为 1。

ACK：确认位，只有当 ACK＝1 时确认号字段才有效。如 ACK＝0，则表示该数据段不包含确认信息。

PSH：推送位，为 1 时要求接收方尽快将数据段送达应用层，这个标志位是为了加快特殊数据的处理速度。

RST：重置位，值为 1 时通知一个已经错乱的连接重新建立 TCP 连接。错乱的原因可能是主机崩溃，或者其他的原因。该位也可以被用来拒绝一个无效的数据段，或者拒绝一个连接请求。一般而言，如果得到的数据段被设置了 RST 位，那说明用户这一端有了问题。

SYN：同步序号位，被用于建立连接。TCP 需要建立连接时将这个位置为 1。

FIN：结束位，当 TCP 完成数据传输需要断开连接时，提出断开连接的一方将这个位置置为 1。

窗口大小（Window）占用 16 位，它说明本地可接收数据段的数目，其值的大小是可变的，当网络通畅时这个窗口值变大以提高传输速率，当网络不稳定时减小其值可保证网络数据的可靠传输，TCP 中的流量控制机制就是依靠变化窗口值的大小实现的。

校验和（Checksum）占用 16 位，用来做差错控制，在发送数据段时，由发送端计算 TCP 数据段所有字节的校验和。当数据到达目标端时又进行一次校验和计算。若这两次校验和一致则说明数据基本是正确的。否则将认为该数据已被破坏，接收端将抛弃该数据。

紧急指针（Urgent Pointer）占用 16 位，用来确定紧急数据的最后一个字节的位置。这样接收端就可以优先快速地获取紧急数据，确保紧急数据即时到达。

可选项（Options）长度可变，但长度应尽量设置为 32 位的整数倍，可以填充为 0。它表示 TCP 首部中附加的一些信息，用于提高 TCP 传输性能。因为 TCP 根据数据偏移（首部长度）进行控制，所以其长度最大为 40 B。常见的选项如下。

最大报文长度（Maximum Segment Size，MSS），用于告诉对方"我的缓冲区所能接收数据段的最大长度是 MSS"。

时间戳选项（Time Stamp Option），发送方在每一个数据段中放置一个时间戳值，接收方也要返回该值，用于表示数据段的往返时间。

选择性确认选项（Selective Acknowledgement，SACK），使 TCP 只重新发送丢失的包，不用发送后续所有的包，此选项提供相应的机制，使接收方能告诉发送方有哪些数据丢失，哪些数据重发了，哪些数据已经提前收到等。

填充（Padding）主要是填充 0，用于保证首部的长度是 32 位的整数倍，或者说保证数据部分以一个新的 32 位开始。

6.3.3　TCP 建立连接与释放连接

TCP 作为面向连接的协议，在通信开始前发送方和接收方之间要建立连接，通信结束后要断开连接。

1. 建立连接过程

通信的双方为保证建立连接的时效性和可靠性，需要经过三个过程建立连接。这就好比两个人在进行网络聊天并进行文件传输，如图 6-11 所示，一方上线后一般会发送一句"在线吗"，另一方如果在线会回复"在线"，确认对方在线后，就要告诉对方要干什么事情"我给你发个文件，你收一下啊"，接下来就可以发送文件了。TCP 的连接同样要经过这样三个过程，可以把这三个过程形象地比喻为"三次握手"。

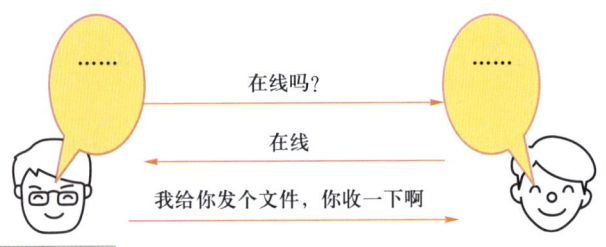

图 6-11
网络聊天过程

微课 6-7
TCP 建立连接与
释放连接

为什么采用三次握手方法，而不是二次握手呢？可以看一个例子，如果发送端早先发出的分组在网络中延迟，发送端判断其超时而又重发另一个分组建立连接，经过一段时间后，发送端已作废的连接请求分组在网络中延迟一定时间后可能重复出现到达接收端，这样会导致接收端响应、再次进行连接的误动作。而由于必须有第 3 次握手，发送端须再向对方发出一个连接确认分组才能建立连接。这里，用三次握手方法能够克服延迟及重复问题的关键在于双方都知道自己当前的序号，只有双方在当前序号下的申请得到响应之后连接才能建立。凡延迟及重复出现的分组其序号都在当前序号之前，因此，不可能完成连接建立过程。

TCP 在数据通信之前，通过首部发送一个 SYN 包作为建立连接的请求，等待确认应答。如果对端发来确认应答，则认为可以进行数据通信。如果对端的确认应答未能到达，就不会进行数据通信。建立连接的三次握手需要通过三个数据段完成，过程如图 6-12 所示。

动画：
TCP 建立连接过程

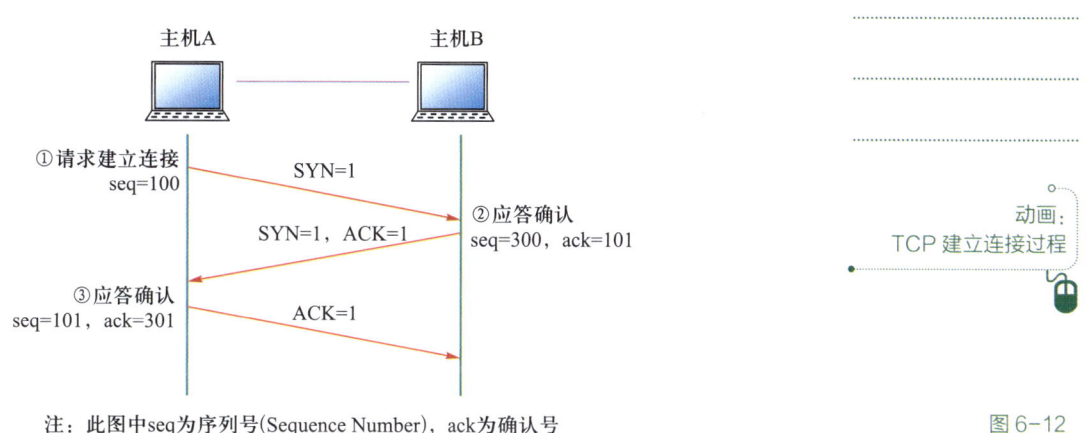

注：此图中seq为序列号(Sequence Number)，ack为确认号
(Acknowledgement Number)，ACK为确认位，SYN为同步序号位

图 6-12
TCP 建立连接过程

第 1 次握手：主机 A 通过将一个含有"同步序列号（SYN）"标志位的数据段发送给主机 B，开始请求连接。通过该数据段，主机 A 告知主机 B 两点：主机 A 希望建立连接，主机 B 应答；主机 A 告诉主机 B 使用哪个序列号作为数据传输时数据段的起始号。

第 2 次握手：主机 B 用一个带有"确认应答（ACK）"和"同步序列号（SYN）"标志位的数据段响应主机 A。它也有两个目的：发送 ACK 通知主机 A 收到了数据段；通知 A 从哪个序列号开始给数据段做标记。本次握手中 ack（确认号）的值为上一次握手中 seq（序列号）值加 1。

第 3 次握手：主机 A 再次发送一个数据段，确认收到了主机 B 的数据段，并可以开始传送实际数据。本次握手中 seq（序列号）的值为同一主机上一次发送数据中序列号值加 1。确认号为上一次握手数据中序列号值加 1。

经过这三次握手后，数据将开始传输。三次握手有如下特点：没有应用层数据；SYN 这个标志位只有 TCP 建立连接时才被置为 1；握手完成后 SYN 标志位被置为 0。

2. 释放连接过程

释放连接方式通常有两种：非对称释放和对称释放。非对称释放连接好比打电话，一方关掉，这次通话就结束了。对称释放连接的方法是把连接看成两个独立的单向连接，并要求单独释放每一个单向连接。TCP 使用的是对称释放连接的方法。

虽然 TCP 连接是全双工的，但是，为了理解 TCP 连接的释放过程，可以把它分成两次单工通信，为保证两端断开的时效性，因此要分别发起断开连接，并进行确认，可以将该过程称之为"四次断开"，如图 6-13 所示。

动画：
TCP 断开连接过程

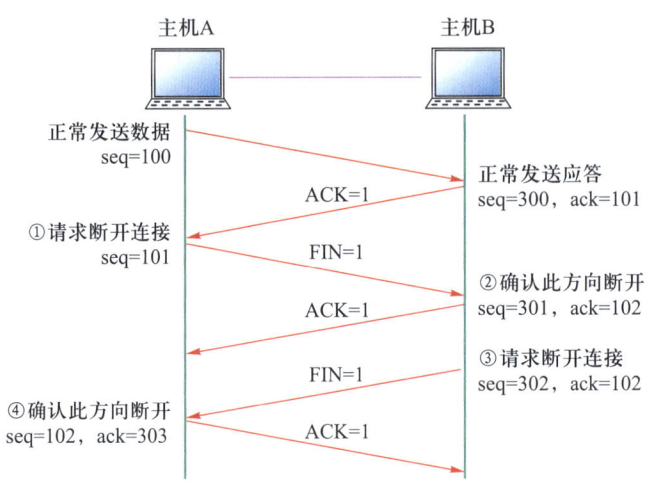

图 6-13
TCP 断开连接过程

注：此图中 seq 为序列号（Sequence Number），ack 为确认号（Acknowledgement Number），ACK 为确认位，FIN 为结束位

断开连接的方法是一方完成它的数据发送任务后，发送一个数据段来向另一方通告将要终止这个方向的连接。当一端收到这个数据段，它必须通知应用层 TCP 连接已经终止了对应方向的数据传输。

第 1 步：TCP 连接的一端 A 将控制位 FIN 置为 1，提出断开 TCP 连接的请求。

第 2 步：对端 B 收到对端发来的数据后将 ACK 位置为 1 对其做出响应，确认这一方向上的 TCP 连接将关闭。在响应的数据中确认号的值为 A 端发送的数据中序列号的值加 1。

第 3 步：由 B 端将控制位 FIN 置为 1 提出反方向的关闭要求。

第 4 步：A 端收到 B 端发送的断开连接请求后，对 B 提出的断开请求做出应答，B 端收到后双方向的关闭结束。

【实践与体验 6-1】　TCP 通信过程抓包演示与实践

微课 6-8
TCP 通信过程抓包演示

在本节中将使用 Wireshark 抓包软件抓取 Telnet 连接过程的数据包（也可以抓取 HTTP 通信的数据包，即登录网页的过程），通过对抓取的数据包的分析来详细了解 TCP 的连接过程，操作过程如下。

① 打开 Wireshark 软件，关闭已有的联网程序（防止抓取过多的包），开始抓包。

实践文档：
TCP 通信过程抓包实践

② 选择"开始"→"运行"菜单命令，在打开的"运行"对话框中输入命令"cmd"，单击"确定"按钮打开命令行模式，输入"Telnet 210.29.224.22"（Telnet 的地址可自行选择）后，按 Enter 键。这时可以在 Wireshark 中看到抓取到的数据包。

③ 如果抓到的数据包比较多，可以在 Wireshark 的过滤器（Filter）中输入 tcp，单击"应用"按钮进行过滤。在过滤的结果中找到从第 1 个目的地址为"210.29.224.22"的包开始的三个数据包，即为三次握手的过程，其中"192.168.212.11"为本地主机地址，如图 6-14 所示。

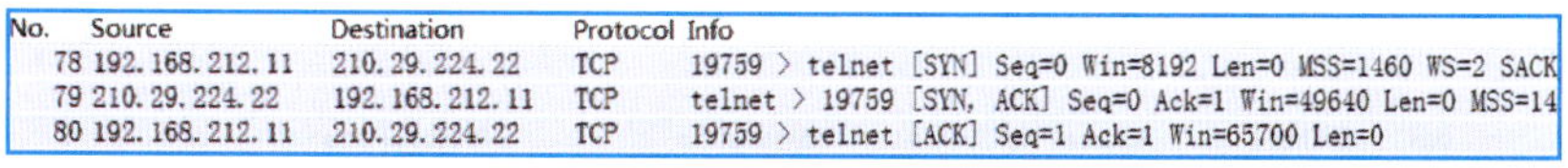

```
No.   Source           Destination      Protocol Info
78 192.168.212.11   210.29.224.22    TCP      19759 > telnet [SYN] Seq=0 Win=8192 Len=0 MSS=1460 WS=2 SACK
79 210.29.224.22    192.168.212.11   TCP      telnet > 19759 [SYN, ACK] Seq=0 Ack=1 Win=49640 Len=0 MSS=14
80 192.168.212.11   210.29.224.22    TCP      19759 > telnet [ACK] Seq=1 Ack=1 Win=65700 Len=0
```

图 6-14
TCP 三次握手过程

④ 选中第 1 个数据包，单击数据包封装明细区中"Transmission Control Protocol"前面的"+"号，可以看到第 1 次握手的详细内容，如图 6-15 所示。在图 6-15 中，可以看到"Destination Port"值为 Telnet（23），说明访问的目的端使用的端口是 23，为 Telnet 服务。数据包的序列号为 Sequence number：0。在标志位中，SYN 位被置为了 1，其他位为 0，说明是第 1 次握手。

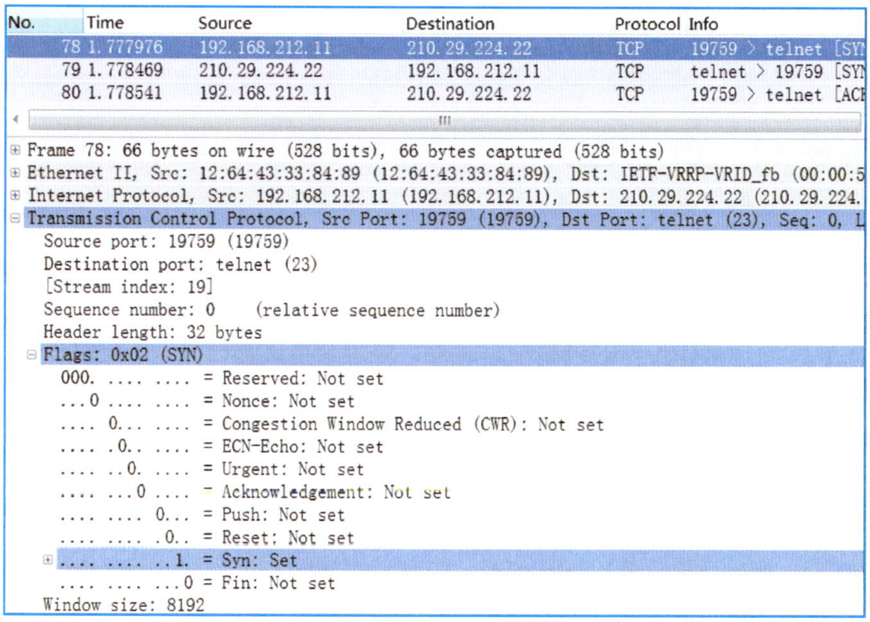

```
No.     Time        Source           Destination      Protocol Info
78 1.777976    192.168.212.11   210.29.224.22    TCP      19759 > telnet [SYN
79 1.778469    210.29.224.22    192.168.212.11   TCP      telnet > 19759 [SYN
80 1.778541    192.168.212.11   210.29.224.22    TCP      19759 > telnet [ACK

⊞ Frame 78: 66 bytes on wire (528 bits), 66 bytes captured (528 bits)
⊞ Ethernet II, Src: 12:64:43:33:84:89 (12:64:43:33:84:89), Dst: IETF-VRRP-VRID_fb (00:00:5
⊞ Internet Protocol, Src: 192.168.212.11 (192.168.212.11), Dst: 210.29.224.22 (210.29.224.
⊟ Transmission Control Protocol, Src Port: 19759 (19759), Dst Port: telnet (23), Seq: 0, L
     Source port: 19759 (19759)
     Destination port: telnet (23)
     [Stream index: 19]
     Sequence number: 0    (relative sequence number)
     Header length: 32 bytes
  ⊟ Flags: 0x02 (SYN)
       000. .... .... = Reserved: Not set
       ...0 .... .... = Nonce: Not set
       .... 0... .... = Congestion Window Reduced (CWR): Not set
       .... .0.. .... = ECN-Echo: Not set
       .... ..0. .... = Urgent: Not set
       .... ...0 .... = Acknowledgement: Not set
       .... .... 0... = Push: Not set
       .... .... .0.. = Reset: Not set
       .... .... ..1. = Syn: Set
       .... .... ...0 = Fin: Not set
     Window size: 8192
```

图 6-15
第 1 次握手的各字段值

⑤ 单击第 2 个数据包中数据包封装明细区中"Transmission Control Protocol"前面的"+"号，可以看到第 2 次握手的详细内容，如图 6-16 所示。在该数据包中，Acknowledgement number 值为 1，也就是确认号为 1；Sequence Number（序列号）为 1。在标志位中，SYN 和 ACK 都被置为了 1，这是目的端给源端响应的第 2 次握手。

⑥ 单击第 3 个数据包，可以在数据包封装明细区中看到：数据包中的 Sequence Number 为 1，Acknowledgement number 也为 1，在标志位中 ACK 字段被置为了 1，如图 6-17 所示。

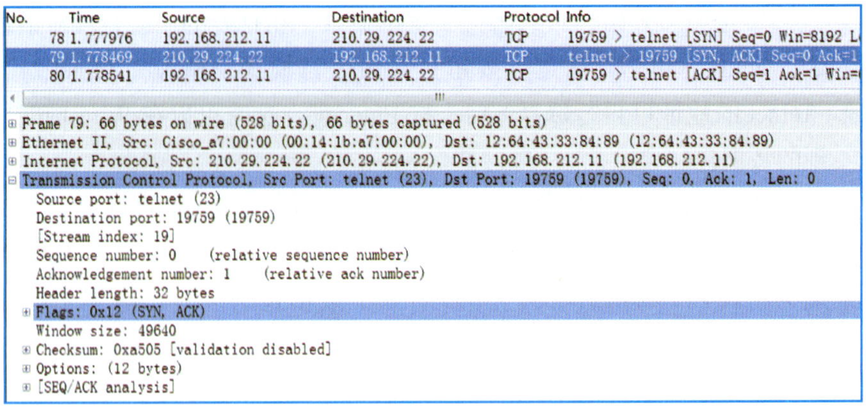

No.	Time	Source	Destination	Protocol	Info
78	1.777976	192.168.212.11	210.29.224.22	TCP	19759 > telnet [SYN] Seq=0 Win=8192 L
79	1.778469	210.29.224.22	192.168.212.11	TCP	telnet > 19759 [SYN, ACK] Seq=0 Ack=1
80	1.778541	192.168.212.11	210.29.224.22	TCP	19759 > telnet [ACK] Seq=1 Ack=1 Win=

⊞ Frame 79: 66 bytes on wire (528 bits), 66 bytes captured (528 bits)
⊞ Ethernet II, Src: Cisco_a7:00:00 (00:14:1b:a7:00:00), Dst: 12:64:43:33:84:89 (12:64:43:33:84:89)
⊞ Internet Protocol, Src: 210.29.224.22 (210.29.224.22), Dst: 192.168.212.11 (192.168.212.11)
⊟ Transmission Control Protocol, Src Port: telnet (23), Dst Port: 19759 (19759), Seq: 0, Ack: 1, Len: 0
　　Source port: telnet (23)
　　Destination port: 19759 (19759)
　　[Stream index: 19]
　　Sequence number: 0　　(relative sequence number)
　　Acknowledgement number: 1　　(relative ack number)
　　Header length: 32 bytes
⊞ Flags: 0x12 (SYN, ACK)
　　Window size: 49640
⊞ Checksum: 0xa505 [validation disabled]
⊞ Options: (12 bytes)
⊞ [SEQ/ACK analysis]

图 6-16
第 2 次握手各字段值

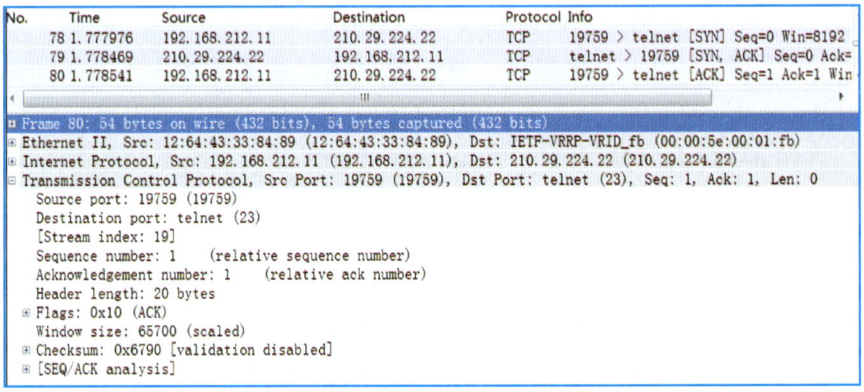

No.	Time	Source	Destination	Protocol	Info
78	1.777976	192.168.212.11	210.29.224.22	TCP	19759 > telnet [SYN] Seq=0 Win=8192
79	1.778469	210.29.224.22	192.168.212.11	TCP	telnet > 19759 [SYN, ACK] Seq=0 Ack=
80	1.778541	192.168.212.11	210.29.224.22	TCP	19759 > telnet [ACK] Seq=1 Ack=1 Win

⊞ Frame 80: 54 bytes on wire (432 bits), 54 bytes captured (432 bits)
⊞ Ethernet II, Src: 12:64:43:33:84:89 (12:64:43:33:84:89), Dst: IETF-VRRP-VRID_fb (00:00:5e:00:01:fb)
⊞ Internet Protocol, Src: 192.168.212.11 (192.168.212.11), Dst: 210.29.224.22 (210.29.224.22)
⊟ Transmission Control Protocol, Src Port: 19759 (19759), Dst Port: telnet (23), Seq: 1, Ack: 1, Len: 0
　　Source port: 19759 (19759)
　　Destination port: telnet (23)
　　[Stream index: 19]
　　Sequence number: 1　　(relative sequence number)
　　Acknowledgement number: 1　　(relative ack number)
　　Header length: 20 bytes
⊞ Flags: 0x10 (ACK)
　　Window size: 65700 (scaled)
⊞ Checksum: 0x6790 [validation disabled]
⊞ [SEQ/ACK analysis]

图 6-17
第 3 次握手各字段值

实训文档：
实训 6-1　TCP 抓包
分析

微课 6-9
可靠性传输机制

【实训 6-1】 TCP 抓包分析

6.3.4　可靠性传输机制

为了保证可靠性传输，TCP 发送的报文都有递增的序列号。通过序列号和确认号可以确保传输的可靠性。此外，对每个报文都设立一个定时器，设定一个最大时延。对那些超过最大时延仍没有收到确认信息的报文就认为已经丢失，需要重传。

在 TCP 中，当发送端的数据到达接收端时，接收端会返回一个已收到消息的通知，这个消息叫作确认应答（ACK）。

通常，两个人对话时，可以通过点头或询问以确认谈话内容。如果对方没有任何反馈，说话的一方还可以再重复一遍以保证对方确实听到。因此，对方是否理解了此次对话内容，都要靠对方的反应来判断。网络中的"确认应答"就是类似这样的一个概念。当对方听懂对话内容时会说"嗯"，这就相当于返回了一个确认应答（ACK）。而当对方没有理解对话内容或没有听清时会问一句"咦？"这好比一个否定确认应答（NACK，亦称为 NAK），如图 6-18 所示。

TCP 通过肯定的确认应答（ACK）实现可靠的数据传输。肯定的确认应答是对接收到的数据的最高序列号的确认，并向发送端返回一个下次接收时期望的 TCP 数据包的序列号（Acknowledgement Number）。当发送端将数据发出之后会等待对端的确认应答，即对方回复一个只有首部的确认数据报文，报文中确认号为接收到的最高序列号的值加 1。如果有确认应答，说明数据已经成功到达对端。反之，则数据有可能丢失。

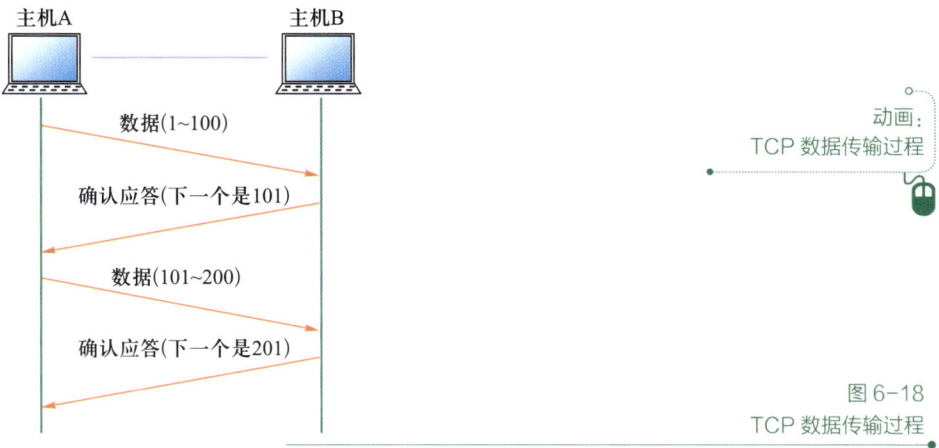

图 6-18
TCP 数据传输过程

动画：
TCP 数据传输过程

若发送端在规定的时间内没有收到接收端的确认信息，就要将未被确认的数据重新发送。即使数据在途中丢失，也可以通过重新发送保证接收端能够收到数据，从而保证可靠性传输，如图 6-19 所示。

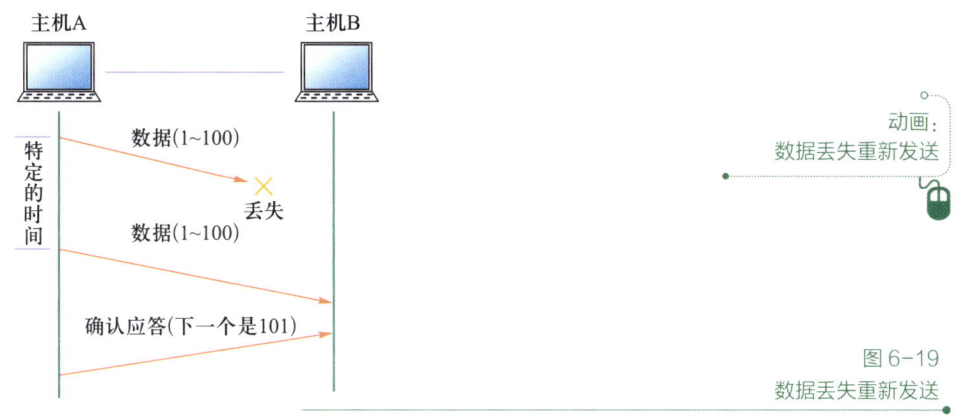

图 6-19
数据丢失重新发送

动画：
数据丢失重新发送

未收到确认应答的情况有多种，如接收端如果收到一个有差错的报文，则丢弃此报文，并不向发送端发送确认信息，在规定的特定时间内发送端没有收到应答，则重新进行发送，如图 6-20 所示。

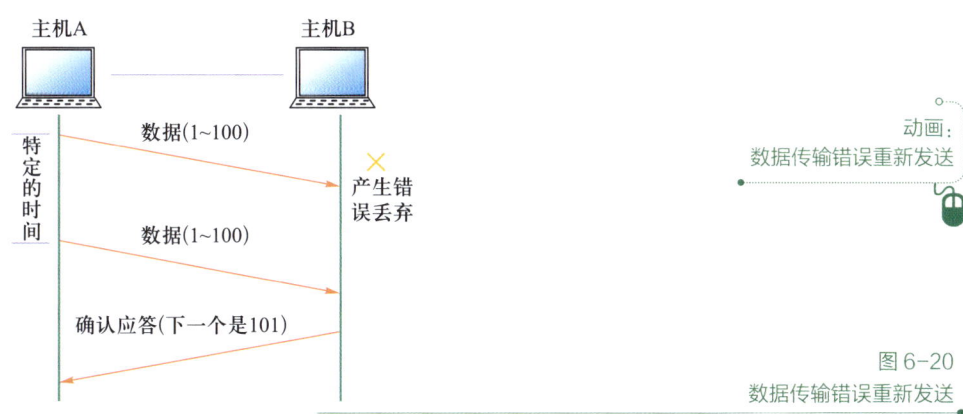

图 6-20
数据传输错误重新发送

动画：
数据传输错误重新发送

还有一种情况有可能是接收端已经收到数据，只是返回的确认应答在途中丢失或者由于网络拥堵确认应答在特定的时间内没有到达发送端。这种情况也会导致发送端因没有收到确认应答，而认为数据没有到达目的地，从而进行重新发送。如果因为超时重发，接收端两次收到了相同的数据，那么接收端会丢弃掉第 2 次收到的数据，如图 6-21 所示。

动画：
确认应答丢失重新发

图 6-21
确认应答丢失重新发送

TCP 报文的重传机制的特定时间限制是由设置的重传定时器来决定的，在该时间内没有收到确认信息，则进行重传。这个时间值的设定非常重要，太大会使包重传的时延比较大，太小则可能没有来得及收到对方的确认包发送方就再次重传，会使网络陷入无休止的重传过程。接收方如果收到了重复的报文，将会丢弃重复的报文，但是必须发回确认信息，否则对方会再次发送。

数据被重发之后若还是收不到确认应答，则再次进行发送。此时，等待确认应答的时间将会以 2 倍、4 倍的指数延长。此外，数据也不会被无限、反复地重发。达到一定重发次数之后，如果仍没有任何确认应答返回，就会判断为网络或对端主机发生了异常，强制关闭连接，并且通知应用程序通信异常，强行终止通信。

6.3.5　滑动窗口及流控制

TCP 发送数据是以段为单位的，发送数据长度称为 "最大消息长度"（Maximum Segment Size，MSS）。最理想的情况是，最大消息长度正好是 IP 中不会被分片处理的最大数据长度。通信两端在发出建立连接的请求时，会在 TCP 首部中写入 MSS 选项，告诉对方自己的接口能够适应的 MSS 的大小。如果发送的数据太长，将会按照 MSS 的值进行分片传输。

TCP 提供的确认机制，可以在通信过程中不对每一个 TCP 数据包发出单独的确认包（Delayed ACK 延迟确认应答机制），而是在传送数据时顺便把确认信息传出，这样可以大大提高网络的利用率和传输效率。同时，TCP 的确认机制也可以一次确认多个数据报，如图 6-22 所示。例如，接收方收到了 201、301、401 的数据包，则只需要对 401 的数据包进行确认即可，对 401 数据包的确认也意味着 401 之前的所有数据包都已经确认，这样也可以提高系统的效率。

这种机制是通过滑动窗口（实际定义滑动窗口大小的单位是字节，为方便讨

微课 6-10
滑动窗口及流控制

论以段为单位）实现的，确认应答不再是以每个分段，而是以更大的单位进行确认时，转发时间将会被大幅度地缩短。也就是说，发送端主机在发送了一个段以后不必要一直等待确认应答，而是继续发送后续分段。

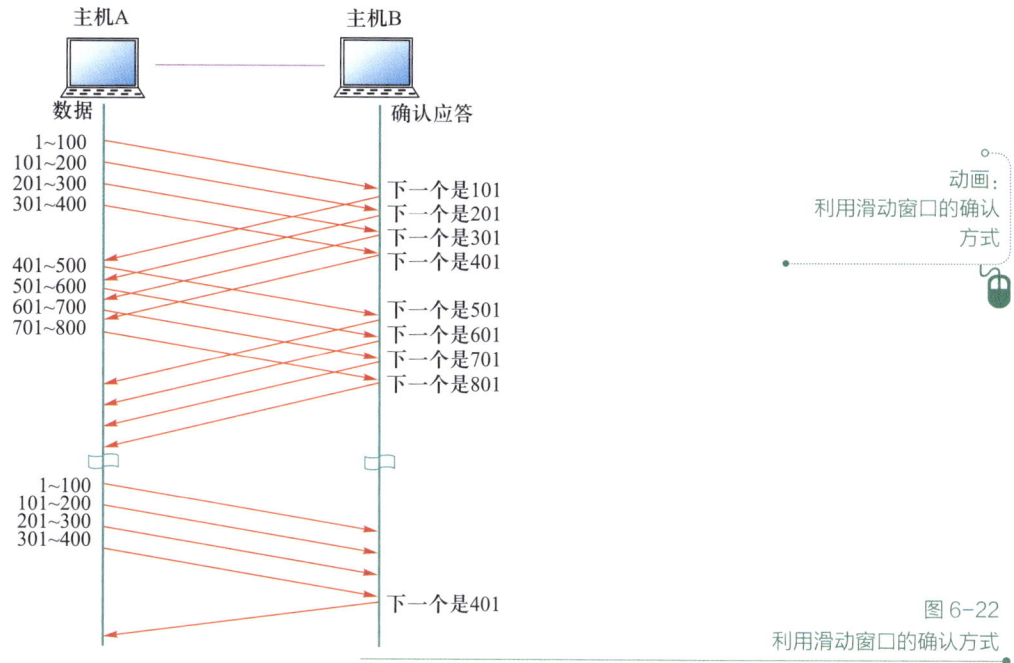

图 6-22
利用滑动窗口的确认方式

动画：
利用滑动窗口的确认
方式

滑动窗口大小是指无须等待确认应答而可以继续发送数据的最大值。这个机制实现了使用缓冲区对多个段同时进行确认应答的功能。另外，滑动窗口也可以保证数据的按序到达。

TCP 还应当保证数据按序到达接收端。如果接收端收到的数据报文没有错误，只是未按序号到达，这种现象如何处理呢？TCP 本身没有规定处理方式，而是由 TCP 的实现者自己去确定。通常有两种方法进行处理：一种是对没有按序号到达的报文直接丢弃，另一种是将未按序号到达的数据包先放于缓冲区内，等待它前面序号的包到达后，再将它交给应用进程。后一种方法将会提高系统的效率。

在没有使用窗口控制的时候，没有收到确认应答的数据都会被重发。而使用了窗口控制，某些确认应答即便丢失也无须重发，可以通过下一个应答进行确认，即使 301、401、501、601 的应答没有收到，只要 701 的应答收到就确认这些数据段都收到了。

滑动窗口还有一个作用就是流控制。如果接收端的缓冲区比较小，而发送端一次发送的数据比较多，那么会造成接收端无法接收一些数据，这些数据将会被丢弃，并被请求重发，这对通信效率及网络的流量造成了一定的影响。这就需要通过滑动窗口来控制，在两端发送数据前需要协商滑动窗口的大小，然后按照滑动窗口限定的缓冲区大小进行数据发送。

TCP 首部中，有一个字段（窗口大小）专门用来通知窗口大小。接收主机将自己可以接收的缓冲区大小放入这个字段中通知给发送端。这个字段的值越大，说明网络的吞吐量越高。

笔 记

不过，接收端的这个缓冲区一旦面临数据溢出时，窗口大小也会随之被设置为一个更小的值通知给发送端，从而控制数据发送量。如果这个窗口的更新通知在传送途中丢失，可能会导致无法继续通信。为避免此类问题的发生，发送端主机会时不时地发送一个称为窗口探测的数据段，此数据段仅含一个字节以获取最新的窗口大小信息。如图 6-23 所示是滑动窗口的工作原理。

动画:
滑动窗口流控工作原理

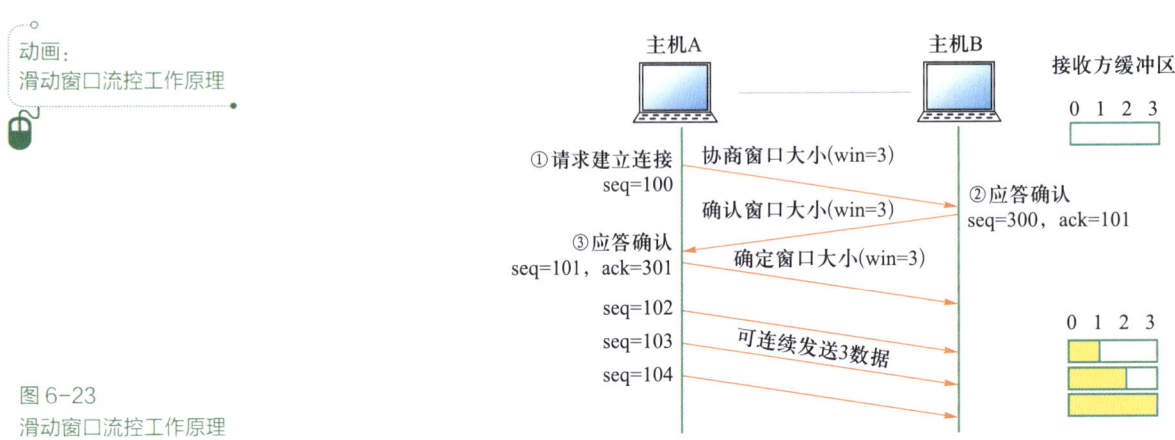

图 6-23
滑动窗口流控工作原理

①在 TCP 建立连接的时候，主机 A 与 B 之间就进行了窗口大小的协商，主机 A 在发送连接建立请求的时候，向主机 B 通告了自己发送窗口的大小（为便于讨论，此处以段为单位）。

②主机 B 缓冲区的大小为 3，因此 B 向 A 发送确认的时候，宣告窗口大小为 3。

③主机 A 再次确认后，连接已经建立，开始发送数据。

④主机 A 发送了 3 个数据，主机 B 接收到数据后，缓冲区由空变为满，这时，应用程序读取了 1 个数据，为缓冲区清空了大小为 1 的空间。

⑤主机 B 向 A 确认收到的数据，并根据缓冲区空间的大小宣告窗口为 1。如果 B 的缓冲区大小为 0，B 会向 A 宣告窗口大小为 0，如果 A 接收到 B 窗口大小为 0 的确认，A 会停止发送，等待 B 宣告一个非 0 的窗口时再发送数据。

⑥主机 A 根据 B 宣告的窗口大小来发送数据。

6.3.6　拥塞控制

微课 6-11
拥塞控制

TCP 的滑动窗口控制使收发两端之间不再以一个数据段为单位发送确认应答，从而能够连续发送大量数据包。也就是说，当一个连接建立起来时，双方首先要选择一个合适的窗口大小，接收方可以根据其缓冲区来设置窗口大小，如果双方遵守此窗口大小就不会发生缓冲区溢出的问题。然而，如果网络产生拥塞，或者在通信刚开始时就发送大量数据，也可能会引发其他问题。

可以使用水流来说明这个问题，如图 6-24 所示。在图左侧，如果水龙头发送水的流量过大，而接收端的水桶较小，则水有可能溢出水桶。在图右侧，如果输水管道产生拥塞，虽然水桶可能不会溢出，但水有可能从漏斗溢出，导致水流丢失。

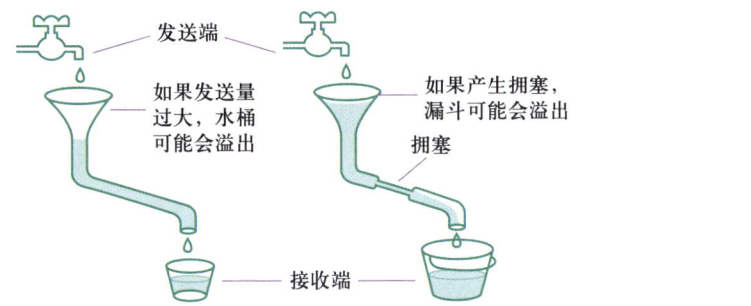

图 6-24
滑动窗口流控工作原理

　　在网络中对这两种问题也提出了解决方法，图 6-24 左侧产生的问题可以通过 6.3.5 节中提到的调整接收窗口来控制，发送数据的大小由接收端来控制，并且将窗口大小的值写入 TCP 报文段首部的窗口字段，写入的数值就是当前设定的接收窗口大小，发送窗口在连接建立时由双方商定。

　　图 6-24 右侧产生的问题是通过拥塞窗口（Congestion Window）来控制的。拥塞窗口是发送端根据网络拥塞情况得出的窗口值，是来自发送端的流量控制，大小是以字节为单位的。每个窗口反映了发送方可以传输的数据量。

　　最终允许发送的数据量是两个窗口的最小值。因此，有效窗口是"发送方认为没有问题的窗口"与"接收方认为没有问题的窗口"中较小的那个窗口。

$$发送窗口 = Min[\ 接收窗口，拥塞窗口\ ]$$

　　如果接收方说"可以发送 8 B"，但是发送方知道，超过 4 B 就会堵塞网络，那么，它就发送 4 B。另一方面，如果接收方说"可以发送 8 B"，而发送方知道，即使发送 32 B 也可以很容易地通过网络，那么它按照一次发送 8 B 来发送。

　　在传输的过程中，拥塞窗口会根据传输的情况进行修正，修正过程如图 6-25 所示。

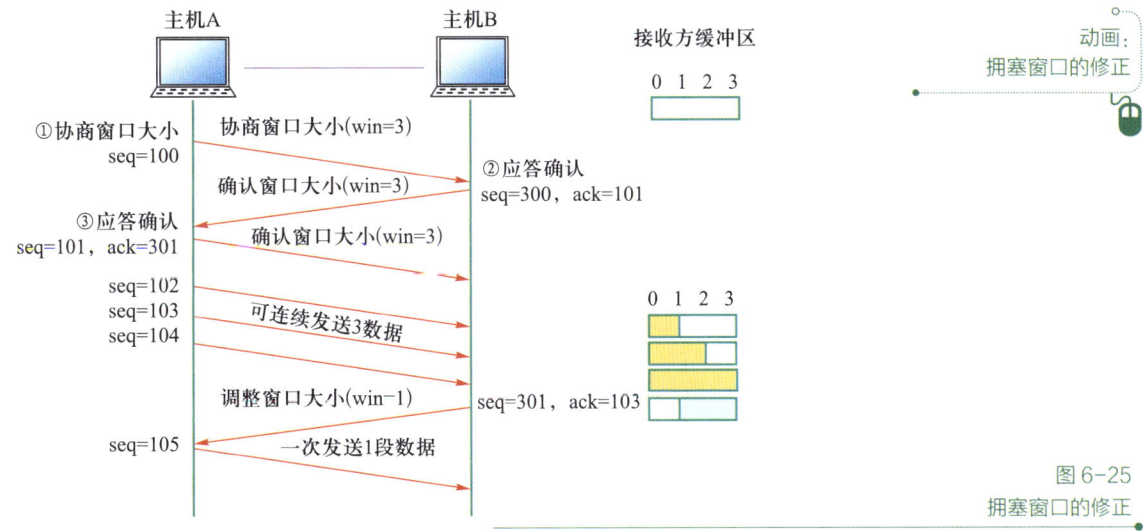

动画：
拥塞窗口的修正

图 6-25
拥塞窗口的修正

　　① 主机 A 与主机 B 在建立连接时协商了窗口的大小为 3（此处以段为单位讨论）。

　　② 主机 A 向 B 发送了 3 个数据段。

　　③ 主机 B 只接收到一个数据段，发送了确认号为 103 的确认。

　　④ 在重传计时器超时前，主机 A 没有收到来自 B 的确认，A 认为数据段

笔 记

103 和 104 丢失。

⑤主机 A 根据接收到的确认将拥塞窗口减小。

一般来说，计算机网络都处在一个共享的环境。因此也有可能会因为其他主机之间的通信使得网络拥堵。在网络出现拥堵时，如果突然发送一个较大量的数据，极有可能会导致整个网络的瘫痪。

为解决这一问题，最初将发送端的窗口（拥塞窗口）设置为 1。每收到一个确认应答，窗口的值会增加 1 个段（实际单位是字节）。

在发送数据包时，发送端将拥塞窗口的大小与接收端主机通知的窗口大小做比较，按照它们当中较小那个值，发送比其还要小的数据量。然后，它发送一个最大的数据段。如果该数据段在定时器过期之前被确认，则它将拥塞窗口增加一个数据段的字节数，从而使拥塞窗口变成两倍的最大数据段长度，然后发送两个数据段。如果这两个数据段中的每一字节都被确认了，则拥塞窗口再增加两个最大数据段长度。当拥塞窗口达到 n 个数据段的时候，如果所有 n 个数据段都被及时确认的话，则拥塞窗口增加这 n 个数据段所对应的字节数。实际上，每一批被确认的突发数据段都会使拥塞窗口加倍，如图 6-26 所示。

动画：
拥塞窗口的设置

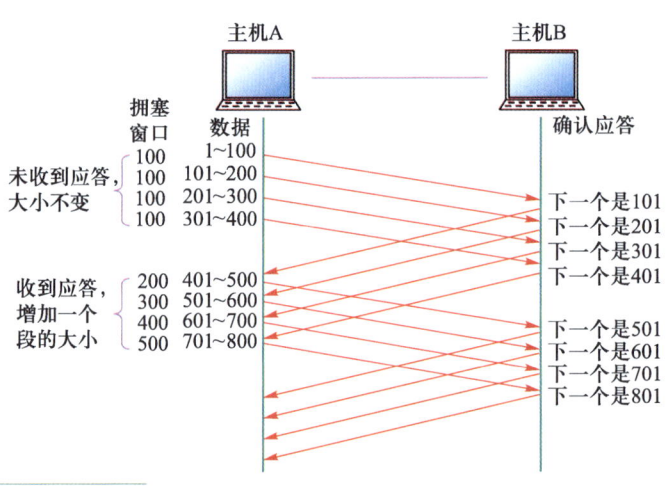

图 6-26
拥塞窗口的设置

有了上述这些机制，就可以有效地减少通信开始时连续发包导致的网络拥堵。

随着数据的每次确认，拥塞窗口也会以 1、2、4 等指数函数的规模增长，会导致拥堵状况甚至网络拥塞。为了防止这些问题的发生，引入了慢启动阈值的概念。只要拥塞窗口的值超出这个阈值，在每收到一次确认应答时，发送方只允许以下面这种比例放大拥塞窗口。

拥塞窗口扩大，确认应答的数目也会增加。不过随着每收到一个确认应答，拥塞窗口的涨幅也会逐渐减少，甚至减少到比一个数据段还要小的字节数。TCP 的通信开始时，并没有设置相应的慢启动阈值，而是在超时重发时，将阈值设置为当时拥塞窗口的一半。

$$\frac{1\,个数据字段的字节数}{拥塞窗口（字节）} \times 1\,个数据字段的字节数$$

除接收方窗口和拥塞窗口以外，TCP 还使用了第 3 个参数：一个阈值

（Threshold）。初始时该参数为 64 KB。当一次超时发生的时候，阈值被设置为当前拥塞窗口的一半，拥塞窗口被重置为一个最大数据段。然后使用慢启动算法来决定网络的处理能力，当拥塞窗口增长到阈值的时候指数增长便停止。从这个点开始，每一次成功的传输都会使拥塞窗口线性地增长（即每次突发数据仅增长一个最大数据段），而不是成倍地增长。实际上，这个算法是在猜测，将拥塞窗口减小一半可能是可以接受的，然后再从这个点开始慢慢地往上增长。

如图 6-27 所示，这里的最大数据段长度是 1024 B。初始时，拥塞窗口是 64 KB，但是，发生了一次超时之后，阈值被设置到 32 KB，而拥塞窗口被设置为 1 KB。然后，拥塞窗口呈指数增长，一直到达阈值 32 KB。然后从这个点开始，它按线性增长。

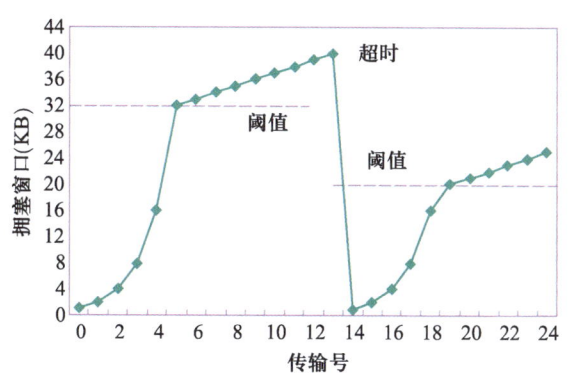

图 6-27
拥塞窗口的设置

如果发生了超时，阈值将被设置为当前拥塞窗口的一半，并且重新开始慢启动过程。如果不再发生超时，则拥塞窗口持续增长，直至到达接收窗口的大小。

当 TCP 通信开始以后，网络吞吐量会逐渐上升，但是随着网络拥堵的发生，吞吐量也会急速下降。于是网络会再次进入吞吐量慢慢上升的过程。因此 TCP 的吞吐量就好像是在逐步占领网络带宽。

6.3.7　差错控制

TCP 数据在传输的过程中经过了许多的网络路径，有可能出现各种错误，所以 TCP 提供了差错控制来保证可靠性。TCP 的差错控制包括如下一些方面：检测受损数据段、丢失的数据段、失序的数据段和重复的数据段。差错控制还包括检测出差错后的纠错机制。

微课 6-12
差错控制

TCP 中的差错检验是通过校验和、确认应答和超时 3 种简单方式完成的。

1. 校验和（Checksum）

每一个数据段都包含校验和字段，用来检测受损数据段。若数据段受到损伤，就由接收端将其丢弃。计算时，发送者首先将 TCP 报文段的校验和字段置为 0，然后将头部（包括伪首部，如 IP 报文中的 IP 地址、协议号、总长度等）和数据部分以两个字节为单位进行累加，得出值后再对其求反码，就得到了校验和，然后将结果装入报文中传输。接收者在收到报文后再按相同的算法计算一次校验和。这里使用的反码使得接收者不用再将校验和字段保存起来后清零，而可以直接将报文段连同校验加和。如果计算结果全部为 1，那么就表示报文是完整性和正确的，如图 6-28 所示。

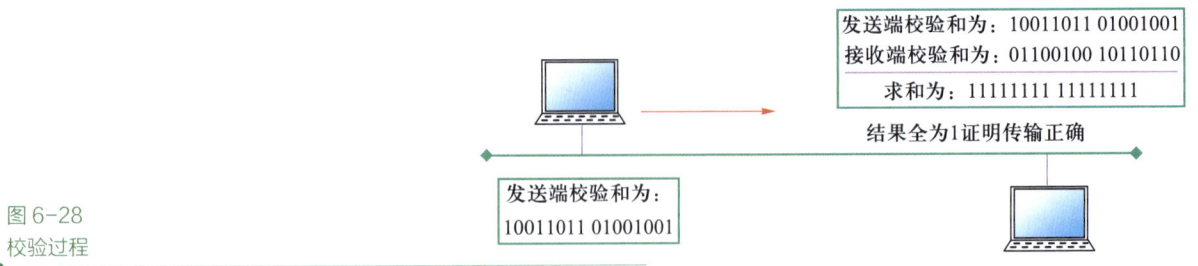

发送端校验和为：10011011 01001001
接收端校验和为：01100100 10110110
求和为：11111111 11111111

结果全为1证明传输正确

发送端校验和为：
10011011 01001001

图 6-28
校验过程

2. 确认应答

TCP 使用确认应答来证实收到了某些数据段，它们已经无损伤地到达了目的地。确认应答的方式除了包括正常的确认应答（ACK），还有多种应答机制。例如，选择确认应答（SACK），它可以只对某一个数据段进行确认应答；延迟确认应答（Delayed Acknowledgement），它可以对一组数据段进行确认；捎带应答（PiggyBack Acknowledgement），它是指 TCP 的确认应答可以和回执数据通过一个包发送，这种机制可以使收发的数据量减少。

3. 超时

若一个报文在超时前未被确认，则被认为是受到损伤或已丢失。总结起来主要有 5 种情况会产生超时的现象。

① 受损数据段：当一个受损数据段到达接收端，它将被丢弃，而且接收端不认为自己已收到该数据段，将不会发送确认应答，导致超时重发。

② 丢失的数据段：对 TCP 而言，丢失的数据段和受损数据段情况完全一样。只不过受损数据段是被接收端丢弃的，而丢失的数据段是被中间的节点丢弃的。

③ 重复的数据段：发送端在超时期限到了而确认应答还没有收到的情况下会重发，重发后的数据和先前的数据可能都到达了接收端，于是发生了数据段重复发送的现象。

④ 失序的数据段：TCP 使用 IP 的服务，而 IP 是不可靠的网络层协议。TCP 数据段封装在 IP 数据包中。每个 IP 数据包是独立实体，路由器可以通过合适的路径自由地转发每一个数据包。一个数据包可以沿着时延较短的路径走，另一个数据包可能沿着一个时延较长的路径走。若数据包不按序到达，则封装在这种数据包中的 TCP 数据段也就不按序到达。

⑤ 丢失的确认：接收端收到发送端发送的数据，确认应答在发出后在途中丢失或者由于网络状况产生较大延迟而造成超时。

6.4　UDP

TCP 并不是对所有的应用都适合，所以一些新的、带有一些内在的脆弱性的传输层协议也被设计出来。例如，实时应用并不需要甚至无法忍受 TCP 的可

笔记

靠传输机制。在这种类型的应用中，通常允许一些丢包、出错或拥塞，而不是去校正它们。通常不使用 TCP 的应用有实时流多媒体（如 Internet 广播）、实时多媒体播放器和游戏、IP 电话（VoIP）等。任何不是很需要可靠性或者是想将功能减到最少的应用都可以避免使用 TCP。

例如，主机 A 想要给主机 B 发送一句话"你好"，这个数据传输仅仅为 4 B 而已。但用 TCP 来封装、传输它，至少要加上一个 20 B 的首部，还要为此建立一个三次握手的连接，并且在数据传输完毕后还要进行 4 次断开。这样看来似乎对于一些简短的数据传输可以设计一种简单的传输协议，忽略一些可靠性考虑，提高数据传输速率。在这种背景下，传输层的另一个协议 UDP 产生了。

6.4.1 UDP 概述及协议格式

UDP（User Datagram Protocol 用户数据报协议）是一种面向非连接的协议。UDP 有不提供数据包分组、组装和不能对数据包进行排序的缺点。分组传输顺序的检查与排序由应用层完成。

UDP 是一个简单的面向数据包的传输层协议，进程的每个输出操作都恰好产生一个 UDP 数据段，并组装成一份待发送的 IP 数据包。

微课 6-13
UDP 的格式及应用

UDP 不提供可靠性。它把应用程序的数据发送出去，但是并不保证它们能到达目的地。由于缺乏可靠性，似乎应该避免使用 UDP 而使用一种可靠的协议（如 TCP）。可是在小数据文件的传输中，UDP 发挥了重要的作用。例如，当发送一个 10 B 的短消息时，用 TCP 和 UDP 都可以。可是 TCP 会加上至少 20 B 的头部数据，而且还要使用确认，这样数据的传输效率就较低。如果使用 UDP，要加上的首部就缩减到 8 B，并且没有确认，这就使得数据传输速率大幅度提高。当然，这样提高效率付出的代价是数据传输的可靠性得不到保障。可见使用何种传输协议还要具体问题具体分析。如图 6-29 所示，UDP 的协议格式比较简单，大大提高了传输效率。

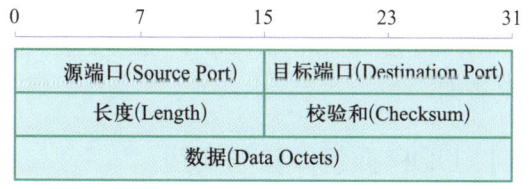

图 6-29
UDP 的格式

第 1 行 0 ～ 15 位是源端口号，用来标识数据发送端的进程，这和 TCP 的源端口号类似。16 ～ 31 位是目标端口号，用来标识数据接收端的进程，其作用也可参照 TCP。

第 2 行 0 ～ 15 位是 16 位的 UDP 长度，它来指出 UDP 数据段中所包含数据的大小，通过这个值可以准确地计算出数据的结束位置。16 ～ 31 位是 16 位 UDP 校验和，用来完成对 UDP 数据的差错检验，这是 UDP 提供的唯一的可靠机制，它通过计算校验和来简单判断一下到达数据的正确性，这一点保证措施使得 UDP 的实用性大为增加。UDP 的校验和是可选的。

第 3 行是数据，它来自应用程序，它的大小可由 16 位的 UDP 长度减去 UDP 首部长度后得到。

6.4.2　UDP 的应用

由于缺乏可靠性且属于非连接协议，UDP 应用一般必须允许一定量的丢包、出错和复制出现。但有些应用，如 TFTP，则必须在应用层增加根本的可靠机制。但是绝大多数 UDP 应用都不需要可靠机制，甚至可能因为引入可靠机制而降低性能。流媒体（串流技术）、即时多媒体游戏和 IP 电话（VoIP）就是典型的 UDP 应用。如果某个应用需要很高的可靠性，那么可以用 TCP 来代替 UDP。

由于缺乏拥塞控制（Congestion Control），需要基于网络机制来减少因失控和高速 UDP 流量负荷而导致的拥塞崩溃效应。换句话说，因为 UDP 发送者不能够检测拥塞，所以像使用包队列和丢弃技术的路由器这样的网络基本设备往往就成为降低 UDP 大通信量的有效工具。另外，数据报拥塞控制协议（DCCP）通过在诸如流媒体类型的高速率 UDP 流中增加主机拥塞控制，来减少这个潜在的问题。

除校验和外，UDP 也没有差错控制机制，这就表示发送端并不知道数据是丢失了还是重复发送了。当接收端使用校验和检测出差错时，就会悄悄地将此用户数据丢掉。

缺少流控制和差错控制就表示使用 UDP 的进程必须提供这些机制。例如，TFTP 提供分块传输、分块确认的机制，保证数据传输的可靠性。

在网络中有诸多应用服务使用 UDP，如域名系统（DNS）、简单网络管理协议（SNMP）、动态主机配置协议（DHCP）、路由信息协议（RIP）、简单文件传输协议（TFTP）、远程过程调用（RPC）、网络时间协议（NTP）和某些影音流服务等。

这其中，DNS 服务器支持 TCP 和 UDP 两种协议的查询方式，而且端口都是 53。大多数的查询都是 UDP 查询，一般需要 TCP 查询的有两种情况：当查询数据较大以至于产生了数据分段，这时，需要利用 TCP 的分片能力来进行数据传输；当主（Master）服务器和辅（Slave）服务器之间进行数据同步通信的时候，也需使用 TCP 查询。

【实践与体验 6-2】　UDP 抓包体验与实践

在本节中，将利用 Wireshark 抓取 QQ 的通信过程，以了解 UDP 中各字段的具体含义。

① 打开 Wireshark，选择网卡，开启抓包功能。

② 利用 QQ 向好友发送任意信息，然后进入 Wireshark 停止抓包。

③ 如果抓取的数据包比较多，在"过滤器"中输入"OICQ"（QQ 在应用层使用的协议是 OICQ），单击"应用"按钮便可筛选出 QQ 通信的数据包，如图 6-30 所示。

No.	Time	Source	Destination	Protocol	Info
107	1.088724	192.168.212.11	183.60.56.38	OICQ	OICQ Protocol
113	1.120124	183.60.56.38	192.168.212.11	OICQ	OICQ Protocol
116	1.142389	192.168.212.11	183.60.56.38	OICQ	OICQ Protocol
120	1.174022	183.60.56.38	192.168.212.11	OICQ	OICQ Protocol
124	1.195174	192.168.212.11	183.60.56.38	OICQ	OICQ Protocol
129	1.231248	183.60.56.38	192.168.212.11	OICQ	OICQ Protocol
130	1.242888	192.168.212.11	183.60.56.38	OICQ	OICQ Protocol
134	1.273992	183.60.56.38	192.168.212.11	OICQ	OICQ Protocol
137	1.286596	192.168.212.11	183.60.56.38	OICQ	OICQ Protocol

图 6-30
Wireshark 抓包筛选后内容

④ 选中第 1 条数据，可以在数据包封装明细区中看到数据包在传输层使用的是 UDP。单击 " User Datagram Protocol" 前面的 " +"号，可以看到 UDP 的详细信息，其各行含义如下所示。

User Datagram Protocol, Src Port: terabase (4000), Dst Port: irdmi (8000)

// 状态行

Source port: terabase (4000)   // 在源端使用端口号为 4000

Destination port: irdmi (8000)   // 目的端端口号为 8000

Length: 47   // UDP 数据包长度为 47 B，由于

头部长度为 8 B，因此 UDP 数据区长度为 39 B

Checksum: 0x9deb [validation disabled]   // 校验和

Good Checksum: False

Bad Checksum: False

Wireshark 为了节约时间和资源，对 TCP 和 UDP 的校验和没有进行精确计算，只提供了近似值，其值为 [validation disabled]。

【实训 6-2】 UDP 抓包分析

实训文档：
实训 6-2 UDP 抓包
分析

职业核心素养培养

树立积极向上的职业理念

树立积极向上的职业理念，第一，要明确自己的职业目标，并制订实际可行的计划。第二，保持持续学习和自我提升的意识，不断增强自己的专业技能和知识储备。第三，无论遇到何种困难，都要以积极的心态去面对，将挑战视为成长的机会。第四，在学习和工作中，要注重团队合作，善于沟通，尊重并倾听他人的意见。第五，追求卓越与创新，不断提高学习效率和质量，为团队创造更多价值。此外，还应合理安排工作时间，保持身心健康。通过这些努力，我们可以培养出积极向上的职业心态和理念，为职业生涯的成功奠定坚实基础。

习　题　6

文本：
习题参考答案

一、选择题

1. 传输层可以通过（　　）标识不同的应用。

　　A. 物理地址　　　　B. 端口号　　　　　C. IP 地址　　　　　D. 逻辑地址

2. 在 TCP/IP 协议簇中，UDP 工作在（　　）。

　　A. 应用层　　　　　B. 传输层　　　　　C. 网际层　　　　　D. 网络接口层

3. TCP 的协议数据单元称为（　　）。

　　A. 比特　　　　　　B. 帧　　　　　　　C. 段　　　　　　　D. 字符

4. TCP 是（　　）。

　　A. 面向连接的、可靠的　　　　　　　　B. 面向无连接的、可靠的

　　C. 面向连接的、不可靠的　　　　　　　D. 面向无连接的、不可靠的

5. 下列关于 TCP 和 UDP 的描述中，正确的是（　　）。

　　A. UDP 比 TCP 系统开销少

　　B. TCP 是面向连接的

　　C. UDP 没有流量控制

　　D. TCP 采用滑动窗口机制进行流量控制

6. TCP 正常的建立连接与释放连接，通信两端交换的报文总数为（　　）。

　　A. 6　　　　　　　　B. 7　　　　　　　　C. 8　　　　　　　　D. 9

7. 以下应用中，使用 UDP 的是（　　）。

　　A. QQ　　　　　　　B. Web　　　　　　　C. FTP　　　　　　　D. Telnet

8. 在 TCP/IP 通信过程中，当 TCP 报文的 SYN=1，ACK=1 时，表明这是（　　）。

　　A. 连接请求报文　　　　　　　　　　　B. 连接释放报文

　　C. 连接应答报文　　　　　　　　　　　D. 拒绝连接报文

9. Web 应用主要使用 HTTP，其协议默认端口号为（　　）。

　　A. 21　　　　　　　　B. 23　　　　　　　　C. 53　　　　　　　　D. 80

二、简答题

1. 传输层的主要作用是什么？为什么要引入传输层？

2. 简述传输协议中三次握手的过程。

3. 传输层有哪两种主要协议？其特点是什么？主要应用于什么场景？

4. 简要描述端口号的种类以及它们在整个通信过程中所发挥的作用。

模块 7
应用层与网络服务

　　随着科技的飞速发展，我们正处于一个被互联网深刻影响的时代。从日常的社交互动、在线学习到全球化的商业贸易、远程医疗等，互联网作为连接用户与网络资源的桥梁，其提供的服务正以前所未有的方式重塑着人们的工作和生活模式。有了互联网，时间、地域甚至语言都不再是障碍，不同国家的人们可以为了同一个目标协同工作。可以说，互联网将全球各地的人们更加紧密地联系在了一起。

　　走进网络中的应用层，就像是进入了一个魔幻的世界。本模块将深入探讨那些网络便捷服务背后的运作原理，比如 HTTP 如何让我们点击网页就能瞬间看到内容，HTTPS 如何保护我们的隐私不被窥探，DNS 如何让我们通过简单易记的网址找到对应的网站等。在这一过程中，你不仅会成为网络世界的"解读者"，还能紧跟技术前沿，探索云计算、物联网、人工智能等新兴技术如何不断拓展应用层的边界，让我们的生活更加智能化和便捷化。

学习目标

1. 知识目标

（1）准确解释应用层的功能及其在网络协议栈中的位置。

（2）深入理解应用层协议的工作原理、数据格式及交互流程。

（3）熟悉 Web 服务、电子邮件、域名解析等核心网络服务的实现机制与功能特点。

（4）掌握利用 Windows 系统配置 HTTP、邮件服务器的方法。

（5）理解 DHCP 工作机制与应用。

2. 能力目标

（1）具备基本的 Web 服务器、邮件服务器等网络服务的配置、部署与管理能力。

（2）具有较强的解决应用层网络故障的能力。

（3）能够运用所学知识分析网络请求与响应过程。

3. 素养目标

（1）树立终身学习理念，保持对新技术、新应用的探索精神和学习热情。

（2）培养严谨的科学态度和扎实的专业技能。

（3）鼓励并培养创新思维，为解决实际问题提供新思路、新方法。

应用层是协议栈的最高层,是与用户"亲密接触"的一层。用户通过万维网(浏览器)、电子邮件服务(Outlook)及即时交流软件(微信或QQ)体验网络服务,这些应用程序为人们提供了访问网络的界面。它们大多都相对直观、操作简便,用户不需要了解底层通信原理便可顺畅地使用这些服务。作为网络学习者,我们需要知道应用程序是如何通过网络收发信息的,信息的格式和工作过程又是怎样的。

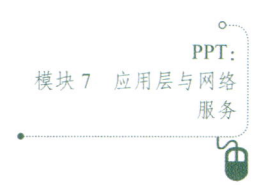

PPT:
模块 7　应用层与网络
服务

7.1　应用层概述

7.1.1　应用层服务

网络的各种应用服务由不同的用户和软件供应商开发而成,为了实现网络应用功能,在应用程序之间进行通信时需要遵循特定的约定或规则,也就是网络协议。换句话说,每个应用层协议都是为了解决某一类应用问题而制定的,而问题又往往是通过位于不同主机中的多个应用进程之间的通信和协同工作来解决的。应用层的具体内容就是规定应用进程在通信时所遵循的协议。

应用层由若干面向用户提供服务的应用协议和支持这些应用的支撑协议组成,基于这些协议,应用层向用户提供了众多的网络应用。典型应用包括 Web、电子邮件、文件传输访问和远程登录等,与这些应用相关的协议包括超文本传输协议(HTTP)、简单邮件传输协议(SMTP)、文件传输协议(FTP)、简单文件传输协议(TFTP)和远程登录协议(Telnet)等。

微课 7-1
面向服务的应用层

7.1.2　C/S 模型

网络应用软件之间最常用、最重要的交互模型为 C/S(Client/Server,客户 – 服务器)模型,通过它可以充分利用两端硬件环境的优势,将任务合理分配到 Client 端和 Server 端来实现,降低了系统的通信开销,如图 7-1 所示。目前,大多数应用软件系统都是 Client/Server 模式的两层结构,如 Web 服务、FTP 服务、E-mail 服务等,这里所说的客户机和服务器分别指双方主机上安装的对应应用程序。

动画:
C/S 通信模型

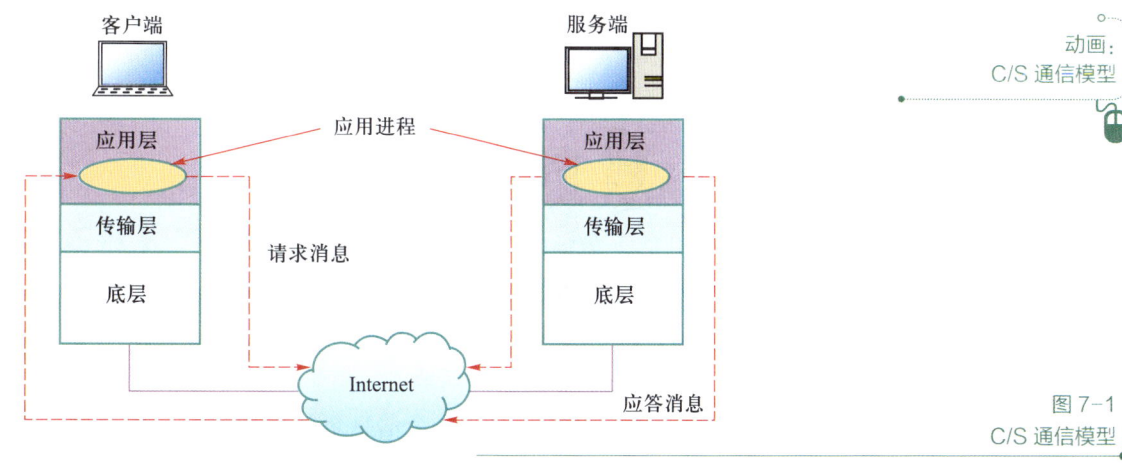

图 7-1
C/S 通信模型

Client 和 Server 常常分别处在相距很远的两台计算机上，网络上的应用程序为了能够顺利通信，Server 通常处于侦听（等候）状态（通常通过监听各个传输端口实现），等待 Client 发起连接请求。在通信时，Client 程序的任务是将用户的要求提交给 Server，再将 Server 程序返回的结果以特定的形式显示给用户（如 HTTP 用浏览器的形式呈现返回结果）；Server 程序的任务是接收 Client 应用程序提出的服务请求，进行相应的处理，再将结果返回给 Client 程序。

一台服务器上可以运行多个应用程序，每个服务器程序通常使用 TCP 或 UDP 的端口号作为自己特定的标记。在服务器程序启动时，首先在本地主机注册自己使用的 TCP 或 UDP 端口号。这样，服务器在收到对某一应用程序的请求时，将会把请求信息交给注册该端口的服务器程序处理。

7.2　Web 服务

万维网（World Wide Web，WWW）是将 Internet 中的信息以超文本形式展现的系统，也叫作 Web。它是 Internet 上发展最快同时又使用最多的一项服务，可以提供包括文本、图形、声音和视频等在内的多媒体信息的浏览。

微课 7-2
Web 服务

7.2.1　Web 的基本概念

Web 是一种特殊的框架结构，它的目的是访问遍布在 Internet 上的网页。对用户来说，Web 最具吸引力的是它的按需操作。当用户需要时，就能得到他所想要的内容，这不同于广播和电视，用户只能看节目提供者提供的节目。Web 还是跨平台的，使用任何计算机、操作系统、浏览器都可以访问 Internet 上的 Web 服务，如图 7-2 所示。另外，Web 提供的信息是分布式的，Web 信息分布在全球成千上万个站点，内容信息非常丰富。这些成为 Web 服务快速发展的重要原因。

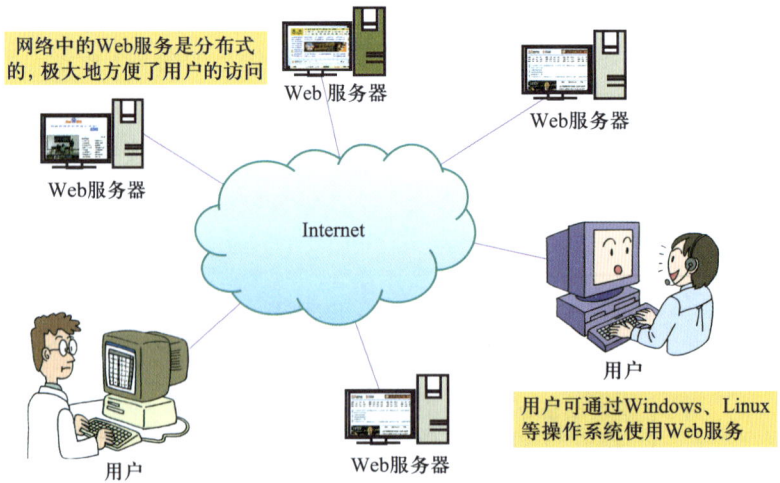

图 7-2
Web 服务方式

人们每天上网都要用到 Web 服务。只要用鼠标在本地操作，就可以通过 Web 服务了解世界上的任何地方。由于 Web 服务使用的是超文本链接（HTML），所以用户可以很方便地从一个信息页转换到另一个信息页。通过 Web 服务不仅能查看文字，还可以欣赏图片、音乐、动画等。最流行的 Web 服务程序就是 IE 浏览器。Web 服务主要有以下特点。

① 以超文本方式组织网络多媒体信息。

② 用户可以在世界范围内任意查找、检索、浏览及添加信息。

③ 提供生动直观、易于使用且统一的图形用户界面。

④ 服务器之间可以互相链接。

⑤ 可以访问图片、声音、影像和文本型信息。

7.2.2　Web 的工作方式

Web 定义了 3 个重要的概念，它们分别是访问信息的手段与位置（Uniform Resource Locator，URL）、信息的表现形式（HyperText Markup Language，HTML）以及信息的转发方式（HyperText Transfer Protocol，HTTP）。

1. URL

URL（统一资源定位器）是在 Internet 上唯一确定资源位置的方法，俗称网址。对于 Internet 上的网站，无论服务器在哪里，用户只要在接入 Internet 的客户端计算机浏览器中输入网址，就可以访问相关网站的信息。URL 标识一个 Internet 资源，并指定对其进行操作或获得该资源的方法。这里所说的资源指 Internet 上可以访问的任何对象，如文件、图片、音频、视频等。

URL 由协议、页面所在服务器 DNS 名字（必要时加端口号）、路径和文件名三部分组成，其格式为：

< 协议 >://< 主机名 >:< 端口 >/< 路径 >

协议是指访问对象所使用的协议，包括 HTTP、FTP、远程登录协议、电子邮件协议（Mailto Protocol）等。注意，在协议的后面要加上 "://"。

主机名参数是指 Web 服务器的名称，Internet 上的服务器主机名就是网站的域名，Internet 的主机名通常以 "www" 开头，后面加冒号 "："，以指定访问对象所使用的传输层端口。当然，这里的主机名也可以直接使用 IP 地址。

端口是指所访问的资源类型。如果采用常规协议，端口可以省略，如 HTTP 的默认端口为 80，FTP 的默认端口为 21，Telnet 的默认端口为 23。这些端口也可以在服务器上配置这些服务时自行设定，如设定 HTTP 服务端口为 8080。

路径参数用来指定要访问的对象在 Web 服务器上的文件路径，与本地主机文件的路径格式一样，以根目录 "/" 开始，如果访问网站首页，一般不需要输入路径，因为在部署网站时设置了访问的默认页面。

在使用浏览器访问 Web 服务时，通常只需要输入域名，而不需要输入协议和端口号，这是因为浏览器默认使用的是 HTTP 协议和 80 端口。

2. HTML

HTML（超文本标记语言）是一种 Web 标记语言，用来结构化信息，如标题、段落和列表等，还可以指定浏览器中显示的文字、文字的大小和颜色。此外，其可以对图像或动画进行相关设置，还可以设置音频内容。

HTML 具有纯文本的功能，在页面中可以为文字或图像附加链接，当用户单

笔 记

击那些链接时可以呈现该链接所指示的内容，因此它可以将整个 Internet 中任何一个 Web 服务器中的信息以链接的方式展现。绝大多数 Internet 中的 Web 页都以链接的形式指向关联的其他信息，逐一点开这些链接就可以了解全世界的信息。

一个 HTML 文本包括文件头（Head）和文件主体（Body）两部分。其结构为：

```
<HTML>
    <HEAD>
        ...          } 文件头（Head）
    </HEAD>
    <BODY>
        ...          } 文件主体（Body）
    </BODY>
</HTML>
```

其中，<HTML> 表示页的开始，</HTML> 表示页的结束，它们是成对使用的。<HEAD> 表示头开始，</HEAD> 表示头结束；<BODY> 表示主体开始，</BODY> 表示主体结束，它们之间的内容才会在浏览器的正文中显示出来。如图 7-3 和图 7-4 所示是 HTML 的例子。

```
<html>
  <head>
    <title>西岳华山</title>
  </head>
  <body>
    <h2>西岳华山</h2>
    <hr>
    <p><img src="images/huashan.jpg" width="200" align="left">华山，古称"西岳"，是我国著名的五岳之一，位于陕西省华阴市境内，距西安120公里，秦、晋、豫黄河金三角交汇处，南接秦岭，北瞰黄渭，扼大西北进出中原之门户，素有"奇险天下第一山"之称。华山由一块完整硕大的花岗岩体构成，其历史演化可追溯至27亿年前：《山海经》载："太华之山，削成而四方，其高五千仞，其广十里。"</p>
  </body>
</html>
```

图 7-3
HTML 举例

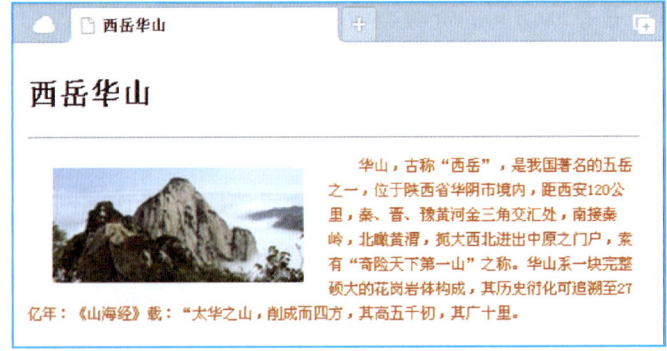

图 7-4
用浏览器显示后的形式

HTML 文档具有"三超"属性，分别是超文本、超媒体和超链接。超文本（Hypertext）其实也是一种文本格式，它可以利用超链接的形式将不同位置的文本链接起来构成一个相互关联的网状文本。例如，在访问网页时，经常会见到不同颜色的文本，单击便可打开相关网页。超媒体（Hypermedia）是指网页中除传统文本信息、静态图片以外的动态图像、动画、音频、视频等各种媒体格式。超链接（Hyperlink）是指从一个页面跳向另一个目标的链接关系。这个目标可以是另一个网页，也可以是邮件地址、多媒体资源、应用程序等。网站就是通过超链接的形式把各个页面组合起来的。

3. HTTP

HTTP（超文本传输协议）是在浏览器和 Web 服务器之间传送超文本的协议。它由两部分组成：从浏览器到服务器的请求集和从服务器到浏览器的应答集。HTTP 使用 TCP 作为传输协议，因此一般来说客户端进程发出的每个 HTTP 请求都能到达服务器端，同样，服务器端的响应也会到达客户端。HTTP 会话过程包括连接、请求、应答和关闭 4 个步骤，如图 7-5 所示。

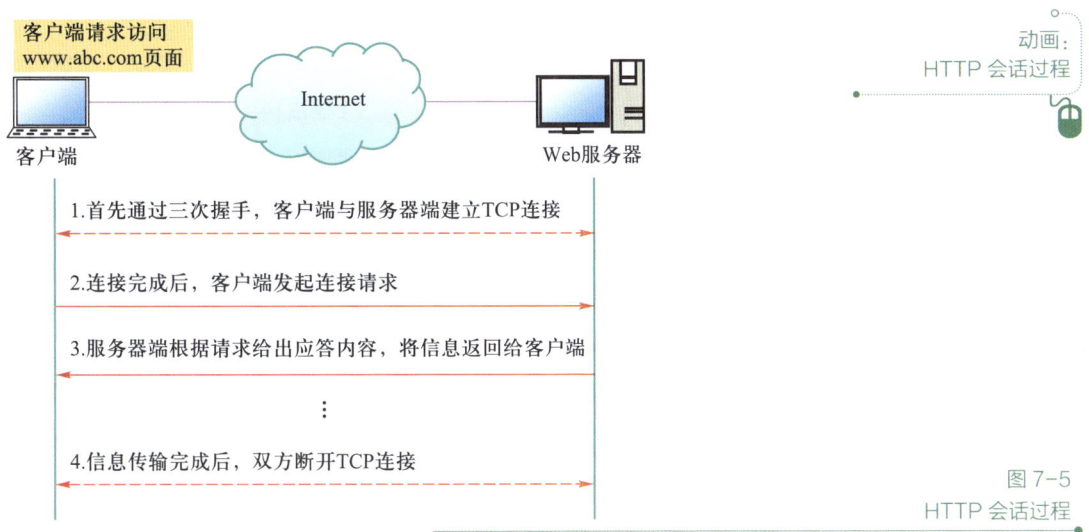

动画：
HTTP 会话过程

图 7-5
HTTP 会话过程

HTTP 属于无状态协议，当服务器完成对客户的响应后，并不存储任何关于该客户机的状态信息。例如，某个特定的客户端在短短的几秒内两次请求同一对象，那么客户端与服务器端需要完成两次 HTTP 的会话过程，也就是说，第 2 次请求时仍然需要重新建立 TCP 连接，就像服务器完全不记得之前所做过的事一样。

向科学家致敬

万维网的创造者——蒂姆·伯纳斯·李

英国科学家蒂姆·伯纳斯·李（Tim Berners-Lee）是千年技术奖首位获奖者，并因"发明万维网、第一个浏览器和使万维网得以扩展的基本协议和算法"而获得 2016 年度图灵奖。

2012 年伦敦奥运会开幕式上，舞台上的他独自一人坐在计算机前，接受全世界观众给予的掌声。作为万维网的发明者，他用一句"This is for everyone"完美诠释将这一对人们日后工作及生活产生巨大影响的发明无私贡献给世界的初衷——万维网是属于所有人的。同时，他也用自己的发明，将全世界更紧密地联系在了一起。

7.2.3 HTTPS

1. HTTPS 简介

超文本传输安全协议（Hyper Text Transfer Protocol Secure，HTTPS）是超文本传输协议和 SSL/TLS 的组合，用以提供加密通信及对网络服务器身份的鉴定。HTTPS 连接经常被用于 Web 上的交易支付和企业信息系统中敏感信息的传输，如图 7-6 所示。

(a) 访问HTTPS网站时会有小锁代表安全证书

(b) 大部分浏览器会对无效证书发出
警告，"此连接是不受信任的"

图 7-6
HTTPS 网站的访问

HTTPS 的主要思想是在不安全的网络上创建一条安全信道，并可在使用适当的加密包和服务器证书可被验证且可被信任的情况下，面对窃听和中间人攻击时对信息提供合理的保护。

HTTPS 的信任继承基于预先安装在浏览器中的证书颁发机构（如 VeriSign、Microsoft 等）（意即"我信任证书颁发机构告诉我应该信任的服务器"）。因此，一个到某网站的 HTTPS 连接可被信任，当且仅当：

① 用户相信他们的浏览器正确实现了 HTTPS 且安装了正确的证书颁发机构。

② 用户相信证书颁发机构仅信任合法的网站。

③ 被访问的网站提供了一个有效的证书。意即，证书是由一个被信任的证书颁发机构签发的（大部分浏览器会对无效的证书发出警告）。

④ 该证书正确地验证了被访问的网站。

⑤ 或者 Internet 上相关的节点是值得信任的，或者用户相信本协议的加密层（TLS 或 SSL）不能被窃听者破坏。

2. HTTPS 与 HTTP 的区别

与 HTTP 的 URL 由"http://"起始且默认使用端口 80 不同，HTTPS 的 URL 由"https://"起始且默认使用端口 443。

HTTP 的信息是明文传输，HTTPS 的信息则是具有安全性的 SSL 加密传输。HTTP 是不安全的，攻击者通过监听和中间人攻击等手段，可以获取网站账户和敏感信息等。HTTPS 被设计为可防止前述攻击，（在没有使用旧版本的 SSL 时）被认为是安全的。

微课 7-3
Web 服务器配置

【实训 7-1】 Web 服务器配置

实训文档：
实训 7-1　Web 服务
器配置

7.3　FTP 服务

FTP（File Transfer Protocol，文件传输协议）是 TCP/IP 网络上两台计算机传送文件的协议。FTP 是在 TCP/IP 网络和 Internet 上最早使用的协议之一。尽管 Web 已经替代了 FTP 的大多数功能，FTP 仍然可以通过 Internet 实现客户端与服务器之间的文件传输。FTP 客户机可以给服务器发出命令来下载、上传文件，创建或改变服务器上的目录。

微课 7-4
FTP 服务

7.3.1　FTP 的工作原理

1. FTP 的工作过程

FTP 是应用层的协议，它基于传输层 TCP 为用户服务。FTP 服务一般运行在 20 和 21 两个端口。端口 20 用于在客户端和服务器之间传输数据流，而端口 21 用于传输控制流，控制客户端与服务器连接的建立。

在 FTP 的服务器上，只要启动了 FTP 服务，则总是有一个 FTP 的守护进程在后台运行以随时准备对客户端的请求做出响应。

当客户端需要文件传输服务时，FTP 客户端首先与服务器在 21 号端口上建立一个用于连接控制的 TCP 连接。在连接建立过程中服务器会要求客户端提供合法的登录名和密码，在许多情况下允许使用匿名登录，即采用 anonymous 为用户名。

一旦该连接被允许建立，默认情况下其服务器可以通过 20 号端口与客户端进行文件传输。每当客户机请求文件传输时，即要求从服务器复制文件到客户机时，服务器将再形成另一个独立的数据通信连接，如图 7-7 所示。

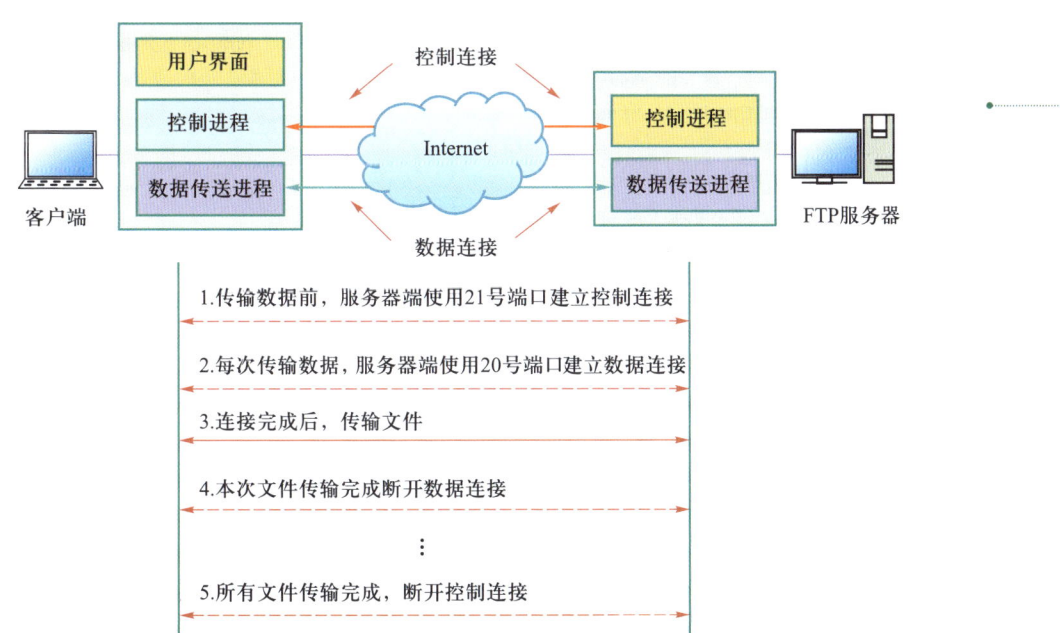

动画：
FTP 会话过程

图 7-7
FTP 会话过程

FTP 中的用于连接控制的 TCP 连接与 HTTP 中的 TCP 连接有所区别，HTTP 中的 TCP 属于无状态的，而 FTP 中的 TCP 控制连接会在整个通信过程中保存用户的状态信息，也就是在一次连接中可以多次传输文件。

2. FTP 的工作模式

FTP 有主动和被动两种使用模式。主动模式要求客户端和服务器同时打开并且监听一个端口以建立连接。在这种情况下，从服务器到客户机的数据端口的入方向连接可能会被防火墙过滤掉，因此，创立了被动模式。被动模式只要求服务器产生一个监听相应端口的进程，这样就可以绕过客户端安装了防火墙的问题。在主动模式下，服务器正常使用 21 和 20 号端口进行通信。在被动模式下，服务器通过 21 号端口建立连接，但是使用随机端口与客户端建立数据连接。

7.3.2 FTP 的使用方式

要使用 FTP 进行文件传输，需要在客户端安装 FTP 客户程序。通常安装的 TCP/IP 软件中就包含了 FTP 客户程序。可以通过资源管理器、浏览器或者应用程序（如 CuteFtp 等）来启动 FTP，并利用图形界面的方式操作，也可以通过命令行的模式进行操作。通过资源管理器和浏览器启动 FTP 时，需要在地址栏中输入地址，如 ftp://210.29.224.2。通过命令行操作需要使用命令进行，如成功登录 FTP 后，利用 ls 命令列出目录，利用 get 命令下载文件，利用 put 命令上传文件，如图 7-8 所示。

```
C:\>ftp
ftp> open 210.29.224.2                           ← 利用open命令建立连接
Connected to 210.29.224.2.
220 Serv-U FTP Server v6.4 for WinSock ready...
User (210.29.224.2:(none)): kbp                  ← 输入用户名
331 User name okay, need password.
Password:                                        ← 输入密码
230 User logged in, proceed.
ftp> ls                                          ← 利用ls命令列出FTP下文件目录
200 PORT Command successful.
150 Opening ASCII mode data connection for /bin/ls.
ftp.txt
hcittop.jpg
226-Maximum disk quota limited to 5120000 kBytes
   Used disk quota 2327297 kBytes, available 2792702 kBytes
226 Transfer complete.
ftp: 收到72 字节，用时 0.00Seconds 72000.00Kbytes/sec.
ftp> get ftp.txt                                 ← 下载文件
200 PORT Command successful.
150 Opening ASCII mode data connection for ftp.txt (648 Bytes).
226-Maximum disk quota limited to 5120000 kBytes
    Used disk quota 2327297 kBytes, available 2792702 kBytes
226 Transfer complete.
ftp: 收到648 字节，用时 0.00Seconds 648000.00Kbytes/sec.
ftp> quit                                        ← 退出登录
221 Goodbye!
```

图 7-8
利用命令行使用 FTP 服务

FTP 有文本方式与二进制数方式两种文件传输类型，所以用户在使用命令行进行文件传输之前，还要选择相应的传输类型：根据远程计算机文本文件所使用的字符集是 ASCII 还是 EBCDIC，用户可以用 ASCII 或 EBCDIC 命令来指定文本方式传输；所有非文本文件，例如，声音或者图像等都必须用二进制数方式传输，用户输入 binary 命令可将 FTP 设置成二进制数模式；当要转换成文本模式时，使用 ASCII 命令。常见的使用命令行登录 FTP 的主要命令见表 7-1。

命　　令	含　　义	命　　令	含　　义
open	与指定主机的 FTP 服务器建立连接	mget	获取多个服务器文件，可以使用通配符
bye 或 quit	结束本次文件传输，退出 FTP 程序	mput	将多个本地文件传到服务器上，可用通配符
ascii	进入 ASCII 方式，传输文本文件	delete	删除远地文件
binary	传输二进制数文件，进入二进制数模式	mdelet	删除远地多个文件
cd	改变远地当前目录	mkdir	在远地主机上创建目录
lcd	改变本地当前目录	rmdir	删除远地目录
dir 或 ls	列出服务器目录下文件	pwd	显示远地当前目录
put	将一个本地文件传递到远地主机上	status	显示 FTP 程序的状态
get	获取远地文件	close	关闭与远地 FTP 程序的连接

表 7-1　命令行登录 FTP 使用的主要命令

7.3.3　TFTP

TFTP 是一个很小且易于实现的文件传输协议。TFTP 也使用客户 - 服务器模式，使用 UDP 数据报。TFTP 没有一个庞大的命令集，没有列目录的功能，也不能对用户进行身份认证。

TFTP 可用于 UDP 环境，而且 TFTP 代码所占的内存较小。每次传输的数据是 512 B，但最后一次可能不足 512 B；可支持 ASCII 码或二进制数传输；可对文件进行读或写。在开始工作时，TFTP 客户进程发送一个读请求 PDU 或写请求 PDU 给 TFTP 服务器进程，目的端口号为 69。TFTP 服务器进程要选择一个新的端口和 TFTP 客户进程进行通信。TFTP 共有 5 种协议数据单元（PDU），即读请求 PDU、写请求 PDU、数据 PDU、确认 PDU 和差错 PDU。

TFTP 被 Cisco 网络设备作为操作系统和配置文件的备份工具。在由 Cisco 网络设备组成的网络里，可以用一台主机或服务器作为 TFTP 服务器，并且把网络中各台 Cisco 设备的 IOS 和配置文件备份到这台 TFTP 服务器上。若发生严重故障或人为因素使网络设备的 IOS 或运行配置丢失，可以方便快速地通过 TFTP 从 TFTP 服务器上把相应的文件传输到网络设备中，及时恢复设备的正常工作。

【实训 7-2】 FTP 服务器配置

7.4　域名系统

域名系统（Domain Name System，DNS）是一种把计算机的主机名转换为 IP

实训文档：
实训 7-2　FTP 服务器配置

地址的服务。例如，要访问百度的网站，通常在浏览器的地址栏中输入"www.baidu.com"，输入的内容就是域名，它可以方便地帮助人们访问相应的网站。但是从网络通信原理上讲，DNS 并不是必需的，因为也可以直接通过 IP 地址（111.13.100.92）进行访问，而且事实上网络通信时最终所采用的寻址方式也是网络层的 IP 地址寻址。

7.4.1　DNS 的引入背景

1. DNS 的优势

在使用网络服务时，不仅要指出目的主机的网络层 IP 地址，还要指出在传输连接时所使用的端口号，以及在应用层使用的协议。例如，访问 Web 服务时，需要在浏览器中输入 http://111.13.100.1:80，其中 http 代表着访问服务器使用的协议，111.13.100.1 代表着所对应服务器的 IP 地址，80 代表着 Web 服务器应用进程所使用的传输层端口号。从上述内容看，网络中使用 IP 地址访问网络服务完全没有问题，但对于供全球用户访问的各种公共服务器来说，使用 IP 地址有着如下明显的不足。

（1）不方便记忆

虽然在地址栏中输入十进制表示的 IP 地址很简单，但是对于众多的网络服务器而言，用十进制表示的 IP 地址是很难记忆的，远没有名称好记忆。

（2）不方便地址变更

Web 服务器，特别是 Internet 上的 Web 服务器的 IP 地址可能会因为各种原因而变更。如果采用 IP 地址进行标识，那么 IP 地址的每次变更对于这种开放型的 Internet 服务器来说可能是致命的打击，因为有那么多已知或者未知的用户，无法将变更信息全部通知到。但是，如果采用域名进行表示，那么无论 IP 地址如何变化，只需要改变新 IP 地址与域名的映射关系即可，用户仍可以通过原先的域名进行访问，如图 7-9 所示。

微课 7-5
DNS 简介

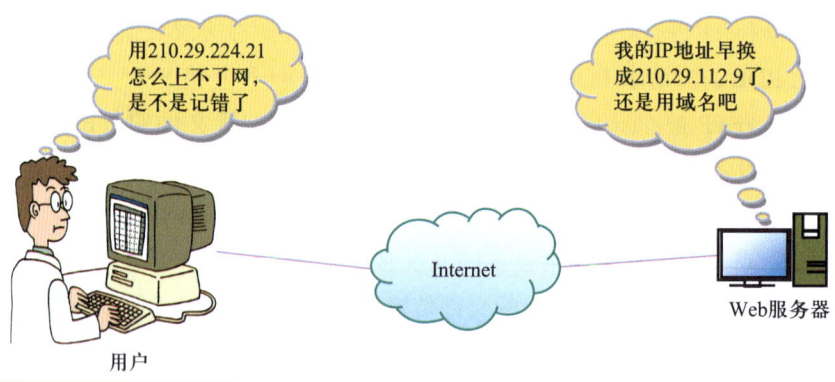

图 7-9
域名比 IP 地址的优势

2. DNS 的产生

为了克服 IP 地址标识方案的不足，人们首先想到的是利用服务器名称来代替服务器的 IP 地址，即在每台域名服务器上维护一个名为 hosts.txt 的文件，记录网络中各服务器名称及其对应的 IP 地址。主机之间使用域名通信时通过查阅域名服务器上的 hosts.txt 文件来获得 IP 地址。但是，随着网络规模的扩大和接入网络的主机数的增加，要求每台域名服务器都能容纳所有的域名地址信息就变得极不现实，同时对不断增大的 hosts.txt 文件一致性的维护也浪费了大量的网络系统资源。

为了解决这些问题，提出了 DNS，它通过分级的域名服务和管理功能提供了高效的域名解释服务。DNS 包括域、域名、主机和域名服务器四大要素。域（Domain）指由地理位置或业务类型而联系在一起的一组计算机构成的集合，一个域内可以容纳多台主机。在域中，所有主机用域名来标识，域名由字符和（或）数字组成，用于替代主机的 IP 地址。当 Internet 的规模不断增大时，域和域中所拥有的主机数目也随之增大，管理一个大而经常变化的域名集合是非常复杂的，为此提出了一种基于域的分级命名机制，并提出了分级结构的域名空间。域名空间的分级结构有点类似于邮政系统中的分级地址结构，如"中国 北京 ** 大学 ** 学院 张三"。

7.4.2 DNS 的域名空间

1. DNS 的域名空间结构

从大范围上讲，整个 Internet 是一个 DNS 的域名空间，这个空间由当时可以注册的各级域名共同组成。整个 DNS 的域名空间像一棵倒过来的树，顶端称为 Internet 的"根域"，用"·"表示，接下来是顶级域，再接下来是二级域、三级域，以此类推，如图 7-10 所示。

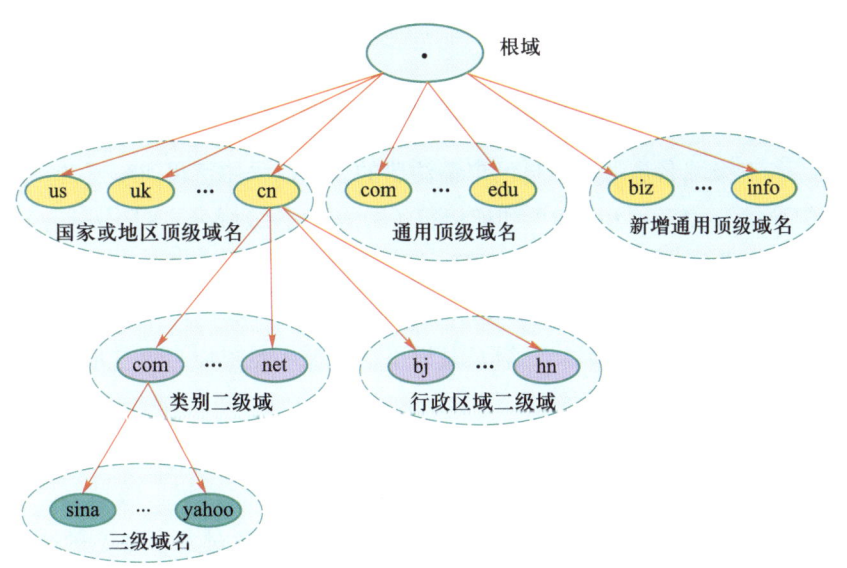

图 7-10
DNS 域名空间的树结构

顶级域名是根域名下面的第 1 级域名，它不能单独为用户分配。目前顶级域名有三类：第 1 类为国家和地区类，如 cn、us、jp、uk 等；第 2 类为通用类，如 com、edu、gov、int、net 等；第 3 类为近期新增的通用类，如 biz、film、store、web、arts 等。

二级域名是指顶级域名下的域名。它分为两大类：在国际顶级域名下，它是指域名注册人的网上名称，如 baidu、sina、microsoft 等，这些可供用户申请使用；在国家或地区域名下，它表示注册组织或机构的类别符号，如 com、edu、 gov、net 等，这些是不能直接供用户注册使用的。我国注册并运行的顶级域名为 cn，这也是我国一级域名。目前，我国也可以使用中文域名，其中一级域名为"中国"。

　　我国的二级域名又包括类别域名和行政区域域名两类。类别域名共 6 个，包括 ac、com、edu、gov、net、org。行政区域名有 34 个，分别代表着每个行政区，见表 7-2。

表 7-2　域名分配

域名类别	顶级域名	域名类型	域名类别	顶级域名	域名类型	域名类别	二级域名	域名类型
国家和地区类	cn	中国	通用类	mil	军事部门	行政区域名	bj	北京
	us	美国		film	公司企业		sh	上海
	国家代码	各个国家		arts	文化娱乐活动组织		行政区代码	各行政区
通用类	com	商业组织	近期新增通用类	web	Web 活动组织	类别域名	ac	科研机构
	gov	政府部门		rec	消遣、娱乐组织		com	商业组织
	edu	教育机构		info	提供信息服务的组织		edu	教育机构
	int	国际组织		nom	个人		gov	政府部门
	net	网络供应商		store	商店		org	非营利性组织
	org	非营利性组织		biz	商业组织		net	网络供应商

　　三级域名是由用户自己申请注册的，可以采用字母（A～Z、a～z、大小写组合等）、数字（0～9）和连接符（-）等，各级域名之间用小圆点（.）连接。三级域名长度不能超过 20 个字符。

　　一般来说，企业的 Internet 域名有三级就可以了，如果还需要扩展，可以继续申请更多级的域名。三级及其以下级别域名是可以自己注册申请的，只要不和上一级的域名重复就可以。

2. DNS 域名实现方式

　　域名书写方式是级别高的域名要放置在后面，每一级域名之间采用小圆点（.）隔开。路径名的长度最多达 63 个字符，域名对大小写不敏感，所以"edu"和"EDU"的含义是一样的。例如 hcit.edu.cn，其中 cn 为顶级域名，edu 为二级域名，hcit 为三级域名。

　　在分级结构的域名系统中，每个域都对其下面的子域存在控制权，并负责登记自己所有的子域。要创建一个新的子域，必须征得其所属域的同意。例如，若某大学希望自己的域名为 hcit.edu.cn，则需要向 edu.cn 的域管理者提出申请并获得批准。采取这种方式，可以避免同一域中的名字冲突。一旦一个新的子域被创建和登记，那么这个子域就可以创建自己的子域而无须再征得它的上一级域的同意。例如，若该大学想在其域下创建一个名为 news 的子域，就不需要再征得 edu.cn 域管理者的同意了，这就是多级域名的实现方式。

如图 7-11 所示是新浪中国的域名结构，它采用了多级域名的形式，如 mil.news.sina.com.cn。

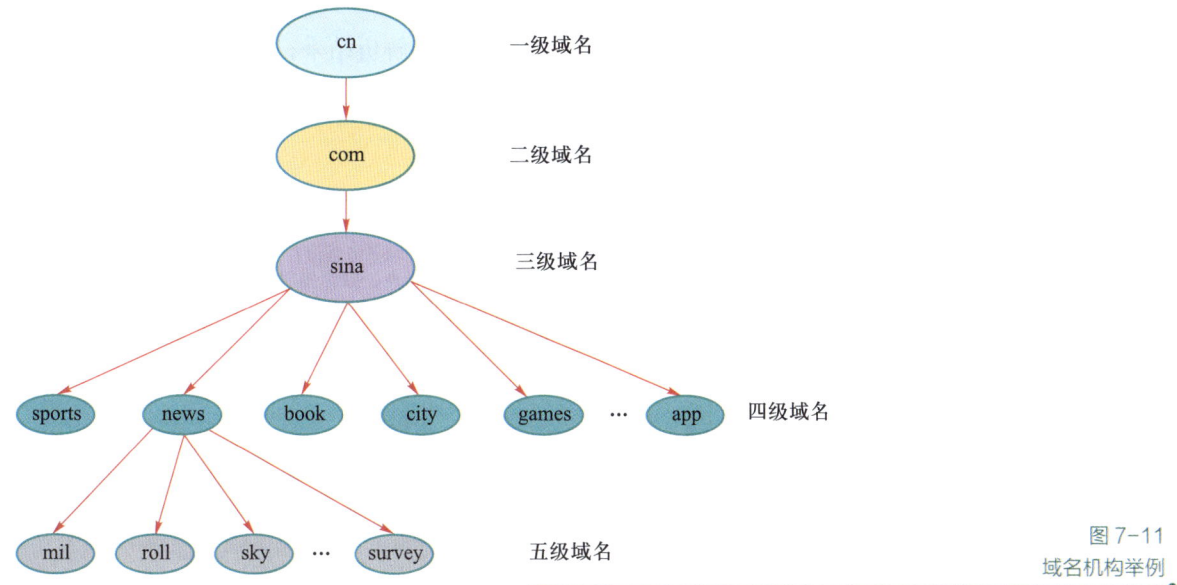

图 7-11
域名机构举例

7.4.3 域名解析过程

1. 通信过程中的域名解析

DNS 通常由其他应用层协议（如 HTTP、FTP 等）使用，将用户提供的主机名解析为 IP 地址。例如，当在某个主机上的一个浏览器（客户端）请求浏览 http://www.sohu.com 时，为了使用户的主机能够将 HTTP 请求报文发送到对应的 Web 服务器 www.sohu.com，该用户必须获得 Web 服务器的地址。

首先在同一个用户机上运行 DNS 应用客户端，该浏览器从网页地址中解析出域名 www.sohu.com，并将这个域名传送给 DNS 应用客户端。

接下来，用户机上的 DNS 客户端向 DNS 服务器发送一个主机名请求包。

DNS 服务器收到请求包后进行解析，将域名解析为对应的 IP 地址（101.227.172.11），然后传递给客户端。

最后，客户端浏览器与拥有该 IP 地址的 Web 服务器 HTTP 进程建立一个 TCP 连接，从而接收 Web 服务器传递过来的信息并显示在浏览器中，完成一次 Internet 连接，如图 7-12 所示。

微课 7-6
域名解析过程

动画：
浏览网页时域名解析过程

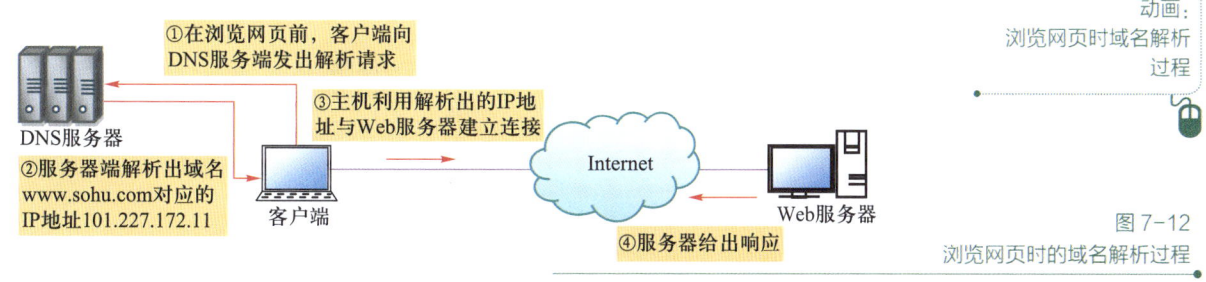

图 7-12
浏览网页时的域名解析过程

2. 域名解析方式

域名解析主要有递归解析和迭代解析两种方式。

递归解析（Recursive Resolution，或称递归查询）是最常见的默认的解析方式。在这种解析方式中，如果客户端配置的本地域名服务器不能解析到 IP 地址，则后面的查询全由本地域名服务器代替 DNS 客户端进行，直到本地域名服务器从权威的域名服务器得到了正确的解析结果，然后告诉 DNS 客户端查询的结果，如图 7-13 所示。

动画：
递归查询过程

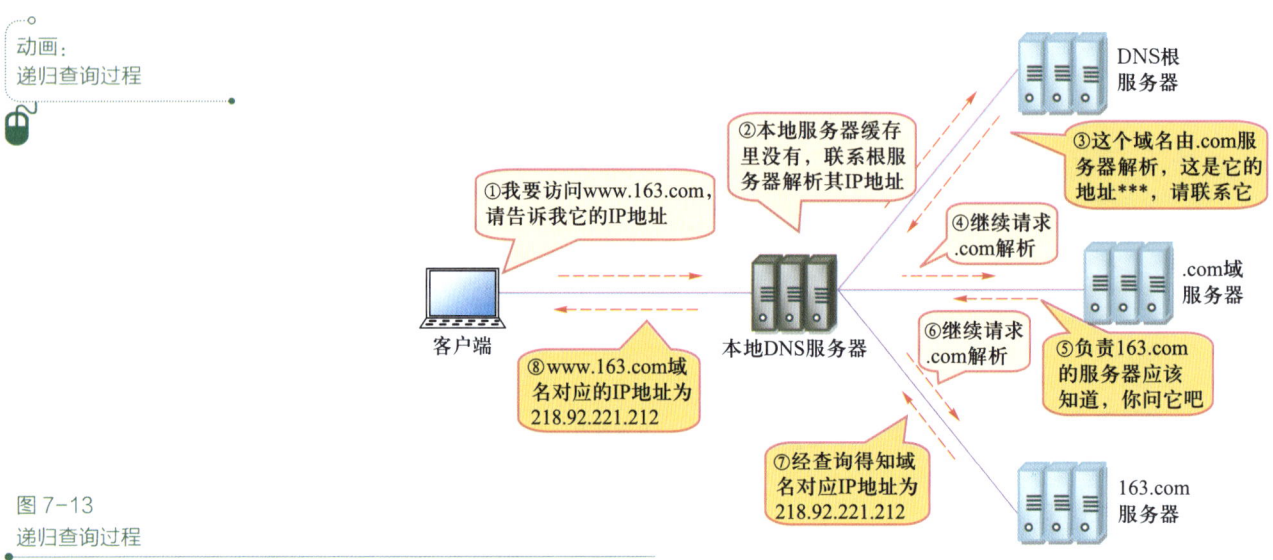

图 7-13
递归查询过程

迭代解析（Iterative Resolution）中，当本地 DNS 服务器无法解析时，会告诉 DNS 客户端往哪里查找，本地 DNS 服务器将不负责继续查找。换句话说，就是所有的查询工作全部是由 DNS 客户端自己完成的，如图 7-14 所示。

动画：
迭代查询过程

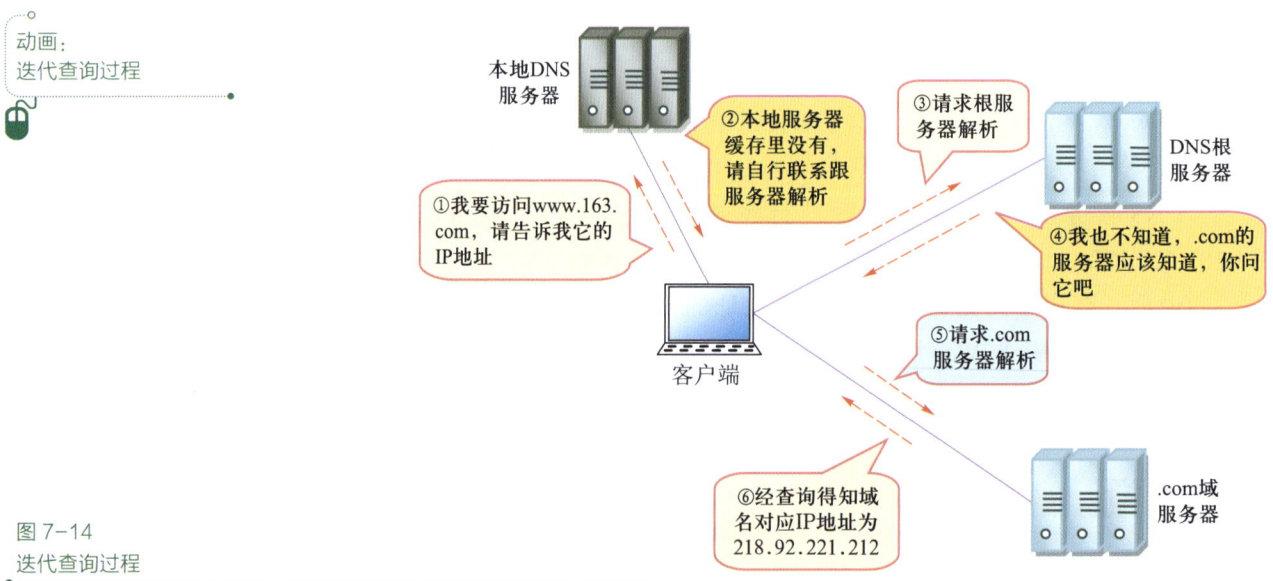

图 7-14
迭代查询过程

【实训 7-3】 DNS 服务器配置

实训文档：
实训 7-3 DNS 服务
器配置

7.5 Telnet

Telnet（远程登录）协议是 TCP/IP 协议簇中的一员，是 Internet 远程登录服务的标准协议和主要方式。远程登录可以让一台计算机通过网络与远程计算机相连，如同是远程计算机的终端一样，从而远程计算机可以向本地计算机提供服务。事实上，Telnet 也是最早的 Internet 应用之一，早在 1969 年，ARPANet 就开始在网络上使用远程登录进行远程访问。

微课 7-7
Telnet 的工作方式

7.5.1 Telnet 的工作方式

1. Telnet 的工作模式

在实际应用中，Internet 上的计算机用户常常需要使用不在身边的计算机资源。远程登录能够使用户通过 Internet 实现这个需求。远程登录使用户登录到大洋彼岸超级中心的超级计算机上，使本地计算机成为超级计算机的仿真终端，就如同直接连在那个系统上一样。只需要在本地计算机前进行操作，通过键盘直接向远程计算机发送命令，远端计算机就能接收并执行用户的命令，将输出结果显示在本地计算机屏幕上，其效果与直接在超级计算中心机房使用本地终端登录一样。用户在本地终端上操作就如同操作本地主机一样，用户可以获得在权限范围之内的所有服务，包括运行程序、获得信息、共享资源等。

远程登录服务系统也是客户机 / 服务器工作模式，主要由远程登录服务器、远程登录客户机和远程登录通信协议组成。在本地系统需要运行客户程序，在远程系统需要运行远程登录服务器程序，远程登录通过 TCP 提供传输服务，端口号是 23。

当用远程登录进入远程计算机系统时，启动了两个程序，一个叫作远程登录客户程序，它运行在本地主机上；另一个叫作远程登录服务器程序，它运行在要登录的远程服务器上，本地机上的客户程序要完成如下功能。

① 建立与服务器的 TCP 连接。

② 接收键盘上输入的字符。

③ 把输入的字符串变成标准格式并送给远程服务器。

④ 从远程服务器接收输出的信息。

⑤ 把该信息显示在客户端的屏幕上。

远程服务器的"服务"程序通常等候客户端的连接请求，一接到客户端的请求，它马上活跃起来，并完成如下功能。

① 通知客户端的计算机，远程计算机已经准备好了。

② 等候客户端输入命令。

笔 记

③对客户端的命令作出反应（如显示目录内容，或执行某个程序等）。

④把命令的执行结果送回给客户端的计算机。

⑤重新等候客户端的命令。

2. Telnet 建立连接的过程

如图 7-15 所示，客户端与服务器端建立连接的过程如下。

①启动远程登录应用程序进行登录时，首先给出远程计算机的域名或 IP 地址，系统开始建立本地计算机与远程计算机的连接。

②连接建立后，用户根据登录过程中远程计算机系统的询问正确地输入自己的用户名和口令，登录成功后用户的键盘和计算机就好像与远程计算机直接相连一样，可以直接输入该系统的命令或执行该机上的应用程序。

③工作完成后可以通过退出登录，通知系统结束远程登录的联机过程，返回到自己的计算机系统中。

动画：
Telnet 会话过程

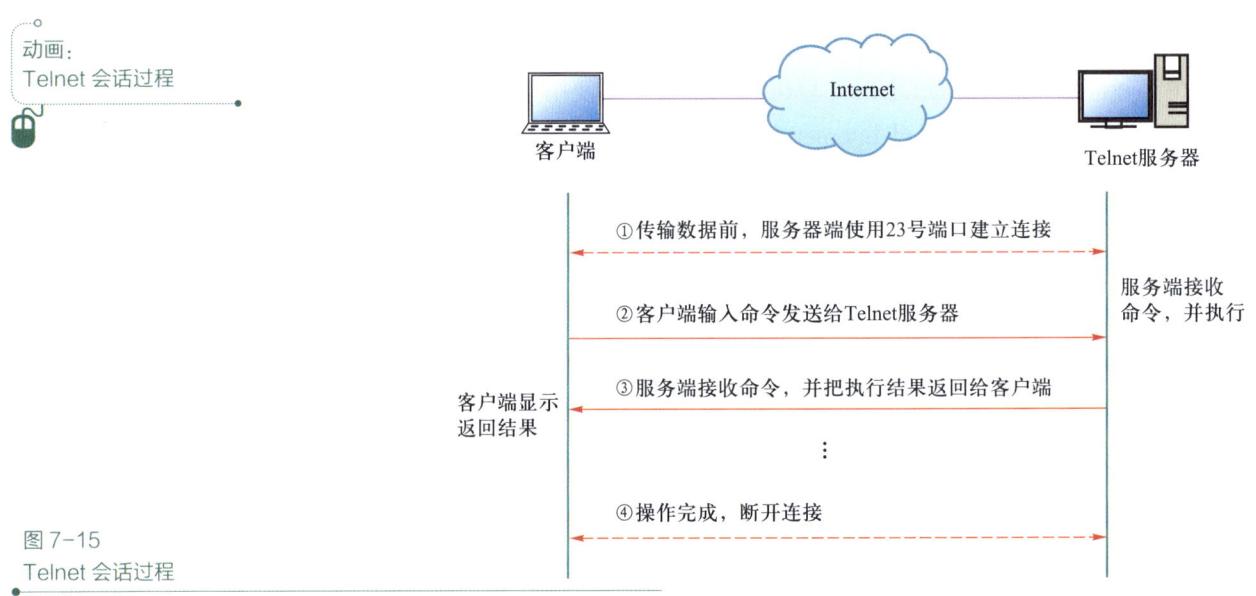

图 7-15
Telnet 会话过程

3. Telnet 方式

为方便管理，网络中的绝大多数网络设备（如路由器、交换机、服务器等）都设置了远程登录功能。远程登录有两种形式：一种是远程主机有用户的账户，用户可以用自己的账户和口令访问远程主机；另一种形式是匿名登录，一般 Internet 上的主机都为公众提供一个公共账户，不设口令。大多数计算机仅输入"guest"即可登录到远程计算机上，这种形式在使用权限上受到一定限制。

远程登录命令格式为：

　　　Telnet < 主机域名 >< 端口号 >

主机域名可以是域名方式，也可以是 IP 地址。一般情况下，远程登录服务使用 TCP 端口号 23 作为默认端口号，使用默认值的用户可以不输端口号。但有时远程登录服务设定了专用的服务器端口号，这时，使用 Telnet 命令登录时，必须输入端口号。

7.5.2 网络虚拟终端

网络虚拟终端（Network Virtual Terminal，NVT）是一种虚拟的终端设备，它被客户端和服务器所采用，用来建立数据表示和解释的一致性（如图 7-16 所示），使远程登录能够适应许多计算机和操作系统的差异。例如，对于文本中一行的结束，有的系统使用 ASCII 码的回车（CR），有的系统使用换行（LF），还有的系统使用回车 – 换行（CR-LF）两个字符。又如，许多系统在中断一个程序时使用 Ctrl+C（^C），但也有的系统使用 Esc 键。为了适应这种差异，远程登录协议定义了数据和命令在 Internet 中的格式，这些定义就是所谓的网络虚拟终端。

在使用远程登录时，客户端软件将用户的命令转换成 NVT 格式并送交服务器；服务器软件将收到的数据和命令从 NVT 格式转换成服务器端所需的格式。向用户返回数据时，服务器将自己数据的格式转换为 NVT 格式，本地客户端再从 NVT 格式转换到本地系统所需的格式。

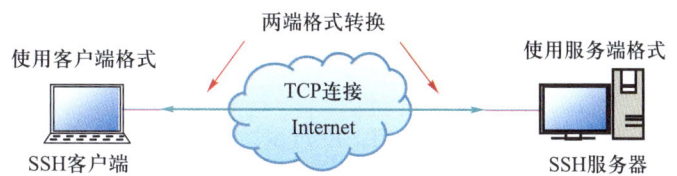

图 7-16
网络虚拟终端

NVT 的格式定义很简单，所有的通信都使用 8 位。在运转时，NVT 使用 7 位 ASCII 码传送数据，将高位置 1 用作控制命令。ASCII 码共有 95 个可打印字符（如字母、数字、标点符号）和 33 个控制字符。所有可打印字符在 NVT 中的意义和在 ASCII 码中一样，但 NVT 只使用了 ASCII 码的控制字符中的几个，如 NUL、BEL、BS、HT、LE、VF、EF 和 CR 等。此外，NVT 还定义了两字符的 CR—LF 为标准的行结束控制符。当用户按 Enter 或 Return 键时，远程登录的客户端就将其转换为 CR—LF 再进行传输，而远程登录服务器要将 CR—LF 转换为远程服务器的行结束字符。

笔 记

7.5.3 SSH 协议

SSH（Secure Shell，安全壳）协议是建立在应用层和传输层基础上的安全协议。SSH 协议由 IETF 的网络工作小组（Network Working Group）所制定，是目前较可靠、专为远程登录会话和其他网络服务提供安全性的协议。利用 SSH 协议可以有效防止远程管理过程中的信息泄露问题。

SSH 协议出现之前，在网络设备管理上广泛应用的一种方式是远程登录。远程登录协议的优势在于通过它可以远程登录到网络设备上，对网络设备进行配置，为网络管理员异地管理网络设备提供了极大的方便。

但是，远程登录协议存在三个致命的弱点。

① 数据传输采用明文方式，传输的数据没有任何机密性可言。

② 认证机制脆弱。用户的认证信息在网络上以明文方式传输，很容易被窃

听；远程登录协议只支持传统的密码认证方式，很容易被攻击。

③ 客户端无法真正识别服务器的身份，攻击者很容易进行"伪服务器欺骗"。

SSH 协议正是为了克服远程登录协议存在的问题而诞生的。SSH 协议可以对所有传输的数据进行加密。使用 SSH 协议还有一个额外的好处就是传输的数据是经过压缩的，可以提高传输的速度。SSH 协议有很多功能，它既可以代替远程登录协议，又可以为 FTP、POP 甚至为 PPP 提供一个安全的"通道"，如图 7-17 所示。

图 7-17
SSH 通信方式

7.6　电子邮件

电子邮件（Electronic Mail，E-mail）是 Internet 上最受欢迎也最为广泛的应用之一。E-mail 是一种通过计算机网络与其他用户进行联系的快速、简便、高效、廉价的现代化通信手段，如图 7-18 所示。1982 年制定出的简单邮件传输协议（Simple Mail Transfer Protocol，SMTP）和 Internet 文本报文格式都已成为 Internet 的正式标准，1993 年又提出了多用途 Internet 邮件扩充（Multipurpose Internet Mail Extensions，MIME）协议。

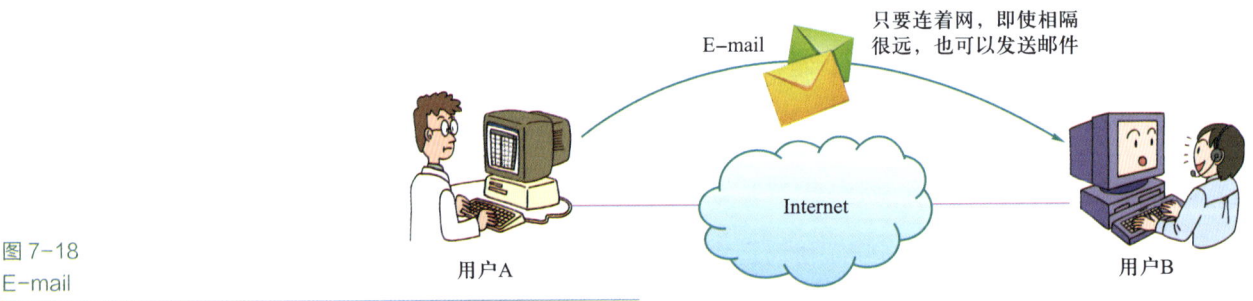

图 7-18
E-mail

7.6.1　电子邮件概述

微课 7-8
电子邮件概述

1. 电子邮件的特点

与普通邮件类似，电子邮件是一种异步通信媒介，人们可以随时收发邮件，电子邮件可以一次发送给数以千万的接收方。另外，电子邮件可以包含附件、超链接、HTML 文本、图像、音频、视频和程序等各种内容。

电子邮件具有以下特点。

① 速度快。电子邮件一般只需要几秒钟就可以到达目的地，远比人工邮件

的传递速度要快，而且比较可靠。

② 异步传输。电子邮件以一种异步方式进行传送，即使邮件接收方当时不在场，发送方也可以发邮件给他，接收用户可以根据自己的工作安排处理接收到的邮件。

③ 费用低。电子邮件传送信息的费用比传真、电话，以及邮局传递邮件的费用低得多，并且范围更加广泛。

④ 内容表达形式多样。电子邮件可以将文字、图像、语音等多种类型的信息集成在一个邮件中传送，因此它成为多媒体信息传送的重要手段。

2. 电子邮件的格式

电子邮件有自己规范的格式，电子邮件的格式由信封和内容两大部分组成，即邮件头（Header）和邮件主体（Body）两部分。

邮件头包括收信人的 E-mail 地址、发信人的 E-mail 地址、发送日期、标题和发送优先级等，其中，前两项是必选的。邮件主体是发件人和收件人要处理的内容，早期的电子邮件系统只能传递文本信息，而通过使用 MIME 协议，现在还可以发送语音、图像和视频等信息。对于 E-mail 主体不存在格式上的统一要求，但对信封（即邮件头）有严格的格式要求，尤其是 E-mail 地址。

E-mail 地址的标准格式为：

< 收信人信箱名 >@ 主机域名

其中，收信人信箱名指用户在某个邮件服务器上注册的用户标识，相当于是用户的私人邮箱，通常用收信人姓名的缩写来表示；@ 为分隔符，一般把它读为英文的 at ；主机域名是指信箱所在的邮件服务器的域名。例如 kbaopeng@163. com，表示在 163 邮件服务器上的用户信箱，如图 7-19 所示。

图 7-19
电子邮件格式

7.6.2 电子邮件系统及工作方式

1. 电子邮件系统

电子邮件系统主要由用户代理（User Agent）、邮件服务器（Mail Server）和邮件协议（如 SMTP、POP3 等）三部分组成，如图 7-20 所示。

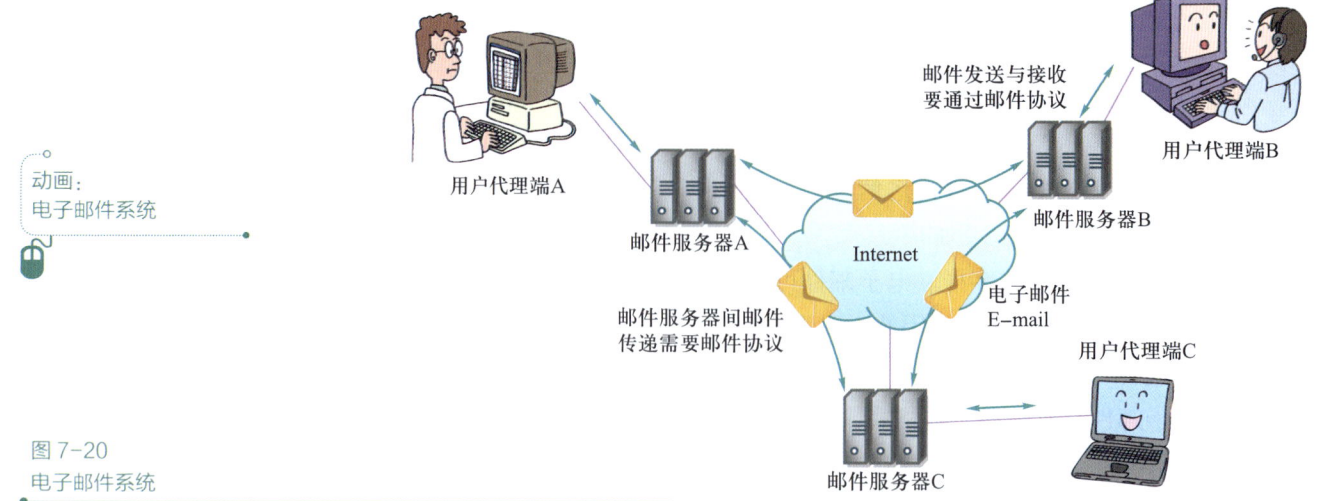

动画:
电子邮件系统

图 7-20
电子邮件系统

笔 记

用户代理也称邮件阅读器,是运行在客户机上的一个本地程序,它提供命令行方式、菜单方式和图形界面等方式与电子邮件系统交互,允许人们读取和发送电子邮件,如 Outlook Express 或 Hotmail 等。用户代理允许用户阅读、回复、发送、保存和撰写邮件。当发送方完成邮件撰写并发送后,用户代理向其所使用的邮件服务器发送该邮件。此时,邮件被放置在邮件服务器的发送队列中。目前,用户代理还提供了 HTTP(即 Web 页面的方式)的方式进行阅读、回复、发送等邮件操作。

邮件服务器是电子邮件系统的核心,包括邮件发送服务器和邮件接收服务器。当发送方发送邮件时首先将邮件发给自己所使用的邮件服务器,接下来发送方邮件服务器将邮件发送给接收方邮件服务器,最后接收方从他自己的邮件服务器下载邮件。如果发送方的服务器由于某种原因不能将邮件发送给接收方服务器,发送方便会在一个报文队列(Message Queue)中保持该邮件并在以后尝试再次发送,通常每 30 min 进行一次尝试。如果几次尝试后仍不成功,服务器会删除该邮件并通知发送方。使用电子邮件系统传输邮件,对于发送方和接收方而言都是透明的。

用户在发送邮件时,要使用邮件发送协议,常见的有 SMTP 和 MIME 协议,前者只能传输文本信息,后者则可以传输包括文本、声音、图像等在内的多媒体信息。当用户代理向电子邮件发送服务器发送电子邮件时,或邮件发送服务器向邮件接收服务器发送电子邮件时,都要使用邮件发送协议。用户从邮件接收服务器接收邮件时,要使用邮件接收协议,通常使用邮局协议版本 3(Post Office Protocol 3,POP3),其具有用户登录、退出、读取消息、删除消息的命令。POP3 的关键之处在于其能从远程邮箱中读取电子邮件,并将邮件存在用户本地的机器上以便以后读取。通常,SMTP 使用 TCP 的 25 号端口,POP3 使用 TCP 的 110 号端口。

2. 电子邮件的工作方式

下面以一个实例来讲解电子邮件发送和接收的详细过程,如图 7-21 所示。假定用户 A 使用 xxx@sina.com 作为发信人地址向用户 B 发送一个文本格式的电子邮件，该发信人地址所指向的邮件发送服务器为 smtp.sina.com.cn，收信人的 E-mail 地址为 yyy@163.com。

① 首先，用户 A 在自己的计算机上使用独立的文本编辑器、字处理程序或是用户代理内部的文本编辑器来撰写邮件。

② 当用户撰写完成，单击"发送"按钮后，用户代理程序将会把用户 A 的邮件利用 SMTP 发送到其所使用的邮件服务器 smtp.sina.com.cn。

③ 用户 A 的发送邮件服务器在获得他所发送的邮件后，根据邮件接收者的地址，在发送服务器与用户 B 的接收邮件服务器之间建立一个 SMTP 的连接，并通过 SMTP 将邮件送至用户 B 的接收服务器。在电子邮件系统中，为每个用户分配一个邮箱（用户邮箱）。例如，在基于 UNIX 的邮件服务系统中，用户邮箱位于 /var/spool/mail/ 目录下，邮箱标识一般与用户标识相同。

④ 当邮件到达邮件接收服务器后，用户随时都可以接收邮件。当用户 B 需要查看自己的邮箱并接收邮件时，其首先要在自己的计算机与邮件接收服务器 POP3.163.com 之间建立一条关于 POP3 的连接，接下来用户 B 可以通过其用户代理程序使用 POP3 从服务器读取邮件。

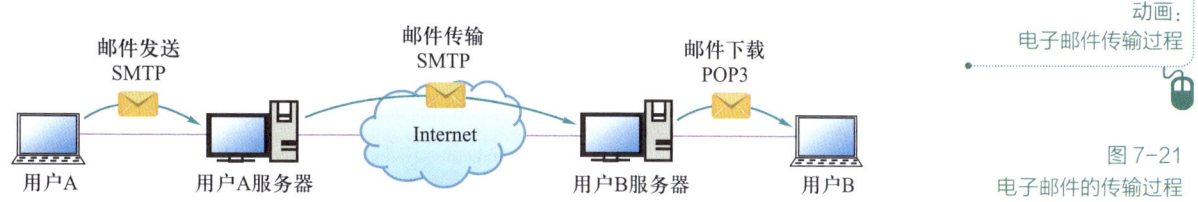

动画：
电子邮件传输过程

图 7-21
电子邮件的传输过程

7.6.3　电子邮件协议

1. SMTP

SMTP（简单邮件传输协议）协议属于 TCP/IP 协议簇，使用传输层 TCP 25 号端口提供可靠传输服务。SMTP 帮助每台计算机在发送或中转信件时找到下一个目的地，通过 SMTP 所指定的服务器，计算机就可以把 E-mail 发送到收件人的服务器上。

微课 7-9
电子邮件协议

SMTP 的邮件传输主要包括连接建立、邮件传输和连接释放三个阶段。

（1）连接建立阶段

当发送方发送电子邮件时，SMTP 客户端程序会与邮件服务器端建立基于 TCP 25 号端口的传输连接。以后所有的电子邮件传输过程都在已建立好的 TCP 连接基础上进行。

TCP 传输连接建立好之后，发送方调用 SMTP 客户端服务发送 HELO 命令，后面跟发件方的 DNS 域名，向收件方标明自己的身份。如果能通过接收方身份认证，那么接收方会返回类似"250 OK"的应答消息，表示收件方已接受会话连接请求，建立好了会话连接。如果出现错误，会返回错误代码（如"500 语法错误，命令不可识别"）。

（2）邮件传输阶段

连接建立完成后，进入到邮件传输阶段，发送方可以立即发送邮件。SMTP

笔 记

客户端可以使用多个命令,如用 MAIL FROM 命令指示发件人的邮箱地址,用 PCPT TO 命令指示收件人的地址。命令发送完成后,如果发送方收到了接收方返回的类似于"250 OK"的应答,说明收件方已正确执行了该命令,此时发送方可以通过 DATA 命令正式进行邮件内容传输了。内容传输完后,还要传输一条 <CRLF>.<CRLF> 消息,表示内容传输结束。

(3)连接释放阶段

当没有邮件传输时,发送方 SMTP 客户端要发送一条 QUIT 命令结束本次 SMTP 应用会话进程。正常情况下,收件方会返回一条代码为 221 的应答消息,表示服务器已接受关闭连接请求,释放本次 SMTP 应用会话连接。

为了理解上述过程,如图 7-22 所示以发送方邮件服务器把邮件发送到接收方邮件服务器的过程为例介绍 SMTP 电子邮件传输的三个过程。图中发件方的电子邮件服务器域名为 hcit.com,发件人的电子邮箱地址为 kbp@hcit.com,收件方的电子邮件服务器的域名为 jlu.com。

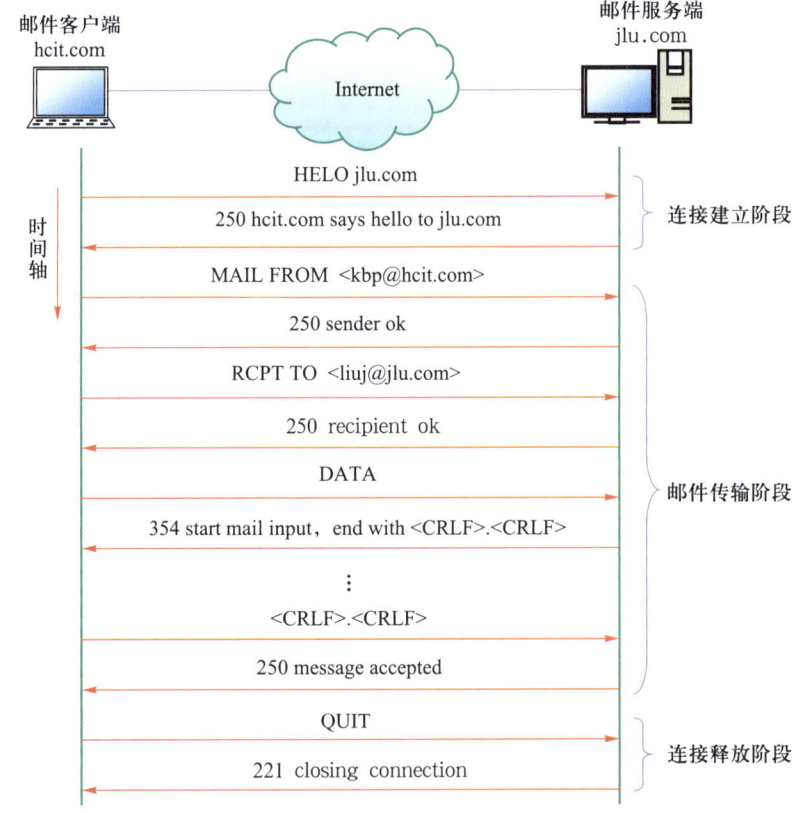

图 7-22
SMTP 工作过程

动画:
SMTP 工作过程

2. POP3

SMTP 可以把邮件推送到发件方自己的邮件服务器,然后再推送给接收方的邮件服务器。但是,接收方的邮件服务器不会推送到接收方的个人主机上,因为服务器并不知道收件方什么时候在线,不可能做到即时接收,如图 7-23 所示。因此,用户希望像发件人发送邮件一样,在需要的时候接收邮件,这时 POP 就产生了。

POP 是一种用于接收电子邮件的协议,主要用于接收方到其邮件服务器上下载邮件。现在普遍使用的是 POP3（即 POP 的第 3 个版本）。POP 和 SMTP 一样，也是在客户端和服务器端之间建立一个 TCP 连接完成相应操作。其操作过程与 SMTP 相类似。

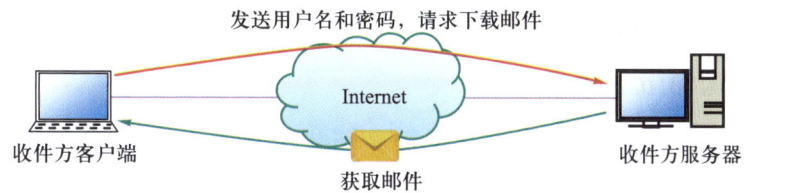

图 7-23
电子邮件传输过程

3. IMAP

IMAP（Internet Mail Access Protocol，Internet 邮件访问协议）是斯坦福大学在 1986 年开发的一种邮件获取协议。它的主要作用是邮件客户端（如 MS Outlook Express）可以通过这种协议从邮件服务器上获取邮件的信息、下载邮件等。IMAP 运行在 TCP/IP 之上，使用的端口是 143。它与 POP3 的主要区别是用户可以不用把所有的邮件全部下载，可以通过客户端直接对服务器上的邮件进行操作。由于 IMAP 是在服务器端处理 MIME 信息，所以其可以实现只下载邮件中多个附件当中的某一个或某几个，这在带宽较窄的线路上起到了非常重要的作用。由于 IMAP 是在服务端操作邮件，因此可以保持邮件在不同客户端的同步。

有了 IMAP，人们可以同时在多个终端（如个人计算机、公司计算机、移动终端等）上接收邮件，而不需要转发来转发去（在以前的邮件客户端中，如 Outlook Express，当邮件被下载后服务器将不保存该邮件）。IMAP 确实为使用多种异构终端的用户提供了非常便利的服务。

7.7 DHCP

微课 7-10
DHCP

在一个网络中，如果逐一为每一台主机设置 IP 地址会是一件非常烦琐的事情，特别是在移动使用便携式计算机、智能终端以及平板电脑等设备时，每移动到一个新的地方，都要重新设置 IP 地址。解决这一问题最好的办法就是能够自动分配 IP 地址，如图 7-24 所示。

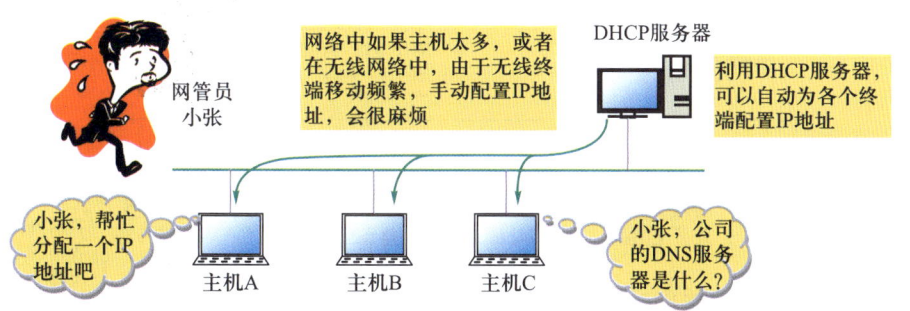

图 7-24
DHCP 自动分配 IP 地址

于是，为了实现自动设置 IP 地址、统一管理 IP 地址分配，就产生了 DHCP

（Dynamic Host Configuration Protocol，动态主机配制协议）。有了 DHCP，计算机只要连接到网络，就可以自动获取到 IP 地址等信息，无须人工配置。DHCP 不仅在 IPv4 中应用，在 IPv6 中也可以使用。

7.7.1 DHCP 概述

1. DHCP 特点

DHCP（Dynamic Host Configuration Protocol，动态主机配置协议）是一种使网络管理员能够集中管理和自动分配 IP 网络地址的通信协议，它基于传输层 UDP 进行通信。

DHCP 基于 C/S 工作模式，DHCP 服务器需要为主机分配 IP 地址和提供主机配置参数。DHCP 具有以下特点。

① 整个配置过程自动实现，客户端无须手动配置。

② 所有配置信息由 DHCP 服务器端统一管理，服务器端不仅能够为客户端分配 IP 地址，还能够为客户端指定其他信息，如 DNS 服务器等。

③ 通过 IP 地址租期管理，提高 IP 地址的使用效率。

④ 采用广播方式实现报文交互，报文一般不能跨网段，如果需要跨网段，需要使用 DHCP 中继技术实现。

2. DHCP 分配地址的方式

在 IP 网络中，每个连接 Internet 的设备都需要分配唯一的 IP 地址。DHCP 使网络管理员能从中心节点监控和分配 IP 地址。当某台计算机移到网络中的其他位置时，能自动收到新的 IP 地址。

DHCP 使用了租约的概念，或称为计算机 IP 地址使用的有效期。租用时间是不定的，主要取决于用户在某地连接 Internet 的时长，这对于教育行业和其他用户频繁改变的场景是很实用的。通过较短的租期，DHCP 能够在一个计算机比可用 IP 地址多的环境中动态地配置网络。DHCP 支持为计算机分配静态地址，如需要永久性 IP 地址的 Web 服务器。

DHCP 有三种分配 IP 地址的机制。三种地址分配方式中，只有动态分配可以重复使用客户端不再需要的地址，其他两种方式的地址使用对象是固定的，如图 7-25 所示。

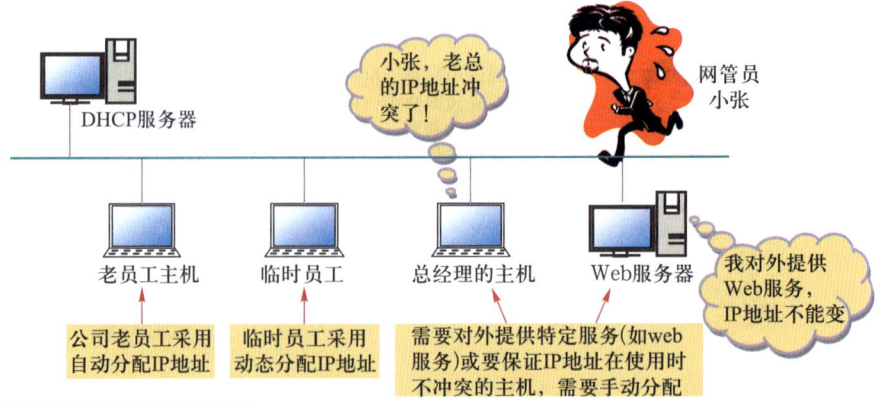

图 7-25
DHCP 分配地址的方式

① 自动分配（Automatic Allocation）：为连接到网络的某些主机分配 IP 地址，该地址将长期由该主机使用。

② 动态分配（Dynamic Allocation）：DHCP 服务器端为客户端指定一个 IP 地址，同时为此地址规定了一个租用期限，如果租用时间到期，客户端必须重新申请地址，这是客户端申请地址最常用的方法。

③ 手动分配（Manual Allocation）：网络管理员为某些少数特定的主机绑定固定 IP 地址，且地址不会过期。

7.7.2 DHCP 的工作机制

DHCP 在提供服务时，DHCP 客户端通过 UDP 68 号端口进行数据传输，而 DHCP 服务端则是以 UDP 67 号端口进行数据传输。使用 DHCP 之前，首先要架设一台 DHCP 服务器。然后将 DHCP 所要分配的 IP 地址设置到服务器上。此外，还需要将相应的子网掩码、路由控制信息以及 DNS 服务器的地址等设置到服务器上。

如图 7-26 所示，DHCP 客户端获取地址的过程主要分为发现阶段、提供阶段、选择阶段和确认阶段 4 个阶段。

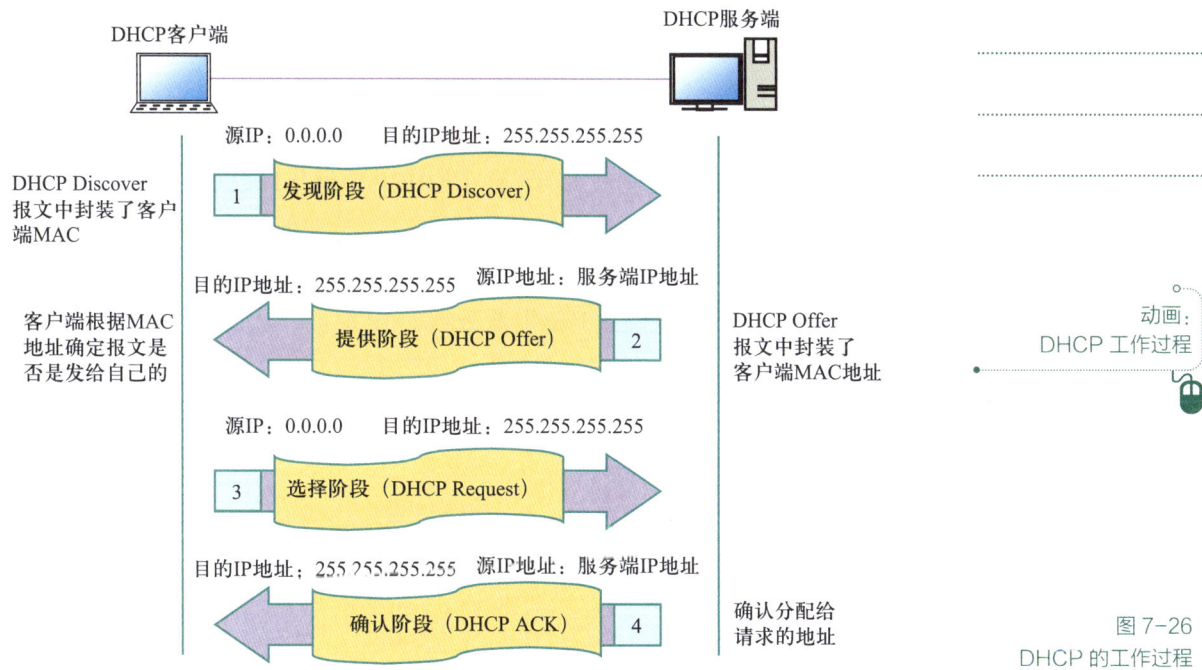

图 7-26
DHCP 的工作过程

① 发现阶段：DHCP 客户端首先以广播的方式发送 DHCP Discover 报文寻找网络中的 DHCP 服务器。此广播报文采用传输层的 UDP 68 号端口发送。由于此时客户端没有 IP 地址，因此发送出的报文封装的源 IP 地址为 0.0.0.0，目的地址为 255.255.255.255。

② 提供阶段：网络中的 DHCP 服务器接收到客户端的 DHCP Discover 报文后，会根据自己地址池中的 IP 地址分配的优先次序选出一个 IP 地址，然后与其他参数通过 UDP 67 号端口，在 DHCP Offer 报文中以广播方式发送给

客户端。报文中源 IP 地址为 DHCP 服务器 IP 地址，目的 IP 地址为广播地址 255.255.255.255。

③ 选择阶段：DHCP 客户端会根据报文中的目的 MAC 地址确定 DHCP Offer 报文是否是发给自己的。若是，则接收该报文，如果有多台 DHCP 服务器提供 Offer 报文，则选择最先收到的。然后向服务端发送一个 DHCP Request 请求使用报文。这个报文中的源 IP 地址仍然为 0.0.0.0，目的 IP 地址为 255.255.255.255。

④ 确认阶段：如果 DHCP 服务端收到 DHCP Request 报文后，确认将地址分配给客户端使用，则回复 DHCP ACK 报文，若不能分配给客户端使用，则回复 DHCP NAK 报文。

7.7.3　DHCP 中继代理

在较大规模组织机构的网络环境当中（如企业或学校等），一般会有多个以太网（无线 LAN）网段。在这种情况下，若要针对每个网段都设置 DHCP 服务器将会是个庞大的工程。即使路由器可以提供 DHCP 的功能，如果网络中有不下 100 个路由器，就要为 100 个路由器设置它们各自可分配 IP 地址的范围，并对这些范围进行后续的变更维护，这将是一个极其耗时和难以管理的工作。也就是说，将 DHCP 服务器分设到各个路由器上，于管理和运维都不是件有益的事。

因此，在这类网络环境中，往往需要将 DHCP 统一管理。具体方法可以使用 DHCP 中继代理来实现。有了 DHCP 中继代理以后，对不同网段的 IP 地址分配也可以由一个 DHCP 服务器统一进行管理和运维。这种方法使得在每个网段架设一个 DHCP 服务器的方法被取代，只需在每个网段设置一个 DHCP 中继代理即可。它可以设置 DHCP 服务器的 IP 地址，从而可以在 DHCP 服务器上为每个网段注册 IP 地址的分配范围，如图 7-27 所示。

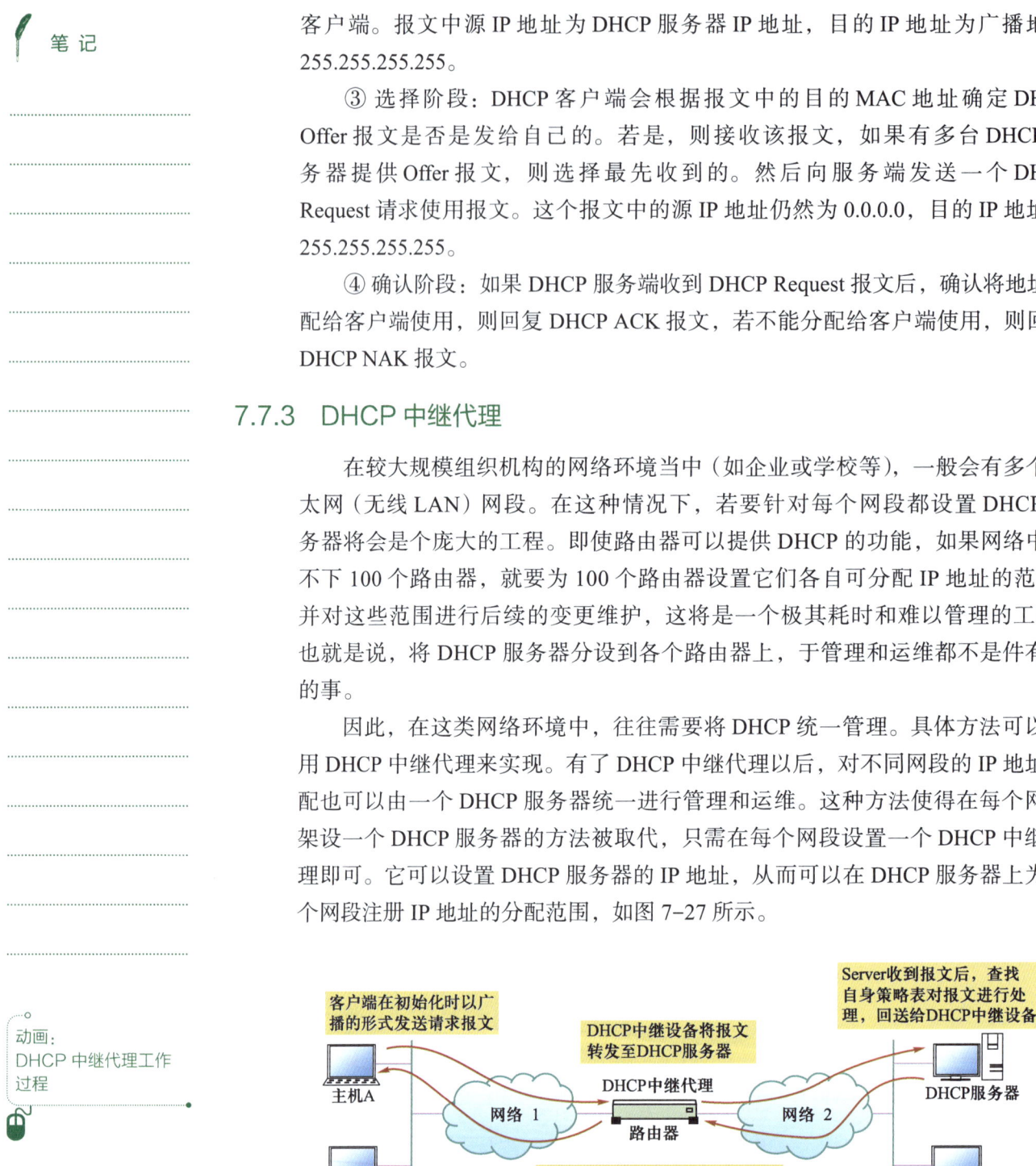

动画：
DHCP 中继代理工作过程

图 7-27
DHCP 中继代理的工作过程

DHCP 客户端会向 DHCP 中继代理发送 DHCP 请求包，而 DHCP 中继代理在收到这个广播包以后再以单播的形式发给 DHCP 服务器。服务器端收到该包以后再向 DHCP 中继代理返回应答，并由 DHCP 中继代理将此包转发给 DHCP 客户端。由此，DHCP 服务器即使不在同一个链路上也可以实现统一分配和管理 IP 地址，如图 7-28 所示。

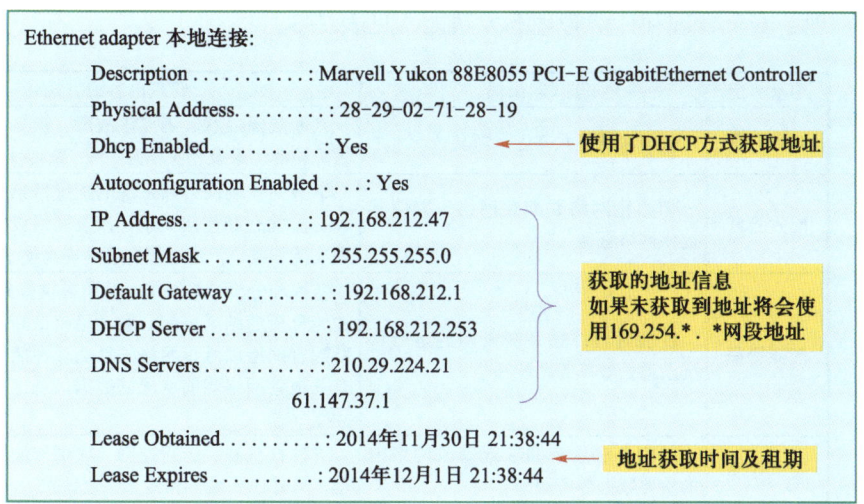

Ethernet adapter 本地连接:

    Description . . . . : Marvell Yukon 88E8055 PCI-E GigabitEthernet Controller
    Physical Address. . . . . : 28-29-02-71-28-19
    Dhcp Enabled. . . . . : Yes ← 使用了DHCP方式获取地址
    Autoconfiguration Enabled . . . . : Yes
    IP Address. . . . . : 192.168.212.47
    Subnet Mask . . . . : 255.255.255.0
    Default Gateway . . . . : 192.168.212.1
    DHCP Server . . . . : 192.168.212.253   获取的地址信息
    DNS Servers . . . . : 210.29.224.21   如果未获取到地址将会使
                                      61.147.37.1   用169.254.*.*网段地址
    Lease Obtained. . . . . : 2014年11月30日 21:38:44
    Lease Expires . . . . : 2014年12月1日 21:38:44 ← 地址获取时间及租期

图 7-28
客户端通过 DHCP 方式获取的地址（命令行下运行 ipconfig /all）

7.8 SNMP

微课 7-11
SNMP

以前，网络管理都是凭借管理员的记忆和直觉进行。如今，网络与人们的生活和工作联系越来越紧密，但网络的普及引发了两大问题：一是网络规模逐渐扩大，网络设备的数量呈指数增长，网络管理员很难及时监控所有设备的状态、发现并修复故障；二是网络设备可能来自不同的厂商，如果每个厂商都提供一套独立的管理接口（如命令行），将使网络管理变得越来越复杂。个人的记忆、经验或直觉已经无法与之匹配，一个严密的管理工具或方法就显得格外重要。为解决以上两大问题，一套覆盖服务、协议和管理信息库的标准——简单网络管理协议（Simple Network Management Protocol，SNMP）应运而生。在 TCP/IP 的网络管理中可以使用 SNMP 收集必要的信息。

7.8.1 网络管理概述

1. 网络管理功能

网络管理主要涉及网络服务提供、网络维护和网络处理 3 个方面。

① 网络服务提供是指向用户提供新的服务类型、增加网络设备、提高网络性能等。

② 网络维护是指网络性能监控、故障报警、故障诊断、故障隔离与恢复。

③ 网络处理是指网络线路、设备利用率数据的采集与分析，以及提高网络利用率的各种控制。

事实上，网络管理技术是伴随着计算机、网络和通信技术的发展而发展的，二者相辅相成。从网络管理范畴来分类，可分为对网"路"的管理，即针对交换机、路由器等主干网络进行管理；对接入设备的管理，即对内部计算机、服务器、交换机等进行管理；对行为的管理，即针对用户的使用进行管理；对资产的管理，即统计 IT 软硬件的信息等。

根据国际标准化组织的定义，网络管理包括故障管理、配置管理、性能管理、安全管理和计费管理五大功能，见表 7-3。

功　能	具体方面	管理内容或方式
故障管理	找出故障位置并进行恢复	判断故障症状、隔离该故障、恢复该故障、记录故障检测结果及相关信息
配置管理	初始化网络并配置网络，以使其提供网络服务	掌握并控制网络和系统的配置信息以及网络内各设备的状态和连接关系，涉及网络设备、网络的物理连接和接口。通过配置管理提高整个网络的性能
性能管理	性能管理评估系统资源的运行状况及通信效率等系统性能	监视和分析被管网络及其所提供服务的性能机制。性能分析的结果可能会触发某个诊断测试过程或重新配置网络以维持网络的性能。性能管理收集分析有关被管网络当前状况的数据信息，并维持和分析性能日志
安全管理	限制非法用户窃取或修改网络中的重要数据等资源	对授权机制、访问控制、加密和加密关键字的管理，另外还要维护和检查安全日志
计费管理	记录网络资源的使用，目的是控制和监测网络操作的费用和代价	统计用户的资源访问量，统计不同线路和各类资源的使用情况，对用户进行计费统计

表 7-3　网络管理五大功能

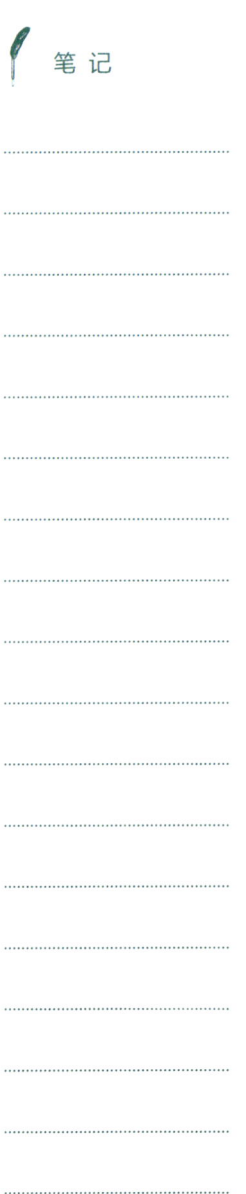

笔 记

2. SNMP 的技术优势

网络管理的基本原理：若要管理某个对象，就必然会给该对象添加一些软件或硬件，但这种"添加"必须对原有对象的影响尽量小。

SNMP 发布于 1988 年。IETF 在 1990 年制定的网管标准 SNMP 是 Internet 的正式标准。以后有了新版本 SNMP v2 和 SNMP v3，因此原来的 SNMP 又称 SNMP v1。

SNMP 最重要的指导思想就是要尽可能简单。SNMP 的基本功能包括监视网络性能、检测分析网络差错和配置网络设备等。在网络正常工作时，SNMP 可实现统计、配置和测试等功能。当网络出故障时，可实现各种差错检测和恢复功能。虽然 SNMP 是在 TCP/IP 基础上的网络管理协议，但也可扩展到其他类型的网络设备上。

SNMP 是管理进程（NMS）和代理进程（Agent）之间的通信协议。它规定了在网络环境中对设备进行监视和管理的标准化管理框架、通信的公共语言、相应的安全和访问控制机制。网络管理员使用 SNMP 功能可以查询设备信息、修改设备的参数值、监控设备状态、自动发现网络故障、生成报告等。

SNMP 具有以下技术优点。

① 基于 TCP/IP 的标准协议，传输层协议一般采用 UDP。

② 自动化网络管理。网络管理员可以利用 SNMP 平台在网络上的节点检索信息、修改信息，发现故障并完成故障诊断，以及进行容量规划和生成报告。

③ 屏蔽不同设备的物理差异，实现对不同厂商产品的自动化管理。SNMP 只提供最基本的功能集，使得管理任务与被管设备的物理特性和实际网络类型相对独立，从而实现对不同厂商设备的管理。

④ 简单的请求 - 应答方式和主动通告方式相结合，并有超时和重传机制。

⑤ 报文种类少，报文格式简单，方便解析，易于实现。

⑥ SNMP v3 提供了认证和加密安全机制，以及基于用户和视图的访问控制功能，增强了安全性。

7.8.2 SNMP 网络架构

SNMP 的网络架构主要由 NMS（网络管理站）、Agent（管理代理）和 MIB（管理信息库）三部分组成，如图 7-29 所示。

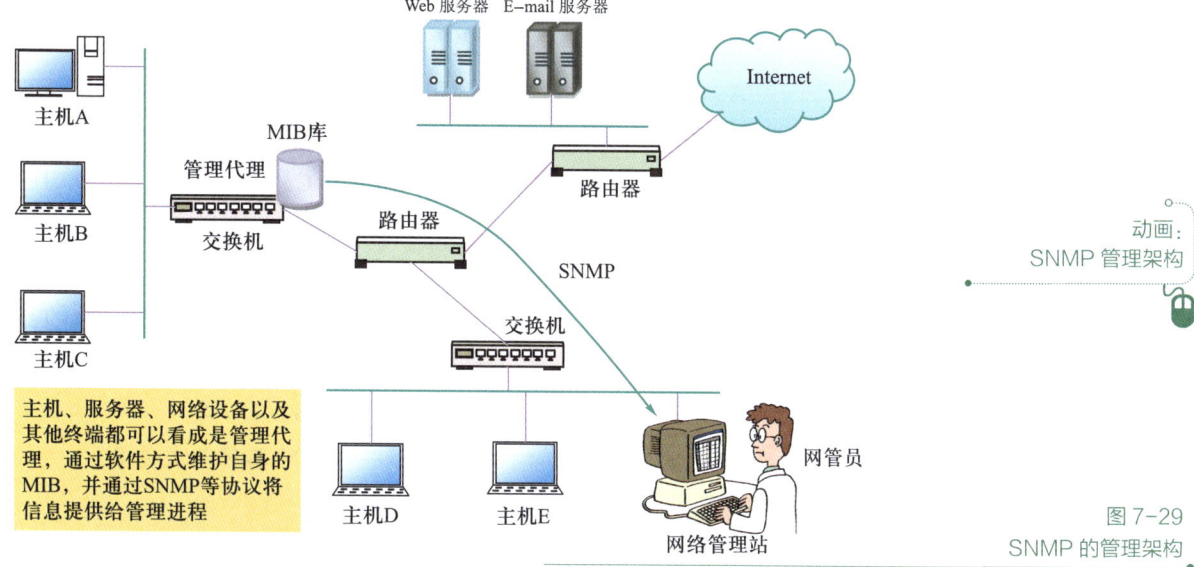

动画：
SNMP 管理架构

图 7-29
SNMP 的管理架构

NMS 是网络中的管理者，是一个利用 SNMP 对网络设备进行管理和监视的系统。NMS 既可以指一台专门用来进行网络管理的服务器，也可以指某个设备中执行管理功能的一个应用程序。NMS 可以向 Agent 发出请求，查询或修改一个或多个具体的参数值。同时，NMS 可以接收 Agent 主动发送的 Trap 信息，以获知被管理设备当前的状态。

Agent 是网络设备中的一个应用模块，用于维护被管理设备的信息数据并响应 NMS 的请求，把管理数据汇报给发送请求的 NMS。

Agent 接收到 NMS 的请求信息后，完成查询或修改操作，并把操作结果发送给 NMS，完成响应。同时，当设备发生故障或者其他事件的时候，Agent 会主动发送 Trap 信息给 NMS，通知设备当前的状态变化。

任何一个被管理的资源都表示成一个对象，称为被管理的对象。MIB 是被管理对象的集合。它定义了被管理对象的一系列属性，如对象的名称、对象的访问权限和对象的数据类型等。每个 Agent 都有自己的 MIB。通过 MIB，NMS 可以对 Agent 中的每一个被管理对象进行读 / 写操作，从而达到管理和监控设备的目的，如图 7-30 所示。

拓展阅读 7-1
SNMP 的版本与操作

拓展阅读 7-2
RMON

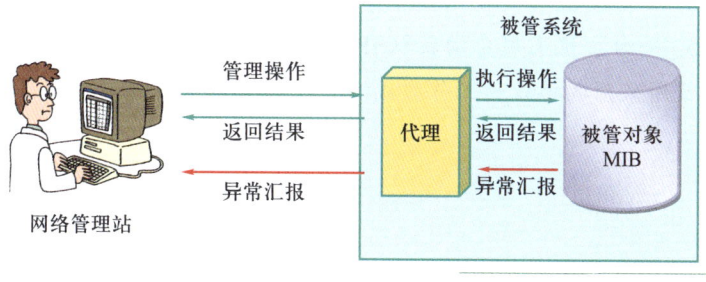

图 7-30
SNMP 的管理方式

习　题　7

文本：
习题参考答案

一、选择题

1. 在 Internet 中，Web 服务发布的信息使用的语言是（　　）。

  A. HTML   B. C   C. C++   D. Java

2. 下面属于应用层协议的是（　　）。

  A. SNMP   B. ICMP   C. UDP   D. FTP

3. 将 IP 地址转换成域名的协议是（　　）。

  A. ARP   B. BGP   C. DNS   D. TCP

4. 下列应用层协议中，通常用于支持客户端与服务器之间文件传输的是（　　）。

  A. HTML   B. HTTP   C. FTP   D. Telnet

5. URL 由 3 部分组成：协议、页面所在服务器的 DNS 名以及（　　）。

  A. 目录名   B. 文件名

  C. 网页名   D. 路径和文件名

6. Web 服务主要使用的两个协议是（　　）。

  A. HTTP   B. FTP   C. HTTPs   D. SMTP

7. DHCP 的全称为（　　）。

  A. 静态主机配置协议   B. 动态主机配置协议

  C. 主机配置协议   D. IP 地址应用协议

8. 以下不属于邮件协议的是（　　）。

  A. SMTP   B. POP3   C. PPP   D. IMAP

9. 顶级域名 edu 代表（　　）。

  A. 国家代码   B. 教育机构

  C. 商业组织   D. 政府部门

10. 下列名字中，不符合域名系统要求的是（　　）。

  A. www-hcit-edu-cn   B. www.hcit.edu.cn

  C. netlab.hcit.edu.cn   D. www.netlab.hcit.edu.cn

二、简答题

1. 请简要描述 HTTP 和 HTTPs 的区别以及它们的应用场景。

2. 请简要描述 DNS 的两种查询方式。

3. 电子邮件所使用的协议有哪些？邮件传输过程中都使用哪些协议？

4. 如果要使用域名访问网络中的 Web 服务器，请简要描述其访问过程。

5. 一台主机采用自动获取 IP 地址的方式上网，请简要描述其获取地址的过程以及所采用的协议的工作方式。

模块 8
网络安全与防护技术

网络通信技术的使用给人们工作、生活的方方面面带来了数不尽的便捷和好处。然而，计算机网络通信技术也和其他很多科学技术一样是一把"双刃剑"，当大多数人使用信息技术提高工作效率、为社会创造更多财富的同时，却有一小部分人在利用信息技术做着相反的事情。他们非法侵入他人的计算机系统窃取机密信息，或者恶意篡改、破坏关键数据，给他人造成难以估量的损失。

网络安全技术就像是我们给计算机和网络穿上的一层"防弹衣"，用来保护我们的信息和隐私不被他人偷窥或破坏。想象一下，你的计算里存着很多重要的内容，比如照片、文件，甚至还可能有网上银行的密码等。如果没有这层"防弹衣"，别有用心的人就可能通过网络悄悄"溜"进来，偷走或破坏这些信息。

1. 知识目标
（1）准确理解网络安全的重要性以及网络上面临的各类威胁。
（2）深入理解防火墙、入侵检测与防御系统、加密技术原理及应用。
（3）熟悉国内外关于网络安全的主要标准和法律法规。
（4）了解防火墙的功能与分类。
（5）了解网络安全防护方案及防火墙部署方式。

2. 能力目标
（1）能够准确判断网络攻击的类型并制定防御措施。
（2）具备网络规划中防火墙部署能力。

3. 素养目标
（1）理解建设网络强国的战略意义，树立良好的网络安全防护意识。
（2）培养良好的网络工程师岗位职业素养。
（3）树立终身学习、与时俱进的学习意识。

网络安全如同一道坚固的闸门，守护着信息的完整性与私密性。随着互联网技术的飞速发展，小到个人的工作、生活，大至社会经济的稳定运行，都会受到网络的重要影响。网络这把"双刃剑"在给人们带来极大便利的同时，其实也悄然打开了风险的大门。黑客攻击、病毒传播、数据泄露等安全威胁层出不穷，对个人隐私、企业资产乃至国家安全都构成了严重威胁。

模块 8　网络安全与防护技术

8.1　网络安全概述

微课 8-1
网络安全及常见隐患

网络安全是指通过采取各种技术与管理措施，使网络系统的硬件、软件及其系统中的数据资源受到保护，不因一些不利因素的影响而使这些资源遭到破坏、更改、泄露，保证网络系统连续、可靠、正常地运行。

网络安全主要包括机密性、完整性、可用性、可控性和可审查性 5 个基本要素。

笔 记

① 机密性：确保信息不暴露给未经授权的用户或进程。

② 完整性：只有得到允许的人才能修改数据，并且能够判别出数据是否被篡改。

③ 可用性：得到授权的实体可在需要时访问数据，即攻击者不能占用所有的资源而阻碍授权者的工作。

④ 可控性：可以控制授权范围内的信息流向及行为方式。

⑤ 可审查性：对出现的网络安全问题提供调查的依据和手段。

8.1.1　网络安全隐患

网络安全隐患是指计算机或其他通信设备利用网络进行交互时可能会受到的窃听、攻击或破坏。网络安全隐患范围比较广，如自然灾害、人为行为、黑客行为、内部泄密、外部泄密、信息丢失、电子监听（信息流量分析、信息窃取等）和信息战等。网络安全隐患概括起来主要表现为网络系统的脆弱性、利用协议及系统漏洞的攻击行为和计算机病毒 3 个方面。

（1）网络系统的脆弱性

计算机网络系统本身存在着一些固有的弱点，非授权的用户可以利用这些弱点对网络系统进行非法访问，这种非法访问会使系统内数据的完整性受到威胁，也可能使信息遭到破坏而不能使用，如操作系统的脆弱性、数据库系统的脆弱性、网络存储介质的脆弱性等。

（2）利用协议及系统漏洞的攻击行为

由于网络本身存在脆弱性，因此总有某些人或某些组织想方设法利用网络协议及系统的漏洞对网络进行攻击以达到某种目的，如从事工业、商业或军事情报搜集工作的间谍，对相应领域的网络信息是最感兴趣的，他们对网络系统的安全构成了主要威胁。TCP/IP 协议簇中绝大部分协议没有提供必要的安全机制，一些人就利用这些漏洞进行攻击。网络中针对 TCP/IP 协议簇各协议常见的攻击方式有如下几种。

①数据链路层：MAC 欺骗、MAC 泛洪、ARP 欺骗、STP 重定向等。

②网络层：IP 欺骗、报文分片、ICMP 攻击及路由攻击等。

③传输层：SYN Flood 攻击等。

④应用层：缓冲区溢出、漏洞、病毒及木马等。

总体来讲，攻击主要分为被动攻击和主动攻击两种。

被动攻击是指攻击者只通过一些手段获取网络线路上的信息，而不干扰正常的网络数据传输，如通过窃听的方式截获某些数据，如图 8-1 所示。被动攻击往往是主动攻击的前奏。

图 8-1
被动攻击

主动攻击是指攻击者对传输中的信息或存储的信息进行各种非法处理，对正常用户造成一定影响的行为，如数据篡改、拒绝服务攻击（通过攻击使某个设备或网络无法正常运作），如图 8-2 所示。

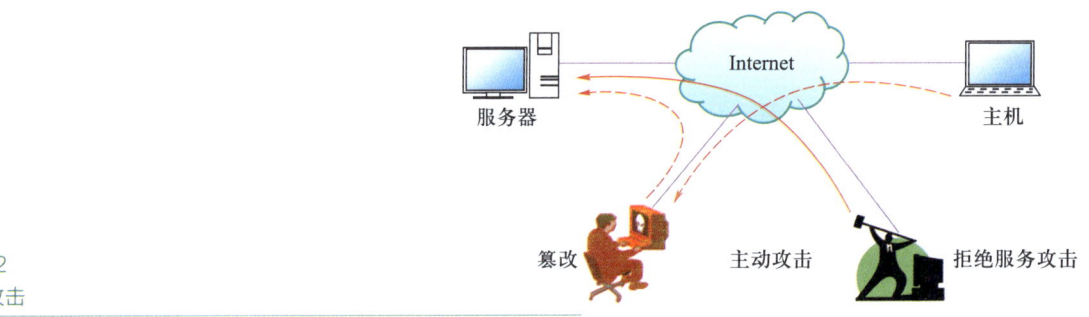

图 8-2
主动攻击

（3）计算机病毒

计算机病毒是一种能破坏计算机系统资源的特殊计算机程序。它像生物病毒一样，可在系统中生存、繁殖和传播。计算机病毒具有隐蔽性、传播性、潜伏性、触发性和破坏性。它一旦发作，轻者会影响系统的工作效率，占用系统资源，重者会毁坏系统的重要信息，甚至使整个网络系统陷于瘫痪。

与病毒相类似的另一种形式为木马，是指能直接侵入用户的计算机并进行破坏的程序，它常被伪装成工具程序或游戏等，诱使用户打开带有特洛伊木马程序的邮件附件或从网上直接下载。一旦用户打开了这些邮件的附件或执行了这些程序之后，就会在自己的计算机系统中留下一个能在 Windows 启动时悄悄执行的隐藏程序。当用户连接到 Internet 时，这个程序就会通知攻击者，报告用户的 IP 地址及预先设定的端口。攻击者在收到这些信息后，再利用这些信息潜伏在其中的程序中任意地修改用户计算机的参数、复制文件、窥视整个硬盘中的内容等，从而达到控制用户计算机的目的。

8.1.2 常见的网络攻击方式及防范

微课 8-2
常见的网络攻击方式及防范

常见的网络攻击手段可以分为数据嗅探、非法使用、信息篡改、拒绝服务、Bug 和恶意代码、社会工程等。

1. 数据嗅探

攻击者并不直接入侵目标系统，而是通过窃听网络来获取重要数据或信息。数据嗅探是了解目标网络各种信息的首要技术，通过数据报文、端口、服务、IP 地址等各种关键信息的扫描获得信息，并以此准备网络攻击。

嗅探技术是黑客和网络管理员最常用的工具和技术，其主要方式见表 8-1。

嗅探方式	主要操作方式	常用软件
抓取报文（抓包）	通过网络监听非法获取用户信息，如明文传输的用户名、密码。抓包实际上是在以太网卡处于混杂状态下通过专门的软件实现对数据包的获取，通常需要与端口镜像、Hub、分光器、TAP（Test Access Point）等紧密配合	WireShark、OmniPeek
扫描	通过发送报文探测网络中各种主机和服务的状态，准确地了解网络中系统漏洞。一般分为端口扫描和漏洞扫描	NMAP（远程扫描工具）、Nessus（漏洞扫描工具）
操作系统标识	通过 Banner Grabbing 获取操作系统的各种信息，根据这些系统对包的回应的差别，推断出操作系统的种类	NMAP（远程扫描工具）
电磁捕捉	通过捕捉屏幕、网线发出的电磁波，还原数据信息，常用于攻击军事机构	—

表 8-1 数据嗅探的主要方式

数据嗅探的防范方式主要有如下几种。

验证：身份验证是安全的第一道防线，因此强认证避免了非法用户进入网络进行数据嗅探的行为。

改变网络结构：由于网络嗅探需要几个必要条件，如在同一冲突域、网络流量重定向到某个区域。因此如果能够合理规划网络环境中数据流的方向和接口，那么就可以降低攻击者嗅探网络关键数据流的效率。

反嗅探工具：通过部署一些软件，利用网卡的混杂方式阻止数据探测。

加密：数据嗅探的风险在于探测的数据是有价值的，因此在无法完全杜绝嗅探攻击的情况下，最简单、最有效的办法就是对数据进行加密，如图 8-3 所示。

图 8-3 数据嗅探的防范方式

2. 非法使用

非法使用是指资源被未经授权的用户（非法用户）或以未授权方式（非法权

限）使用。有意或者无意避开系统访问控制机制、对网络设备及资源进行非正常使用或擅自扩大权限、越权访问信息，都是非法使用的形式。非法使用的典型方式有电子欺骗、暴力攻击、权限提升、系统重启攻击。

电子欺骗是指攻击者假冒合法用户的身份访问资源。电子欺骗最容易造成的结果是非法用户进入网络系统进行违法操作、合法用户以未授权方式进行操作等，如图 8-4 所示。例如，DNS 欺骗就是入侵者取得 DNS 服务器的信任并改变 DNS 服务器的地址映射表。因此，当客户发出一个查询请求时，他会得到假的 IP 地址，而这一地址会处于入侵者的完全控制之下。

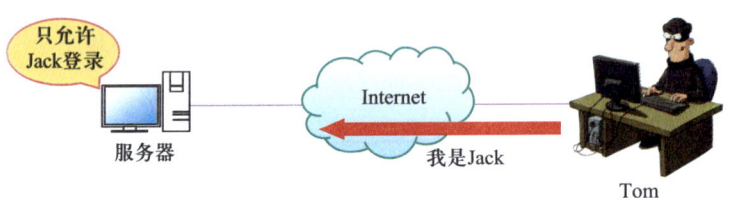

图 8-4
电子欺骗

权限提升是指获得 root/administrator 密码以及权限进行非法的系统操作。常见的方式有猜 root 口令，利用缓冲区溢出，利用 NT 注册表，访问和利用高权限控制台，利用启动文件，利用系统或应用 Bug 等。

系统重启攻击是指攻击者能够接触设备或者操作系统，通过安装和执行程序来使验证机制无效。攻击者可以重启系统，利用其他启动盘控制系统，如图 8-5 所示。由于一种文件系统可以被另一种所破坏，所以攻击者可以使用启动盘获得有价值的信息，如管理权限的账号。

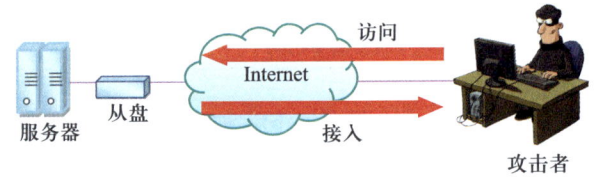

图 8-5
系统重启攻击

非法使用防范方式如下。

过滤：使用访问控制技术可以对非法 IP 地址进行严格的控制。

验证：采用非 IP 地址的方式强验证是防止基于非 IP 欺骗的最有效的技术，结合应用权限控制，还可以为溯源提供依据。

加密：对于针对密码的攻击方式，只要加密算法足够"强壮"同时采用强密码，任何攻击都是没有实效的。

关闭服务和端口：服务和端口在为用户提供支持平台和接口时，也成为攻击者的目标，因此关闭不需要的服务和端口是非常有必要的。

3. 信息篡改

攻击者对系统数据或消息流进行有选择的修改、删除、延误、重排序及插入虚假消息等操作，破坏数据的完整性。信息篡改是以非法手段窃得对数据的使用权，删除、修改、插入或重发某些重要信息，其目的是取得有益于攻击者的响应。如报文重放（Packet Replay）、会话劫持（Session Hijacking）、篡改审计数据、主页篡改等方式。这类攻击防范的主要方式是数据加密。

报文重放：即捕捉到一个包后，向网络发回。根据所捕捉到的 Login 信息，更改内容后重新发回，以获得控制权。

会话劫持：攻击者劫持一个连接，让合法登录者误以为自己处于某处，欺骗登录者泄露自己的登录信息。

篡改审计数据：包括删除、修改、权限改变、使审计的抗抵赖性失效。审计数据是监控和事后报告网络应用情况的重要数据，如果对审计信息进行篡改无疑会使责任难以追溯。

主页篡改：攻击者可以利用漏洞进入 Web 网站数据库或者在 HTML 页面植入恶意代码，导致主页被篡改。许多政府、企业和公司都遭受过类似的攻击，如图 8-6 所示。

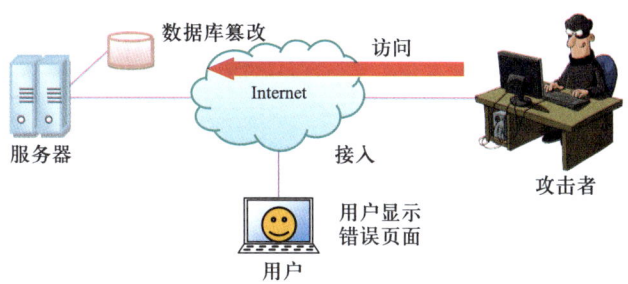

图 8-6
主页篡改

4. 拒绝服务

拒绝服务（Denial of Service，DoS）是网络上一种简单但十分有效的破坏性攻击手段。DoS 通过发送大量攻击报文导致网络资源和带宽被消耗，从而阻止合法用户对资源的访问。分布式拒绝服务（Distrubute Denial of Service，DDoS）是 DoS 的升级版，采用的是多对一的攻击方式，攻击原理与 DoS 相同。

拒绝服务基本原理如下。

① 攻击者向服务器发送众多的带有虚假地址的请求。

② 服务器发送回复信息后等待回传信息，由于地址是伪造的，所以服务器一直等不到回传的消息，分配给这次请求的资源就始终没有被释放。

③ 当服务器等待一定的时间后，连接会因超时而被切断。

④ 攻击者会再度传送新的一批请求，在这种反复发送伪地址请求的情况下，服务器资源最终会被耗尽。

DoS 伴随着 Internet 公众服务的增加也不断演变出各种攻击手段，让服务提供者防不胜防。现在常见的 DoS 攻击有 SYN Flood、DNS Poison、Land、Ping of Death 等。这些攻击的共同点就是将攻击目标的资源耗尽，导致其无法提供正常的服务。

SYN Flood 是一种广为人知的 DoS 与 DDoS 的方式，这是一种利用 TCP 的缺陷，发送大量伪造的 TCP 连接请求，从而使得被攻击方资源耗尽（CPU 满负荷或内存不足）的攻击方式。

TCP 建立连接需要经过三次握手。在 SYN Flood 攻击中，问题就出在

笔记

TCP 连接的三次握手中。一个用户向服务器发送了 SYN 报文后，服务器会给客户端一个响应，并等待用户的第 3 次握手确认。如果用户不确认，会造成服务器在一定时间内等待。如果有大量的这种连接，会消耗非常多的系统资源，造成服务器无法正常为其他用户提供服务，这就是 SYN Flood 攻击，如图 8-7 所示。

拒绝服务攻击的主要防范手段如下。

屏蔽 IP：在服务器或路由器上用 ACL 屏蔽攻击者 IP 后就可以有效地防范 DoS 攻击。

协议防范：根据 DoS 攻击对每个协议的弱点进行对应的修复，具体防范技术将在后续课程中深入介绍。

侦测：对 DoS 攻击的侦测和区分是处理 DoS 攻击的重要依据。当发现有特大型的 TCP 和 UDP 数据包通过或数据包内容可疑时都要注意。

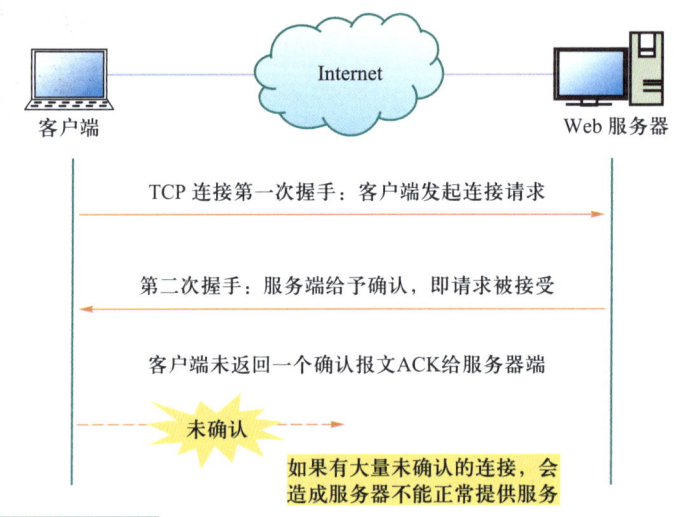

图 8-7
SYN Flood 攻击原理

5. BUG 和恶意代码

BUG 是一个程序（代码）的漏洞，它会产生一个隐藏的通道。很多情况下，一个运行在服务器的操作系统或程序都会出现 Bug，攻击者经常研究并充分利用它们。以下是两种常见的 Bug。

后门（Backdoor）：是一个在操作系统上或程序上未被记录的通道，它是程序设计人员为了快速进行产品支持有意在系统或程序中留下的入口。

缓冲区溢出（Buffer Overflow）：是在程序重写内存块时出现的问题。当目标系统收到了超过它在某一时间所能接收的信息量的信息时会发生缓冲区溢出，这些多余的数据会覆盖实际的程序数据，使得系统程序自发或远程被修改，经常进行这种修改的结果是在系统上产生了一个后门，尽管这种攻击的技术要求非常高，但是这种攻击已经被写成软件程序，而使用这些软件是非常简单的，所以缓冲区溢出攻击已经非常普遍。

恶意代码（Malicious Code）是攻击设备、用户、系统、网络的软件统称。常见恶意代码包括病毒、蠕虫、木马等。

8.1.3 网络安全技术

1. 访问控制

访问控制是策略和机制的集合，它也可保护资源，防止那些无权访问资源的用户的非法访问。

微课 8-3
访问控制

访问控制是网络安全防范和保护的主要策略。它的首要任务是保证网络资源不被非法使用和非常规访问。它也是维护网络系统安全、保护网络资源的重要手段。各种网络安全策略必须相互配合才能真正起到保护作用，但访问控制可以说是保证网络安全最重要的核心策略之一。

访问控制策略主要是根据用户的身份及访问权限决定其访问操作，用户身份被确认后，用户即可根据访问控制表上赋予的权限，进行限制性地访问。访问控制主要有以下几种方式。

（1）访问控制矩阵

访问控制矩阵（Access Control Matrix，ACM）确保系统的操作按照访问控制矩阵授权的方式来执行，这种方法清晰地实现了认证与访问控制的相互分离。如图 8-8 所示，用户甲对文件 A 的权限为完全控制、读、写。

	文件 A	文件 B	文件 C
用户甲	Own/R/W	R/W	R
用户乙	R	Own/R/W	R/W
用户丙	R/W	R	Own/R/W

图 8-8
访问控制矩阵

（2）访问控制表

访问控制表（Access Control List，ACL）是以资源为中心建立访问权限表。在访问控制表中记录了某文件被授权访问的用户名及访问权的隶属关系。通过查询访问控制表，能够清晰、准确地查找出对于特定内容的授权访问，用户可以访问哪些内容并有什么访问权限，如图 8-9 所示。

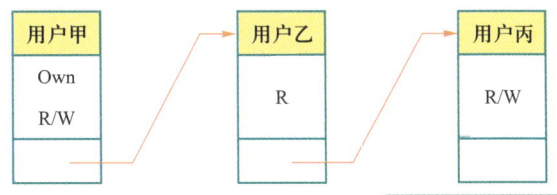

图 8-9
访问控制列表

（3）能力关系表

能力关系表（Capabilities Lists）与 ACL 相反，是以用户为中心建立访问权限表，表中规定了该用户可访问的文件名及访问权限，利用能力关系表可以很方便地查询一个用户的所有授权访问，如图 8-10 所示。

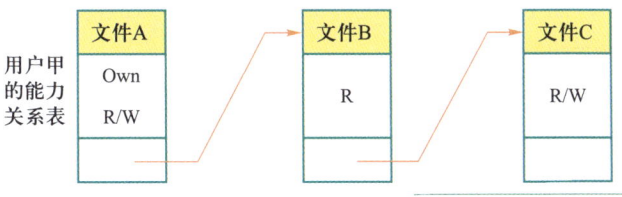

图 8-10
用户甲的能力关系表

微课 8-4
入侵检测防御技术

2. 入侵检测防御技术

入侵检测防御技术是指识别针对计算机或者网络资源的恶意企图和行为，并对此做出反应的一种网络技术。入侵检测防御技术是继信息加密、防火墙等传统安全技术之后的新一代安全保障技术，它监视计算机系统或网络中发生的入侵行为，并对其进行分析，以寻找危及系统安全性或绕过安全机制的入侵行为，对检测出的网络攻击进行相应警告、中断等。入侵检测的作用包括威慑、检测、响应、损失情况评估、攻击预测和起诉支持等。进行入侵检测的软件与硬件的组合便是入侵检测防御系统。

入侵检测防御技术可以通过入侵检测系统和入侵防御系统实现。

入侵检测系统（Intrusion Detection System，IDS）的作用就是对入侵行为的发觉，担负着保护整个网络的任务。它通过收集和分析网络行为、安全日志、审计数据以及计算机系统中若干关键点的信息，检查网络或系统中是否存在违反安全策略的行为和被攻击的迹象，如图 8-11 所示。

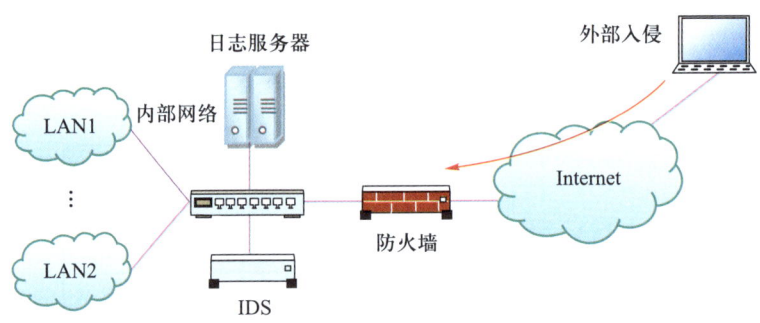

图 8-11
入侵检测系统的使用

入侵防御系统（Intrusion Prevention System，IPS）是指针对检测到的网络中的攻击进行主动防御，在 IPS 设备上对攻击流进行处理。

从对攻击流的识别来看，IPS 和 IDS 采用相同的识别技术，IPS 设备接收数据流，以存储转发的方式来进行检测，如碎片重组、流重组、协议分析、状态检测等深度分析检测，对存在攻击的数据流进行实时处理，如图 8-12 所示。

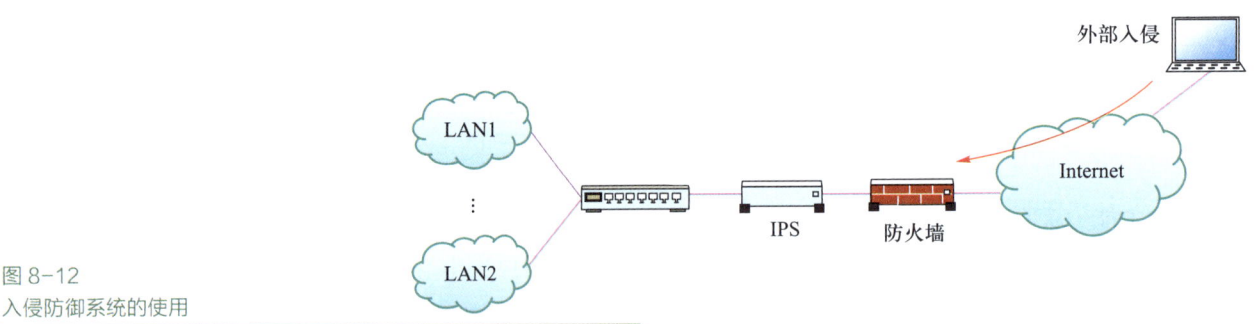

图 8-12
入侵防御系统的使用

IPS 和 IDS 最大的不同是两者的部署方式不同，IDS 为旁挂方式，对网络影响比较小；而 IPS 采用直路的方式，加入了单点故障，同时 IPS 设备的性能对网络也有较大的影响。

深度报文检测（Deep Packet Inspection，DPI）是入侵检测防御技术的高级形式，是相对普通报文检测而言的一种新技术，普通报文检测仅仅分析 IP 包的 4

层以下的内容，包括源地址、目的地址、源端口、目的端口以及协议类型，而DPI 则在此基础上，增加了对应用层的分析，可识别出各种应用及其内容。

8.1.4 内网安全解决方案

内网安全解决方案主要包含边界安全、业务安全和终端安全 3 个方面，如图 8-13 所示。

微课 8-5
内网安全解决方案

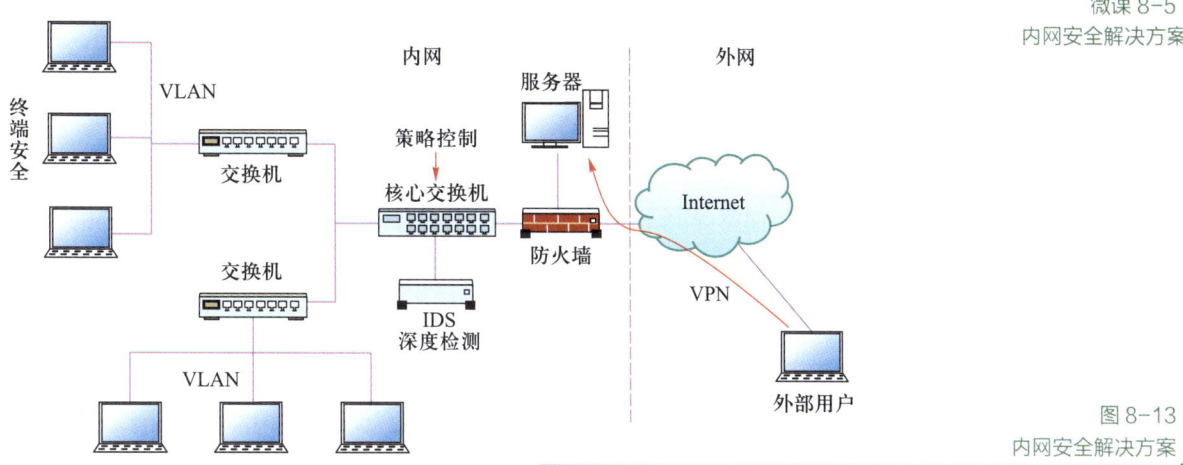

图 8-13
内网安全解决方案

1. 边界安全

边界防御可以抵御大部分外网攻击，而合理的网络架构是构建边界防御的前提条件。一个合理的网络架构首先应该考虑的是自身的业务、用户类型、局域网提供的业务类型等；另外需要进行风险评估，要明确企业的内网可能面临哪些风险，现有条件下对这些风险的承受程度如何。

企业应该在对于内网安全的投资和可接受的风险之间找一个平衡点，才能更好地规划内网安全。除考虑业务系统重要程度和可接受的风险之外，另外一个很重要的方面就是成本问题。

① 在网络出口部署防火墙等入侵检测设备，降低外网对内网的安全威胁。

② 部署 VPN，确保移动用户身份的合法性。

③ 在内部网络中，将不同业务类型的用户组划分在不同的 VLAN，并对其在 VLAN 间的访问进行访问策略限制。

2. 业务安全

在企业网络中存在着计费系统、VoIP、带宽管理等类型的业务，如何保证这些业务不被非法使用、保证企业的收益是至关重要的。针对业务安全的典型防御技术就是深度检测技术。

3. 终端安全

从某种意义上说，网络上所有不安全的因素都来自人。据 ISCA（计算机体系结构国际会议）统计，全球每年仅仅由于信息安全问题导致的损失高达数百亿美元，其中来自内部的威胁高达 60%，来自内部的威胁已经成为企业首要的安全问题。终端安全包含终端设备的安全和终端用户行为的安全。

笔记

8.2　加密技术基础

微课 8-6
加密技术概述

一般情况下，访问网页、发送电子邮件、即时通信等场景下在 Internet 上传输的数据没有经过加密。但是对于一些特殊的数据，如电子商务、网银支付等场景下传输的数据，需要有一定的安全保障，为了避免数据被截取或者泄露，需要对数据进行加密。加密技术分布与 OSI 参考模型的各层相同，相互协同保证通信安全。

8.2.1　加密技术概述

加密是指利用某个数值（密钥）对明文的数据通过一定的算法变换成加密（密文）的数据的过程。各层加密技术见表 8-2。相反，从密文转换为明文的方式称为解密，如图 8-14 所示。

表 8-2　各层加密技术

分　层	加 密 技 术
应用层	SSH、SSL-Telnet、PGP、S/MIME 等加密邮件
表示层、传输层	SSL/TLS、Socks v5 加密
网络层	IPsec
数据链路层	Ethernet、WAN 加密装置、PPTP（PPP）

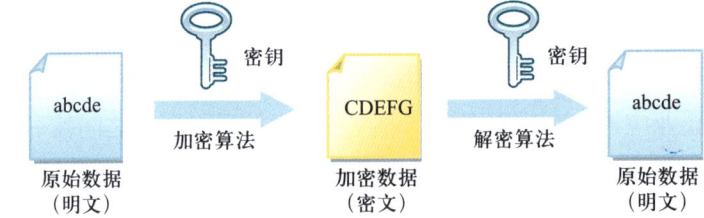

图 8-14
加密与解密过程

明文（Plaintext）：原始消息或数据，作为算法的输入。

加密算法（Encryption Algorithm）：加密算法对明文进行各种替换和转换。

密钥（Secret key）：密钥也是算法的输入。算法进行的具体替换和转换取决于这个密钥。

密文（Ciphertext）：产生的已被打乱的消息输出，它取决于明文和密钥。对于一个给定的消息，两个不同的密钥会产生两个不同的密文。

解密算法（Decryption Algorithm）：本质上是加密算法的反向执行。它使用密文和同一密钥产生原始明文。

密钥分为私钥和公钥。顾名思义，私钥是私人保存的，需要保密；公钥是公开的，无须保密。根据密钥的使用方式，加密技术分为对称加密和非对称加密。

1. 对称加密

发送方和接收方的加密和解密使用相同的密钥的方式叫作对称加密方式。对称加密是加密大量数据的一种行之有效的方法。在对称加密方式中，最大的挑战就是如何保证密钥的安全传输，即如何保证密钥从发送方传递给接收方过程中的安全性，如图 8-15 所示。常见的对称加密算法有 DES、3DES、AES、RC4 等。

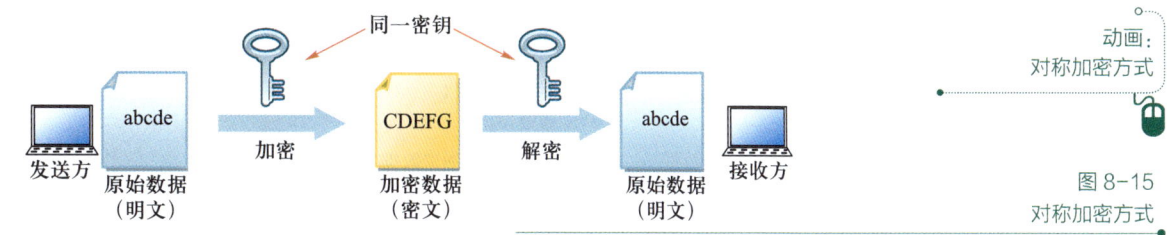

图 8-15
对称加密方式

动画：
对称加密方式

2. 非对称加密

如果在加密和解密的过程中分别使用不同的密钥，这种方式叫作非对称加密方式，也称公钥加密方式。其主要使用私钥和公钥两种密钥，一般情况下，发送方使用公钥进行加密，而接收方则使用私钥进行解密。在非对称加密方式中，仅有乙方的密钥是无法完成解密的。相比对称加密方式，非对称加密方式在加密和解密上需要花费的时间较长。非对称加密算法有 RSA 等。

如图 8-16 所示加密过程的基本步骤如下。

① 每个用户都生成一对密钥。

② 每个用户都把其中一个密钥放在一个公用的可访问的文件夹里或者通过 Web 公开发布，作为公钥，剩下一个自己保存为私钥。每个用户都保存着别人的公钥。

③ 如果用户 A 要给接收者发送消息，则发送者在自己或者公共的公钥库里找出接收者的公钥，用之将发送的消息转换为密文，然后将其发送给接收者。

④ 接收者收到密文后，用自己的私钥将接收到的密文解密为明文消息。私钥只有接收者拥有，所以别人不能将密文解密。

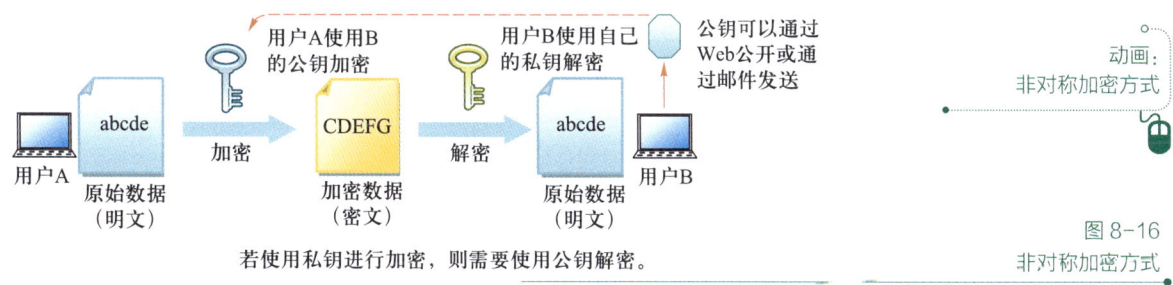

图 8-16
非对称加密方式

动画：
非对称加密方式

非对称加密方式的主要优势在于密钥能够公开，由于用于加密的密钥（也称公开密钥）不同于用于解密的密钥（也称私人密钥），因而解密密钥不能根据加密密钥推算出来，所以可以公开加密密钥。

对称和非对称加密通常结合使用，用于密钥加密和数字签名，既保证安全又能优化性能。

3. 密钥交换技术（混合加密方式）

对称密钥算法非常适合快速并安全地加密数据，但缺点是发件人和收件人必须在交换数据之前先交换加密密钥。结合使用加密数据的对称加密方式与交换机密密钥的非对称加密方式可产生一种既快速又灵活的解决方案。

密钥交换技术中发送方和接收方使用对称加密方式，为保证密钥传输的安全性，对密钥使用非对称加密方式进行传输，如图 8-17 所示。

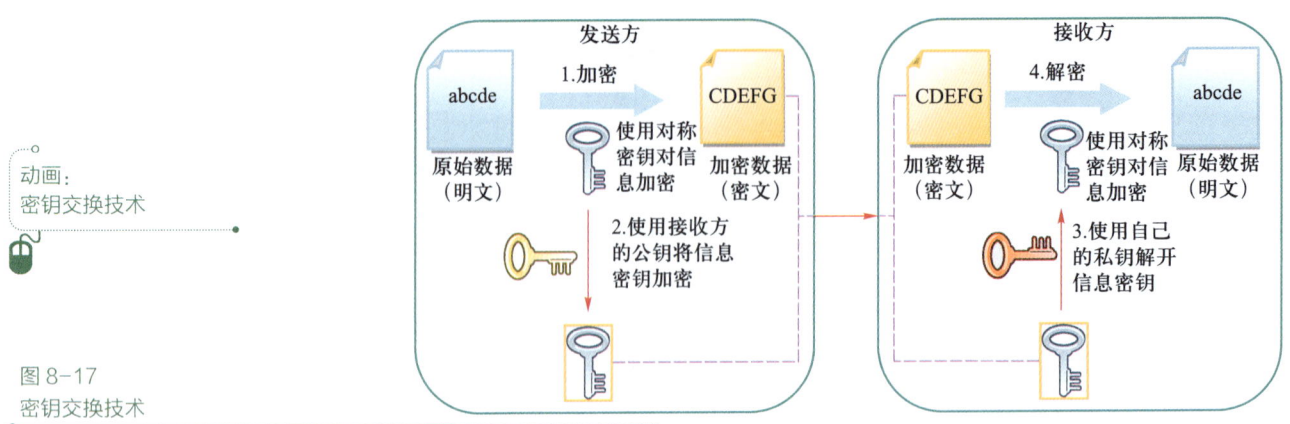

8.2.2 数字签名

数字签名的主要功能是保证信息传输的完整性、发送者的身份认证、防止交易中的抵赖发生。

数字签名技术是公钥密码体制的典型应用。数字签名的应用过程如下：发送方使用自己的私钥对数据校验和或其他与数据内容有关的变量进行加密处理，完成对数据的合法"签名"，数据接收方则利用对方的公钥来解读收到的"数字签名"，并将解读结果用于对数据完整性的检验，以确认签名的合法性。数字签名技术是在网络系统虚拟环境中确认身份的重要技术，完全可以代替现实过程中的"亲笔签字"，在技术和法律上有保证。在数字签名应用中，发送者的公钥可以很方便地得到，但他的私钥则需要严格保密，如图 8-18 所示。

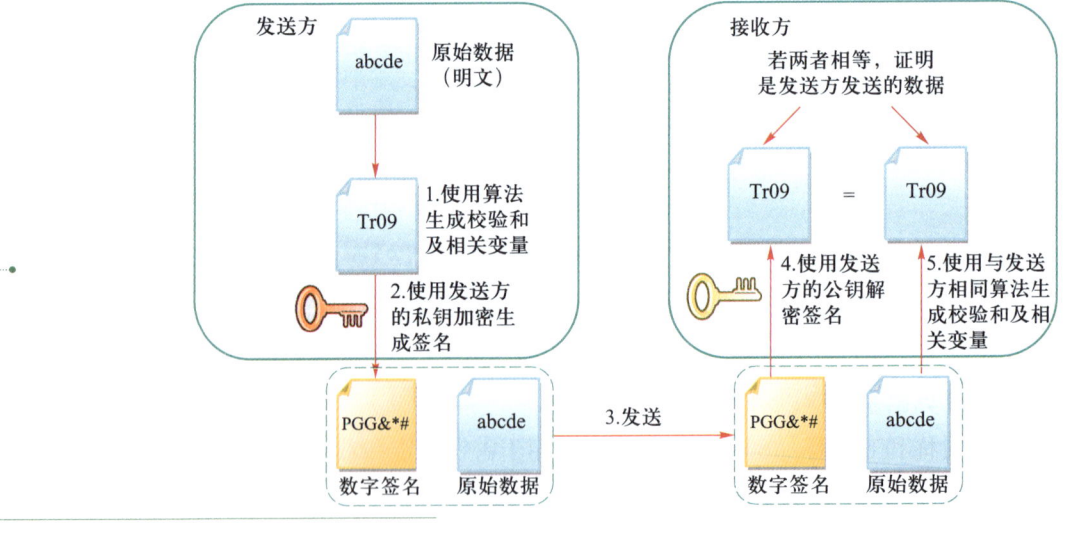

8.2.3 数字证书

为了保证 Internet 上电子交易及支付的安全性、保密性等，防范交易及支付过程中的欺诈行为，必须在网上建立一种信任机制。这就要求参加电子商务的买方和卖方都必须拥有合法的身份，并且在网上能够被有效无误地验证，这就需要

数字证书。

数字证书就是网络通信中标志通信各方身份信息的一串数字，提供了一种在网络上验证通信实体身份的方式，其作用类似于司机的驾驶执照或日常生活中的身份证。它是由一个权威机构——CA（Certificate Authority）机构（又称证书授权中心）发行的，人们可以在网上用它来识别对方的身份。数字证书是一个经证书授权中心数字签名的包含公开密钥拥有者信息以及公开密钥的文件。最简单的证书包含一个公开密钥、名称以及证书授权中心的数字签名，此外，数字证书只在特定的时间段内有效，如图 8-19 所示。

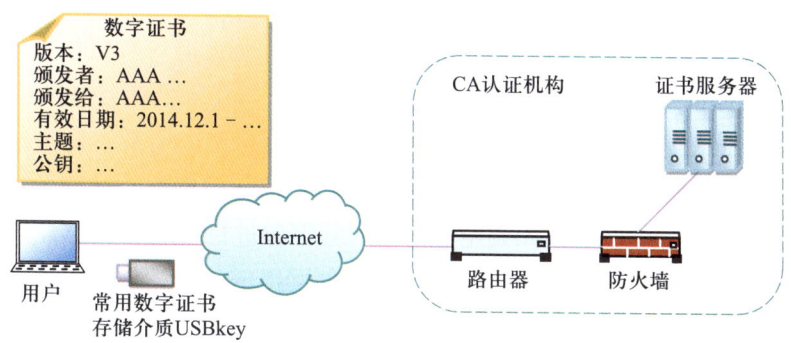

图 8-19
数字证书及 CA 认证机构

数字证书可用于发送安全电子邮件、访问安全站点、网上证券交易、网上招标采购、网上办公、网上保险、网上税务、网上签约、网上银行等安全电子事务处理和安全电子交易活动。

8.3 防火墙技术

内部网络与 Internet 连接时，为了避免内部网络受到非法访问的威胁，通常会设置防火墙。所谓"防火墙"是指一种将内部网和外部网（如 Internet）分开的方法，它实际上是一种隔离技术。防火墙是在两个网络通信时执行的一种访问控制策略，它能允许"同意"的人和数据进入内部网络，将"不同意"的人和数据拒之门外，最大限度地阻止网络中的黑客访问内部网络。

8.3.1 防火墙的基本功能

1. 内部网络和外部网络之间的所有网络数据流都必须经过防火墙

这是防火墙在网络中的位置特性，同时也是一个前提。因为只有当防火墙是内、外部网络之间通信的唯一通道时，才可以全面、有效地保护内部网络不受侵害，如图 8-20 所示。

微课 8-9
防火墙的基本功能

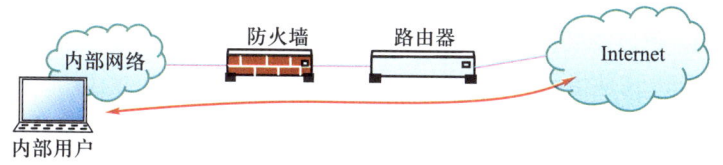

图 8-20
防火墙的位置

根据《信息保障技术框架》，防火墙适用于用户网络系统的边界，属于用户网络边界的安全保护设备。所谓网络边界即是采用不同安全策略的两个网络连接处，如用户网络和 Internet 之间的连接、和其他业务往来单位的网络连接、用户内部网络不同部门之间的连接等。防火墙的目的就是在网络连接处建立一个安全控制点，通过允许、拒绝或重新定向经过防火墙的数据流，实现对进、出内部网络的服务和访问的审计和控制。

2. 只有符合安全策略的数据流才能通过防火墙

防火墙最基本的功能是确保网络流量的合法性，并在此前提下将网络的流量快速地从一条链路转发到另外的链路上去。其实，防火墙的主要功能就是访问控制，即数据过滤。通过设置一些规则，防火墙对数据包进行控制。网络上的数据都是以包为单位进行传输的，每一个数据包中都会包含一些特定的信息，如数据的源地址、目标地址、源端口号和目标端口号等。防火墙通过读取数据包中的地址信息来判断这些包是否来自可信任的网络，并与预先设定的访问控制规则进行比较，进而确定是否需对数据包进行处理和操作，如图 8-21。数据包过滤可以防止外部不合法用户对内部网络的访问，但由于不能检测数据包的具体内容，所以不能识别具有非法内容的数据包，无法实施对应用层协议的安全处理。

动画：
防火墙安全策略举例

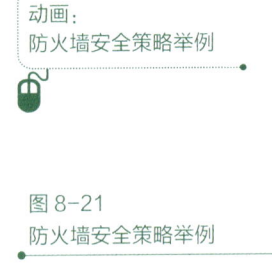

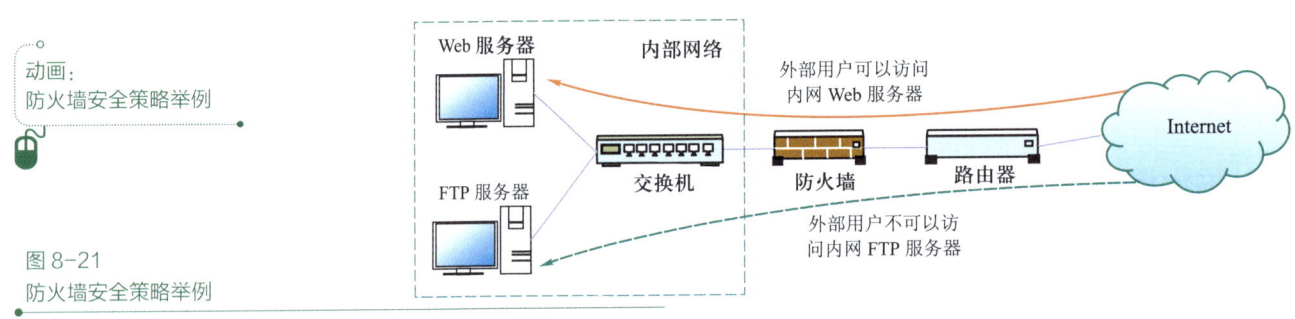

图 8-21
防火墙安全策略举例

3. 防止内部信息的外泄

利用防火墙对内部网络的划分，可实现内部网重点网段的隔离，从而限制局部网络安全问题对全局网络造成的影响。再者，隐私是内部网络非常关心的问题，一个内部网络中不引人注意的细节可能包含了有关安全的线索而引起外部攻击者的兴趣，甚至因此而暴露了内部网络的某些安全漏洞。使用防火墙就可以隐蔽那些可能暴露的内部细节。

8.3.2 防火墙的分类

微课 8-10
防火墙的分类

防火墙发展至今已经历经了三代，分类方法也各式各样。例如，按照形态划分可以分为硬件防火墙及软件防火墙；按照保护对象划分可以分为单机防火墙及网络防火墙等。但总的来说，最主流的划分方法是按照处理方式进行分类。

1. 包过滤防火墙

包过滤是指在网络层对每一个数据包进行检查，根据配置的安全策略转发或丢弃数据包。包过滤防火墙的基本原理是通过配置访问控制列表（Access Control

List，ACL）实施数据包的过滤。主要基于数据包中的源 / 目的 IP 地址、源 / 目的端口号、IP 标识和报文传递的方向等信息，如图 8-22 所示。

包过滤防火墙的设计简单，非常易于实现，而且价格便宜。

包过滤防火墙的缺点主要表现在以下几点。

① 随着 ACL（访问规则）复杂度和长度的增加，其过滤性能呈指数下降趋势。

② 手动配置的访问规则难以适应动态的安全要求。

③ 包过滤不检查会话状态，也不分析数据，这很容易让黑客蒙混过关。例如，攻击者可以使用假冒地址进行欺骗，通过把自己主机的 IP 地址设置成一个合法主机的 IP 地址，就能很轻易地通过报文过滤器。

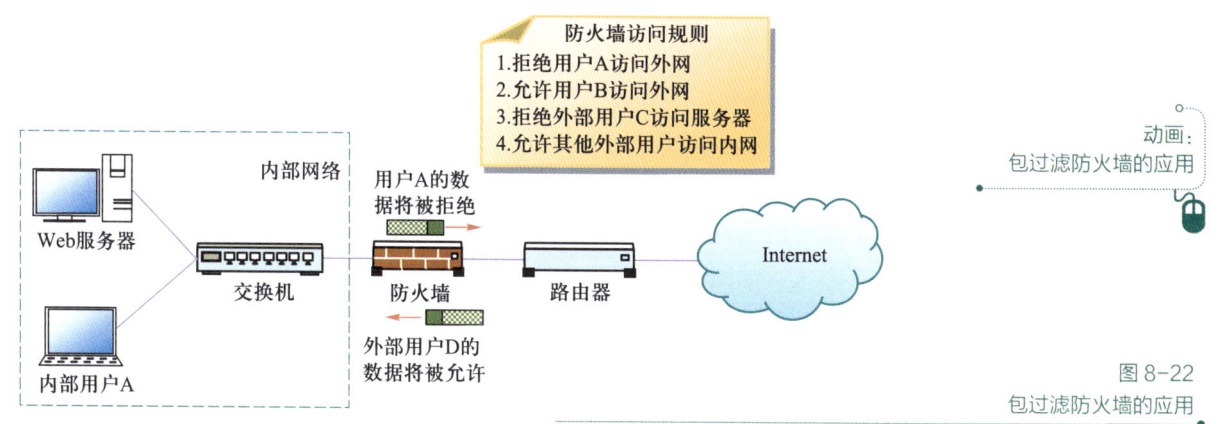

图 8-22
包过滤防火墙的应用

动画：
包过滤防火墙的应用

2. 代理防火墙

代理防火墙作用于应用层，其实质是代理接管内部网络和外部网络用户之间直接进行的业务（访问）。代理检查来自用户的请求，用户通过安全策略检查后，该防火墙将代表外部用户与真正的服务器建立连接，转发外部用户请求，并将真正服务器返回的响应回送给外部用户，如图 8-23 所示。

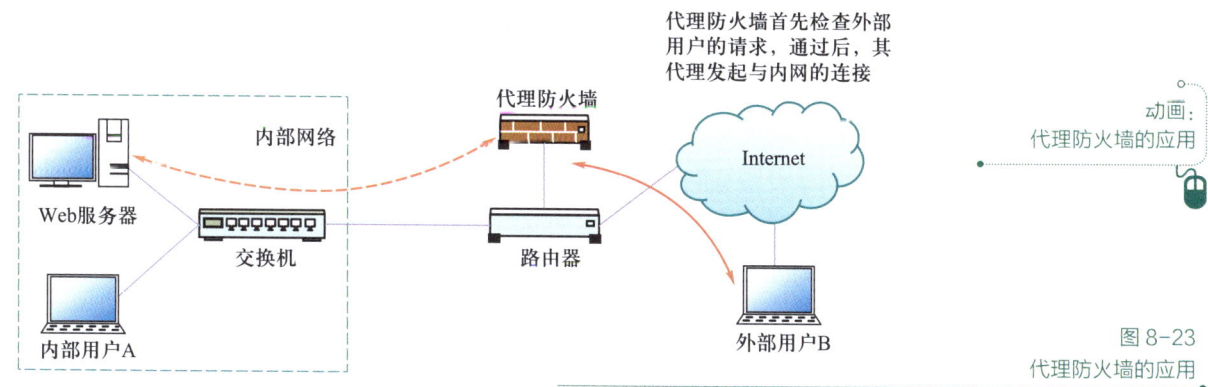

图 8-23
代理防火墙的应用

动画：
代理防火墙的应用

代理防火墙能够完全控制网络信息的交换，控制会话过程，具有较高的安全性。其缺点主要表现如下。

① 通常利用软件实现，限制了处理速度，易于遭受拒绝服务攻击。

② 需要针对每一种协议开发应用层代理，开发周期长，而且升级很困难。

3. 状态检测防火墙

状态检测是包过滤技术的扩展。基于连接状态的包过滤在进行数据包的检查时，将每个数据包看成是独立单元，并且还要考虑前后报文的历史关联性。所有基于可靠连接的数据流（即基于 TCP 的数据流）的建立都需要经过"客户端同步请求""服务器应答"和"客户端再应答"3 个过程（即"三次握手"过程），这说明每个数据包都不是独立存在的，而是前后有着密切状态联系的。基于这种状态联系，从而发展出状态检测技术。这种方式只检查前面的数据包，检查的同时会记录通信的相关信息，对于后续的数据包将不会再做检查，这种方式大大提高了数据传输速率。

8.3.3 网络中防火墙的部署方式

微课 8-11
网络中防火墙的部署
方式

在使用防火墙的网络中，内部的网络称为"可信赖的网络"（Trust），而外部的 Internet 称为"不可信赖的网络"（Untrust）。另外还有一个区域称为 DMZ（Demilitarized Zone），即俗称的非军事区。它与不可信赖的网络和可信赖的网络相对应，作用是把 Web、E-mail 等允许外部访问的服务器单独接在该区端口，使得内部网络用户和外部用户不能直接访问服务器，实现内外网分离，满足用户需求，如图 8-24 所示。

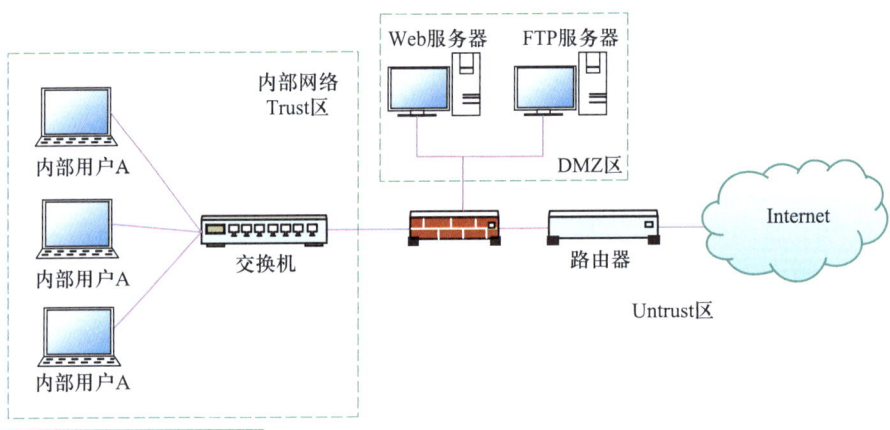

图 8-24
防火墙的网络结构

在实际的运用中，某些主机需要对外提供服务。为了更好地提供服务，同时又有效地保护内部网络的安全，可以将这些需要对外开放的主机与内部的众多网络设备分隔开来，根据不同的需要，有针对性地采取相应的隔离措施，这样便能在对外提供友好服务的同时最大限度地保护内部网络。为了针对不同资源提供不同安全级别的保护，可以构建一个 DMZ。DMZ 可以为主机环境提供网络级的保护，能减少为不信任客户提供服务而引发的危险，是放置公共信息的最佳位置。通过配置 DMZ，可以将需要保护的 Web 应用程序服务器和数据库系统放在 DMZ 中，把没有包含敏感数据、担当代理数据访问职责的主机放置于内网中，这样就为应用系统安全提供了保障。DMZ 使包含重要数据的内部系统免于直接暴露给外部网络而受到攻击，攻击者即使初步入侵成功，还要面临 DMZ 所设置的新障碍。

提升网络安全防范意识

警惕"钓鱼邮件"

　　钓鱼邮件是指黑客伪装成同事、合作伙伴、朋友、家人等用户信任的人，诱使用户回复邮件、点击嵌入邮件的恶意链接或者打开邮件附件以植入木马或恶意程序，进而窃取用户敏感数据等的一种网络攻击活动。

　　防范钓鱼邮件要做到"五要"：杀毒软件要安装、登录口令要保密、邮箱账号要绑定手机、公私邮箱要分离、重要文件要做好防护。另外，不要轻信发件人地址中显示的"显示名"，因为显示名是可以随便设置的，要注意阅读发件邮箱全称；不要轻易点开陌生邮件中的链接；不要放松对"熟人"邮件的警惕。

习　题　8

一、选择题

1. 在以下人为恶意攻击行为中，属于主动攻击的是（　　）。

　　A. 数据篡改及破坏　　　　　　　B. 数据窃听

　　C. 数据流分析　　　　　　　　　D. 非法访问

2. 数据完整性指的是（　　）。

　　A. 保护网络中各系统之间交换的数据，防止因数据被截获而造成泄密

　　B. 提供连接实体身份的鉴别

　　C. 防止非法实体对用户的主动攻击，保证数据接收方收到的信息与发送方发送的信息完全一致

　　D. 确保数据是由合法实体发出的

3. 你有一个共享文件夹，将它的 NTFS 权限设置为 sam 用户可以修改，共享权限设置为 sam 用户可以读取。当 sam 从网络访问这个共享文件夹的时候，他有（　　）权限。

　　A. 读取　　　　B. 写入　　　　C. 修改　　　　D. 完全控制

4. 小李在使用 super scan 对目标网络进行扫描时发现，某一台主机开放了 25 和 110 端口，此主机最有可能是（　　）。

　　A. 文件服务器　　B. 邮件服务器　　C. Web 服务器　　D. DNS 服务器

5. 入侵检测系统的第一步是（　　）。

　　A. 信号分析　　B. 信息收集　　C. 数据包过滤　　D. 数据包检查

6. 以下关于对称加密的说法中，错误的是（　　）。

　　A. 在对称加密中，只有一个密钥用来加密和解密信息

文本：
习题参考答案

  B. 在对称加密中，用到了两个密钥来加密和解密信息，分别是公共密钥和私用密钥

  C. 对称加密是一个简单的过程，双方都必须完全相信对方，并持有这个密钥的备份

  D. 对称加密的速度非常快，允许加密大量的信息而只需要几秒钟

 7. 以下算法中属于非对称算法的是（ ）。

  A. DES   B. RSA   C. IDEA   D. 三重 DES

 8. 在混合加密方式下，真正用来加解密通信过程中所传输数据（明文）的密钥是（ ）。

  A. 非对称算法的公钥   B. 对称算法的密钥

  C. 非对称算法的私钥   D. CA 中心的公钥

 9. CA 指的是（ ）。

  A. 证书授权 B. 加密认证 C. 虚拟专用网 D. 安全套接层

 10. 加密技术不能实现的是（ ）。

  A. 保证数据信息的完整性   B. 基于密码技术的身份认证

  C. 机密文件加密   D. 基于 IP 头信息的包过滤

二、简答题

 1. 什么是网络安全？其特征有哪些？

 2. 什么是主动攻击？什么是被动攻击？

 3. 简述 SYN Flood 攻击的原理。

 4. 在密码学中，明文、密文、密钥、加密算法和解密算法称为五元组。试说明这 5 个基本概念。

 5. 简述数字签名的过程。

 6. 防火墙如何分类？

 7. 简述 DMZ 及其主要作用。

参考文献

[1] Andrew S T，Nick F，David W．计算机网络 [M]．6 版．潘爱民，译．北京：清华大学出版社，2022．

[2] 王达．深入理解计算机网络 [M]．北京：机械工业出版社，2017．

[3] 竹下隆史，村山公保，荒井透，等．图解 TCP/IP[M]．6 版．乌尼日其其格，译．北京：人民邮电出版社，2024．

[4] 谢希仁．计算机网络 [M]．8 版．北京：电子工业出版社，2021．

[5] Mark A D，Rick M，Antoon W R．思科网络技术学院教程（CCNA Exploration：网络基础知识）[M]．北京：人民邮电出版社，2015．

郑重声明

高等教育出版社依法对本书享有专有出版权。任何未经许可的复制、销售行为均违反《中华人民共和国著作权法》，其行为人将承担相应的民事责任和行政责任；构成犯罪的，将被依法追究刑事责任。为了维护市场秩序，保护读者的合法权益，避免读者误用盗版书造成不良后果，我社将配合行政执法部门和司法机关对违法犯罪的单位和个人进行严厉打击。社会各界人士如发现上述侵权行为，希望及时举报，我社将奖励举报有功人员。

反盗版举报电话　（010）58581999　58582371

反盗版举报邮箱　dd@hep.com.cn

通信地址　北京市西城区德外大街 4 号
　　　　　高等教育出版社知识产权与法律事务部

邮政编码　100120

读者意见反馈

为收集对教材的意见建议，进一步完善教材编写并做好服务工作，读者可将对本教材的意见建议通过如下渠道反馈至我社。

咨询电话　400-810-0598

反馈邮箱　gjdzfwb@pub.hep.cn

通信地址　北京市朝阳区惠新东街 4 号富盛大厦 1 座
　　　　　高等教育出版社总编辑办公室

邮政编码　100029

资源服务提示

授课教师如需获得本书配套的 PPT 课件、电子教案、授课计划、实训文档、测试题以及课后习题答案等教学资源，请登录"高等教育出版社产品信息检索系统"（xuanshu.hep.com.cn）搜索下载，首次使用本系统的用户，请先进行注册并完成教师资格认证。